全国普通高等学校人文社会科学重点研究基地
北京师范大学史学理论与史学史研究中心　主办

中文社会科学引文索引（CSSCI）来源集刊

史学理论与史学史学刊

JOURNAL OF HISTORICAL THEORY AND HISTORIOGRAPHY

2019年上卷(总第20卷)

杨共乐　主编

社会科学文献出版社
SOCIAL SCIENCES ACADEMIC PRESS (CHINA)

《史学理论与史学史学刊》编委会

卷首语

杨共乐

《史学理论与史学史学刊》2019年上卷（总第20卷）即将出版，照例向读者朋友就本卷内容做一说明。本卷设立“纪念白寿彝先生诞辰110周年”“中国古代史学研究”“中国近现代史学研究”“外国史学研究”“历史文献学”“人物志”“当代史学评论”“会议综述”等栏目，刊发22篇文章。

今年是白寿彝先生诞辰110周年。白寿彝先生是20世纪我国著名的史学家、社会活动家。他在参加了新中国成立的相关活动后，自南京中央大学来北京师范大学任教，直至2000年3月21日逝世。他为北京师范大学历史学科的建设做出了巨大贡献，亦是当今北京师范大学史学理论与史学史学科的奠基人。故本卷特设纪念专栏，发表瞿林东教授、周文玖教授、朱露川博士撰写的纪念和研究文章。瞿林东教授受业于白先生，他以发扬光大白寿彝先生学术的高度责任感，对白先生的学术思想不断体会，常有新见。他的文章《思想、责任和文风——纪念白寿彝先生110周年诞辰》寄托了他对白寿彝先生的深切怀念，他认为深刻的思想、崇高的责任、平实的文风是白寿彝史学的风格和精神所在。思想，源于勤奋读书，更是源于对国家、民族的深厚的情怀；责任，出于对个人与社会之关系的自觉，尤其出于对神圣的史学事业的忠诚；文风，来自个人的学养，特别是来自服务于社会、服务于人民的人生观和平常心。在白寿彝先生那里，思想、责任、文风是一个整体。周文玖教授的《史学史研究与白寿彝先生的史学器局》论述了白寿彝先生的史学史研究在其学术研究中的地位及影响，认为完成一部大型中国通史是白寿彝先生学术生涯的最高追求。在白寿彝先生的学术系统中，史学史是一门具有特殊地位的专史，同时也是他的治史之器。他的历史学专业理论及中国通史理论，主要建立在史学史研究的基础上。史学史研究为他的“通识”“史才”、历史责任感、成一家之言的气魄，提供了丰厚的学术滋养，奠定了扎实的学术根基。他鲜明的史学特色与史学史研究具有非常密切的关系。朱露川博士的《继承·开拓·创新——白寿彝先生民族史思想三题》，从总结传统、提出理论和撰述新篇三个方面阐述了白寿彝先生对民族史研究的贡献，指出白寿彝先生总结了中国古代史学撰写多民族历史的优良传统，提出了撰写统一的多民族历史的原则和方法，并将之贯彻于《回族人物志》及新型回族通史的编撰实践中。

历史书写是当今讨论历史编纂的一个热点。“历史书写”(historical writing) 是西方学者常用的语词，翻译过来亦逐渐为我国史学界接受和运用。它与历史认识论、历史编纂学、历史文学均有密切关系。事实上，在中国传统史学、近现代史学中，“历史书写”也是经常被讨论的。如传统史学中常言的“直书”“曲笔”“史文屈曲而适如其事”，近世顾颉刚先生说的“层累地造成中国古史”，都是讲的“历史书写”问题。本卷“中国古代史学研究”有三篇讨论中国古代史学的历史书写。它们以中国史学的具体实例融会了中、西方关于历史撰述的理论认识，颇有意义。王安宇的《从“慢于鬼神”到“暴虐迁鼎”——试析纣王历史负面形象变化的过程》指出，纣王作为商之末代君主，被周人的历史记载所毁谤在所难免。不过相比于春秋战国以来纣的滥杀无辜、残忍暴戾、戕害贤臣、大兴土木、沉溺于酒色与物质享受等“累累罪行”，西周所塑造和“抹黑”的“原始”纣王似乎更像一个有点糊涂的“昏君”，而不是“暴君”。这里固然有后人出于种种目的的作伪和附会成分，但是，由“野蛮”的商周之际跨越到“文明”的春秋战国，属于“神道”和“人治”的两个时代的不同意识形态，或许是纣王跨越了西周以后“形象大变”的主要原因。战国以来相比于西周对纣王历史形象的塑造，是“重构”后的“层累”。胡祥琴、李家伟的《两汉历史大势影响下马、班的文帝形象构建》指出汉文帝形象在司马迁、班固笔下的差异，分析了其中的原因，并由此得出认识：面对相同的历史事实，身处不同历史大势、历史情境中的史家，往往会基于种种复杂原因而产生相去甚远的书写结果。历史大势是影响史家撰述旨趣与史料选择的重要因素，史家在对历史事实筛选的过程中，会不自觉地注入各自时代的精神。杨永康、张宇轩的《唐代政治斗争与上官婉儿形象之演变——从“忠心奉上”到“死有余辜”》揭示了上官婉儿的形象在其墓志铭、《旧唐书·上官昭容传》中的巨大差异，墓志中上官婉儿与韦后、安乐公主水火不容，忠心奉上，无辜受难，形象正面积极；《旧唐书》中的上官婉儿与武三思、韦后秽乱宫闱，挟势弄权，死有余辜，形象负面丑陋。文章对差异的原因做了深入探讨，认为此差异是由李隆基与太平公主之间激烈的政治斗争造成的，李隆基的最终胜利对国史上官婉儿形象的塑造起到了决定性的作用。墓志中的形象更接近上官婉儿的本来面目，《旧唐书》对上官婉儿的书写并不可信。这也揭示了这样一个道理：中国古代政治斗争深刻地影响着官方历史的书写，政治斗争的胜利者掌握着历史书写的话语权。因此，史家对古代官方的历史书写应保持必要的存疑。范宇焜的《〈班马异同〉及其评点的史学价值》对南宋倪思撰写的《班马异同》以及元人刘辰翁所做的点评进行了研究，认为它们在撰述旨趣、研究对象、对比方法等方面显现出鲜明的特点，在“史记学”“汉书学”中占有不可忽视的位置。武文君的《〈辽史·兵卫志〉的史源与史料价值》认为，元修《辽史·兵卫志》的史源是以耶律俨《皇朝实录》和陈大任《辽史》为底本，参之以中原官方文献，尤以宋朝会要为重要参考，并未取材于《契丹国志》《文献通考》等私人所修史书，具有较高的史料价值，对研究辽朝兵制及其阶段性变化有重要意义。但《兵卫志》纂修者存在嫁接文献、史例不严谨等问题，以致该志存在诸多错误，亦是治史者所应注意的。

“中国近现代史学”栏目安排了谢辉元、毛瑞方、任虎三位青年学者的文章。三位学者分别对魏源的经史关联、向达的中西交通史、民国时期高校历史系地理课程之设置进行研究。他们搜集资料丰富，论证充分，体现了朴实扎实的学风。在“外国史学研究”栏目中，李永明、王新梅、宋嫚分别讨论了古希腊史学家修昔底德的史学致用思想、西方学界对意大利史家圭恰尔迪尼的评述、西方政治家传记（以卡特自传为中心）的史料价值；他们对西方文献广收博取，细致解读，提出自己独立的见解，颇有益于我国的西方史学史研究。在“历史文献学”栏目中，姜海军、姬越对孔颖达的《春秋左传正义》的成书、诠释特点和历史作用进行了论述，认为该书统一了经学文本，在注疏形式上独尊杜预《春秋左传集解》，在内容上兼纳汉人注疏和南北学义疏，对《公羊传》与《穀梁传》也有所采撷。《春秋左传正义》体现了唐初的时代性，为稳定社会秩序打下了思想根基，对后世经学的发展具有积极意义。高贤栋在已有研究的基础上，对五代史官张昭远篡改段文楚事件发生时间之始末及其所做的一系列配套篡改做了梳理，对张昭远的篡改意图做了深入挖掘，认为其篡改意图是为了支持和维护后唐政权的正统性。这一个案研究，使作者认识到，探讨晚唐历史必须对官方历史记载保持清醒的批判意识，同时尽力搜罗相关墓志资料，将之与传世文献相对比。

杨翼骧先生是我们史学史学界令人尊敬的老前辈。浙江大学鲍永军教授系著名中国史学史专家仓修良先生的弟子，他撰写的《忆良师益友杨翼骧先生——仓修良先生访谈录》是一份可贵的口述资料，为我们展现了杨翼骧先生的为学为人风貌，引人入胜，颇具可读性。

向燕南教授的《如何释读清代学术思想史？——从研究史看〈清代儒家礼教主义的兴起〉的特点与价值》，不仅对美国伊利诺伊大学历史系、东亚系教授周启荣（Kai-wing Chou）的《清代儒家礼教主义的兴起》进行了评述，而且对学术思想史的研究方法做了深入探讨。全清波、赵少峰、秦丽的评论文章都是结合最新的中国史学史领域的文献整理成果而作，反映了本学科的可喜景象。

张尧娉的《中国视角与世界眼光——“一带一路”古文明书系新书发布暨学术研讨会综述》介绍了北京师范大学历史学院组织撰写并由北京师范大学出版社出版的“一带一路”古文明系列著作，以及新书发布暨学术研讨会情况。该书系共6种7卷，约450万字，包括《古代美索不达米亚文明》《古代埃及文明》《古代中国文明（上、下卷）》《古代印度波斯文明》《古代希腊文明》《古代罗马文明》，反映了北京师范大学历史学院中、外古文明研究的最新成果，对于充分认识世界主要文明的价值和地位具有重要的学术意义，也是学术研究与社会现实互动的可贵尝试。

要而言之，本卷涉及领域较广，内容厚重；论文出自作者心裁，多有创意。期望学界同行和社会各界人士，继续关注和支持本刊，使我们的这块学术园地越办越好。

目录

·纪念白寿彝先生诞辰110周年·

·中国古代史学研究·

·中国近现代史学研究·

·外国史学研究·

·历史文献学·

·人物志·

·当代史学评论·

·会议综述·

CONTENTS

To Commemorate the 110th Anniversary of Bai Shouyi's Birth

Ancient Chinese Historiography

Modern Chinese Historiography

Foreign Historiography

Historical Philology

Figures

Reviews on Contemporary Historiography

Summary on Symposium

纪念白寿彝先生诞辰110周年

思想、责任和文风

——纪念白寿彝先生110周年诞辰

瞿林东
（北京师范大学历史学院、史学理论与史学史研究中心，北京　100875）

摘　要： 深刻的思想，崇高的责任，平实的文风，是白寿彝史学的风格和精神所在。思想，源于勤奋读书，更是源于对国家、民族的深厚的情怀；责任，出于对个人与社会之关系的自觉，尤其出于对神圣的史学事业的忠诚；文风，来自个人的学养，特别是来自服务于社会、服务于人民的人生观和平常心。在白寿彝先生那里，思想、责任、文风是一个整体。

关键词： 思想　责任　文风　白寿彝　110周年诞辰

白寿彝先生（1909～2000）离开我们将近20年了，今年是他诞辰110周年纪念。1981年我从外地回到母校，在白先生身边工作了19年，这是跟随白先生学习的19年；从2000年白先生辞世后，又一个19年过去了，这是阅读白先生著作而学习的19年。人生难得如此！在这篇文章中，我就白先生的思想、责任和文风再谈谈自己的感受和认识，借以纪念白先生110周年诞辰。

一　深刻的学术思想

深刻的学术思想的一个重要表现，是能够不断地发现问题、提出问题并阐明问题和解决问题。在这方面，白先生是一位大家，给我们树立了学习的榜样。应当强调的是，白先生提出的问题都是相关研究领域的重大问题，有的还是带有全局性的问题。

关于历史上祖国国土问题的处理。这是白先生在新中国成立初期提出的一个重大理论问题。1951 年 5 月，他在《光明日报》上发表《论历史上祖国国土问题的处理》一文，开门见山地指出：

> 我们本国史的研究和教学，因为历史科学的基础不够，存在着许多基本的待解决的问题，甚至是需要发现的问题。其中有一个亟须提出来的，是我们在本国史上怎样处理祖国国土的问题。这就是说，在本国史的范围里，要以哪些土地上所发生的历史为限，要以哪些土地上所发生的人类的活动为限？这个问题，是我们搞本国史的历史工作者首先要解决的。我们祖国的历史，无疑地，要以国土的存在为一个构成条件，并且是一个必要的构成条件。如果把历史上的国土问题弄不清楚，便很容易犯错误，有时把别人的历史算作自己的历史，有时却又把自己的历史写在别人的账上。①

这一段话，十分尖锐地提出中国历史研究和教学中有关考察与研究对象的范围问题，这个问题之所以尖锐，是因为在中国历史的教学和研究中，不论是“把别人的历史算作自己的历史”，还是“把自己的历史写在别人的账上”，不仅会在学术上造成混乱，而且会造成政治上的麻烦。

白先生批评“以历代皇朝的疆域为历代国土的范围”，提出“以今天的中华人民共和国的国土为范围，由此上溯，研究自有史以来，在这土地上的先民的活动”。他进而从政治立场、民族关系和看待问题的方法三个方面，分析前者为何不妥，后者为何合理。此论一出，对于此后新中国的中国历史教学和研究形成统一认识，发挥了重要作用。②

关于史学遗产问题。1961 年，白先生发表《谈史学遗产》一文，他在文章的第一部分“是一种有意义的工作”的开篇写道：

> 建国以来，医药学遗产和戏曲遗产的整理工作，在党的领导下取得了显著的成就。一个是蓬蓬勃勃，一个是万紫千红。历史遗产的其

---

① 白寿彝：《白寿彝文集》第 3 卷《民族宗教论集》（上），河南大学出版社，2008，第 26 页。

② 20 多年后，白寿彝先生在《关于中国封建社会的几个问题》的演讲中，从民族关系上进一步阐述了这个问题。见《白寿彝文集》第 1 卷《论中国通史　论中国封建社会》，河南大学出版社，2008，第 193 ~ 197 页。

他方面，如数学、天文历法、农学、化学、建筑、机械、音乐、舞蹈、雕塑、绘画、文学、哲学等等的整理工作，也都取得了不同程度的成绩。祖国史学有长期的历史，有浩瀚的典籍，它给我们留下的遗产是丰富的。但我们史学工作者注意一般的历史遗产比较多，注意史学遗产还很不够。这篇小文想把这个问题提出来，促请同志们多注意一下。

我认为，在努力开拓史学工作的新园地、提高不断耕耘的质量的同时，适当地分出一些力量来研究史学遗产，对于发展我们的新史学是有意义的。[①]

新中国成立后，广大史学工作者在学习、运用马克思主义理论方面不断提高，从而对客观历史的研究更加重视。与此同时，整理、研究各种专史的文献资料的工作也纷纷提到研究日程上来。在这种学术背景下，白先生提出研究“史学遗产”的问题。

白先生认为，研究史学遗产，至少有三个方面的好处：第一，可以更具体更深入地理解史学作为一种社会意识形态在现实斗争中的战斗作用；第二，可以逐步摸索出中国史学发展的规律；第三，可以把历史上学人提出来的问题作为我们当前研究的资料，也可以把这些问题同现实中的一些问题结合起来作综合的研究，使当前的研究更加丰富。白先生把中国史学遗产中存在的优秀遗产概括为一个个“花圃”，如：对史学基本观点的研究，对历史观点在历史研究中的地位的研究，对史学工作的作用的研究，史料学遗产的研究，历史编纂学遗产的研究，各个历史问题的前人已有成果的研究，对于史学家和史学著作的研究，以及历史启蒙书遗产的研究。从列举的这些“花圃”来看，多与历史研究的历史相关，或者说多与中国史学史研究相关。同时，我们清楚地看到：20 世纪 30 ~ 50 年代，中国史学史研究有了一定程度的发展，但是在理论指导方面，尤其是有关研究对象的厘清和论说方面，尚有待提升。白先生的《谈史学遗产》一文和他 1964 年在《人民日报》发表的《中国史学史研究任务的商榷》一文，[②] 对 20 世纪 60 年代尤其是改革开放以来中国史学史研究的大发展，产生了重要的积极作用；加上 1981 ~ 1982 年他的“谈史学遗产答客问”的系列文章所产生的学术影响，中国史学史研究进入一个更加自觉和自信的阶段。

① 白寿彝：《白寿彝文集》第 5 卷《中国史学史论》，河南大学出版社，2008，第 47 页。

② 参见白寿彝《白寿彝文集》第 5 卷《中国史学史论》，河南大学出版社，2008，第 419 ~ 425 页。

凡经历了20世纪80年代以来的中国史学史研究的同仁，都有一点这方面的感受和心得。

关于中国封建社会内部分期问题。1977年，白先生在一次学术演讲中，就如何看待中国封建社会内部分期的方法论问题，提出了新的认识，他讲道：

> 新中国成立以来，要求历史讲阶级斗争。阶级斗争抓什么？抓农民起义、农民战争。过去对农民起义、农民战争有所讨论。当然不够啦。抓这一方面，那是对的，但是光抓农民起义、农民战争，解决不了中国封建社会历史发展的问题。光谈农民战争、农民起义，对于解决中国封建社会的全貌，也觉得不够。……那应该怎么讲呢？讲社会发展规律，首先还要讲经济基础。不从经济基础上解决这个问题，讲农民战争就有好多问题不好解释。讲农民战争的发展，也要从经济基础的发展上来讲。那么讲经济基础，讲什么呢？生产力、生产关系嘛。封建社会生产发展很缓慢，抓这个，困难大。生产关系抓哪一个呢？要抓农民阶级，但是首先要抓地主阶级。为什么？因为地主阶级是封建社会矛盾的主要方面。看封建社会变化，在地主阶级身上体现得清楚些，材料也多些。有了这个材料，再分析农民阶级、分析农民战争，就好办得多。在封建社会两三千年里面，阶级斗争有一定的量的变化，在不同的阶段里，显示着不同的情况。这一点可以帮助咱们对于封建社会发展线索多知道一点。我个人的意思，就是先从这儿来分析：从地主阶级变化来分析；然后再从农民战争的口号、行动来分析。还有一个，从民族关系上来分析。
>
> 中国封建社会可以分几个阶段。新中国成立将近30年了，对中国封建社会有各种划分，有分成两段的，分成三段的，分成四段的，分成五段的，分成六段的，多种分法，角度不一样喽。我倾向于是不是分四段比较合适。①

白先生划分的四个阶段是：战国、秦汉时代，魏晋南北朝隋唐时代，宋元时代，明清时代。三年后，白先生在他主编的《中国通史纲要》一书的“叙论”中，把上述四个时代调整为：秦汉时期，是封建社会的成长时

---

① 白寿彝：《白寿彝文集》第1卷《论中国通史 论中国封建社会》，河南大学出版社，2008，第197～198页。

期；三国两晋南北朝隋唐时期，是封建社会的发展时期；五代宋元时期，是封建社会的进一步发展时期；明清（1840年前）时期，是中国封建社会衰老时期。在上述四个阶段中，地主阶级占统治地位阶层的分别是世家地主、门阀地主、品官地主、官绅地主；与此相应的是农民阶级的身份、地租形态、农民起义的诉求和口号等也发生了变化，反映出中国封建社会发展的轨迹和规律。

值得注意的是，白先生之所以提出上述系列的认识和规律性的见解，是基于毛泽东的《矛盾论》中关于主要矛盾之矛盾的主要方面的理论指导，以及马克思主义重视探讨事物发展规律和方法论的学说。对此，我们既表示钦佩，也要认真地学习。

如上文所引，白先生在讲中国封建社会发展阶段时强调指出："从民族关系上来分析"，也是一个重要标志。在《中国通史纲要》第七章"三国两晋南北朝隋唐时期。封建社会的发展"的第九目"封建关系的发展。民族杂居地区的封建化"中，明确指出："三国两晋南北朝隋唐时期，不同的民族杂居地区，或先或后地进入封建化过程。"其结论是：

> 民族杂居地区的封建化，在中国历史发展过程中意义甚为重大。汉族和少数民族在这样的过程中互相吸收对方的积极因素，活跃了社会生产力，促进了社会经济的繁荣。①

又在第八章"五代宋元时期。封建社会的继续发展"第八目"封建关系的继续发展。广大边区的封建化"中，对广大边区的封建化作了更加详细的论述。②《中国通史纲要》的这一指导思想及其在历史撰述上的实际表达，就其实质来看，凸显了中国历史上各少数民族对中国历史发展的重要贡献，故"意义甚为重大"。

关于中国历史上民族关系主流问题。在中国古代史研究领域，有一个重大问题即民族关系问题。在这个问题上存在两种看法，一种看法认为友好往来是民族关系的主流，另一种看法认为矛盾冲突是主流，双方都有各自的依据，故谁也不能说服对方。1981年5月，"中国民族关系史座谈会"在北京香山举办。其间，上述两种学术观点仍存在激烈争论。针对这一学术现象，白先生在座谈会上就历史上民族关系"主流"问题，发表了他的

① 白寿彝主编《中国通史纲要》，上海人民出版社，1980，第232～233页。
② 白寿彝主编《中国通史纲要》，上海人民出版社，1980，第282～287页。

独到的见解，指出：

> 这个问题也可以看得开阔一点，不要争论不休。哪个是主流，哪个是支流，这样争论下去解决不了问题。这是因为：在这个历史阶段里，可能友好合作比较多，不管什么形式的友好，朝贡也罢，会盟也罢，和亲也罢，总算是和好吧。在另一个历史阶段里，也可能民族间打得难解难分，汉族和少数民族打，少数民族之间也打。这如何解释呢？一定要在这两种现象之间找出个“主流”，定出个“支流”来，我看不好办。我们研究历史，不能采取割裂历史的方法。从一个历史阶段看问题，固然是必要的；从整个历史发展趋势看问题，则是更为重要的。在民族关系史上，我看友好合作不是主流，互相打仗也不是主流。主流是什么呢？几千年的历史证明：尽管民族之间好一段、歹一段，但总而言之，是许多民族共同创造了我们的历史，各民族共同努力，不断地把中国历史推向前进。我看这是主流。这一点是谁都不能否认的。①

从白先生的这些论述来看，同样有一个看问题的方法论问题，就是“不能采取割裂历史的方法”，而应当“从整个历史发展趋势看问题”。在历史研究中，重视马克思主义方法论的运用，是白先生治史的一个特色。

关于中国历史上民族关系的“主流”问题，白先生的结论是：

> 究竟什么是民族关系中的主流？我看各民族共同促使历史前进是主要的，也可以说这就是主流。在历史上，各民族之间尽管不断打些仗，不断搞些民族不和，但我们要从整个历史的发展去看问题。各民族共同促进历史前进，还有一个特点，就是越到后来越反映出共同反对民族压迫，共同反对殖民主义、帝国主义的压迫。这种共同的斗争，不一定是这个民族和那个民族经过商量后才去进行的。但事实上是反对了共同的敌人。这也促进了历史的前进。我们从这方面去理解问题，有好处，不要只是纠缠在“友好合作”和“互相打仗”中去。当然，那些也要说，但那只是现象，最重要的还是要从整个历史的发

---

① 白寿彝：《白寿彝文集》第3卷《民族宗教论集》（上），河南大学出版社，2008，第53～54页。

展去看问题。[①]

从这段引文中作者所强调的特点来看，凸显了“会通”思想的重要，如果不是“从整个历史发展趋势看问题”，就难得看出这一“特点”，而这一特点正是从本质上揭示出中国历史上民族关系主流的历史价值和伟大意义。

关于中国史学上多民族历史撰述的历史传统问题。中国是统一的多民族国家，这是中国历史研究者的共识，但这一共识是否也有其渊源呢？这就需要从史学上去考察，而白先生正是作了这一考察并得到明确结论的学者。

白先生在他主编的大型《中国通史》第一卷《导论》的第一章“统一的多民族的历史”中，详尽地论述了中国史学上撰写多民族历史的悠久的传统：从“古老的传说和记录”到“多民族历史撰述的杰作”，从“民族重新组合的历史记录”到“民族史撰述和地方志、纪事本末的发展”，再到“民族史撰述的近代化倾向”，勾勒出一部简明的多民族历史撰述的历史。白先生的结论是：

> 以上，我们简单而扼要地回顾了新中国创立前，我国多民族历史撰述的一些情况。它们已形成了悠久的历史传统，留下了相当多的历史资料，运用了各种不同的撰述体裁，表达了不同的民族思想，反映了各个时期的历史特点。这些宝贵的遗产为我们研究民族史，提供了大量资料和编写上的借鉴。那些认为中国史书只记载汉族不记载少数民族的历史的看法，是没有根据的。[②]

综观上面的有关论述，我们可以感受到白先生在看待民族、民族史、民族关系史等问题上的理论、方法论的修养与造诣。

二　崇高的责任

在白先生的学术生涯中，从他年轻时候起，就有一种崇高的历史责任感在激励着他前进，直至他走完生命的历程。这里，举出他撰写或主编的几部著作，以展现这一历程及其所承载的崇高责任。

---

① 白寿彝：《白寿彝文集》第3卷《民族宗教论集》（上），河南大学出版社，2008，第56页。

② 白寿彝主编《中国通史》第1卷，上海人民出版社，1989，第32页。

——《中国交通史》:“关系国家兴亡的大事业。”1937年1月，28岁的白先生在商务印书馆出版了他的第一部有系统的著作《中国交通史》。全书凡五篇、近14万字：第一篇，先秦时代之交通；第二篇，秦汉时代之交通；第三篇，隋唐宋时代之交通；第四篇，元明清时代之交通；第五篇，现代中国之交通。不难看出，这是一部贯通古今的中国交通史。我们不妨作这样的推论，即白先生学术思想中的会通精神，在年轻时已萌发出来并随着岁月的流逝而日渐显现和丰富。诚如作者在1986年为该书重印时所撰写的“题记”中所说的那样：

> 从我个人治学的进程上看，本书的写作，有它积极的意义。我对于通史的兴趣，对于划分历史时期的兴趣，对于寻找时代特点的兴趣，都是从写这本书开始的。我对于中外交通史的兴趣，也是从写本书开始的。后来，由中外交通史而中国阿拉伯交通史，而中国伊斯兰教史，而回族史，而中国民族史，兴趣在不断地延伸。现在我的学术工作，主要有三个方面，一个是主编多卷本《中国通史》，一个是主编《回族人物志》，这两个方面的工作在一定意义上，都可以说是沿着本书写作的思路发展而来的；还有另一方面的工作，就是关于中国史学史的研究工作，这是沿着另外一条思路发展而来的，跟本书的关系略远一些。像这样的情况，都是当初所想不到的。①

在这段引文中开始的几句话说到三个“兴趣”，以及后面说到的三个方面即《中国通史》《回族人物志》和中国史学史，这是白先生在76岁那年，回顾了半个世纪前撰写的《中国交通史》对自己学术道路的影响。白先生的这一回顾，对于我们更深入地认识他的学术人生尤其是撰述旨趣，有很大启发。

《中国交通史》是一部学术著作，但作者是怀着“关系国家兴亡的大事业”的心情撰写此书的。1931年9月，日本帝国主义侵占中国东北三省；1937年，卢沟桥事变爆发，中国全面抗战开始。白先生于1936年初撰写《中国交通史》，1937年1月出版，他在全书结尾处这样写道：

> 在这个时候，国难严重到了极点，这种关系国家兴亡的大事业是

① 白寿彝:《中国交通史·题记》，河南人民出版社，1987，第2~3页；并见《白寿彝文集》第7卷《中国交通史·题记》，河南大学出版社，2008，第200页。

需要政府和人民拼命去做的。我们的一部中国交通史，究竟是一部失败史或是一部胜利史，在最近的数年中就要决定。这个时代已不是再容我们优游岁月的时候了。①

不难想象，在中国大地上即将卷起全面抗战怒潮的前夕，白先生写下这段话时，是怎样交织着忧患与愤怒的心情；也不难想象，一个青年学子是怎样感受到肩头承担着崇高的责任。

这里，我想起了翦伯赞先生在抗日战争全面爆发后为《历史哲学教程》所作序文中写下的两段话：

现在，我们的民族抗战，已经把中国历史推到崭新的时代，中华民族已经站在世界史的前锋，充任了世界史转化的动力。……

在这样一个伟大的历史变革时代，我们决没有闲情逸致埋头于经院式的历史理论之玩弄；恰恰相反，在我的主观上，这本书正是为了配合这一伟大斗争的现实行动而写的。②

翦先生的话写于长沙，白先生的话写于北平，他们从不同的角度写出了相同的爱国主义的心声：实践和奋斗。

——《中国通史纲要》：编著通俗历史读物的标准和要求。1977 年 10 月至 1980 年 10 月，白先生主编的《中国通史纲要》一书，在经历了整整三年时间的撰写和不断修改，终于在上海人民出版社出版了。白先生曾说，“这本小书”整整写了三年，“也是我始料所不及的”。

这是为什么呢？道理很简单：要求高。

首先，怎样对待通俗历史读物？白先生认为：

《纲要》是一本通俗的历史读物。所谓“通俗”，我的理解是：第一，一般读者能够看得懂，容易理解。有些“通俗读物”写得咬文嚼字，词不达意，含义模糊，是不足取的。第二，历史专业工作者也可以读，而且在读了之后能够得到一些新的收获。因此，我以为，撰写通俗的历史读物，决不是仅仅把现成的研究成果加以综合、复述就行了，也决不是可以随意下笔、信手写来，而是应当下很大的功

① 白寿彝：《中国交通史》，河南人民出版社，1987，第 211 页；并见《白寿彝文集》第 7 卷《中国交通史》，河南大学出版社，2008，第 367 页。

② 翦伯赞：《翦伯赞全集》第 6 卷，河北教育出版社，2008，第 7 页。

> 夫的。而这个功夫的尺度是：不仅视此为编书，更应视此为著书。这样想，这样做，使我和其他担任分纂工作的同志都增强了事业心和责任感。①

概括说来，一是“一般读者能够看得懂，容易理解”，二是“历史专业工作者也可以读，而且在读了之后能够得到一些新的收获”。而衡量的“尺度”是：“不仅视此为编书，更应视此为著书。”人们常常说“事业心”“责任心”“责任感”，其实任何事业的“事业心”和“责任感”落到实处，体现在具体的标准和要求之中，都可以用一定的“尺度”来检验。《中国通史纲要》是一部不到30万字的“小书”，参与其事者用三年才完成，可见用功之深、衡量尺度之严苛！

白先生认为，编著一部符合要求的通俗历史读物，至少要做到以下三个方面。一是把问题说清楚，包括事物发展变化的过程及其规律，如封建社会内部划分历史阶段及其特点问题；事物内部各因素的相互关系，如少数民族在历史进程中的作用问题；尽可能避免引入过多的专业性、学术性的概念和用语，减少读者阅读中的障碍。二是不求面面俱到，而是着力构思所论对象的整体面貌或体系，显示出清晰的轮廓，突出重点所在。白先生强调说，《中国通史纲要》“共有十章七十二个标题，可以说，每一个标题都是重点”。这是对著者的知识面与判断力的检验和考验。三是“在文字表述上努力做到明白、准确、凝练”。对于如何在通俗历史读物中运用马克思主义理论解释历史，如何把必须引用的古代文献用比较准确的现代汉语表述出来，以及怎样用通俗语言叙述重要的概念和术语等，白先生也都结合《中国通史纲要》一一作了说明：

> 应当说，对文字表述上的这种要求，一是我国史学历来有这个传统，二是我们历史工作者应当具有这样的责任心。从史学传统来说，历史文学（这里指的是历史家对历史的文字表述）是我国史学的优良传统，这个传统当然应该首先在通俗的历史读物中反映出来。从历史工作者的责任来说，我们写出书来，不应仅仅是为了给历史工作者们看，而应是写给全体人民看的，这样才能充分发挥史学工作在教育上的作用。“言而无文，行之不远”，那就很难发挥更大的作用。近几年来，我在一些论文中反复阐说这个道理，向历史界的同行呼吁，

① 白寿彝：《编著〈中国通史纲要〉的一点体会》，《书林》1982年第3期。

> 注意历史文学这个问题。《纲要》的编著，我们在这方面也作了一个初步的尝试。①

从这里可以看出，白先生说的“责任”，不只是停留在把工作做好这个层面上，其深层的含义是：写出来的书，“应是写给全体人民看的”，“这样才能充分发挥史学工作在教育上的作用”。这样看待自己的工作，真可谓笔下有千斤，岂能轻易着笔！

——《中国史学史》第一册：撰述的楷模和长远的规划。1986年，白先生在上海人民出版社出版了他撰写的《中国史学史》第一册，全书包含“叙篇”凡五章和“第一篇　先秦时期，中国史学的童年”也含五章，共22.4万字。同年，白先生在为《中国交通史》重印作“题记”时讲道：他主编多卷本《中国通史》和主编《回族人物志》都是沿着《中国交通史》“思路发展而来的；还有另一个方面的工作，就是关于中国史学史的研究工作，这是沿着另外一条思路发展而来的”②。这“另一条思路”在哪里呢？

白先生《中国史学史》第一册的“叙篇”共分为五章，他在第五章“我的摸索和设想”中，开篇就回答了这个问题。他写道：“（20世纪）四十年代初，我开始在云南大学讲授中国史学史。在这四十多年里，我断断续续地在摸索着前进。”③ 显然，这就是“另一条思路”的渊源所在。白先生十分仔细地回顾了他的“摸索的开始”，写道：

> 在开始讲这门课程的时候，我并没有作适当的准备，在这方面的知识也很欠缺。只是因为课程设置的需要，就把这个任务承担起来。当时因战争关系，交通很不方便，在昆明不易得到外地出版的书。王玉璋的《中国史学史概论》，是我最早看到的这方面的书。后来才又看到魏应麒的《中国史学史》和金毓黻的《中国史学史》。这三种书，在提供史学书目这方面，给了我一点方便。此外，对我几乎没什么用处。我当时的讲法，也是一部书一部书地讲。跟他们不同的是，我没有按史书的体裁去分类，而是按时代的顺序讲下去。在这以前，我写过一本《中国交通史》。《中国交通史》的写法，是按照朝代的顺序，

① 白寿彝：《编著〈中国通史纲要〉的一点体会》，《书林》1982年第3期。
② 白寿彝：《白寿彝文集》第7卷《中国交通史·题记》，河南大学出版社，2008，第200页。
③ 白寿彝：《白寿彝文集》第4卷《中国史学史》第一册，河南大学出版社，2008，第347页。

分为几个时期，并试图写出每个时期的特点。讲史学史，也想按照这个办法讲下去，但在分期上很困难，在写各时期的历史特点上就更困难。历代的史学名著，好像许多明珠，把它们排列起来了，但总是找不到它们贯穿起来的一条线。1942年，我看到了朱谦之的《中国史学之阶段的发展》。他把中国史学史分为故事式的历史时期、教训式的历史时期、发展的历史时期。发展的历史时期又分为三个历史时期。第一时期，是以《通鉴纪事本末》《通志》《文献通考》为代表。第二时期，是以浙东学派为中心。第三个时期，从王国维、罗振玉、梁启超、胡适、顾颉刚，一直写到中国社会史论战。这样的写法，究竟是否跟中国史学发展的情况相符，这是另一个问题，但他究竟画出了中国史学发展的一条线，这在别的史学史论著中是见不到的。我对这篇文章很有兴趣，后来我的讲稿也吸收这篇文章的某些论点，这使我讲授内容有些变化。但朱谦之的这条线，我用于贯穿这些明珠，还是贯穿不起来。在解放前的这几年，我所讲授的这门课程，基本上只能说是按年代顺序讲解的史学要籍解题。当然，在没有接触马克思主义以前，这种解题也是很肤浅，很难发掘出本质性的问题。①

我之所以全文照录这一大段话，是因为它反映了白先生治史的旨趣：一是重视时代划分；二是尤其重视时代的特点；三是重视探寻把事物贯穿起来的“一条线”，而这样的“一条线”往往反映事物发展变化的状态或趋势。白先生当年所考虑的三点，就是在今天，也值得我们思考和学习。

《中国史学史》的第一册“第一篇　先秦时期，中国史学的童年”五章的编次是：从远古的传说到国史的出现，《春秋》经传和私人撰述，战国时期的多种撰述，历史观点的初步形成，历史知识的运用。前三章依时代顺序写“童年”时期史学的发展，第四章讲史学“童年”时期的历史观点，第五章讲历史知识对于社会的作用。概而言之，作者把这个时期史学发展的线索、历史观点的形成、史学的社会功用都讲到了，可谓视野恢宏、脉络清晰、重点突出，开中国史学史撰写的全新格局。

《中国史学史》第一册的“叙篇”所包含的五章是：史学史研究的任务和范围，中国史学史的分期（上、下），有关史学史的古今论述，作者

① 白寿彝：《白寿彝文集》第4卷《中国史学史》第一册，河南大学出版社，2008，第347～348页。

的摸索和设想。这是依次论述了史学史研究的对象和研究的意义、史学史研究的阶段划分、古今学人的史学史论、白先生研究史学史的历程及未来的设想。总体来看，这是关于中国史学史研究的理论、方法和发展前景的论述，具有长久的指导意义。我认为，在这一部分内容中，第五章“我的摸索和设想”对白先生的学生或学生的学生们来说，具有更具体、更直接、更贴近实践性的指导作用。这是因为：

第一，阅读“摸索的经历”一节，不仅能够更深入地认识白先生的治史经历，而且可以借以砥砺我们自身的学术追求的志向。

第二，“摸索中的一些体会”一节讲到“要认真地有重点地读书、逐步前进和博约关系的处理、师友之益”等，都是娓娓道来的心声和真诚的教诲，它们与学术上的重要指点具有同等的甚至更高的价值。白先生在“师友之益”一目中讲到许多老师辈的和同辈的学人对他的帮助，并在结尾处写道：

> 古语云：“独学而无友，则孤陋而寡闻”；“与君一席话，胜读十年书”。我回忆多年以来师友之益，深感这两句话的深刻。如果我在学术上能提出一点新的东西，这同师友的帮助和教益是分不开的。当然，研究工作进程中历史条件的变化是更重要的，这里就不再说了。①

我有时也会想到，虚心好学同师友之益往往是互为表里的。治学路上，永远需要这样的意境和情怀。

第三，在“我的设想”一节中，白先生写了两个方面的内容：一是“多写专著”，二是“关于史学史研究的四件事”。从“多写专著”所述内容来看，这显然是写给读者看的，尤其是写给他的学生辈和广大青年史学史研究者看的。读着这些文字，令人感到震撼：白先生是在尽其所知所想，为中青年学人指方向、出题目、讲方法，希望加快史学史研究的步伐。其中有一段是这么写的：

> 为了加快步伐，开展中国史学史研究工作，我认为，多写专著是很必要的。要写综合性的专著，写某一方面的专著，写某一时期的专著，写中外比较研究的专著，有给专业人员看的专著，有给大学生看

① 白寿彝：《中国史学史》第一册，上海人民出版社，1986，第 192 页。又见白寿彝主编《中国史学史》第一册（先秦时期），上海人民出版社，2006，第 122 页。

的专著，有给更多的人看的专著。①

作者在下面的论述，依次对每一种专著的内容与撰写方法，都作了说明，提出了要求，认真读来，令人感到其中每一句话都蕴含着作者肩头承载的一种崇高的责任。

但是，在作者心目中，这是他应做之事，白先生在《中国史学史·题记》中，关于“叙篇”的内容有这样简单的说明：“第一部分‘叙篇’，是全书的总叙，不是本书的正文。在这篇里，我论述了史学史的任务和范围、中国史学史的分期，还说到关于史学史的古今论述以及我对中国史学史的摸索过程和设想。篇内的大部分，都是我的不成熟的意见，提出来供同志们参考的。”在“叙篇”的末尾，白先生更是淡淡地甚至略带歉意地写道：“我这个‘叙篇’，写得未免长了些。我的意思，只是想把我对一些有关问题的看法谈一谈。其中一定有很不妥当和错误的地方，请同志们指教和帮助。”②

今天，重读《中国史学史》第一册，对它的撰述楷模作用和长远规划价值，有了进一步的认识，对白先生的崇高的责任意识也有了进一步的认识。

——《中国史学史教本》：在读书及思考问题方面的示范。白先生的中国史学史研究发轫于20世纪40年代初，60年代致力于《中国史学史教本》（简称《教本》）上册的编写，80年代撰写并出版了《中国史学史》第一册，与此同时仍在继续《教本》的编写并于2000年10月出版。这样一个时间表表明：白先生在致力于其他许多重要课题研究的同时，他关于中国史学史的研究大致每隔20年向前跨一步。

对于白先生来说，《中国史学史教本》也是他所承担的一个重要责任。在《中国史学史》第一册的“叙篇”第五章中，有这样一段话：

> 解放以来，我学习马克思主义，学习运用马克思主义解释历史问题，不断有些收获，但成果不多。一九六一年，教育部委托我同吴泽同志编中国史学史教本，由我负责“五四”以前的历史，吴泽同志负责“五四”以后的历史。后来，因“五四”以后的历史不好写，我们

① 白寿彝：《中国史学史》第一册，上海人民出版社，1986，第192页。又见白寿彝主编《中国史学史》第一册（先秦时期），上海人民出版社，2006，第122页。

② 以上所引，见白寿彝《中国史学史》第一册，上海人民出版社，1986，第1、196页。

协商：一八四零年以前归我写，一八四零年到一九一九年这个时期归他写。近几年，我们又商定，我们两方面的工作可以各有重点，却不一定要限制在哪一个时期。这就是说，他可以搞点古代的，我也可以搞点近代的。①

这说明了《中国史学史教本》的缘起，它本是教育部1961年文科教材工作会议所确定的一个任务。为了完成这个任务，北京师范大学历史系成立了中国史学史编写组，创办了《中国史学史参考资料》，由陈垣校长出面举办史学史座谈会，白先生在教学过程中编写出《中国史学史教本》上册（下限写到刘知幾）。所有这些，可以看出白先生对这项工作的高度重视。但这项工作因社会主义教育运动和十年动乱而搁置了十几年。1979年，北京师范大学成立了史学研究所，史学研究所内又组建了史学史研究室，《中国史学史参考资料》复刊并更名为《史学史资料》（1981年又更名为《史学史研究》并向国内外公开发行）。于是，《中国史学史教本》的编写工作又渐渐提到日程上来。在《中国史学史》第一册“叙篇”的最后，白先生提到“关于史学史研究的四件事”中，第二件事“是写《中国史学史教本》”，并提出了编写进度的时间安排，但由于种种原因，白先生的设想往后推迟了十几年。

1999年夏，《中国史学史教本》编写完成，并于2000年10月由北京师范大学出版社出版。1999年12月15日，白先生为《教本》写了“题记”，2000年3月21日，白先生与世长辞！他撰写前半部分初稿并主编了《中国史学史教本》全书，前后历时40年，竟未能亲见它的正式出版，这实在是一件令人惆怅的事情！

这里，我们要记住白先生对《中国史学史教本》确定的任务和原则，那就是：

我一向认为，在课堂上讲教本是一种可行的教学方法。这不是照本宣科，而是把教本中的意蕴讲出来，要学生懂得为什么教本要这么说而不那么说，这实际上是在读书及思考问题的方面示范，启发和培养学生独立工作的能力。作为教本，它对读者的效果不只要看教本本身的质量，也要看教师能不能利用教本，那种教本中只能写大家公认的有结论的东西的说法和做法，对于新兴的学科只能是一种阻碍。我

① 白寿彝：《中国史学史》第一册，上海人民出版社，1986，第173～175页。

们的教本，是面向21世纪的教材，在体例和内容上都有新的东西。但无论怎样新，基本的理论不能丢。这是我们写《中国史学史教本》的原则。①

在这里，白先生明确地指出："在课堂上讲教本是一种可行的教学方法"，这跟"照本宣科"是有根本区别的，因为"这实际上是在读书及思考问题的方面示范"。我以为，这是白先生数十年教学经验的一个重要方面，值得大家学习、思考。依我的粗浅理解，"课堂上讲教本"，不仅要讲清楚字面上的词句，还要讲到字面的深层含义，以至讲到与字面相关的事物，以及字面之所以作如此表述的原因，等等。这样，就把"教本"讲活了，从而产生很好的教学效果。

《教本》的"题记"中还有这样几句话，也是值得大家关注的："在内容上，（《教本》）同对多卷本《中国通史》的编写要求一样，在'通'字上下功夫。重视史学同各种社会现象的内在联系，重视贯通古今的史学发展规律。"② 这是白先生治史的一贯要求，是一种风范，我们也可以看作一种家学传统。

2004年，北京师范大学出版社出版《中国史学史教本》第二版，为统一封面版式，要去掉"教本"二字，在两难之际，我征得出版社同意，在新版《中国史学史》中写了一篇简短的"重版后记"，说明"教本"的由来，最后写道："白寿彝先生于2000年3月去世，未能亲自见到本书的正式出版。现在想起来，还使我们深深地感到遗憾。现趁本书改版重印之际，我就本书书名作一点说明，既是对历史的尊重，同时也藉以表达对白寿彝先生的怀念之情。"③

白先生没有亲见《教本》的出版，更没有见到2006年六卷本《中国史学史》的出版，这上距《中国史学史》第一册的出版已经过去20个年头了。白先生在《中国史学史》第一册"叙篇"中讲到的"关于史学史研究的四件事"，第一件就是撰写六卷本中国史学史的事情，他写道：

关于中国史学史研究工作，我想约几位同志办四件事。第一件，是把现在进行中的中国史学史写出来。这主要是供专业工作者阅读，

① 白寿彝主编《中国史学史教本》，北京师范大学出版社，2000，第2页。
② 白寿彝主编《中国史学史教本》，北京师范大学出版社，2000，第2~3页。
③ 白寿彝主编《中国史学史》，北京师范大学出版社，2004，第396页。

希望能得到他们的帮助，得以不断提高。我认为，这是一项基本建设工作。这项工作可能作得好些，别的事情就比较好办一些。我试图把中国史学史划分为几个历史阶段，对每一历史阶段的史学代表人物和代表作能作出比较明确的论述，但是要把他们放在整个历史时代的洪流中去观察他们，看他们所受当时社会的影响及他们对于当时社会的影响，并且还要观察他们对于前辈史学的继承关系，对后来的史学留下了什么遗产。全书初步定为六册，也可能是七册。册数所以还不能完全定下来，因为我还不敢说近代史学可以写多大分量。①

白先生认为："这是一项基本建设工作。这项工作可能作得好些，别的事情就比较好办一些。"同时，他对这书要写的内容也有要求，可见他把这件事情的责任看得很重。现在看来，因有《中国史学史》第一册作为撰述的楷模和对中国史学史分期的论述，才使后继者有所遵循，形成合力，完成白先生的未竟之业。

为了取得体例和版式的统一，经征得责任编辑和出版社的同意，我们把《中国史学史》第一册中的"叙篇"更名为"导论"，置于六卷本之首；把《中国史学史》第一册中的"先秦时期，中国史学的童年"更名为"先秦时期，中国古代史学的产生"，作为六卷本的第一卷；又精选白先生关于中国史学史的九篇专论作为第一卷附录，使本书读者得以更全面、更深入地认识白先生的学术思想和治史旨趣。六卷本《中国史学史》没有白先生的"题记"，同样是一件憾事。上海人民出版社在第一卷中保留了《中国史学史》第一册的"题记"，从而也留下了笔耕者的一处宝贵的历史印记。为了向读者说明上述情况，我在六卷本出版前，于2005年3月写了一篇简短的"第一卷再版后记"，同时说到了六卷本《中国史学史》的撰述分工情况，现抄录如下：

1986年，六卷本《中国史学史》列入国家社会科学基金七五规划资助重点项目，由我协助白寿彝先生主持这一项目的实施。根据这个项目所设计的方案，第二卷秦汉时期的史学，由许殿才教授撰写；第三卷魏晋南北朝隋唐时期的史学，由我撰写；第四卷五代宋元时期的史学，由吴怀祺教授撰写；第五卷明清时期的史学，由向燕南、张

① 白寿彝：《中国史学史》第一册，上海人民出版社，1986，第195～196页。又见白寿彝主编《中国史学史》第一册（先秦时期），上海人民出版社，2006，第124页。

越、罗炳良三位教授撰写；第六卷近代史学，由陈其泰教授撰写。近二十年来，尽管我们都在努力地工作，不敢有任何懈怠，但由于种种原因，竟使这一研究计划拖延至今才有了初步的结果。我作为白寿彝先生主持这个项目的协助者，没有很好地尽到自己的责任，深为愧疚。

六卷本《中国史学史》得以出版，得到上海人民出版社长期的、始终如一的热情支持，责任编辑张美娣女士为此付出许多辛劳，这使我们所有的作者都十分感动，并借此机会表示我们衷心的谢意。今年是白寿彝先生逝世五周年，此书的出版，可以说是对这位中国史学史执着的研究者和大手笔之开拓者的最好的纪念。①

今年是白先生诞辰110周年纪念，读着这些文字，更加怀念“这位中国史学执着的研究者和大手笔之开拓者”！

——多卷本《中国通史》：以国家的名义。白先生总主编的多卷本《中国通史》于1989年出版了第一卷即《导论》卷，至1999年全部出版，凡12卷、22册，约1400万字。关于《中国通史》，我前后写过六篇评论，反映了我学习的一些心得和认识。② 其中涉及白先生对马克思主义理论指导作用的重视，对中国史学史的研究、理解和运用，对中国通史教学经验的积累，对中国历史分期的关注，对多民族在中国历史发展进程中的作用的认识，对中国历史上国土问题的处理等个人的修养和造诣；以及来自国家领导人的号召、国内同行的支持和国外同行的期待。这些内外因素都非常重要，都是不可缺少的。那么，是一种什么力量能使这些因素汇聚起来，推动白先生在1980年《中国通史纲要》出版后而奋发主编这部鸿篇巨制？是崇高的责任感！

1983年3月，白先生在高等院校古籍整理规划会议上的发言，讲到了他决心主编一部大型中国通史的动因，他真诚地向与会者报告了自己内心的不安，他说：

大概在1971年，开了第二次全国出版工作座谈会。周总理在会上提出来要写一部中国通史。后来，国家出版局为此组织了两次写作班子，都没有成功。当时，我正在中华书局参加二十四史标点的工作，

① 参见白寿彝主编《中国史学史》第一册（先秦时期），上海人民出版社，2006，第382页。

② 参见瞿林东《瞿林东文集》第9卷《白寿彝与20世纪中国史学》，北京师范大学出版社，2017，第191～255页。

没有参与编写中国通史的事，但也引起我对1962年在达卡召开的国际史学家会议的回忆。在那次会议期间，巴基斯坦的朋友曾说："过去我们搞历史，是以欧美为中心，现在我们是以东方为中心。我们要大讲中国的历史，可是我们没书，不好办。"人家的态度很友好，但我们的工作跟不上。1974年，我在巴基斯坦又遇到史学界的朋友，人家打听关于中国史的新著。这距离上次的史学家会议整整12年了，我们还没有拿出成果，心里很难过。[①]

白先生讲这番话时，《中国通史纲要》已经出版并开始筹划、组织大型中国通史，这一年他74岁。他在讲话中，提到周总理的要求、国家出版局两次组织通史撰述队伍、两次同巴基斯坦朋友的交谈……可谓五味杂陈，最终凝聚成一种感受："心里很难过！"这是一个有高度责任感的历史学家的真情表露。

白先生的这种感受，从20世纪70年代中期开始，几乎伴随他此后的全部余生。1999年4月，北京师范大学举办祝贺白先生九十华诞暨《中国通史》全部出版座谈会，白先生在会上发表了讲话，又一次讲到他当年那样的感受，他说：

多卷本的《中国通史》的完成和出版，确实让我感到很激动。想起在1962年巴基斯坦史学会召开的国际学术讨论会……在会上，中国代表第一个宣读了学术论文。巴基斯坦的学者说，过去我们讲历史以欧美为中心，现在我们要以东方为中心，用的教材是日本人编的。他们希望看到新中国史学家编出的教材来。1974年我们又一次访巴，对方用的教材是林语堂编写的课本《我们的国家、我们的人民》。他们仍然没有看见到新中国的作品。这两次访问，外国朋友对中国文化、对中国历史是这样重视，我感到吃惊，同时也为没有写出一个字而感到惭愧。从那时到现在，二十多个年头过去了，我们终于写出了自己的通史，终于可以宣布，我们有了新中国的历史书了。[②]

从"吃惊"到"惭愧"，可以说，在一定的意义上，白先生是背负着

① 白寿彝：《古籍整理和通史编纂》，见《白寿彝文集》第1卷《论中国通史》，河南大学出版社，2008，第173页。

② 白寿彝：《白寿彝文集》第6卷《历史教育·序跋·评论》，河南大学出版社，2008，第250页。

共和国的使命和崇高的责任感走过这20年的通史编纂之路的。可是当他在1998年9月19日为全书最后一卷写“后记”时，也只是突出地写了对各方面同志的感谢：

> 我们的书至此已全部告竣，全书共12卷22册，也算是一部巨著了。我们能在二十余年时间里完成这项工程。首先要感谢：
>
> 感谢北京师范大学、各兄弟院校、研究单位的支持。
>
> 感谢全国哲学社会科学规划领导小组、教育部（原国家教委）全国高校古籍整理研究工作指导委员会的支持和资助。
>
> 感谢参加本书撰写的全体同志。
>
> 感谢上海人民出版社的全力支持。①

在这篇简短的“后记”中，已九十高龄的白先生，只字未提自己所做的工作。这和20年前他在各种场合或大声疾呼，或洋洋洒洒地论证编纂大型中国通史的重要性、必要性相比，形成鲜明的对照。即使是在祝贺多卷本《中国通史》全部出版的座谈会上，如上文所引，白先生也只是说了“多卷本的《中国通史》的完成和出版，确实让我感到很激动”。“我们终于写出了自己的通史，终于可以宣布，我们有了新中国的历史书了。”这就是白寿彝先生！

多卷本《中国通史》的巨大的学术价值和广泛的社会影响，史学界多有评论，我也就自己的认识水平写了几篇学习、评论文章，都收在我的文集中。我们可以这样说：它是中国史学在20世纪树立的一座丰碑，诚如戴逸教授在祝贺多卷本《中国通史》全部出版座谈会上评论的那样：《中国通史》在撰述上“最全面、最详尽、最系统，是真正的通史”。“它时间跨度最大，从远古时代一直到1949年。它内容最丰富、最全面，包括政治、经济、文化、民族、地理环境、典章制度、科学技术，几乎无所不包。它纵通横通，是真正的通史，改变了以往许多只有历史事件和制度，偏而不全，略而不详的缺点。”“这是一部高质量、高水平的通史。这部通史不仅详细而且有创新，在吸收已有研究成果基础上又向前推进。”他赞扬白先生为编写这部书做了充分的理论上、学术上的准备，又组织了当代许多名家参与写作。用集体的智慧和力量，完成这一巨著。《中国通史》在“体例上吸收了传统纪传体史书和近代章节体史书之长……创建新的综合体，

① 白寿彝主编《中国通史》第十二卷下册，上海人民出版社，1999，第1809页。

既能反映历史规律性，又能反映历史的丰富性，大大开阔了历史的广度和深度。在中国史学史上是要大书一笔的”。戴逸教授还指出《中国通史》的其他一些特色：第一是“导论”卷集中阐述理论问题，提纲挈领，理论色彩浓；第二是民族问题讲得深入，占的比重大，反映了中国多民族统一国家的全貌；第三是“序说”部分是一个创造。讲历史最重要的是要言之有据。“序说”非常详细地介绍史料，包括文献的、考古的，有当时人的，也有后人的，既提供原始材料，又讲研究状况，把读者直接带到这一段历史研究的前沿。今后写通史、断代史、专史，都可借鉴这一做法。戴逸教授用这样一段话概括白先生和他主编的多卷本《中国通史》：

> 白老是老一辈史学家，现已90高龄，可说是鲁殿灵光，岿然屹立，是我们的表率。尤其令我们钦佩的是，以90高龄完成《中国通史》巨著。这是一部空前的巨著，是20世纪中国历史学界的压轴之作。这是白老心血所萃，是对学术界的重大贡献，是他献给本世纪（20世纪）的珍贵礼物。对这部书应该给以极高评价。①

白先生总主编的多卷本《中国通史》，是20世纪几代史学家编撰中国通史的总结性和创造性相结合的巨著，它开辟了21世纪中外读者认识中国和中华文明的新途径。

多卷本《中国通史》受到党和国家领导人的关注和赞扬，江泽民同志致函白先生表示祝贺，信中写道：

> 《中国通史》的出版，是我国史学界的一大喜事。您在耄耋之年，仍笔耕不辍，勤于研究，可谓老骥伏枥，壮心未已。对您和您的同事们在史学研究上取得的重要成就，我表示衷心的祝贺！
>
> ……我相信，这套《中国通史》，一定会有益于推动全党全社会进一步形成学习历史的浓厚风气。②

这是江泽民同志以个人的也是以国家的名义对白寿彝先生主编的《中国通史》的评价，是对白寿彝先生从国家的需要的崇高责任感而与众多学者合作创造这一巨著的高度赞扬。

---

① 参见许殿才《七十年心血铸就的丰碑——“祝贺白寿彝教授从事学术活动七十周年暨多卷本〈中国通史〉全部出版大会”侧记》，《史学史研究》1999年第3期。

② 江泽民：《致白寿彝教授的贺信》，《史学史研究》1999年第3期。

三 平实的文风

白先生历来重视文风，倡导平实、深刻而富于逻辑的文章之道。他经常引用孔子的话说：“言之无文，行而不远。”① 又常引用孔子称赞春秋时期郑国大夫子产等人重视文辞的例子：“子曰：‘为政，裨谌草创之，世叔讨论之，行人子羽修饰之，东里子产润色之。’”② 他在20世纪80年代发表的“谈史学遗产答客问”的系列文章中，还专有一篇是谈“历史文学”的；1983年，他主编、出版的《史学概论》中，也有一章是讲“历史文学”的，都旨在强调继承中国史学遗产中讲求文风的优良传统。

结合现实的史学工作，白先生对于著作、文章的表现形式、文字表述的要求，作了有针对性的深刻论述。1989年，他在一篇题为《多研究点中国历史的特点，多写点让更多人看的文章》的短文中写道：“问题研究，出了成果，这就需要有所表述。古语说得好：‘书不尽言，言不尽意。’把自己所了解的都表述出来，并不容易。第一，了解得不透彻，就表述不出来。第二，在文字表述上缺乏训练，即使了解得透彻了，也表述不好。这二者，都是功力的问题，只要认识到了，加上不断的努力，是可以不断克服的。现在我想说的是第三种情况，这是由于作者没有为读者设想，要尽可能使用为更多人所能接受的语言文字，以致减少了阅读的群众。抱有这种见解的人，往往有两种认识上的问题。第一，认为文史是两途，治史就不必在文字上下工夫。其实，只要写成文字，就是要让人阅读的，能让更多的人阅读，不比只有少数读者好吗？第二，认为让更多的人阅读的作品，总不免于粗俗。其实，让更多的人能阅读的作品倒是更须下工夫的作品，是否粗俗要看作品的质量，与读者的多少并无关系。我们要打破这两种认识上的障碍，走出自己封锁的牢笼，走向群众。这不只是关系到个人作品的影响问题，也关系到史学工作的开展，史学工作的社会效益。”③ 他把一个史学工作者的研究所得如何表述，看得如此重要，分析、阐说得如此透彻、精辟，而且又是同强调多研究点中国历史的特点这样的问题同时提出来，足见他对文风的关注所达到的境界。

---

① 《左传·襄公二十五年》，载杨伯峻编著《春秋左传注》，中华书局，1980，第1106页。

② 《论语·宪问》，载杨伯峻《论语译注》，中华书局，1958，第154页。

③ 白寿彝：《白寿彝文集》第6卷《历史教育·序跋·评论》，河南大学出版社，2008，第240页。

白先生在谈到他主编的《中国通史纲要》在文字表述上的要求时，提出六个字的概括，即明白、准确、凝练。三者结合，是对作者很高的要求。白先生认为，著作、文章应当有重点，不是把各种问题都“平摆着”，要突出重点，引起读者的关注。为此，《纲要》一书在标目设计上十分认真，如“叙论”用了三个标目：九百六十万平方公里；五十多个民族，近十亿的人口；一百七十万年和三千六百年。这三个标目，清晰地交代了中国历史研究的空间（地理）、民族和年代。在“古老的神话和传说”一章中有这样一个标目“部落首领，神和神的儿子们”；在“秦汉时期。封建社会的成长”一章，起首一个标目是“秦，第一个封建皇朝”等，不仅明白、易懂，而且都给读者留下较深的印象。文字表述还反映出作者在有关内容的编次上的创见，如《纲要》把科学技术的内容同生产力的发展结合起来论述，把少数民族地区的历史进程放到中国历史分期的有关内容中予以阐述等。这就表明，文风不单是文字表述问题，因为它也承载着如何更合理地反映历史研究内容的任务。

白先生在1986年出版的《中国史学史》第一册中，于“叙篇”第五章“我的摸索和设想”写了三个问题：一是“摸索的经历”，二是“摸索中的一些体会”，三是“我的设想”。在平实、自然的叙述中，把他治中国史学史的经历、思考和前瞻，如同和家人、朋友说话一样表达出来，从容而亲切，平实而睿智，读来令人感动而受到启迪和鼓舞。在“历史观点的初步形成”一章，白先生设计了三个节标目：“神的世界”“来到人间”“观点的争鸣”。这不正是人们常说的历史与逻辑一致吗。在这里，艰深的哲学问题、历史观问题，似乎也变得比较容易理解了。

白先生认为，史学工作者要懂得和学会运用类例的方法，不懂类例，就不会作文。他说，清代阮元是深知类例之妙的大文献学家，故其一生著述、编纂繁富。白先生不赞成把文章写得很“满”，特别是带有评价性质的文章，立论和评价都应该留有余地，要避免形而上学。他还认为，商榷性、批评性的文章，不应板起面孔来写，要写得平和、诚恳，使人能够接受，有共同探讨的气氛。古人说的“温柔敦厚而不愚”，这话是有道理的。白先生说，罗列史料而炫耀“博赡”的文章，是不值得提倡的文风和学风，应在博赡的基础上捕捉重要的、实质性的史料，并对之作科学的分析，才能写出好文章。他也不赞成以“猎奇”的态度对待资料，认为重要问题还是要根据“大路材料”来说明。

白先生关于文风的理论和践行，是同他重视学风的认识相一致的。

1978 年，白先生在一次学术报告中，讲到学风问题时，有这样一段话，他说：

> 写历史文章，写历史书，要写得让人家爱看，这不是个简单的问题。不只是写文章的技巧问题，主要还是史学、史识问题，是不是掌握了大量材料，是不是把材料融会贯通、提高了。这样，确实提出了新的问题，让人家对你提出的问题有了理解，有说服力，能让人家信任，是首要的。没有这一点，你在字句上再斟酌也不行。但是，光有前面的功夫，你表达不出来，还是不行。你有材料，有见解，能够表达出来，让人家爱看，这就又上升了一步。这不单纯是个技术问题，但有技术问题，不注意技术问题也是不行的。[①]

他说“学风”是一个“风尚问题”[②]，而文风又是同史学工作的社会功用相系的，只有对这个方面的内在联系理解透彻了，才能对文风的重要性有真正的认识并身体力行。

综上，白先生的思想、责任和文风是一个整体，是一个历史学家的风格和精神所在。思想，源于勤奋读书，更是源于对国家、民族的深厚的情怀；责任，出于对个人与社会之关系的自觉，尤其出于对神圣的史学事业的忠诚；文风，来自个人的学养，特别是来自服务于社会、服务于人民的人生观和平常心。

白先生曾经说：“史学工作者应出其所学，为社会服务！”白先生是真正地、完全地践行了这一庄严格言的历史学家。

（撰于 2019 年 5 月）

---

① 白寿彝：《关于史学工作的几个问题》，《白寿彝文集》第 6 卷《历史教育 · 序跋 · 评论》，河南大学出版社，2008，第 186 页。

② 白寿彝：《关于史学工作的几个问题》，《白寿彝文集》第 6 卷《历史教育 · 序跋 · 评论》，河南大学出版社，2008，第 175 页。

史学史研究与白寿彝先生的史学器局

周文玖
（北京师范大学历史学院、史学理论与
史学史研究中心，北京　100875）

摘　要：白寿彝先生在许多领域均有建树，器局恢宏。晚年的史学研究主要集中在中国通史、回族史、中国史学史三个方面；中国通史编纂居于核心位置，是他一生的最高学术追求；三者联系紧密，共建规模。在白寿彝先生看来，史学史既是一门专史，也是治史之器。他的历史学专业理论及中国通史理论，主要建立在史学史研究的基础上。史学史研究对他的“通识”“史才”、历史责任感、成一家之言的气魄，提供了丰厚的学术滋养，奠定了扎实的学术根基。

关键词：白寿彝　史学史研究　中国通史编纂　器局

“器局”，一般指器度、度量，在《三国志》《晋书》《周书》的人物传记中出现过多次。如《晋书·何充传》：“何充器局方概，有万夫之望。”“强力有器局，临朝正色，以社稷为己任。”① 《周书·王褒传》：“褒有器局，雅识治体。”② 用在评述一个人的学术方面，我认为器局应该含有器识、格局的意思。顾炎武在为人处世及做学问方面很讲究“器识”。顾氏在当时很有名气，很多士人甚至包括他的知名朋友求他为自己的亲人作志、状等，他都婉言谢绝，认为这是为一人一家之事而无关于经术政理之大。他自从读了《宋史》中刘挚（谥忠肃）告诫子弟的话：“士当以器识

① 《晋书》，中华书局，1974，第2028、2030页。
② 《周书》，中华书局，1971，第731页。

为先，一命为文人，无足观也”，他便谢绝一切应酬文字，意在“养其器识而不堕于文人也”。[①] 他曾说：“君子之为学，以明道也，以救世也。徒以诗文而已，所谓‘雕虫篆刻’，亦何益哉!”[②] 这样的学术器识，决定了顾氏高尚的学术格调和宏大的学术气象。白寿彝先生本人也很重“器识”。2000 年元月他在北京友谊医院写下了也许是他生命中的最后一文——《新世纪的展望》[③]。他说：“我们的史学研究工作在 21 世纪中，若想成为推动历史前进的动力，那就必须要求研究工作者除了应有清醒的政治头脑，坚实的研究基础外，还应有史学家的气魄、器识和胸怀。”[④] 因此，以“器局”定位白寿彝先生的史学是贴切的。[⑤] 本文旨在从史学史的角度论述白寿彝先生的史学器局。

一　通史编纂——恢宏的史学器局

白寿彝先生史学器局最突出的表现是民族史、史学史、通史的高度统一。在长期的学术生涯中，白寿彝先生在许多领域均有建树，如中国伊斯兰教史、回族史、中国民族关系史、中国交通史、中西交通史、中国史学史、史学理论、中国历史文献学、中国民俗史、中国通史等。这些领域，有的是他有计划且长期致力的，如中国伊斯兰教史、回教史，白先生下工夫很深。民国时期，他是这方面学界公认的著名专家[⑥]。有的是兴趣所使然，如中国民俗史。在他不到 20 岁时，他就与在中山大学任教授的顾颉刚

---

① 《亭林文集》卷 4，《与人书十八》。

② 《亭林文集》卷 4，《与人书二十五》。

③ 吴怀祺先生说：“2000 年第一期《史学史研究》发表了白寿彝先生的《新世纪的展望》。这篇文章的后面，先生特别写上‘2000 年元月于北京友谊医院’，以前先生没有这样的行文。看到这里，我的心都碎了；这是他在病榻上完成，文章是刘雪英同志送来的。当我去友谊医院，看望先生，也为这期定稿事，想听听先生的指示，听听先生说话，但此时，先生已经不能说了。不曾想到，此次见面，竟成永诀，每思及此，何其痛哉!”见吴怀祺《白寿彝先生关于发展史学的论述》，《史学史研究》2009 年第 1 期。

④ 见《史学史研究》2000 年第 1 期。

⑤ 瞿林东先生曾发表《通识与器局——纪念白寿彝先生百年诞辰》，见《史学史研究》2009 年第 1 期。

⑥ 1947 年顾颉刚接受蒋星煜的专访，在回答“你觉得中国有哪些优秀的青年史学家”时，他讲到了白寿彝先生，说：“以专门史为标准……治宗教史之云南大学教授白寿彝，为回教史专家。”见蒋星煜《顾颉刚论现代中国史学与史家》，《文化先锋》第 6 卷第 16 期，1947 年 9 月。

先生进行交往，1929 年出版《开封歌谣集》[①]。有的大概也是民国时期为生活所迫而从事的，如写作《中国交通史》[②]，以及在一些学校教各种各样的课而日久成为行家里手。这些课甚至包括中国史学史[③]、中国通史或断代史[④]。但无论是自愿的还是因生计而为，白寿彝先生都认真对待。这一点可从刘家和先生的回忆中得到一定的证实。他曾对刘家和先生说："你看我正是打了那么多杂，教了那么多的书，有什么课教什么课，我才把中国历史打通了。……有一条需要记住，你什么都别对付啊。……叫你做什么，你就认真做，必须全力以赴地做。"[⑤] 白先生学术领域的宽广和精深，与他的经历和对待学术工作的认真态度是分不开的。

白先生晚年的学术工作主要集中在中国通史、回族史、中国史学史三个方面。1987 年，他总结道："现在我的学术工作，主要有三个方面，一

---

① 刘雪英《寿彝先生学谱（简编）》："1929 年条：先生早年对民间文学、民俗学就有兴趣。在歌谣集出版后，他还写有《中国古代的龙凤龟麟崇拜》和《关于处女的迷信》《五行家底歌谣观》《殷周的传说、记录和氏族神》《民俗学和历史学》等文章。后来他在燕京大学读研究生时，还阅读了民俗学名著《金枝》。"见北京师范大学史学研究所编《历史科学与理论建设——祝贺白寿彝教授九十华诞》，北京师范大学出版社，1999，第 600 页。

② 白寿彝先生在该书的再版"题记"中写道："《中国交通史》，在我所写的著作中，是最早完成的一部。1936 年年初，我住在北京（那时叫做北平）西寺牌楼北粉脂胡同的一个公寓里，以写文章换取稿费维生。在快到春节的前几天，顾颉刚先生来了。他打开皮包，取出一份《中国文化史丛书》的目录。他说，商务印书馆托他请人写书，问我能不能帮他写一部。我看看目录上的书名，没有一部书是我熟悉的。顾先生看我很为难，就说：'这个目录中有好些书根本没有人写过，写起来很不容易，但你还是试着写一部吧。'我想来想去，觉得《中国交通史》还可能好写一些，就答应了写这部书。"见白寿彝《重印〈中国交通史〉题记》，《史学史研究》1987 年第 3 期。

③ 白寿彝先生从事中国史学史的教学和研究始于 20 世纪 40 年代。他说："四十年代初，我开始在云南大学讲授中国史学史。""在开始讲这门课程的时候，我并没有作适当的准备，在这方面的知识也很欠缺。只是因为课程设置的需要，就把这个任务承担起来。当时因战争关系，交通很不方便，在昆明不易得到外地出版的书。王玉璋的《中国史学史概论》，是我最早看到的这方面的书。后来才又看到魏应麒的《中国史学史》和金毓黻的《中国史学史》。"他是在楚图南先生的鼓励下担任这门课程的。时楚担任云南大学文史系系主任。

④ 白寿彝先生曾告诉刘家和先生说："抗日战争期间，那么困难，我家人口又多，我不到处兼课，行吗？只要有课教，什么课都教。"见刘家和《白先生的教诲和启迪令我终身受益》，《史学史研究》2009 年第 3 期。臧克家是白先生的老朋友，他们 1942 年在重庆订交，他曾赋诗赠予白先生："苦忆山城三纪前，嗷嗷八口一蓝衫。晚晴白发春风里，常记流年未敢闲。"见臧克家《怀念寿彝》，《史学史研究》2000 年第 2 期。

⑤ 刘家和：《白先生的教诲和启迪令我终身受益》，《史学史研究》2009 年第 3 期。

个是主编多卷本中国通史，一个是主编回族人物志……还有另一方面的工作，就是关于中国史学史的研究工作。”并说“像这样的情况，都是当初所想不到的”。[①] 实际上，这种治学局面的出现，是他一生治学发展的必然趋势。这三个方面是相互联系、相互促进的。我一直认为，在白寿彝先生所说的这三个方面中，中国通史占据核心的位置。撰著一部大型的中国通史，是他一生最高的学术追求[②]。

毫无疑义，白寿彝先生是杰出的中国史学史专家，是20世纪后半期中国史学史学科的领军人物，无论是对具体的史学史专题研究，抑或对宏观的史学史学科理论之论述，还是在全国史学史专业的组织工作方面，白寿彝先生都是当之无愧的“史学史研究战线上的一面旗帜”。[③] 他晚年计划完成一部体大思精的多卷本《中国史学史》。但在中国史学史、中国通史不能同时兼顾的情况下，他是有所侧重的。他完成了《中国史学史》第一册（或称第一卷）后没有继续以下几册的写作，而是把主要精力用于多卷本《中国通史》的编纂，就说明他把《中国通史》看得更重。以白寿彝先生的学术积累，如果不是为了完成多卷本《中国通史》，他独立写出多卷本《中国史学史》是没有问题的。前者是集众的编纂，后者是独立的著述。一般来说，独著更能体现学者个人的创造力和学术水平，更能成就一个学者的名山事业[④]，以致何兹全先生也对白先生如此安排似有不解和异议[⑤]。这里就产生了这样的疑问：白先生如此安排从个人名山事业的角度看是不

① 白寿彝：《重印〈中国交通史〉题记》，《史学史研究》1987年第3期。

② 参拙文《白寿彝先生的治学与他的中国通史编纂》，见周文玖《因革之辨——关于历史本体、史学、史家的探讨》，北京师范大学出版社，2010，第267~283页。

③ 安作璋、耿天勤：《白寿彝先生对中国史学史研究的杰出贡献》，载北京师范大学史学研究所编《历史科学与历史前途——祝贺白寿彝教授八十五华诞》，河南人民出版社，1994，第343页。

④ 白寿彝主编《史学概论》，里面有专章，讲史书的编和著以及二者的区别。

⑤ 何兹全先生说：“寿彝公晚年的精力都用到他主编的《中国通史》上了。他是得到了报偿的。江泽民同志就曾写信祝贺他的《中国通史》的出版。他常常说，他主编《中国通史》是完成周总理的一项遗愿，也可能他心中还抱着另外一个愿望，在司马光撰《资治通鉴》的道路上再加一部续编。在《中国通史》的体例、编排上，他都花费了很大心力。书完成了，他也老了，走不动路了。他做这项工作有他的贡献，贡献很大，但是否合适，我总有点怀疑。我有一个信念，做学问，贵有创始性，突破性。别人看不到的，我看到了，提出来了，这叫创始。别人解决不了的问题，我解决了，这叫突破。做学问，研究历史，重在这两性。寿彝公，有聪明，有才华，特别是创新的能力很强。寿彝的强项是中国史学史。有他二十多年的时光，在中国史学史方面下工夫，一定会有很大成就。”何兹全：《忆白寿彝公》，《历史学家茶座》第一辑，山东人民出版社，2005。

是一种失策？是不是他老人家因把编纂《中国通史》看成党的事业、国家的事业甚或是为了完成周总理的遗愿而不惜牺牲个人名山事业？这两个疑问都是基于“著”高于“编”这个逻辑前提的。事实上，这个逻辑前提本身是存在问题的。因为：第一，不是同一对象的编和著，难以进行价值高低之比较；第二，“著”的价值未必一定高于“编”的价值。

白先生之所以集中全力完成多卷本《中国通史》，应该说，是他的学术志向和学术旨趣决定的。做学问历来有专家之学和通才之学的分别（当然二者绝不是对立的）。白先生一向强调通，到晚年，学术研究进入新境界，其最大特点就是“通”。这个“通”体现在一个学科内部的纵通、横通，一个学科和别的学科的旁通，更体现在历史科学与推动社会历史前进的统一。很显然，在专家之学和通才之学间，白寿彝先生更希望做通才之学。中国史学史、中国通史在白先生心中的分量是不一样的。就中国史学史自身而言，虽然也存在专与通的问题，但与中国通史比较，它毕竟是一门专史。中国通史，无论是学术意义，还是社会作用，都是一门专史所无法比拟的。钱穆曾告诫弟子严耕望等人说：“现在人太注意专门学问，要做专家。事实上，通人之学尤其重要。”“现在都研究汉代，一个致力于制度，一个致力于地理，以后向下发展，以你们读书毅力与已有的根柢，将有成就，自无问题，但结果仍只能做一个二等学者。纵然在近代算是第一流的成就，但在历史上仍然要退居第二流。”[①] 钱穆的学术价值观还是有一定的代表性的[②]。20世纪的史学大家对编纂中国通史大多情有独钟。章太炎、梁启超在20世纪初的早期新史学阶段均有此计划，两人还就中国通史的编纂往返通信多次。梁启超两次讲授《中国历史研究法》，都是为其编纂中国通史做理论和方法上的准备的，完成中国通史是他的夙愿。他还提出集合众手来进行这个工作。何炳松也说：“新史学的最后目的自然在要求一部‘尽善尽美的’全国国民都应该也都能阅读的通史。”[③] 他也论述了通史与专史的关系，说“专史家必须与通史家合作起来，我们才可希望做

① 见严耕望《治史三书》，上海人民出版社，2011，第345～246页。

② 白先生对钱穆的这种学术观也未必不认同。白寿彝先生1961年写过《钱穆和考据学》，批评钱穆，引起钱门弟子余英时的攻击。这是旧案。事实上，白先生与钱穆有过交往。他主编的《史学史研究》1991年第1期，还发表过赵九成带有怀念性质的《我所了解的钱穆老师》。

③ 何炳松：《〈中国历代天灾人祸表〉序》，《何炳松纪念文集》，华东师范大学出版社，1990。

出一部理想的人类社会进化史”①。何炳松20世纪30年代在商务印书馆工作期间，拟订了宏大的中国通史计划，请国内历史学专家通力合作。全书分作二百多章，每章自成一书，可惜只出版了三四十本即遇到“一·二八”事变，商务印书馆被毁，此计划没有实现。② 陈寅恪、朱希祖也有编纂中国通史的计划③。特别是顾颉刚，编纂中国通史的设想和实施步骤都很翔实，顾颉刚还与白寿彝先生讨论过其通史计划。顾、白二人在民国时期交往密切，顾颉刚的学术志向对白寿彝先生恐怕也是有影响的。④

编纂通史一是要有专史作基础，二是需要“通识”。在这一点上，梁启超有精到的见解：“作普遍史者须别具一种通识，超出各专门事项之外而贯穴于其间。”⑤ 也就是说，纯粹的专家写不出中国通史。有一定的专家之学，又具有“通识”者方能做成。白寿彝先生早年从事中国哲学史研究，理论思维是他的强项；研究朱熹又为他打下了扎实的文献学功底；新中国以后对马克思主义的学习和运用，中国历史教学方面多年的辛勤耕耘和对中国历史的宏观把握，使他具备了驾驭编纂大型中国通史的“通识”。白寿彝先生的目标当然是成为中国历史上第一流的学者，如何兹全先生所揣摩的“也可能他心中还抱着另外一个愿望，在司马光撰《资治通鉴》的道路上再加一部续编”。沿着史学大家的路径走，完成20世纪史学大家们未竟的中国通史事业，对白寿彝先生来说，是顺理成章的事，是其学术逻辑发展的必然。

的确，白寿彝先生在谈及他编纂多卷本《中国通史》的缘起时，基本是何兹全先生说的是为了“完成周总理的遗愿”，以及1962年、1974年两次访问巴基斯坦，巴基斯坦史学界所表达的希望看到中国人著的《中国通史》对他产生的激励和刺激⑥。这样的说法，在今天看来有些“高、大、

① 何炳松：《历史上之演化问题及其研究法》，《何炳松论文集》，商务印书馆，1990，第201页。

② 郑振铎：《悼何柏丞先生》，《何炳松纪念文集》，华东师范大学出版社，1990，第236页。

③ 陈寅恪的侄子陈封雄曾回忆说，陈寅恪想写一部《中国通史》。参见张杰、杨艳丽选编《追忆陈寅恪》，社会科学文献出版社，1999，第443页。朱希祖曾作《建议教育部请在国立各大学分设中国分代史讲座以备完成中国通史案》，参见周文玖选编《朱希祖文存》，上海古籍出版社，2006，第342～346页。

④ 参见周文玖《顾颉刚、白寿彝的交往和学术关联》，《史学理论与史学史学刊》（2013年卷），社会科学文献出版社，2013。

⑤ 梁启超：《中国历史研究法》，《饮冰室合集》专集之七十三，中华书局，1989，第35页。

⑥ 参见白寿彝《古籍整理和通史编纂》，《白寿彝史学论集》（上），北京师范大学出版社，1994，第579页；《白寿彝教授在大会上的讲话》，《史学史研究》1999年第2期。

上”，似乎不那么接地气，但不可否认这是事实。他们那一代学人响应党的号召和根据国家的需要进行学术研究是发自心底的。他这样说绝非矫情，而是真诚的。笔者曾在白寿彝先生家参加集体学习，深感老先生对政治学习的严肃和认真。但是我认为上面白先生的说法只是说出了他开展中国通史编纂的外因。我们还应看到问题的另一方面。（1）他的中国通史编纂不是周总理委派的，也不是国家主管机构指定的。他说：“大概在（19）71年，开了第二次全国出版工作座谈会。周总理在会上提出来要写一部中国通史。后来，国家出版局为此组织了两次写作班子，都没有成功。当时，我正在中华书局参加二十四史标点的工作，没有参加编写中国通史的事”。[①] 可见，他在此之后组织力量编纂中国通史是他作为一个史学家主动自觉地承担起国家赋予史学界的使命，而非国家要求他这样做。这里我们可以联系司马谈司马迁父子的历史撰述。司马氏父子先后为太史令，他们意识到西汉大一统时代需要一部历史巨著，于是自觉地把撰述史著当作自己的神圣职责。西汉太史令的职责是保管国家图籍、参与历法编修、随皇帝参加宗教祭祀活动等，撰史不是太史令的必做之事。司马迁写《史记》完全是他的个人著述行为，是一个史学家的自觉的史学发展意识的体现。对白寿彝先生的中国通史编纂也应作如是观。（2）白寿彝先生通史编纂工作也遭遇很多困难。如此大的学术工程，国家投入科研经费非常有限。在出版周期长、撰写工作不被学术考核机制重视的环境下，编纂进度和书稿质量都曾令这位老先生不满和灰心。不是亲眼看见老先生这种情绪的表露，笔者真想象不到白寿彝先生从事这项工作的艰难。为保证该书的高水准，白寿彝先生确实像司马光定稿《资治通鉴》一样耗尽了心血。他对书稿的修改，融会了他的研究成果。他是创作型的主编。（3）这部中国通史的体裁体例以及诸如历史分期、疆域、民族等基本理论都是白寿彝先生创立的，是他一生探索通史理论的成果之结晶。（4）中国通史编纂队伍是白寿彝先生利用自己的学术影响甚至学术交谊组织起来的，各卷主编均为国内一流专家，全书的灵魂导论卷（即体现该著的历史理论和史学理论）是白寿彝先生及其弟子完成的，充分体现了白先生个人的学术思想。

综上，笔者认为，编纂多卷本《中国通史》是白寿彝先生最高学术追求的体现，此举不是追求个人名山事业的“失策”，也没有为了国家民族

---

① 白寿彝：《古籍整理和通史编纂》，《白寿彝史学论集》（上），北京师范大学出版社，1994，第579页。

的需要牺牲了个人的名山事业，而是白寿彝先生个人学术志业与国家需要的完美结合和高度统一。白寿彝先生把最后的学术生命倾注于大型中国通史这种“编”的工作，恰是他史学器局的不同凡响之处，体现了他比常人高远的学术眼光。关于这部多卷本《中国通史》的学术价值和社会影响，已有很多论评，在此不再赘言。

二　史学史是专史，更是治史之器

中国史学史是一门学术专史，这点没有异议。为建设这门专史，白寿彝先生从青年时期就投入了大量精力。1961 年全国文科教材会议指定他为《中国史学史教本》古代部分的主编后，他更是以中国史学史学科建设为己任。然而，白先生没有把史学史学科囿于专史的狭小天地。在界定史学史的学科性质以及处理史学史与历史研究的关系方面，他超越学术专史的局限，给这门学科以更加准确而富有发展前景的定位。

首先，他把史学史学科的地位放在人类文明发展史的高度进行思考，指出史学史研究是人类历史活动更加自觉的表现。他说：

> 在人类文明的发展史上，出现了历史记载，这是件大事情。历史反映人们在社会实践中的认识。在没有人类记载以前，人的社会实践活动可以说是自发的活动。把自己的社会活动写在字面上，从零星的，到系统的，从目的不很显著，到目的很明确，这是人们对于社会实践的一种自觉的活动，是人类文明发展史上的一大进步。……当然，这不是科学的自觉，但是否可以这样说，它是一种比较原始的自觉。从不成系统的历史记录到撰述的出现，并注意到如何写历史，这是人们对于历史知识的要求又前进的一大步。有了历史记载，这种记载积累多了，形成了史学。又经过史学的发展，出现了史学史的研究。在史学工作里出现了史学史，这是史学工作进入它自己的一定的自觉阶段。在中国史学工作进入史学史的自觉阶段后，还有不同的发展阶段。①

白先生的这段话，虽然很朴实，但蕴含非常深刻的哲理。

---

① 白寿彝：《在第一次全国史学史座谈会上的讲话》，《白寿彝文集》第 6 卷《历史教育·序跋·评论》，河南大学出版社，2008，第 216 页。

其次，他由此进一步论述了史学史与历史研究的关系：

> 从发展上看，史学史是史学发展以后才有可能出现的。从学科结构上讲，史学史是较高层次的史学工作。史学只是研究历史，史学史要研究人们如何研究历史，它比一般的史学工作要高一个层次，它是从总结一般史学工作而产生的。说较高层次，不是说研究史学史的人比别的史学家要高，而是指学科性质来说的。所谓史学工作是自觉的活动，就是说，作为史学工作者，史学史的工作就是要批判、总结我们这个行业的成就。[①]

这就是说，史学史不是历史学系统内的一般的专史，它与历史学自身的发展紧密相关。史学史总结史学研究的经验教训，目的是更好地开展史学工作。

再次，他认为史学史与历史理论、历史哲学关系密切。他说："史学史的研究成果，可以上升为史学理论。历史理论或其中的一部分，可以上升为历史哲学。历史哲学既是史学，又是哲学。搞史学应该有点哲学兴趣，有好处。"[②]

最后，在上述认识的基础上，他提出史学史的两大任务。一是"研究史学发展的过程及其规律"。这一点体现了史学史的专史特点。二是"研究史学在学术发展和社会实践上的影响，就是说史学在理论上和实践上有什么用处"。这一点已使史学史跳出了一般专史的范围，使其在史学发展全局和推动社会历史发展方面发挥应有的作用。

上述史学史思想，不仅对中国的史学史学科建设产生了很大影响，而且得到白寿彝先生身体力行地践行。史学史研究是他史学活动的利器。白寿彝先生将之运用于自己的历史研究和通史编纂实践中。他主编的《史学概论》是他关于历史学专业理论方面的成果，其中的史料学理论、历史编纂学理论、历史文学理论、史家修养理论都是在史学史的基础上提出来的。多卷本《中国通史》导论卷也是在史学史基础上打造的通史编纂理论，比《史学概论》又精深了一个层次。关于史学史研究与多卷本《中国

---

① 白寿彝：《在第一次全国史学史座谈会上的讲话》，《白寿彝文集》第6卷《历史教育·序跋·评论》，河南大学出版社，2008，第217~218页。

② 白寿彝：《在第一次全国史学史座谈会上的讲话》，《白寿彝文集》第6卷《历史教育·序跋·评论》，河南大学出版社，2008，第218页。

通史》体裁的关系，杨翼骧先生指出："这部多卷本《中国通史》，站在新时代的思想高度上，汲取了中国传统史学中的优良编撰方法，变通改造，有机融合，创立通史编纂的新的综合体裁。白先生之所以设计出这样体大思精的通史著述，也得益于对中国史学史的透彻研究。"① 杨翼骧先生是著名的史学史专家，对秦汉史、魏晋南北朝史有深入的研究，著有《秦汉史纲要》《魏晋南北朝史纲》等。他的论断源于自己的学术心得，发自肺腑，很有说服力。张忠培先生也说："在20世纪60年代，范文澜、翦伯赞和郭沫若诸位前辈，各自主编中国通史，进入80年代，则只有白寿彝先生出来主编中国通史，这并非是偶然的现象，是时势也。"② 这里以"时势"说明白先生担负起中国通史编纂之使命，深刻而精准。首先，写中国通史是时代的需要。即使是在"文化大革命"混乱的局面下，毛泽东都没有忘记通史编纂。1968年7月20日他派女儿李讷看望范文澜先生，并带去口信：中国需要一部通史，在没有新的写法以前，还是按照你那种方法写下去。通史不光是古代近代，还要包括现代。范文澜先生深受鼓舞，制订计划，着力落实。1969年7月29日，他在疾病没有稳定的情况下急着出院，当晚病情突发，不幸病逝。郭沫若主编《中国史稿》，从60年代启动，历经"文化大革命"，迟迟未能竣稿。1971年周恩来总理在全国出版工作会议再次提出这个任务，说明通史建设的紧迫性。然而此时第一代马克思主义史学家已进入了暮年，没有精力从事此项工作。早年即有撰写中国通史愿望的顾颉刚也疾病缠身，自顾不暇。撰著中国通史的使命落在白寿彝先生这代年届七十的史学家肩上是很自然的。从学术资历和学术成就看，与白寿彝先生在一个层级上的史学家应该说还有一些，但为什么白寿彝先生勇于担起这个任务？除了个人的学术旨趣、学术责任感，很重要的一点是白寿彝先生具有史学史的学术底蕴。这是他与其他同侪相较的独特之处。史学史研究除了使他有能力设计出宏大的框架，恰当的体裁、体例，更重要的是锻造了他的史学器识，使他具有高于他人的自觉的史学发展意识。通过研究史学史，他不仅得到史才、史学的训练，而且历史"见识"提高了。他把"史义"看成史学最根本的东西，这在他的历史评论和史学评论中反映得很清楚。

如他写《司马迁寓论断于序事》，在顾炎武《日知录》卷二十六"史

① 杨翼骧：《怀念杰出的历史学家白寿彝先生》，《史学史研究》2000年第3期。

② 张忠培：《永不忘却的纪念——悼念白寿彝老》，《史学史研究》2000年第3期。

记于序事中寓论断”条的基础上，发现了《史记》更多的这类论断形式。文章所举《叔孙通传》中司马迁对叔孙通的描述和借他人之口对叔孙通的评论，把叔孙通这个“不讲是非曲直，而与时俱进、以面谀得势”的人物形象展示得活灵活现。白寿彝先生在论述司马迁的史论形式和史论特色的同时，也表达了自己对叔孙通这个历史人物的评论，对那些“缘饰儒术”“面谀以得亲贵”的儒生进行了辛辣的讽刺。白寿彝先生还透过《史记·万石张叔列传》中一些细节的描写，揭示了“当时官场中的一种恭谨自保、讲究做官的风气”，于探究史学评论中体现自己的史论思想。这些史论思想，很鲜明地反映了他所追求的史学正义及史学的垂范精神。

在史学评论方面，他对《史记》评价最高，称赞《史记》的人民性，说：“《史记》是一部有丰富的人民性的著作，它在处理历史重大问题上，重视了人民群众在历史上的影响。司马迁为《史记》规定了‘稽其成败兴坏之理’这一任务，他是以人心向背作为考察这个问题的一个重要角度的。”[①] 他赞扬《史记》的进步的历史观，认为“《史记》从历史上‘究天人之际’，是跟当时正宗儒学所宣扬的，方士们所粉饰的，以阴阳五行、天人感应立说的官学相对立的，是以无神论跟有神论相对立的”[②]。相比之下，他对《汉书》的评价偏低。《汉书》是封建史学的范本，问世之后，比《史记》更受统治者青睐，但白先生对它的评价却比较消极，认为《汉书》“利用了《史记》在体例、史料、写作艺术以及在某些观点上的成就，并且也利用了《史记》的学术威信和社会威信，但却用正宗的观点挤掉了《史记》的进步精髓而加以改写”[③]。在中国史学史上，班、马优劣论是一个争论不休的论题，很显然，白寿彝先生具有扬马抑班的倾向。白寿彝先生晚年对班固的评价有一定的改变，比60年代有所提高，但基本看法没有改变。这是由他重视历史观、强调史义的史学旨趣决定的。

史学史研究一定意义上就是与历代史学家的对话，是对历代史学家史学工作的批判和总结。在这个过程中，研究者自然会从中汲取经验和教

---

① 白寿彝：《司马迁与班固》，《白寿彝文集》第5卷《中国史学史论》，河南大学出版社，2008，第386页。

② 白寿彝：《司马迁与班固》，《白寿彝文集》第5卷《中国史学史论》，河南大学出版社，2008，第390页。

③ 白寿彝：《司马迁与班固》，《白寿彝文集》第5卷《中国史学史论》，河南大学出版社，2008，第406页。

训，会受到自己所喜欢甚至崇拜的史学家的人格及学风之影响。白寿彝先生的史学史研究，涉及大量的史学家。从他发表的论著看，古代史学家他研究用功较深的是司马迁、班固、刘知幾、郑樵、朱熹、马端临，文章中出现频次较高的是司马迁、刘知幾、司马光、郑樵、章学诚，阐发自己史学主张引用较多的是司马迁、刘知幾、顾炎武、章学诚。综合来看，司马迁、刘知幾、朱熹、顾炎武、章学诚对他的影响更大一些。司马迁的影响是多方面的，包括著史的旨趣，进步的历史观、民族观，恢宏的学术视野，瑰丽的文字表述；刘知幾的影响表现在著述要讲究体裁体例以及文字表述的“尚简”和准确；朱熹的影响表现在读书方法和考辨史料方面；顾炎武的影响表现在经世致用的学术抱负，采铜于山的治学精神，文字表述的平实、准确之特点；章学诚的影响表现在史德、史义之讲求，史书体裁体例与史书内容的辩证统一之主张。要而言之，史学史研究为白先生的史学器局提供了丰厚的学术滋养。

三　史学史研究与“成一家之言”

“成一家之言”是白寿彝先生史学器局的重要特征。施丁先生在怀念白先生的文章中说：“我与白先生几十年的来往交谈，始终感到，他自己念念不忘成一家之言，以此自励，追求不已，勤奋著述，甚至不顾老病。他如愿以偿，确实有很多的创新，很大的建树。就我个人所能认识到的，他对中国史，是有很多创见的，所主编的《中国通史》是有很大特色的；他对中国史学史的建设，是崭新的，具有里程碑的意义。”① 的确，“成一家之言”是白寿彝先生的学术追求，也是他时时倡导的治学精神，体现了他的学术风格。他精心编纂的《中国通史纲要》以及多卷本《中国通史》，汇集了他关于中国历史的许多卓识独见。在对中国历史的构建方面，他实现了“成一家之言”的目标。

应该说，白寿彝先生“成一家之言”的学术趣味，源于他的史学史研究。早在1963年，他在中央党校为理论班学员讲《史记》，就专门讲司马迁的“成一家之言”。他说：“《史记》作为一部历史书，在‘成一家之言’方面是个创举。”并把司马迁“成一家之言”的表现概括为：“《史记》综合古今典籍及其资料，创造出一部通史”，“综合古今学术，辨别源

① 施丁：《治史学要成家——缅怀白寿彝先生》，《史学史研究》2000年第3期。

流得失”，“综合已有的史体，创立新的史书体裁”，“《史记》‘继春秋，述往事，思来者’”。[①] 也就是说，《史记》从史料收集、融会各家学术、在旧体裁基础上创立新体、著述旨意等方面，都是具有开创性的。白先生80年代又专门写了一篇《说“成一家之言”》，从《荀子·非十二子篇》《庄子·天下篇》《吕氏春秋·不二篇》《韩非子·显学篇》，一直讲到刘安的《淮南子·要略》、司马谈的《论六家要指》，考察了“家”的来源，阐述“家”的含义。他认为司马迁的“成一家之言”，是在史学领域里第一次提出了“家”的概念，司马迁自认为写《史记》是继《春秋》的工作，是以史学成家。司马迁两次讲到“成一家之言”，一次是在《太史公自序》的最后：“序略，以拾遗补艺，成一家之言，厥协六经异传，整齐百家杂语，藏之名山，副在京师。”这里的“成一家之言”是从体裁和取材说的；另一次是在《报任安书》中：“究天人之际，通古今之变，成一家之言。”这是从撰写的指导思想说的。《史记》对有关各家著作舍短取长，加以发展，写出自己的特色。这是其“成一家之言”的要义。白先生对“成一家之言”在中国史学上的地位看得很重，认为它是中国史学成长起来的一个重要标志。他说：“在史学领域里提出‘家’的概念，并在实践上实现了‘成一家之言’，这在司马迁个人，是超越前人的成就；在史学的发展上，标志着我国史学已经规模具备地成长起来了。”[②]

由于白寿彝先生对“成一家之言”的重视，以致“成家”与否成为他学术评论的重要标准。他说：“看一个史家，或看某个学派，首要的并不是什么具体的学问，而是看他是否成家，学问是要有的，这是基础，但最重要的是成家，司马迁就强调‘成一家之言’，成家才是难能可贵的。”[③]

重视“成一家之言”反映在学术旨趣上就是白先生对“通”的偏好。这从他经常对几位史学大家的表彰能够很清楚地看出。尽管白先生在出版了《中国史学史》第一册后没有进行后续几册的写作，但他对中国史学史的探索和思考没有停止，时常发表文章。虽大多属于短篇散论，但却不乏深刻的见解、开阔的视野。其功力之深厚、认识之敏锐，令人钦佩。

如他写的《说“六通”》，此六通是指三通（《通典》《通志》《文献通

---

① 参见白寿彝《〈史记〉新论》，求实出版社，1981，第51~71页。

② 白寿彝：《说“成一家之言”》，《白寿彝文集》第5卷《中国史学史论》，河南大学出版社，2008,，第556页。

③ 施丁：《治史学要成家——缅怀白寿彝先生》，《史学史研究》2000年第3期。

考》）之外，再加上《资治通鉴》《史通》《文史通义》。他把《史记》《汉书》《三国志》《后汉书》与这六部书合称“四史六通”，认为它们是中国“中古时期历史著作中的代表作”。他指出六通各有其通的特点：“《史通》的‘通’，可以说主要是史书体例的‘通’，史书编写形式的‘通’。”“杜佑的《通典》是一部关于典志的通史巨著，他的自序说：‘不达术数之艺，不好章句之学。所纂《通典》，实采群言，征诸人事，将施有政。’这样一部大书是在他的政治思想指导下撰述的，九个门类的先后次序是按照他所认为政治上的本末、先后、缓急来安排的。全书的结构很有逻辑性，这也反映了他的政治思想体系的构成和对社会结构的看法。……杜氏是唐代著名的大族，《通典》二百卷中，关于礼的有一百卷之多，这也反映这一地主阶级的思想感情。”“《通鉴》专取‘关国家盛衰、系生民休戚、善可为法、恶可为戒者’。在史料的保存、史料的取舍和一些议论上，《通鉴》都有所贡献，但指导思想是‘资治’二字。”“郑樵的《通志》和马端临的《文献通考》，主要是关于历史文献方面的汇辑工作。郑樵很重视‘会通’。‘会通’的意义从《通志》看来，大概是包括两点，一点是讲类例，又一点是讲‘贯通’。……《通志》很难说对于‘贯通’做到了什么程度。这比司马迁的‘通古今之变’，看来还有相当的距离。”“《文献通考》是继《通典》之后一部更大规模的关于典章制度的通史。他搜罗的材料相当丰富，也有一些好的议论。……马端临的兴趣在于文献考证方面。……在书的体例上，《通考》基本上继承了《通典》，但在指导思想上，这两部书走的不是一条路子。”“章学诚的《文史通义》，书名取之孔子。……他的研究不在历史的本身，而在于史学。从认识上说，他这部书比着《通典》等书，都要高一个层次。同《史通》可以说是在一个共同层次，而在这个层次中，《文史通义》比着《史通》，也还是要高一些的。”① 这些文字要言不烦，点出每部史书的特征，对它们在中国史学史的地位作了评定，比较了它们在“通”的方面之异同。这样从容不迫的表述，虽然读起来朴实无华，却给人通灵透彻的快感，没有几十年的学术积累，是很难做到的。

此外，他还认为“成一家之言”是中国史学的一个好传统，在新的时代，应该继续发扬光大。他强调说：“我们是社会主义的时代，我们的要

---

① 白寿彝：《说六通》，《白寿彝文集》第5卷《中国史学史论》，河南大学出版社，2008,，第543～546页。

求应该跟司马迁有本质上的不同。但在马克思主义理论的指导下，为了建设社会主义精神文明，我们，特别是中青年同志，也要有敢于‘成一家之言’的勇气。”①

“成一家之言”体现在学风上就是创新。白寿彝先生具有突出的创新精神。他经常说：“创新的学术才有生命力。”并谦虚地说自己“七十岁才开始做学问”。要多“吸收精神上的氧气”，还要继续走新路。他之所以不断提出学科建设的新思想，学术研究的新观点，其内在动力就是“成一家之言”的学术追求。

白寿彝先生的史学史研究，使他成为史学建设的先觉者。早在1983年，他就提出要重视对外国史学的借鉴。他说：“现在的很多学术领域都带国际性，尽管有民族特点，还是带有国际性。我们不能离开世界，不能离开人类。我们要研究外国的历史书，研究外国的历史学，来丰富我们。”② 在如何建设有中国民族特点的马克思主义史学的问题上，他坚定地说：“要站在世界前列，不能一般化，真要拿出东西来。我们国家的历史最长，史学一向是最发达的，现在不应落后，应该大步往前走。”③ 近年来，党中央已明确提出构建历史学学科体系、学术体系、话语体系的任务，并要求在继承性、民族性，原创性、时代性，系统性、专业性三个方面下工夫。白先生在20世纪80年代的多篇文章和讲话中对这些问题就有所论述。白先生常说：“彰往察来”“疏通知远”。他对中国史学史的研究，使他能够高瞻远瞩地看到历史学科发展存在的问题和未来的发展趋向。史学史学科的价值，在白寿彝先生的学术活动中有生动的体现。史学史研究对造就白先生的史学器局具有重大的作用。

新的历史时期，我们应当继承白寿彝等老一辈学者的学术遗产，开拓创新，将中国史学史研究提到更高水平，增强史学研究的使命感、责任感，把中国历史学事业不断向前推进。

---

① 白寿彝：《说“成一家之言”》，《白寿彝文集》第5卷《中国史学史论》，河南大学出版社，2008，第556页。

② 白寿彝：《关于建设有中国民族特点的马克思主义史学的几个问题》，《白寿彝文集》第6卷《历史教育·序跋·评论》，河南大学出版社，2008，第169页。

③ 白寿彝：《关于建设有中国民族特点的马克思主义史学的几个问题》，《白寿彝文集》第6卷《历史教育·序跋·评论》，河南大学出版社，2008，第174页。

继承·开拓·创新

——白寿彝先生民族史思想三题

朱露川

（北京师范大学历史学院、史学理论与
史学史研究中心，北京　100875）

摘　要： 著名历史学家白寿彝先生在民族史、民族关系史以及民族理论方面的诸多论著，是近代以来中国史学在民族史研究领域的重要成果，在学术界产生了广泛影响。在总结中国史学撰写多民族历史的优良传统的基础上，白寿彝先生提出撰写统一的多民族历史的理论和撰写新型回族史的体裁体例，并将其运用于具体的研究和撰述工作中，取得了突出成就。2019 年是白寿彝先生110 周年诞辰，谨以此文学习、继承、纪念白寿彝先生的学术思想。

关键词： 白寿彝　民族史思想　撰述　传承　创新

白寿彝先生在历史学领域建树甚丰，在中国史学史、中国通史、中国民族史和民族关系史等方面，各有代表作。其中民族问题是白寿彝先生历史思想的重要组成部分，他在撰著和主编的多部著作中，对于民族史、民族关系史、民族理论等方面做出了深入的论述，受到学术界关注而产生广泛影响。[①] 本文意在从总结传统、提出理论和撰述新篇三个方面阐述白寿

① 这些文章主要有牙含章《回回民族的杰出史学家》，《史学史研究》1989 年第 1 期；吴怀祺《统一的多民族的历史的内涵和特征——读〈中国通史·导论〉》，《史学史研究》1990 年第 1 期；刘先照《中国民族史研究的一代开拓者》、陈连开《开拓·创新·富于启发的理论成果》、马寿千《回族研究是一门很艰难的学问》（均见北京师范大学史学研究所编《历史科学与历史前途——祝贺白寿彝教授八十五华诞》，河南人民出版社，1994）；（接下页）

彝先生在民族史研究领域的继承、开拓和创新。2019 年是白寿彝先生 110 周年诞辰，笔者谨以此文学习、继承、纪念白寿彝先生的学术思想。

一 总结中国古代史学撰写多民族历史的优良传统

中国史学源远流长，成果丰富、迭出，撰写多民族的历史是中国古代史学优秀遗产的重要方面。多卷本《中国通史》导论卷论述了中国历史上的九个重要问题，其中白寿彝先生撰写的《统一的多民族的历史》位于卷首。在该章中，作者依次论述“关于中国民族史撰述的回顾”“党的民族政策和民族分布现状”“统一的多民族历史的编纂”三个问题。第一节“关于中国民族史撰述的回顾”和第三节“统一的多民族历史的编纂”，分别总结和讨论了中国史学撰写多民族历史的优良传统以及撰写统一的多民族历史的原则和方法。这两个问题，同民族史撰述的传承与创新关系密切。中间一节所述内容繁多，阐释了国家的民族政策并勾勒出民族分布的具体情况。在同书附录《中国历史上的十二个方面 346 个问题》中，“民族”列于第三章，含五节 27 个问题。[①] 同时，在白寿彝先生主编的《中国通史纲要》一书中，民族问题也列于“叙论”之中而得到了充分阐述。[②] 由此可见，民族问题在白寿彝先生历史理论体系中占据重要位置。

正如白寿彝先生在论述中指出的，中国古代史家撰写多民族历史，“已形成了悠久的历史传统，留下了相当多的历史资料，运用了各种不同的撰述体裁，表达了不同的民族思想，反映了各个时期的历史特点”[③]。从这个总体的观点出发，他考察、总结，进而分析了从先秦时期至明清以

(接上页）王东平《白寿彝先生民族史研究的理论与方法》，《北京师范大学学报》（人文社会科学版）2000 年第 3 期；瞿林东《白寿彝先生的史学思想与学术成就》一文下篇第三部分“关于民族史、宗教史研究的创获”，见瞿林东主编《史学理论与史学史学刊》2002 年卷，社会科学文献出版社，2003；吴凤霞《民族·民族史·民族史学——论白寿彝先生民族研究》，《回族研究》2006 年第 2 期；陈其泰《民族史理论研究》，《陕西师范大学学报》（哲学社会科学版）2016 年第 3 期，等等。

① 参见白寿彝主编《中国通史》第 1 卷，上海人民出版社，1989，第 385 页。

② 白寿彝主编《中国通史纲要》（上海人民出版社，1980）第一章“叙论”中，讨论的三个问题分别为“九百六十万平方公里”“五十多个民族，近十亿人口”“一百七十万年和三千六百年”。

③ 白寿彝主编《中国通史》第 1 卷，上海人民出版社，1989，第 32 页。

降，各个历史阶段民族史撰述的情况：先秦时期，“从甲骨文、金文、《诗》《书》《春秋》经传、《竹书纪年》、诸子书以至《天问》《山海经》，或叙说当时史事，或追述前人的传说”，这些都“在民族方面有所反映”。①这些文字记载可以视为多民族历史撰述的先声。《春秋》《左传》《公羊传》《穀梁传》《国语》等书主要记政治事件，包含大量的民族史材料，可以视为“民族史撰述的正式开始”。② 秦汉大一统以后，民族史著述逐渐产生杰作，司马迁《史记》、班固《汉书》、范晔《后汉书》各有成就，“均为中国民族史工作提供了宝贵的资料、研究的线索和撰写的方法，在中国民族史的研究史上占有重要的地位”③。三国两晋南北朝隋唐和五代辽宋夏金元是民族重新组合的历史时期，在汉民族进一步发展的同时，少数民族先后建立政权，故出现了针对少数民族政权的历史著述。如北魏崔鸿《十六国春秋》，北齐魏收《魏书》，唐令狐德棻等《周书》，梁沈约《宋书》，唐魏徵等《隋书》，后晋刘昫等《旧唐书》，元脱脱等《辽史》《金史》等著作中，均有关于这两个时期各个民族政权的撰述。由于南北方民族差异所产生的历史影响不同，相对而言，北方民族的记载要详于西南民族的记载。及至明清，民族史的撰述跟地方史和纪事本末体的发展关系密切，官修的有关少数民族的著作“多巨制”，具有相当丰富的史料价值，“《明实录》《清实录》中的民族史料不少”。这一时期，统治者对待少数民族“有一套相当稳定的制度和政策”，所以，“明清时期所修官书，基本上都是歌功颂德的作品”，民族史的撰写也具有如是特点。鸦片战争前夜和战后百余年间，随着“封建皇朝”的衰落和史学的嬗变，“中国民族史撰述上出现了近代化倾向”。④

在纵览、讨论历史上各个时期民族史撰述的经验和成就的同时，白寿彝先生对于影响民族史撰述的多种因素做出如下分析。

一是历史形势对史学家撰写多民族历史产生重要影响。这主要表现在两个方面：一个方面是历史格局的统一或分裂对于史学家撰写民族史的影响。秦汉时期，统一的历史格局的形成，使这一时期的史学家在“大一统”思想下撰写史书：

---

① 白寿彝主编《中国通史》第1卷，上海人民出版社，1989，第1~2页。

② 白寿彝主编《中国通史》第1卷，上海人民出版社，1989，第3页。

③ 白寿彝主编《中国通史》第1卷，上海人民出版社，1989，第14~17页。

④ 以上所引，见白寿彝主编《中国通史》第1卷，上海人民出版社，1989，第23~24、26~29页。

《史记》把环绕中原的各民族，尽可能地展开一幅极为广阔而又井然有序的画卷。它写了《匈奴列传》《南越尉佗列传》《东越列传》《朝鲜列传》《西南夷列传》《大宛列传》，分别按地区写出北方、南方、东南、东北、西南、西北的民族历史，其中有些记载是超越当时和今日国境范围的。把这六个专篇合起来，可以说是一部相当完整的民族史。这与先秦记载之局限于一个民族或几个民族的有关事迹，是大不相同的。秦汉的空前统一局面及其对外交通的发展，使当时人大开眼界，也使我们的历史家能写出这样包容广大的民族史。①

这里，白寿彝先生强调了统一的历史形势对于司马迁《史记》中的多民族历史撰述所产生的深刻影响。在《史记》之后，《汉书》《后汉书》也对统一格局下的多民族的历史作了“相当完整的记载”②。

另一个方面是分裂格局下史学家对民族史的记载。以五代至宋元时期为例，在长时段的历史性的变化之中，民族史著述中出现了名称混乱、记载分散以至历史事件缺失等现象。虽然总体上产生了不少记载民族历史的著述，然而，“系统地记述民族重新组合的书简直就没有了”③。这就是说，在分裂动荡的历史时期，史学家撰写民族史各为所属，局限性较大，没有能够产生像《史记》《汉书》等历史著作中那样宏大丰富的民族史撰述。

二是史学家民族观念对于撰写多民族历史所产生的影响。白寿彝先生认为，司马迁和班固虽然都生活在统一的历史时期，但二者在民族观点上有很大差异：“《史记》论述了不同民族的社会发展的不平衡，但不斤斤于夷夏之别。司马迁对待少数民族的态度是理智的，没有明显的狭隘民族思想。”④ 例如，关于匈奴问题，“《史记》既反对匈奴对汉边地的侵扰，也反对汉朝对匈奴牧地的侵夺”，班固《汉书》则指责匈奴人“贪而好利，被发左衽，人面兽心”。这两种观念，大致代表了两汉以降的民族思想的主要观点。对少数民族抱有歧视情绪的，如江统《徙戎论》反对羌氐人居于“内地”，主张把他们外迁，这种不愿以平等的态度对待少数民族的思

① 白寿彝主编《中国通史》第1卷，上海人民出版社，1989，第6~7页。

② 参见瞿林东《中国史学史纲》论“秦汉史学”，首节即论述“政治大一统造就了新的史学”，北京出版社，1999，第166~177页。

③ 白寿彝主编《中国通史》第1卷，上海人民出版社，1989，第17页。

④ 白寿彝主编《中国通史》第1卷，上海人民出版社，1989，第10页。

想，在晋以后“是相当普遍存在的”①。白寿彝先生不同意把少数民族看作天生劣等民族的做法，称其“是很不妥当的”②。在民族观念上抱有开明态度的，有刘知幾、杜佑等人为代表，白寿彝先生指出：

> 刘知幾在所著《史通·称谓》中，在论到晋人对待十六国的态度时说：“续以金行版荡、戎羯称制，各有国家，实同王者。晋世臣子，党附君亲，嫉彼乱华，比诸群盗。此皆苟徇私忿，忘夫至公，自非坦怀爱憎，无以定其得失。”这是刘知幾从历史家应有的忠于史实的立场来立论的，在当时这是进步的思想。……杜佑在《通典·边防总序》中认为，汉族和少数民族间的差距是由于自然环境的不同而造成的。有些鄙风弊俗，汉人和少数民族原来都有。后来汉人把它们丢掉了，而少数民族却没有能加以变革，因而民族间的差距就出现了。把杜佑的这个观点用现在的话提高了说，这种民族间的差距是由于所处社会发展阶段之不同。当然杜佑的看法是很朴素的，而在当时却很难得。③

两种倾向的民族观念反映在民族史撰述中，表现为对民族问题总结、阐发和评价的差异，这表明，撰述者民族观念的包容或狭隘，是影响民族史撰述传统形成、发展、变化的重要因素，显示出史学家主体思想倾向在历史撰述活动中所发挥的关键作用。

三是多民族历史撰述形式的不断丰富和发展。史书编纂形式的选择和运用，影响着民族史撰述的成就高低。白寿彝先生从史学发展史上考察了不同时期的民族史撰述形式，指出：《春秋》等书所留下的民族史料是“按编年的形式写的，按史事发生年代的先后进行记载”；《国语》则是“按王国和侯国的区别汇编”而成的民族史资料；《史记》中的《西南夷列传》将西南夷区分为四类，“这种按地区分别表述民族历史的方法”，“对于后来的民族史撰述有很大的影响”；《汉书》和《后汉书》继承了《史记》按地区写民族史的编纂传统，“以一个最占优势的民族为主而连带叙述其他民族”，在撰写过程中，“往往穿插着有关的中外关系，使读者可以看到民族地区在中外关系史上的地位”。④从《春秋》到《后汉书》，编

① 白寿彝主编《中国通史》第1卷，上海人民出版社，1989，第18页。
② 白寿彝主编《中国通史》第1卷，上海人民出版社，1989，第13页。
③ 白寿彝主编《中国通史》第1卷，上海人民出版社，1989，第19页。
④ 以上所引，见白寿彝主编《中国通史》第1卷，上海人民出版社，1989，第2、9、13页。

年体、国别体、纪传体等史书体裁的发展、变化，为民族史提供了丰富、灵活的撰述形式，在各种形式之间，按地区分写民族历史的形式占据主流。

三国两晋南北朝隋唐和五代辽宋夏金元两个时期，民族史撰述在形式上因袭《史记》以来的传统。当然，由于少数民族政权的迭出以及史学自身的革新和发展，以少数民族政权为主的撰述形式得到了更多应用。南宋时期，“因事命篇”的纪事本末体正式确立，为民族史撰述提供了新体裁，其特点是“以密切关系少数民族的一次事变或一次战争为记述对象，并以纪事本末的史体勒成专书”，《平定朔漠方略》《平定准格尔方略》一百七十二卷等书是其中的代表作。明清时期，地方志的形式也逐渐应用于民族史撰述。近代以来，随着民族史走向学科的独立发展和马克思主义民族理论的传播，综合性的民族史撰述成为重要的课题。

白寿彝先生不仅关注中国史学撰写多民族历史的优良传统，而且深入分析了影响民族史撰述的诸多因素，可以认为，他对中国古代史学的民族史撰述遗产作了一次充分的梳理和总结。对于这份史学遗产，当代史学工作者自当认真学习、扬弃。正如白寿彝先生所指出的：“这些宝贵的遗产为我们研究民族史，提供了大量资料和编写上的借鉴。那些认为中国史书只记载汉族不记载少数民族的历史的看法，是没有根据的。”① 在继承中提出理论性认识，可以说是创造性的继承。

二　提出撰写统一的多民族历史的原则和方法

从继承、发扬优秀史学遗产的观念出发，白寿彝先生在总结、揭示中国古代史学撰写多民族历史之优良传统的同时，进一步提出了当代史学家研究民族史、撰写民族史的原则和方法，从而把从古代史学传统中汲取的经验应用于现实的史学工作。在《中国通史》导论卷开篇，白寿彝先生指出：“中国是一个统一的多民族的国家。中国的历史是中华人民共和国境内各民族共同创造的历史，也包含着曾经在这块广大国土上生存、繁衍而现在已经消失的民族的历史。”② 这就是说，《中国通史》必须要写出统一的多民族的历史，这是整部《通史》编撰的指导思想。白寿彝先生将民族史研究和《中国通史》的撰述紧密结合，从理论上提出了编写统一多民族

① 白寿彝主编《中国通史》第1卷，上海人民出版社，1989，第32页。

② 白寿彝主编《中国通史》第1卷，上海人民出版社，1989，第1页。

历史需要重视的几个问题。

第一，关于历史上祖国国土范围的处理。地理空间是人们创造历史的活动舞台，研究中国史，离不开国土范围问题，研究民族史，更离不开疆域问题。白寿彝先生从多年的研究、教学经验出发，考察了学术界关于历史上祖国国土范围的两种主要观点：其一，是“以历代皇朝的疆域为历代国土的范围，因皇权统治范围的不同而历代国土有所变更或伸缩”；其二，是“以今天的中华人民共和国的国土为范围，由此上溯”，研究有史以来在这片土地上活动的先民的历史。白寿彝先生认为，前一种观点存在三个弊端：一是明显“受传统的皇朝历史观点的支配”；二是“容易引导我们的历史工作陷入大汉族主义的偏向”；三是“可能引导我们把本国史一个朝代、一个朝代孤立地看，不能把历史和我们现在的社会生活结合起来”。据此，他提出：“我们应该建立后一个办法”，即“以今天的中华人民共和国的国土为范围，由此上溯，研究自有历史以来，在这片土地上的先民的活动”。① 这一观点得到了学术界认可，成为民族史研究的指导原则之一。

第二，把少数民族地区的历史纳入中国历史分期问题中加以考察。白寿彝先生将民族史这一局部的研究与中国史这一整体的研究紧密结合，从一个侧面论证了中国历史分期问题，显示出他独到的见识和判断。对于这种局部与整体的考察视野，白寿彝先生这样阐发：“历史上，我国各民族的发展是不平衡的，但不平衡是社会发展的正常现象。各民族之间的发展不平衡，一个民族内部的发展也不平衡，我们应当从不平衡的状态上掌握一个历史时期的整体性。”② 以往人们谈到中国历史分期问题，“基本上是关于中原地区奴隶社会跟封建社会的分期问题”，对此，他指出：“我们应当放开视野，努力在全国的范围内考察这个问题，不局限于中原地区。”通过这样的考察方法，他进一步论述了中国古代封建社会的四个主要时期。

——秦汉时期，“在中原地区，是中国封建社会的成长时期。……围绕中原地区的少数民族，有相当部分登上历史舞台，而匈奴、羌族特别活跃，有时还给中原皇朝以武力的威胁。但当时所有的少数民族，都还处在前封建社会阶段。作为中国主体民族的汉族，是经过有关部落和民族的融

---

① 以上所引，见白寿彝《论历史上祖国国土问题的处理》，《民族宗教论集》，河北教育出版社，2001，第 26 ~ 28 页。

② 白寿彝主编《中国通史》第 1 卷，上海人民出版社，1989，第 82 页。

合而在秦汉时期形成的"。

——三国两晋南北朝隋唐时期，"是中国封建社会的发展时期。……本来在两汉时期就已开始内迁的匈奴人和羌氐人，现在他们深入内地，并且又有鲜卑人、突厥人、回纥人及其他少数民族的内迁。结果无论在南方和北方，民族杂居的地区都扩大了。因而，汉族充实了自己，少数民族提高了生产水平和生活水平"。民族间的重新组合，促进了原来地区封建化过程，"这是封建社会发展时期的一个重要特征"。

——五代至元末，"是中国封建社会的进一步发展时期。……广大的边区，从东北的部分地区到西北，再到西南，基本上都进入了封建社会，而汉族与各民族间又经历了一次新的组合。这是封建社会进一步发展时期的重要标志"。

——明及清的大部分年代，是"中国封建社会的衰老时期"，"民族间的关系比前一历史时期要密切了，但属于民族性质的封建枷锁却更加沉重了"。[①]

上述论点在白寿彝先生主编的《中国通史纲要》相关章节中也有所反映，如第七章"三国两晋南北朝隋唐时期。封建社会的发展"第九节"封建关系的发展。民族杂居地区的封建化"；又如第八章"五代宋元时期。封建社会的继续发展"第八节"封建关系的继续发展。广大边区的封建化"，等等。[②] 凡此，都是将少数民族地区的封建化进程融入中国历史分期的总体格局中加以考察，进一步论证中国封建社会的发展问题。

第三，关于历史上民族关系的主流问题。白寿彝先生多次强调："我们研究问题要抓主要问题，抓大问题，抓带有全面性的问题"[③]，"抚今追昔，应该特别珍重历史的主流"[④]。关于民族史研究的主流，白寿彝先生提出了两个问题，即多民族之统一形式问题和历史上民族关系的主流。对于前一个问题，白寿彝先生指出，中国历史上出现过四种不同的民族统一的形式，即"单一民族内部的统一""多民族内部的统一""区域性的多民族的统一""社会主义的全国性的多民族的统一"。这四种民族统一的形式，存在着历史发展的顺序，是"按着程序前进，一步高于一步"。这充

① 以上所引，见白寿彝主编《中国通史》第1卷，上海人民出版社，1989，第82~86页。

② 参见白寿彝主编《中国通史纲要》，上海人民出版社，1980。

③ 白寿彝：《关于中国民族关系史上的几个问题——在中国民族关系史座谈会上的讲话》，《北京师范大学学报》（社会科学版）1981年第6期。

④ 白寿彝主编《中国通史》第1卷，上海人民出版社，1989，第96页。

分证明，“从历史发展的全貌来看，全国性的多民族统一才是主流”。[①] 对于后一个问题，这在学术界引起了较长时期的辩难，白寿彝先生从整体性的眼光出发，指出：“我们研究历史，不能采取割裂历史的方法”，“许多民族共同创造了我们的历史，各民族共同努力，不断地把中国历史推向前进”，“总的说来，友好关系越来越发展”，因此，“各民族共同促进历史前进是主要的”。[②]

除了上述三个方面，白寿彝先生还强调，要加强资料的搜集，他希望学界能够将翦伯赞主持的《历代各族传记汇编》工作继续下去，并提出可采用“以民族或民族地区为主”的新的工作方法。他还认为，研究民族史要联系现实问题，因为，“它处处与民族团结、国家民族的前途，千丝万缕地联系着”。[③]

要之，白寿彝先生提出了关于民族史研究和编纂的一系列原则和方法，并指出不仅要总结历史事件的发展情况即“纵着看”问题，而且要从历史发展的整体“横着看”问题，从而勾勒出民族史研究、撰写的宏图。

三　编撰《回族人物志》及新型回族通史的构想

在总结中国古代史学撰写多民族历史的优良传统，进而提出民族史研究、撰述的理论和方法的基础上，白寿彝先生进一步提出了编撰新型的“回族通史”的构想，并主持了《回族人物志》和《中国回回民族史》的编写工作，这一研究历程，可谓揭示传统、撰述新篇。[④]

白寿彝先生认为，历史学家的重要任务之一就是写历史书，他说：

---

① 白寿彝主编《中国通史》第1卷，上海人民出版社，1989，第90～92页。

② 以上所引，见白寿彝主编《中国通史》第1卷，上海人民出版社，1989，第95页；白寿彝《关于中国民族关系史上的几个问题——在中国民族关系史座谈会上的讲话》，《北京师范大学学报》（社会科学版）1981年第6期。

③ 以上所引，见白寿彝《关于民族史的工作——1988年10月在中国民族史学会上的讲话》，《史学史研究》1988年第4期。

④ 1942年白寿彝先生出版《中国回教小史》，后来加工为《中国伊斯兰史纲要》。1948年，白寿彝先生编辑的《中国伊斯兰史纲要参考资料》和校点的《天方典礼择要解》出版，又发表《纯真篇义证》。1951年，出版《回回民族的新生》，并发表《论关于少数民族历史和社会情况的宣传与学习》等文。1952年出版《回民起义》。后来又陆续发表、出版《关于回族史的几个问题》《中国穆斯林的学术传统》《关于中国民族关系史上的几个问题》《泉州伊斯兰教石刻》《中国伊斯兰史存稿》《关于社会主义新时期的民族关系》《关于编写新型回族史的意见》《民族宗教论集》等论著。

“我对于写中国通史有一个看法，就是要吸收我们过去的优良传统，结合着我们尽量掌握到的、比较丰富的材料，在马克思主义指导下，写成新的史书”，这个思想，“也可以移用到回族史这门学科上来”。这就是要写一部“包含现在社会上流行的一些通史在内”“采取一种综合论述的体裁”“按着历史发展的顺序，把某一时期的经济、政治、军事、文化”都写出来的新型的“回族通史”。[①] 这里，他明确地提出了关于新型回族通史的撰述构想。

在历史唯物主义的指导下，白寿彝先生首先强调要以科学性为撰述的基本原则。他指出，一部新型的“回族通史”的编写原则应该“第一是科学性，要写得确切，不要夸大，也不要缩小”，“要注意自己的民族感情问题”，要科学地、客观地看待问题。[②] 需要指出的是，白寿彝先生关于“回族通史”的思考与其主编的《中国通史》工作是同步进行的，故在总体设计上是一致的。就具体的撰述计划来看，新型的“回族通史”包含四个部分：“叙说”，是要“把过去研究回族史的成果、回族史的基本的资料同我们应该开辟的回族史的路子，作一个总的论述”；“综述”，是要“对回族形成、发展的历史作一个综合的论述”，并采取“现在流行的一般历史书的体例”；“典志”，是关于回族在经济、政治等各方面的制度；“人物传记”，把回族历代的重要人物都列传。就当时的研究情况来看，第一部分即“叙说”已经有人开始了这方面的工作。第二部分即“综述”，从宁夏回族自治区成立前夕回民文化协进会提供的《回回民族的历史和现状》开始，到国家民委领导的五套丛书里的回族简史，已经“工作几十年了”。第四部分即“人物传记”，有已经出版的四册《回族人物志》。因此，白寿彝先生着重思考第三部分即“典志”的工作，他认为，这里应该包含“地域考”“生计考”“工艺考”“会社考”“寺院考”“教育考”“天算、历法”“医药·体育考”“礼俗考”“经籍考”“金石考”“语文考”等十二个部分。[③] 这样一种体例上的规划，很明显是受到唐代史学家杜佑所撰《通典》体例的影响，深刻地反映出白寿彝先生对于历史编纂学遗产的继承和发展。

《回族人物志》采取人物传记的形式撰写，首先要解决的就是以怎样的历史观来看待、总结，进而撰写历史上的回族人物。对此，白寿彝先生指出：

① 白寿彝：《关于回族史工作的几点意见》，《宁夏社会科学》1984 年第 1 期。
② 白寿彝：《关于回族史工作的几点意见》，《宁夏社会科学》1984 年第 1 期。
③ 参见白寿彝《关于编写新型回族史的意见》。

一个人总是离不开他所处的社会。不理解这个人所处的是什么社会，就很难全面地了解这个人。反过来，把一些人的事迹联系起来看，也可以发现历史运动的脉络，和人们身上的历史烙印。

……有的同志曾经担心：写传记会不会走上英雄史观的路子？我说，历史上是有过对社会发展起了一定作用的人物，有过可以说是英雄的人物。这样的人物，不管你写不写，总是客观存在的。从历史工作来说，研究这样的人物，写这样人物的任务，却是应该认真对待的。写历史人物的传记，可以走英雄史观的路子，也可以完全不走英雄史观的路子，走一条完全相反的路子，就是说，走历史唯物主义的路子。问题不在于写不写传记，而在于怎样写传记，在于用什么样的历史观写传记。①

上述内容表明，一部《回族人物志》，就是要通过把历史上回族人物的事迹联系起来，呈现历史运动的一个侧面。在这段文字之后，白寿彝先生带领读者温习了斯大林《和德国作家艾米尔·路德维希的谈话》一文，强调："要肯定历史人物在一定时期的作用和贡献，同时也要指出他所受的时代的和阶级的局限。"② 由此确立了四卷本《回族人物志》叙述、评价历史人物的标尺。以清代卷为例，白寿彝先生指出，写清代人物传记要注意两个特点，一是"清代的阶级矛盾和民族矛盾"，撰述者应当"透过官书所形成的迷雾，对现实历史状况进行分析，需要相当高的理论水平和史料上的深入辨析"。二是"这一时期的宗教学者和文学家、诗人，都相当多，如何对他们进行适当的评价，这需要在有关专业方面素养的积累"。③ 这都是以历史唯物主义的观点看叙述、评论清时期的回族人物，做到知人论世。

由于《回族人物志》关注的并非写不写历史人物，而是怎样写历史人物的问题，故是书在编纂过程中十分重视对于体裁的创新和灵活运用。在形式上，《回族人物志》继承并发展了古代史学写人物的优长之处。《回族人物志》写人物，有专传，有两人以上的合传，专传、合传之内可以附写子传；有的传主生平事迹比较丰富，还设有子目，醒目地显示出传主在政治、经济、科学、文化等方面的突出事迹，如赛典赤·赡思丁、郑和、海

① 白寿彝主编《回族人物志》元代卷，宁夏人民出版社，1985，"题记"，第4~5页。

② 白寿彝主编《回族人物志》元代卷，宁夏人民出版社，1985，"题记"，第6页。

③ 白寿彝主编《回族人物志》清代卷，宁夏人民出版社，1992，"题记"，第3页。

瑞、李贽等人，都写得丰满可读。各卷还设有附录，包括遗文、碑传题跋酬赠、著作目录、提案等。《回族人物志》继承了古代史学连类列举的记人方法，例如，写萨都剌的生平、诗文、画论之后，进而交代出在萨都剌之后的元末的回族诗人，包括买闾、哲马鲁丁、别里沙、仉机沙、掌机沙、古雅谟丁、爱理沙等人；又如，写马九皋的事迹、词曲之后，又交代出与马九皋同时期的回族作曲家，包括玉元鼎、阿里耀卿、阿里西瑛、沐仲易、丁野夫等人。总体上看，《回族人物志》全书断限清晰，体例划一而又富于变化，内容丰赡而层次分明，可以说，四卷本《回族人物志》在民族史的撰述上开辟出一条新的路径。

《回族人物志》是专门写少数民族人物传记的书，正是出于撰述对象和形式的特殊性，是书对于撰述者提出了更加具体的要求。在编撰工作的过程中，白寿彝先生十分注重总结撰述经验，他在《回族人物志》明代卷的“题记”中这样写道：

> 一般说来，写历史人物传记比写历史发展过程要容易些，但也有它的难处。第一，写传记必须熟悉有关传主的资料，“熟悉”二字很难做到。第二，要有多学科的知识，写文学家要懂得点文学；写哲学家要懂得点哲学；写政治家也必须有一定的政治方面的知识。第三，要把人物摆在一定的历史环境中去写，不能孤立地去看一个人物的生平。第四，在表述上要下工夫，总要写得确切，最好还要生动。写传记最怕写成一篇流水账，但因作者的修养和功力不够，又往往会出现这种情况。①

显然，没有深入地思考，是提不出这些问题的。实际上，这里提出的撰写人物传记的方法，并不限于回族人物的传记，对于其他民族的人物传记的撰写也具有方法论上的启发。

作为新型的“回族通史”的第四部分，《回族人物志》的撰写从1982年开始，至1992年完成，历经首尾十个春秋，不仅在中国回族史研究方面做出了重要的探索，也被白寿彝先生视为新型回族史的“开山之作”。在《回族人物志》近代卷付梓之际，白寿彝先生对回族史的研究提出了新的期待：

---

① 白寿彝主编《回族人物志》明代卷，宁夏人民出版社，1988，“题记”，第1页。

在这十年的撰写实践中，我们深感到，回族史工作的开展，第一，需要大规模的资料搜集。第二，需要培养渊博的专业人才。第三，需要有实事求是的优良学风。对这三个方面，我们都还需要作长期的努力。①

在这段文字中，论者不仅表达了对回族史撰述工作的期望，更展现了他对回族史研究的责任感。在这份责任感的推动下，白寿彝先生在《回族人物志》之后，又主持了《中国回回民族史》的编纂工作，这也是他学术生涯的最后一份成果。对于《中国回回民族史》的编写初衷，白寿彝先生说道：

多年来我一直有一个愿望，编写一部新型的回族史，在好多场合曾经呼吁过，总是力不从心，没有动手。后来《回族人物志》元代、明代、清代、近代四册出版了，这是为新型回族史的开路之作。现在多卷本《中国通史》也已完成并且出版了。于是旧事重提，仿照多卷本《中国通史》的体裁，编写一部新型回族史的设想见诸行动了。……我想在有生之年“为回回民族历史事业做点贡献”的夙愿可以实现了。②

这篇“题记”是作者于病榻口述，由身边助手笔录整理的。“题记”尚未发表，《中国回回民族史》仍待出版，白寿彝先生就与世长辞了，不可谓不是一件憾事。在白寿彝先生一百一十周年诞辰之际，这段文字尤其带给后学以感动和激励。

* * *

白寿彝先生将毕生精力投入到历史学的研究和教学之中，他关于中国史学上统一多民族历史撰述的传统的总结和论述，有力地说明了中国史书只叙述汉族历史的看法是片面的。白寿彝先生的民族史思想及其指导下的一系列成果，为优秀史学遗产的创造性转化、创新性发展树立了良好榜样。回顾白寿彝先生对民族史研究传统的继承、开拓和创新，带给我们诸多启示：其一，要发掘、学习、研究史学遗产；其二，要尝试对史学遗产做出系统的梳理、整合，进而做出理论的概括；其三，要把对传统的继承进一步落实到研究的创新、开拓工作中去。

---

① 白寿彝主编《回族人物志》近代卷，宁夏人民出版社，1997，“题记”，第2页。

② 白寿彝口述、马寿千整理《〈中国回回民族史〉题记》，《史学史研究》2002年第4期。是书由中华书局于2007年出版。

中国古代史学研究

从“慢于鬼神”到“暴虐迁鼎”

——试析纣王历史负面形象变化的过程

王安宇

（中国人民大学国学院，北京　100872）

摘　要：纣王作为商之末代君主，被周人的历史记载所毁谤在所难免。不过相比于春秋战国以来纣的滥杀无辜、残忍暴戾、戕害贤臣、大兴土木、沉溺于酒色与物质享受等“累累罪行”，西周所塑造和“抹黑”的“原始”纣王似乎更像一个有点糊涂的“昏君”，而不是“暴君”。这里固然有后人出于种种目的的作伪和附会成分，但是，由“野蛮”的商周之际跨越到“文明”的春秋战国，属于“神道”和“人治”的两个时代的不同意识形态，或许是纣王跨越了西周以后“形象大变”的主要原因。战国以来相比于西周对纣历史形象的塑造，是“重构”后的“层累”。

关键词：历史形象　神道观念　人治观念　重构

一　问题的提出

纣王可谓是我国较早被其后朝“抹黑”的末代君主之一。正如《论语·子张》所言：“纣之不善，不如是之甚也。是以君子恶居下流，天下之恶皆归焉。”[①] 顾颉刚先生曾作《纣恶七十事的发生次第》，以最原始的《尚书》开始，将有关商纣之恶的记载按出现年代一一列出并加以分析，

① （清）刘宝楠：《论语正义》卷二十二《子张》，中华书局，1990，第748页。

认为从《尚书》的有关记载开始，商纣就是被周朝抹黑的，“纣既不幸亡国，他的牌子天天被周朝人毁坏，他成为一个罪恶所归的偶像自然是无足怪的事了”①。顾先生认为先秦乃至两汉对纣王历史形象的不断层累是时人将“坏人”的标签不断张冠李戴、累积到纣王的结果，纣王的种种劣迹并不是史实，而是传说。顾先生也注意到了西周文献与先秦之后文献纣王历史形象的不同之处，他认为是时代的罪恶标签附于纣王这个“偶像”的结果。

从顾先生所列不同时代纣王的恶行可以看出，以战国为界，两周时代塑造的纣王大体是一个糊涂贪杯、不能团结臣下、任用妇人的“糊涂君主”，并非“暴虐之君”。到了战国以后，纣王的形象有了较大变化，变成了暴虐好色、滥杀无辜、穷奢极欲的“暴君”。虽然战国以后对纣王抹黑力度并没有减少，但是沿着“暴君”的方向对纣王的形象构建添砖加瓦，而纣王在两周时“贪酒”“听信妇人”等“糊涂”的“原始形象”反而逐渐淡化。不同时代对君主“罪恶”评价标准不同。对纣王历史形象不断层累的分析，不但要有“成王败寇”“天下之恶皆归焉”的考虑，也应注意随着时代变化，历史书写者心目中“恶”君主“标准形象”亦随之重新描绘的因素。

二　战国前后历史叙事中纣王“恶”性质的不同

1. 两周时期历史书写中的纣王之“恶”

根据顾颉刚先生《纣恶七十事的发生次第》对纣恶行按照记载年代（西周至战国）进行的梳理可知，《尚书》（除伪古文）有关篇目对于纣王罪行的书写集中在他酗酒、不留心祭祀、迷信天命、不用旧臣贵族并且宠信小人和妇人。从《尚书·牧誓》中看，武王伐纣之时用以激发其军队和盟友“同仇敌忾”的理由是“商王受惟妇言是用，昏弃厥肆祀弗答，昏弃厥遗，王父母弟不迪，乃惟四方之多罪逋逃，是崇是长，是信是使，是以为大夫卿士，俾暴虐于百姓，以奸宄于商邑。今予发惟恭行天之罚”。② 这些理由强调纣听信妇言和任用小人、不用旧臣宗族、疏于祭祀，与《尚

① 顾颉刚：《纣恶七十事的发生次第》，《顾颉刚古史论文集》，参见《顾颉刚全集》（1），中华书局，2010，第299页。

② （清）孙星衍：《尚书今古文注疏》，中华书局，2004，第287页。

书》中其他相关篇目中强调的纣的罪行基本相同。西周召穆公用以讽刺告诫周厉王的诗《荡》，对于纣王具体罪行的描写也不外乎“天不湎尔以酒，不义从式。既愆尔止，靡明靡晦。式号式呼，俾昼作夜”（无休止饮酒），“匪上帝不时，殷不用旧。虽无老成人，尚有典刑。曾是莫听，大命以倾”（不用旧人，不遵成规，以致天命倾斜）。①

武王在牧野与伐殷的盟友声讨纣的恶行，必用当时人认为的“大恶”形容纣王以激起大家愤慨。然而，正如顾颉刚先生总结西周时期对纣王恶行的描写：“这都是庸人的愚昧，并没有奇怪的暴虐。”② 看来，在后人认为并不突出的暴虐，在商末周初时代，反而是“小邦”们公认且值得他们团结起来讨伐“大邦殷”的核心理由。

到了东周时期，对纣王的批评开始增多，所以子贡才说：“纣之不善，不如是之甚也。是以君子恶居下流，天下之恶皆归焉。”③ 不过，受传世文献流传所限，除了《论语·微子》中列举的纣王伤害殷之“三仁”的恶事“微子去之，箕子为之奴，比干谏而死”外④，并未有更多子贡所言的将天下之恶皆归于纣的具体记载。

总之，西周时期，对纣王“恶”的形容是生活上酗酒，治国态度上不留心祭祀与不敬天命，用人行政上的任人不善（听信妇言与疏远旧臣宗族）。

2. 战国时期纣王形象的变化

到了战国时期，纣的形象发生了改变。纣王变成了一个滥杀无辜、残暴不仁、滥施酷刑、迫害贤臣、任用小人、耽于物质享受而不顾民力与朝政的“暴虐”之君。⑤

首先，在战国人的描绘中，纣王是一位“暴虐”的君主。他的暴虐表现在对“人命”的践踏——滥杀忠良和无辜。如：用残忍的方式杀害忠臣比干。《论语·微子》记载比干是“谏而死”变为“抑沈”“刳”“剖”等。残害其他人更是毫不手软，手段令人发指。如砍断涉水者的大腿看他

① （清）王先谦：《诗三家义集疏》，中华书局，1987，第925～927页。

② 顾颉刚：《纣恶七十事的发生次第》，《顾颉刚古史论文集》，参见《顾颉刚全集》（1），中华书局，2010，第300页。

③ （清）刘宝楠：《论语正义》卷二十二《子张》，中华书局，1990，第748页。

④ （清）刘宝楠：《论语正义》卷二十一《微子》，中华书局，1990，第711页。

⑤ 《左传·宣公三年》：“商纣暴虐，鼎迁于周。”参见（清）洪亮吉《春秋左传诂》卷十《宣公三年》，中华书局，1987，第401页。

的骨髓、活剖孕妇、将人剁成肉酱、设炮烙之刑、因小过随意杀害厨师等。

其次，纣王是一位奢侈不知节俭的人，君主奢侈，实际就是不顾百姓，满足私欲。如：酒池肉林、用象牙筷子、作靡靡之乐、广建宫殿等。值得注意的是，在西周被视为纣王主要罪行之一的酗酒，到了战国仅是证明纣王奢侈享乐的证据之一，而不再被视为纣王的核心之恶。

再次，除残忍和奢侈外，纣王的“恶”还有用人上的亲恶远善、听信妇人之言、不敬天等。

正如顾颉刚先生所说，西周的纣王与战国时代的纣王相比，“颇使得我们要骂纣而不忍”①。西周时期被书写的纣王，是集周人所厌恶之恶行于一身的纣王，战国时期所构建的纣王，自然是集战国时人对恶的认识于一身。因此，在纣王的历史形象被“层累”的背后，深刻原因是西周与战国时期，人们对君主之“恶”的评价标准发生了变化。

三　西周与战国对纣王的不同建构与对“恶人”评价标准的变化

在近代以来的《尚书》辨伪学中，通过对比《尚书》文本中西周与春秋战国之间思想观念上的差异作为判断《尚书》诸篇年代的重要依据。顾颉刚先生就认为通过研读《尚书》可以发现，“西周人的古史观念实在只是神道观念，这种神道观念和后出的《尧典》等篇的人治观念是迥不相同的。……《尧典》等篇以‘帝’为活人的阶位之称，是一个最显明的漏洞。……这种政治观念的变迁，就是政治现象从神权移到人治的进步。拿了这个变迁的例来看古史的结构的层次，便可以得到一个亲切的理解”②。西周人古史观念中的“神道观念”，正是西周时期意识形态的重要特征。这与百家争鸣、思想文化有很大的变化和发展的战国时之“人治观念”相比，自然会有所谓的“文化隔阂”。正是由于不同时代人们的价值观体系不同，许多“神道观念”下的人们认为是大恶的行为，到了“人治观念”的视野下，反而无足轻重。而在“神道观念”看来不足以称之为恶的行

① 顾颉刚：《纣恶七十事的发生次第》，《顾颉刚古史论文集》，参见《顾颉刚全集》（1），中华书局，2010，第 301 页。

② 顾颉刚：《古史辨》（第一册），上海古籍出版社，1982，“自序”第 53 页。

为，到了“人治观念”下，就成了是否可以称之为“人”的关键标准。

因此，有理由相信，战国以来的人按照他们所处时代的意识形态重新解释和建构了纣王的劣迹。纣王劣迹中一些符合时人价值观的地方被他们挖掘、夸大，从而通过故事的改写重新塑造了另一个纣王。“纣王”形象的不同，是不同时段意识形态的不同反映。

1. “神道”时代的大恶——饮酒无度与祭祀不敬

“酗酒”在周初的人看来，是一件非常大的罪过。西周统治者立国之初不但用纣王酗酒告诫后人，更是作《酒诰》为禁酒令，将禁酒放在极为重要的位置上。受生产力的限制，酒在上古时期是很重要的祭品，而不是为人所随便喝的饮料。殷商时代，以酒祭神是非常重要的宗教内容。“至商代，饮酒成风。……反映在卜辞中，是大量出现的酒祭和鬯祭，不论天地山川先王先公都是祭祀的对象。……这反映了商代的酒确实是贵族生活中的一件大事。”①

西周时期，酒仍是重要的祭品，酒是许多祭祀仪式不可缺少之物。《诗经》“三颂”中关于祭祀用酒的记载比比皆是。《诗经·周颂·丰年》开篇第一句即为，“丰年多黍多稌，亦有高廪。万亿及秭，为酒为醴。烝畀祖妣，以洽百礼”②，介绍了丰收的年份首先要做的就是酿酒以祭祀祖先。在《载芟》中，也有“为酒为醴。烝畀祖妣，以洽百礼”之句，并且认为这种丰收后酿酒祭祖的习俗是“匪今斯今，振古如斯”，③ 即从古到今都是如此。可见，虽然周人的祭祀观念相较于殷人的迷信和亲近鬼神，变得更为理性，不过，其对神保持敬畏和顺从与前人是没有区别的。

《尚书序》云：“汤征诸侯，葛伯不祀，汤始征之。”④ 可见，在当时，不祭祀确实是一大罪过，用之号召大家讨伐敌人或给自己征伐他族找借口是能获得理解的。《尚书·酒诰》开篇就说“祀兹酒。惟天降命肇我民，惟元祀。天降威，我民用大乱丧德，亦罔非酒惟行；越大小邦用丧，亦罔非酒惟辜”⑤。认为只有祭祀时才能用酒，酒是事神之物，饮酒无度就是一种无德的表现。此外，《尚书·微子》中亦有“方兴沉酗于

① 詹鄞鑫：《神灵与祭祀——中国传统宗教综论》，江苏古籍出版社，2000，第240页。
② （清）王先谦：《诗三家义集疏》卷二十五《丰年》，中华书局，1987，第1025页。
③ （清）王先谦：《诗三家义集疏》卷二十五《丰年》，中华书局，1987，第1048页。
④ （清）孙星衍：《尚书今古文注疏》卷三十《书序》，中华书局，2004，第563页。
⑤ （清）孙星衍：《尚书今古文注疏》卷十六《酒诰》，中华书局，2004，第375页。

酒，乃罔畏畏……今殷民乃攘窃神祇之牺牷牲，用以容，将食无灾”[①]。认为殷人酗酒与其擅自食用牺牲是一样的罪过。《尚书·牧誓》中纣王第一个大罪即是“今商王受惟妇言是用，昏弃厥肆祀弗答”，可见这个罪名的“号召力”。

2. “人治”时代的大恶——对人生命、生存权利的践踏

春秋战国以后，农业生产有了较大发展，酿酒与饮酒逐渐日常化。《楚辞·招魂》中即有“瑶浆蜜勺，实羽觞些。挫糟冻饮，酎清凉些。华酌既陈，有琼浆些”反映贵族饮酒生活的词句。[②] 从诗句中看，这并不是为神献祭而饮酒，而是酒席之上供人享用的酒。所以，春秋战国时的人对待喝酒的态度远不及上古之时那般神圣，并不觉得商纣喝酒有什么罪大恶极，所以战国人在塑造纣王的恶行时，便把酗酒失德的意义“缩小”为“酒池”“糟丘”这类的物质享受的层面。

从战国诸子相关言论来看，纣王的主要罪行是“暴虐”，而其“暴虐”的表现是滥施刑杀和穷奢极欲——前者是对人生命权的蔑视，而后者是君主为一己私欲而无视百姓的生存状况。

战国诸子百家的著作中有很多形容纣王杀人手段的记载。西周人声讨纣王，很少言及其刑杀之恶，因为在武王伐纣的时代，杀人是相对“正常”的行为。商末周初的时代虽有了国家，但并不成熟，仍有原始社会部落联盟的残余。在这样的社会中，杀戮被征服者和俘虏，以各种残忍手段用活人祭祀是正常现象。“商代的人祭之风炽盛。其用人之多，手段之残，不仅有大量卜辞记述，而且有大量考古遗迹显现其实况。”[③] 人牲手段涉及砍头、分解肢体、焚烧、活埋、投水、烹、炙烤、剁成肉酱等。[④] 春秋战国时诸子所记的商纣王“抑沈”比干、“翼侯炙”、杀梅伯、把人剖心和剁成肉酱、剖孕妇、取骨髓、设炮烙等很可能是人牲之法。“其实这些酷刑，并不是商王纣的发明，而是商代一贯的用人牲之法。”[⑤] 据《周礼》记载，西周对大罪之人也设火刑和肢解等酷刑。[⑥] 据《逸周书·世俘》所载，在

① （清）孙星衍：《尚书今古文注疏》卷十六《酒诰》，中华书局，2004，第259~260页。

② 王泗原校释《楚辞校释》，中华书局，2014，第142页。

③ 詹鄞鑫：《神灵与祭祀——中国传统宗教综论》，江苏古籍出版社，2000，第258页。

④ 详见詹鄞鑫《神灵与祭祀——中国传统宗教综论》，江苏古籍出版社，2000，第261~262页。

⑤ 詹鄞鑫：《神灵与祭祀——中国传统宗教综论》，江苏古籍出版社，2000，第262页。

⑥ 《周礼》《司刑》《掌戮》。

武王灭殷之后，举行了两次祭祀，除将商王纣及二女“乃以先馘，入燎于周庙”之外，还杀了大批殷国俘虏进行人祭。[①] 所以蒋善国说，《武成》篇“血流浮杵”之说于《逸周书·世俘解》所记狩禽征国和服国、俘馘、俘宝玉“等迹近残暴之事相隐合”。梁启超认为：“《逸周书》叙武王残暴之状，或反为真相。吾侪所以信《逸周书》之不伪，乃正以此也。”[②]

孟子对《武成》“血流浮杵”的记载表示怀疑，不过是孟子以仁政思想的尺度衡量圣王之理想行为而已。这实际就是用战国时代的“人治”眼光，评价商周时代的“神道”观念下的政治实践。战国人对《武成》的怀疑，与他们在评价、形容纣王时更多关注、着力描写纣王残暴、奢侈，本质相同。

在杀人问题上，人道思想刚刚萌芽的西周统治者，与“暴虐”的商纣同样残暴无疑。在那个时候，在战争中杀人、杀俘等也是一种牺牲制度。“商代的人祭把人牲做成菹醢脯腊炙等种种加工品，各种牺牲之用法几乎都用于人牲还十分明显地反映了古代曾经盛行的食人之风。这正是保存在宗教活动中的野蛮古俗。”[③]

西周统治者并没有在杀人问题上去“抹黑”纣王，因为这在他们看来，杀人根本就不“黑”。在人道意识已经充分觉醒的战国时期，尽管诸子思想有分歧，但反对滥杀无辜则成为共识。所以，上古记载中不被周人所注意的纣王“罪行”，被尊重人道的诸子所发现，于是挖掘出来并大加批判，所以纣王的“暴虐”形象也就深入人心了。与其如顾颉刚先生所说，是战国人将不属于纣的罪恶算在他的头上，将他的历史形象“层累”，不如说是评价恶行的尺度变化，使得西周人认为“尺度不大”而没有算作是恶行的行为，到了战国，已经变成了无法令人原谅的恶。商周时代的历史书写并不讳言杀人，也就没有掩饰“圣王”武王与“暴君”纣王的杀人行为，也并没有过多批判纣王刑杀之恶。然而，孟子不怀疑纣杀人，却怀疑武王伐纣“血流浮杵”，这不正是战国时代人评价人善恶的尺度发生变化的结果吗？

战国诸子极力渲染纣王奢侈荒淫之状，言之广建离宫别苑，作靡靡之音，以酒池、糟丘、肉圃为格等，虽然一些事迹是张冠李戴，但各诸侯国

① 苏德荣：《武王伐纣研究》，中州古籍出版社，1999，第 70 页。

② 苏德荣：《武王伐纣研究》，中州古籍出版社，1999，第 70 页。

③ 詹鄞鑫：《神灵与祭祀——中国传统宗教综论》，江苏古籍出版社，2000，第 263～264 页。

统治阶级耽于物质享受、大兴土木却是现实。统治者的奢侈建立在对百姓压榨之上，无度享乐主要问题是不爱惜百姓，忽视百姓的生存状况，也就是孟子经常批评的不施仁政的行为。孟子的仁政主张主要是希望统治者从百姓的需求出发，重视百姓的生活状况。墨家、儒家都主张节俭，虽然具体学说有所差异，但基本出发点都是维护百姓个体的生存权利和生存状况。

3. 疏远亲族、亲近小人在不同时代的解读

纣在西周的另一个大罪是疏远亲族和任用小人和妇人，这也是商周宗法社会下的一个大罪。“中国国家形成的形式，与雅典式不同，和罗马式的也不一样。这就是说，它既不是直接从氏族社会内部产生，也不是在氏族社会形成的一个集团同氏族社会外另一个集团的对立中产生，而是在氏族社会的内部分化成氏族贵族和平民阶级。”① “宗法制度被认为是周人的发明。其实这种制度在商代已经开始雏形了。周人的宗法制度实际上正是这种状况进一步发展的结果。”② 在商周宗法社会的价值观下，疏远自己的亲族自然是罪过。

“礼崩乐坏”之后，宗法制度遭到破坏，“礼乐征伐自大夫出”。春秋战国时代各诸侯国变法的任务之一就是削弱血亲贵族的势力。许多诸侯国开始“尽灭群公子”“灭公族”，如晋国就达到了“晋之公族尽矣”（《左传·昭公三年》）的地步。一些人甚至认为“公室无度，幸而得死，岂其获祀?”（《左传·昭公三年》）在西周宗法制度已经形同虚设的社会，疏远自己的亲族兄弟也就不算大的恶行了。所以，在诸子看来，疏远自己的兄弟和亲族不是纣王之罪，必先将比干、箕子等商王亲族塑造成贤人后，疏远和杀戮他们才是罪过。这也说明到了春秋战国时期，以血缘定“君子”和“小人”的观念已经有所松动，人们已经开始以“贤”和“不肖”来评价诸侯和大夫。这也是顾颉刚先生所言的“人治观念”的一种表现。

四　纣王历史形象“层累”的实质——时代观念的根本变化导致的“重构”

《尚书》的《牧誓》与《泰誓》都是武王在集合诸侯之时声讨纣王的

① 白寿彝：《中国通史》第三卷（上册），上海人民出版社，1994，第229页。

② 王巍：《商王朝与方国》，载荆志淳等《多维视域——商王朝与中国早期文明研究》，科学出版社，2009，第250页。

誓言。《牧誓》基本可以确定作于周初。《泰誓》则是伪古文《尚书》的篇目，代表的是战国以后的思想观念。将《牧誓》与《泰誓》声讨纣王之罪的书写加以对比，不难发现，《泰誓》并非“层累”《牧誓》中纣王的形象，而是重新构建了一个纣王。

《牧誓》：商王受惟妇言是用，昏弃厥肆祀弗答，昏弃厥遗，王父母弟不迪，乃惟四方之多罪逋逃，是崇是长，是信是使，是以为大夫卿士，俾暴虐于百姓，以奸宄于商邑。今予发惟恭行天之罚。[①]

《泰誓》：今商王受，弗敬上天，降灾下民，沉湎冒色，敢行暴虐。罪人以族，官人以世。惟宫室台榭，陂池侈服，以残害于尔万姓。焚炙忠良，刳剔孕妇。[②]

清儒王先谦参正的孔传《尚书·泰誓》中，纣王的恶与《牧誓》相似，而与伪古文《泰誓》所塑造的不同：

闻吉人为善，惟日不足；凶人为不善，亦惟日不足。今商王受，力行无度，播弃犁老，昵比罪人。淫酗肆虐，臣下化之，朋家作仇，胁权相灭，无辜吁天，秽德彰闻。[③]

《牧誓》与王先谦参正的《泰誓》，对纣王恶的形容基本与西周时代所书写的一致，但却与伪古文《泰誓》有很大不同，这种不同不宜仅理解为“层累造成”。纣王的事迹被古人“层累”是一个复杂的过程。经过较“野蛮”的西周初期到相对“文明”的战国后，纣王被后人重新塑造，变成了当时典型的“文明社会”中的暴君形象，其形象离西周人眼中的纣王已经很远，反倒与当时诸如晋灵公等人的形象相似。纣王在《尚书》中相关篇章的恶行，有的被后人重新理解，改变了原有的意义（纣王酗酒失德、疏远亲族和任用小人）；有的则被选择性地遗忘（纣王疏于祭祀、信有命在天）；有的在周人看来不足以成为纣王罪名的，反而成为时人眼中的大罪（纣王滥杀无辜，设残酷刑罚）；有的则有张冠李戴之嫌（纣王大兴土木、不讲信用、昼夜饮酒、作靡靡之音、杀做不熟熊掌的庖人等），是将当时诸侯大夫的丑态附会在纣王身上用来宣传自己的学说或者为推翻

① （清）孙星衍：《尚书今古文注疏》卷十六《酒诰》，中华书局，2004，第286～287页。
② （清）王先谦：《尚书孔传参正》卷十四《泰誓》，中华书局，2011，第504～505页。
③ （清）王先谦：《尚书孔传参正》卷十四《泰誓》，中华书局，2011，第505页。

那些贵族寻求历史解释。

西汉以来，纣王的具体恶行又有所增加，不过其历史形象没有大的改变，与战国之时塑造的纣王基本相同，只不过是事迹越来越具体和程度越来越夸张而已。因此，纣王的形象逐渐“层累”的过程不是在西周记载的基础上堆积而成，而是被战国诸子重构后，后人在此基础上，不断丰富纣的故事，最终使纣属于商周时代的形象离后人越来越远。战国“人治”的观念已经超越“神道”占主导地位，他们在构建纣王形象时所体现的属于“人治时代”的价值观，被西汉以后的人们所接受。纣的故事，是在“人治观念”重构后，越写越多，越写越完整的。对纣王历史形象“层累”的实质是时代观念变化后历史书写者对其形象的“重构”。

两汉历史大势影响下马、班的文帝形象构建

胡祥琴　李家伟

（北方民族大学民族学学院，宁夏银川　750021）

摘　要： 在史料的选择上，马、班表现出比较明显的差异，具体体现为《史记》《汉书》关于汉与匈奴关系、儒家思想的影响以及刑法的书写等方面。马、班笔下的文帝形象构建传递出这样的信息：面对相同的历史事实，身处不同历史大势、历史情境中的史家，往往会基于种种复杂原因而产生相去甚远的书写结果。历史大势是影响史家撰述旨趣与史料选择的重要因素，史家在对历史事实筛选的过程中，会不自觉地注入各自时代的精神。

关键词： 历史大势　历史撰述　文帝形象

中、西文中的"历史"一词通常有两种含义，一是客观上真实发生过的事实，一是史家对历史事实的筛选、描述与解释。克罗齐"一切历史都是当代史"这一著名论断，告诉人们，"历史总是人们以自己的思想活动加之于既有的史料之上，从而在内心思想中的'复活'"。[①] 正如汉文帝所作所为这一历史事实已经消失，但马、班的撰述使得他在读者的脑中重现了。由于两位史家所处社会条件不同，在史料选择与历史阐释上则表现出较为明显的侧重。这说明史学书写的确受到史家自身社会及历史环境的影响。确如爱德华·卡尔所言："只有当历史学家让事实说话的时候，事实

① 彭刚：《历史事实与历史解释——20 世纪西方史学理论视野下的考察》，《北京师范大学学报》2010 年第 2 期。

才会说话：由哪些事实说话、按照什么秩序说话或者在什么样的背景下说话，这一切都是由历史学家决定的。……正是历史学家按照自己的目的来选择恺撒渡过溪流卢比孔作为历史事实，可是此前此后有成千上万的其他人渡过这条溪流，却丝毫没有引起任何人的兴趣。”① 因此，选择什么样的事实入史，在很大程度上取决于史家的兴趣或外在因素的制约。历史学家面对诸多史料时，首先必定是有所选择，他的选择会受到其价值观念、政治立场以及问题意识等各种交互缠绕的个人因素的影响，因而他对历史的撰述不可能没有特定的视角。② 如上所述，本文通过对《史记》《汉书》有关文帝撰述的对比研究，发现二者对文帝形象的构建存在较大差异，之所以出现这样的情况，其基本原因概与史家自身所处的历史情境有关。由于马、班所处的历史条件和时代氛围不同，从而在选取有关文帝时期的重大事件上表现出明显的时代倾向。

一 时代背景下的马、班文帝形象撰述

人是社会性的群居动物，深受时代的影响，无论是生活习惯、语言、思维逻辑、信仰，还是社会价值观都带有浓厚的时代烙印。生活在特定时代的史家，选择史料源于史家对时代背景的理性反映。由于马、班处在不同的时代，他们的史学撰述侧重点也有显著差别。这既是史家的选择，也是时代的选择。史家撰述文本的不同，有助于我们发掘历史大势中所蕴含的时代背景。时代背景对历史文本的构建有深刻的影响，从文本的对比入手可以帮助我们更好地把握时代的脉络。两汉时期的匈奴和后妃在马、班笔下有不同的书写，究其原因是史家意识与时代背景的互动，是不同历史记忆和社会环境对史家的影响造成的结果。马、班在历史文献中对匈奴寇边的撰述有很大的差异。司马迁的记载如下：

> 五月，匈奴入北地，居河南为寇。帝初幸甘泉。六月，帝曰：“汉与匈奴约为昆弟，毋使害边境，所以输遗匈奴甚厚。今右贤王离其国，将众居河南降地，非常故，往来近塞，捕杀吏卒，驱保塞蛮夷，令不得居其故，陵轹边吏，入盗，甚敖无道，非约也。其发边吏

① 〔英〕E. H. 卡尔：《历史是什么？》，陈恒译，商务印书馆，2007，第 93 页。

② 参见彭刚《历史事实与历史解释——20 世纪西方史学理论视野下的考察》，《北京师范大学学报》2010 年第 2 期。

骑八万五千诣高奴，遣丞相颍阴侯灌婴击匈奴。”匈奴去，发中尉材官属卫将军，军长安。[①]

班固对这一事件的记载则一笔带过：

五月，匈奴入居北地、河南为寇。上幸甘泉，遣丞相灌婴击匈奴，匈奴去。发中尉材官属卫将军，军长安。[②]

通过对比文本可以发现，马、班对匈奴寇边的撰述有着多处的不同。司马迁对匈奴犯边的史学撰述共计 114 字，而班固仅仅用 39 字就完成了文本记载。司马迁详尽地记载了这场战争的开端、经过和结果，并且通过文帝的言语表明这场战争是匈奴贵族右贤王违背汉匈盟约发动的袭击，造成了边境吏民的重大伤亡。西汉政府调动八万五千军队进行军事对抗才平息了这场战争；反观班固的文本可谓至简，仅仅记载了开端和结果，如同记载了一件无足轻重、平淡无奇的历史小事，而不像一场劳师动众的战争。

马、班对这一入侵事件撰述的不同，是二者所处时代背景的差异造成的。只有通过对汉匈关系进行深入细致的分析，方能理解马、班构建模式之不同。西汉初年，匈奴是汉朝主要的政治对手和边患威胁。汉高祖曾被围困在白登山整整七天与主力部队完全失去联系，最后靠着贿赂单于阏氏才得以脱困；吕后执政时期匈奴单于无礼致书，而强势的吕后最终不得不采取了谦恭回书的无奈举措。这两件事情都可看出汉初匈奴威势之盛，西汉军力孱弱，故统治者不得不采取和亲政策。汉庭希望通过远嫁“公主”和赠送礼物的方式换取和平，后者并没有因此停止对汉朝北部边境的周期性入侵。当时对待偏远地区民族的外交策略无外乎武力征伐和以德怀远。《孝文本纪》中对文帝以德怀远形象之描绘颇为成功。“南越王尉佗自立为武帝，然上召贵尉佗兄弟，以德报之，佗遂去帝称臣”[③]。也进一步论证了这一观点。匈奴在马、班所处的时代对时人造成的心理压力和军事威胁程度是明显不同的。武帝之时，卫青、霍去病大破匈奴，匈奴寇边的次数明显减少并向北远遁，但仍然威胁着边境安定；到了宣帝之时，匈奴分裂为南北两部，南匈奴投降汉朝，并主动要求和亲。这与汉初被迫和亲的局势

① 《史记》卷 10《孝文本纪》，中华书局，1959，第 425 页。
② 《汉书》卷 4《文帝纪》，中华书局，1962，第 119 页。
③ 《史记》卷 10《孝文本纪》，第 433 页。

形成了鲜明对比，南北匈奴均有所进献，甚至派遣太子到汉庭为人质。“呼韩邪从其计，引众南近塞，遣子右贤王铢娄渠堂入侍。郅支单于亦遣子右大将驹于利受入侍。是岁，甘露元年也。”① 不得不说匈奴与汉朝的实力对比已经发生了显著变化。到了光武中兴之时，重新统一全国消耗了大量国力，刘秀本人又采取以“柔道”治天下的政策，并未对匈奴用兵，匈奴遂控制了西域地区。随着国力的恢复，窦宪大破匈奴，“宪、秉遂登燕然山，去塞三千余里，刻石勒功，纪汉威德，令班固作铭”。② 匈奴再也不能成为东汉的主要威胁，班固更是亲历了对匈奴战争的重大胜利，我们可以想象班固内心深处的自豪感。对于班固来说匈奴的威胁已然消除，在史学书写中不需要着重墨来叙述汉匈之间的一场小战役。班固也从未面临司马迁之时匈奴造成的边患压力和政治威胁，所以时代背景是造成二者对匈奴事件撰述不同的主要原因。

同样，马、班对后宫的史学书写也存在微妙的差异，这种微妙差异是史家对时代背景的客观反映。两汉后妃外戚的政治表演历代学者多有评论，如清人赵翼对两汉外戚的评论：“两汉以外戚辅政，国家则受其祸。”③ 故分析两汉后妃外戚势力的发展源流，有助于我们理解二者史学书写差异的原因所在。《汉书·文帝纪》记载了“春三月，孝惠皇后张氏薨”，而《史记·孝文本纪》则没有撰述。这是一个奇怪的现象，其实也是一个重要的史学问题。惠帝的皇后张氏在汉初并没有重大的政治表演。虽然两汉时期妇女有较高的社会地位，但许多皇后没有详细卒年的记载，《史记》不载此条。而班固却刻意增加孝惠皇后的卒年，背后的原因是班固为迎合帝王意志对后妃外戚的史学反思。

战国时期田氏代齐、三家分晋使帝王对官员有所猜忌，七国之乱使帝王在心理层面上与宗室贵族产生了鸿沟。随着皇权的不断发展，外戚成为君主选择的一种可能性。但诸吕之乱的恐怖氛围依然萦绕于朝堂之上，外戚在汉初也始终处于被抑制的状态。这也就是文帝的舅舅薄昭虽被封为轵侯，却未获得朝堂政务处理权的原因。两汉外戚势力发展始肇于武帝之时，武帝设立中朝来限制相权加强皇权，而中朝恰恰是外戚权势滋生的政治土壤，外戚之兴正是源于此时。宫廷威先生曾一针见血地指出：“外戚

① 《汉书》卷4《匈奴传下》，第3777页。

② 《后汉书》卷23《窦融列传》，中华书局，第814页。

③ （清）赵翼：《廿二史札记校正》，王树民校正，中华书局，2005，第67页。

自身的特点和当时统治形式的变革，使外戚辅政适应了武帝剥夺相权的需要，为以后外戚擅政带来了新的转机。”① 在这种时代背景下，外戚就顺应历史大势在中国古代史上展开了一幕幕政治表演。汉成帝之时不理朝政，政权都交托于外戚王氏之手，王凤、王音、王商、王根以及王莽先后执掌政权，外戚势力在西汉时到达顶峰。“西汉外戚政治的急剧发展，最后终于导致了倾移刘氏皇祚、改姓易命的结局。”② 终西汉一朝，王莽之最终篡汉给东汉初期的统治者带来深刻的历史记忆。东汉初期的光武帝、明帝都注重限制外戚势力的发展，并取得了一些效果。这种情况到章帝时有所转变，外戚窦宪由于章帝的重用可谓权倾朝野，这也正是班固生活的时代。班固对孝惠皇后薨的记载是对外戚问题的一种史学关注，考其家族渊源也有外戚的痕迹，自己更是外戚窦宪的幕僚，故班固对外戚问题有更深的政治敏感，这也是时代背景在史学思想层面的折射。司马迁所处的时代，外戚始终都是皇权的附属品，外戚威胁皇权之情形从未发生。外戚势力的兴衰与后宫的荣宠密切相关，班固对孝惠皇后的撰述是出于对外戚问题不自觉的反映。笔者认为孝惠皇后的史学撰述或许还与儒家思潮有关，董仲舒“三纲五常”的伦理观念逐渐影响着当时社会的方方面面，到东汉时已然成为整个社会的意识形态。孝惠帝是孝惠皇后张氏的舅舅，也许这样的关系引起了班固的侧目。

史学书写是时代背景与史家个体的互动过程，史家对文本的不同撰述，看似是史家的主观选择，其实质为时代的必然选择。而不同的时代背景孕育着各具特色的思想观念，思想观念与史家意识的形成发展是相辅相成的。文本构建是对历史大势的一种自觉反映，思想观念和时代背景都是历史大势的组成部分。史家在撰述历史的过程中深受历史思潮的影响，史学书写体现着史家在特定时代背景下思想观念与个人意识的有机结合。二者是一般与具体的辩证统一关系，史学书写的差异有助于我们发掘深埋于历史大势之下的社会思想。

二　不同时代观念影响下的文帝形象构建

时代观念是历史大势的有机组成部分，是历史大势在文化层面的宏观

① 参见宫廷威《两汉外戚擅政原因浅析》，《汉中师范学院学报》1989 年第 1 期。
② 参见秦学欣《东汉前期的皇权与外戚》，《西南师范大学学报》1995 年第 1 期。

体现。思想观念是看不见、摸不着的，要想深刻理解特定时期的历史思潮，只能通过文本的横向对比来发掘其深层含义。思想观念与史家意识是一般与具体的辩证统一关系，历史思潮对史家的影响可谓深入骨髓，而史家意识又反作用于历史思潮。历史思潮的差异造成了二者对文帝形象的选择性记载。

司马迁之时黄老思潮盛行，儒家思想虽然有所发展但是并未成为一种意识形态而被整个社会所接受。汉武帝只是启动了儒学走向至尊的历史车轮，而远未完成以儒学一统天下的文化专制进程。[①] 班固生活的年代，儒家思想观念已经深入人心，并且带有这一时期所特有的特征即谶纬神学风行一时。黄朴民先生指出："谶纬之学系统成型于西汉中后期，全面盛行于整个东汉时期，对社会生活与思想学术建树均产生过十分重大的影响。"[②] 这是导致二者历史文本有异的原因所在，在建构"文帝"形象中具体体现在孝悌观念和灾异思想上。

司马迁在塑造"文帝"这一形象时侧重文帝运用道德教化万民，但是对于孝悌则不著一字。班固在建构"文帝"这一形象时则加入了儒家的孝悌思想。"孝悌，天下之大顺也；力田，为生之本也；三老，众民之师也；廉吏，民之表也。朕甚嘉此二三大夫之行。今万家之县，云无应令，岂实人情？是吏举贤之道未备也。其遣谒者劳赐三老、孝者帛人五匹；悌者、力田二匹；廉吏二百石以上率百石者三匹。及问民所不便安，而以户口率置三老、孝悌、力田常员，令各率其意以道民焉。"[③] 班固孝悌观念是通过文帝的诏书表达的，司马迁较班固距文帝时代更为接近，用于史学撰述的诏书材料本应更容易获取。独有班固选择撰述孝悌，其原因何在呢？

孝悌是儒家思想的一项重要的准则，孝悌观念的弘扬与儒家地位升降密不可分。孝悌即为孝顺父母，友爱兄弟姐妹。孝悌模式之推广有助于家庭关系之和谐发展，更稳固了专制王朝的统治基础。孝悌思想由来已久，从孔子之世就已经有了孝悌的观念，"孝悌也者，其为仁之本与"，孔子把孝悌作为君子"仁"的根本。可见孝悌在儒家思想中所占的地位。西汉初期，百废待兴，黄老思潮风行。儒家思想只有在对统治者有利之时才会被

① 参见刘松来《"罢黜百家，独尊儒术"完成于汉成之世考》，《江汉论坛》2007年第11期。

② 参见黄朴民《两汉谶纬简论》，《清华大学学报》2008年第3期。

③ 《汉书》卷4《文帝纪》，第125页。

采纳借鉴，但始终没有被统治者完全接受。统治者既重视儒家维护其统治的作用，同时又注重刑名之学。武帝时的“罢黜百家，独尊儒术”也仅仅是为了顺利实施封禅活动。“群儒既以不明辨封禅事，又牵拘于《诗》《书》古文而不敢骋”[①]，可见儒生一旦不能对整个汉帝国热衷的封禅提供帮助，则不用之。汉武帝之时虽然儒家势力有所抬头，但是重用的多属于既通儒家又知刑名之学的官吏。而经过汉宣帝的石渠阁会议，汉元帝委儒以政。“很显然，正是从昭宣时代起，政府高级官员的成分发生了重大的变化。掾史文吏和经学之士在上层决策机构人员构成中占有较大的比重，反映了当时政治文化形势的重要演变。”[②] 光武帝的“退功臣，进文吏”的举措以及汉章帝的白虎观会议，儒家思想才正式形成历史思潮，成为统治阶层的意识形态。班固从小接受正统的儒家思想的熏陶，亲历了白虎观会议并编写《白虎通义》。两汉所处的时代背景和历史思潮有很大的差异，笔者认为儒家在思想界真正树立起统治地位，并成为专制王朝的意识形态可以说是始自元帝而最终确立于章帝。这一点还可以从宣帝的言论看出。宣帝作色曰：“汉家自有制度，本以霸王道杂之，奈何纯任德教，用周政乎！且俗儒不达时宜，好是古非今，使人眩于名实，不知所守，何足委任?”[③] 宣帝反对单独采用儒生治国而效仿周朝的德政。随着儒家思潮专制权威的正式确立，孝悌观念作为其核心思想之一自然被统治者不遗余力地推行。马、班对孝悌观念的选择性记载，窥得两汉时代的不同倾向，儒家思潮的最终确立以及世俗化进程是班固对孝悌观念撰述的原因。

儒家思想在西汉中后期又加入了谶纬这一新的因素。谶纬与儒家思想的有机结合深刻地影响着东汉社会的方方面面。马、班对灾异观念所持的态度与历史思潮的冲击密不可分。班固在塑造“文帝”这一形象时，在《文帝纪》文本建构中加入了对灾异的描写，最典型的例子为：“六年冬十月，桃、李华。十一月，淮南王长谋反，废迁蜀严道，死雍。”[④] 司马迁的撰述如下：

> 六年，有司言淮南王长废先帝法，不听天子诏，居处毋度，出入拟於天子，擅为法令，与棘蒲侯太子奇谋反，遣人使闽越及匈奴，发

① 《史记》卷12《孝武本纪》，第437页。

② 王子今：《秦汉史——帝国的成立》，中信出版社，2017，第180页。

③ 《汉书》卷9《元帝纪》，第277页。

④ 《汉书》卷4《文帝纪》，第121页。

其兵，欲以危宗庙社稷。群臣议，皆曰“长当弃市”。帝不忍致法於王，赦其罪，废勿王。群臣请处王蜀严道、邛都，帝许之。长未到处所，行病死，上怜之。后十六年，追尊淮南王长谥为厉王，立其子三人为淮南王、衡山王、庐江王。①

司马迁在描绘“文帝”形象时则用“帝不忍”“上怜之”突出文帝仁慈的性格特点，并用134字详细撰述了这起诸侯王叛乱的经过，以及文帝不忍心处死淮南王，采取了废王位流放的刑罚。班固仅用22字简要撰述了这次事件，却将灾异和诸侯王叛乱结合在了一起。文本的对比可以帮助我们发现历史思潮对二者的影响。近年来学者对“桃、李华”研究已经有了一些成果，认为两汉时期气温变化造成了许多极端天气，是可能出现“桃、李华”这一较为异常的自然现象。而在谶纬思潮风行，阴阳五行思想繁盛的东汉时期，这就会被认为是一种灾异。班固将“桃、李华”的记载与淮南王谋反撰述在一起，其用意是明显的。暗示“桃、李华”在异常时节开花是诸侯王以下犯上，策划叛乱的征兆。

受谶纬思想的影响，马、班对灾异的撰述也有显著的差异。司马迁对灾异的书写是出于自身良好的天文学素养。而班固在《文帝纪》中书写灾异现象，大多与人事相联系。笔者认为汉初以降至司马迁生活的年代，虽然民间也流传着灾异和迷信的思想，但这种思想没有完全被帝王所接受。专制统治者只取对宣扬其统治地位思想中有利的部分，而对微妙的灾异解释视若无睹。例如：“是时辽东高庙灾，主父偃疾之，取其书奏之天子。天子召诸生示其书，有刺讥。董仲舒弟子吕步舒不知其师书，以为下愚。於是下董仲舒吏，当死，诏赦之。於是董仲舒竟不敢复言灾异。”② 大儒董仲舒经过这次事件后竟不敢公开宣扬灾异思想，甚至连自己的弟子在不知情的情况下都公开反对灾异思想，此例足以说明在司马迁编撰《史记》之时灾异思想尚未被帝王和学术界完全接纳。历史进程发展到东汉时，人们对待灾异的态度悄然发生了转变。“刘秀的政治成功，有谶纬的影响作为文化基础。”③ 谶纬对于光武帝论证其统治合法性有重要的作用。刘秀更是极力推行“图谶天下”。章帝之时召开白虎观会议，并且命班固参与整理最终撰成《白虎通义》。“由班固撰成的这部书将阴阳五行和谶纬之学的系

① 《史记》卷10《孝文本纪》，第426页。

② 《史记》卷121《儒林列传》，第3128页。

③ 王子今：《秦汉史——帝国的成立》，第231页。

统内容和今文经学融为一体，成为董仲舒以来儒家神秘主义哲学的总结。”① 班固在撰述时受谶纬思想的影响会不自觉地进行历史构建。《白虎通义》对班固首创《五行志》产生了深远的影响，而且这与班固著书宗旨“宣汉威德”是有内在联系的。东汉之时谶纬风行也可从与班固同时代的王充的作品中找到痕迹。王充虽有朴素的唯物主义思想，但是他的《论衡》带有当时鲜明的时代特征，也记载了大量君权神授和阴阳五行的思想。“举凡《汉书·高帝纪》所有的神怪故事，此篇全有，甚至讲的更集中，更活灵活现。”② 班固对灾异的史学书写是以浓厚的谶纬思想为背景的，这不仅是史家的选择，更是时代的选择。

思想观念对马、班的撰述有潜移默化的影响。儒家思想和谶纬思想的冲击是导致马、班史学撰述差异的又一原因。同时也给我们提供了反思，历史学科作为人文科学的组成部分，史学书写不可能完全将史家的个人因素排除出去。史家在材料的选择和组织方面，总是会受到所处历史情境的影响，但这并不影响史学本身的客观性，也是符合史学之编纂程序的。因为这不仅仅是史家的主观选择，更是时代的必然选择。史家身处历史大势的洪流中，受时代背景和思想观念的影响和冲击，史学书写必然会对一定时期的思想观念有所映射。除了时代背景和历史思潮的影响，马、班对“文帝”形象的描绘还与史家阅历有密切的关系。

三　史家阅历影响下的文帝形象塑造

史家阅历是史家文本建构的要素之一。不论是史料的单独选择，还是文本的总体撰述都与史家阅历密不可分。马、班二人的入狱经历使得他们对刑法产生了浓厚的兴趣，二者对刑法的不自觉关注在文帝形象塑造上也有体现。但他们在刑法层面上对文帝形象之描绘有较大差异，班固塑造了文帝“内实杀人”颠覆了司马迁描绘文帝之“禁暴率善”。这种颠覆是班固有意为之还是无心之举，激发了人们去探究文帝的所作所为的愿望，以及史学撰述是否符合客观性的标准。

举例来说，《史记》和《汉书》中都有关于历史上著名“缇萦上书”的史学撰述，在法制史上经常引用来论证文帝废除肉刑的历史功绩。司马

① 王子今：《秦汉史——帝国的成立》，第 251 页。

② 陈其泰：《〈汉书〉历史地位再评价》，《史学史研究》1988 年第 1 期。

迁撰述如下：

> 五月，齐太仓令淳于公有罪当刑，诏狱逮徙系长安。太仓公无男，有女五人。太仓公将行会逮，骂其女曰："生子不生男，有缓急非有益也！"其少女缇萦自伤泣，乃随其父至长安，上书曰："妾父为吏，齐中皆称其廉平，今坐法当刑。妾伤夫死者不可复生，刑者不可复属，虽复欲改过自新，其道无由也。妾愿没入为官婢，赎父刑罪，使得自新。"书奏天子，天子怜悲其意，乃下诏曰："盖闻有虞氏之时，画衣冠异章服以为僇，而民不犯。何则？至治也。今法有肉刑三，而奸不止，其咎安在？非乃朕德薄而教不明欤？吾甚自愧。故夫驯道不纯而愚民陷焉。诗曰'恺悌君子，民之父母'。今人有过，教未施而刑加焉？或欲改行为善而道毋由也。朕甚怜之。夫刑至断支体，刻肌肤，终身不息，何其楚痛而不德也，岂称为民父母之意哉！其除肉刑。"①

通过司马迁对文帝形象的构建会认为"禁暴率善"的文帝真是仁慈，仅仅因为少女缇萦的上书就赦免了她的父亲，更是以此为契机结合治国之道，认为犯罪的发生是自身的德行还不足以感化万民。罪犯还没有受到教化就先判处刑罚，肉刑一旦实施则没有挽回的余地，即使罪犯希望改过自新，肉刑也会伴随他们的一生，成为其耻辱的标志。随即下诏废除肉刑，文帝的仁慈无愧"霸陵如故，千年颂声"。

班固在书写这一历史事件时提到语见《刑法志》，《刑法志》是班固的首创，是优秀的篇章，论述了先秦至西汉的刑法演变。班固的文本记载如下：

> 即位十三年，齐太仓令淳于公有罪当刑，诏狱逮系长安。……有以易之；及令罪人各以轻重，不亡逃，有年而免。具为令。丞相张仓、御史大夫冯敬奏言："肉刑所以禁奸，所由来者久矣。陛下下明诏，怜万民之一有过被刑者终身不息，及罪人欲改行为善而道亡繇至，於盛德，臣等所不及也。臣谨议请定律曰：诸当完者，完为城旦舂；当黥者，髡钳为城旦舂；当劓者，笞三百；当斩左止者，笞五百；当斩右止，及杀人先自告，及吏坐受赇枉法，守县官财物而即盗

① 《史记》卷10《文帝本纪》，第427～428页。

> 之，已论命复有笞罪者，皆弃市。罪人狱已决，完为城旦舂，满三岁为鬼薪、白粲。鬼薪、白粲一岁，为隶臣妾。隶臣妾一岁，免为庶人。隶臣妾满二岁，为司寇。司寇一岁，及作如司寇二岁，皆免为庶人。其亡逃及有罪耐以上，不用此令。前令之刑城旦舂岁而非禁锢者，完为城旦舂岁数以免。臣昧死请。"制曰："可。"是后，外有轻刑之名，内实杀人。斩右止者又当死。斩左止者笞五百，当劓者笞三百，率多死。[①]

通过马、班对"缇萦上书"的文本对比，除去相似的书写部分外，班固增加280字来书写大臣对废除肉刑的议论并抒发自己的观点。由于司马迁对"缇萦上书"事件的成功塑造，我们也许会认为肉刑已经被废除，罪犯所受刑法想必会有所减轻。而班固为我们描绘了另一幅画面，原来被判处割鼻刑罚的改为笞300；原来应当砍掉左足的人改为笞500；应当被砍右脚以及官吏贪赃枉法、监守自盗同时执行笞刑，判处数罪并罚当众执行死刑。班固对"缇萦上书"事件的塑造提供了更多的文本，让我们有更多史料去考辨文帝时的刑罚。表面上文帝废除肉刑，享有仁慈和轻刑的名声，实际上原来被判处肉刑的人在执行过程中大多被打死了。文帝之前被判肉刑的臣民虽然死亡率很高，但总会有一些可以侥幸存活。废除了肉刑之后实际上执行的却是死刑，马、班对汉文帝废除肉刑的"仁慈"形象的构建形成了鲜明对比。

二者对"缇萦上书"文本撰述的显著差异，除受时代背景和历史思潮影响之外，史家阅历也是重要的因素。从历史大势来看汉初总结秦亡的历史教训，推崇黄老之学，无为而治。对这一思想贯彻较好的执政者有吕后和文帝以及大臣曹参等。司马迁盛赞吕后"政不出房户，天下晏然。刑罚罕用，罪人是希。民务稼穑，衣食滋殖"[②]，称赞曹参"然百姓离秦之酷后，参与休息无为，故天下俱称其美矣"[③]，都可以观得司马迁推崇黄老思想，而轻徭薄赋、崇尚节俭、体恤百姓的"文帝"更是黄老思想的优秀贯彻者。反观班固，考察其家学，他自幼就接受正统的儒家教育。经过儒家思想的发展演变，章帝之时，儒家思潮已然成为专制统治的意识形态。"外有轻刑之名，内实杀人"应该是对当时社会刑罚的深刻揭露。"这时却有一桩可注意的事，这就是汉高祖所封的一百四十位为侯的功臣，到了太

① 《汉书》卷23《刑法志》，第1097～1099页。
② 《史记》卷9《吕太后本纪》，第412页。
③ 《史记》卷54《曹相国世家》，第2031页。

初三年，因为子孙犯法，就只剩了四个人了。”[1] 也可以论证班固的撰述更加客观。深受儒家思潮影响的班固，对崇尚黄老的文帝则不惜笔墨揭露“内实杀人”的真相。

司马迁因为李陵之祸，遭受了宫刑之辱。在当时的法律制度下只要缴纳赎金就可以免除刑罚，司马迁无力缴纳，加之往来交游不发一言，避之唯恐不及，只能受刑。司马迁欣羡“缇萦上书”能够改变父亲受刑的局面，也推崇“禁暴率善”文帝之仁慈赦免。而反观武帝重用酷吏，仅仅由于为李陵辩护违逆了帝王心术，就遭受了这般酷刑。文帝之仁慈与武帝之苛暴形成了鲜明的对比，也是对武帝的一种讽刺，故没有记载对“缇萦上书”的评论。而班固远未及司马迁对文帝的推崇敬重，他的史学撰述也就可以理解了。

马、班都受过良好的史学教育，子承父志，拥有撰写史书的远大抱负。从马、班对文帝形象的构建来看，不同史家对同一事件的描述也许各有侧重。由于史家可以在不违背历史真实的情形下根据自己的价值判断对历史文本进行合理构建。通过对事件顺序编排的不同，借用暗喻、讽刺、微言大义的方法，并不会影响历史的客观性。不同的文本对比可以帮助我们得出这样的结论，史家在撰述历史的过程中会根据自己预先设定的价值判断对历史事件进行构建，这一点是无法避免的。史家深受历史大势的影响，是时代和社会的共同产物，史学书写不能突破时代的局限性。当史家建构文本的过程中遇到自己共鸣的事件难免会抒发更多情感，这也是为什么我们读《史记·孝文本纪》更能感受到司马迁对文帝仁慈称赞的情真意切。班固在东汉时掌握的材料和文本比司马迁之时更广泛，但他还是以《史记》为底本，大量参考《史记》的材料并有所创新，足以论证《史记》信史之名。只要史家还有情感和价值判断，就会自觉地对史料进行筛选，然而这种筛选不是超越历史事实进行的编造。对史料的选择表面上看似是史家自主的选择的结果，究其根源则是时代和社会的共同抉择。

司马迁建构文帝均采用上曰，班固改为诏曰，是王权思想发展的表现。司马迁作《史记》效法孔子，在书写过程中多讽刺，班固不满其书写汉史“厕于秦项之间”故作《汉书》宣大汉威德。随着儒家思想在世俗化的过程中被确立为意识形态，王权思想也加入了新的内容。对帝王行程的书写细致入微，叙事详尽；年月的记载更趋完善，贯彻班固自身的史学观

[1] 李长之：《司马迁传》，新世界出版社，2017，第114页。

念，主断代之意。这些都推动了史学的发展。

文帝的所作所为已经消失在历史中，马、班的史学撰述使得文帝形象在我们脑中复活，通过文本的对比有助于我们揭开文帝形象的神秘薄纱。史学撰述是史家预先对历史事件进行了选择、编排，由于时代背景、思想观念和史家阅历的不同，他们的撰述也会有所差异。正如卡尔所说："我们所接触到的历史事实从来不是'纯粹的历史事实'，因为历史事实不以也不能以纯粹的形式存在：历史事实总是通过记录者的头脑折射出来的。"[①] 我们获取的文帝形象是马、班成功塑造的结果，其实质是马、班脑中的文帝形象在我们脑中的放映过程。班固选择让文帝废除肉刑说话，较司马迁的撰述既像一种发现又像是一种发明。用海登·怀特的话来说，历史著作不过是一种"言辞结构，其内容在同等程度上既是被发现的，又是被发明的"。[②]

这就是说，史学的书写在一定程度上是史家根据历史真实进行的一种"发明"，历史真实就像是剧本，史家只能在剧本的框架中进行一些细微的调整。但在恢宏的历史长河中，一片落叶也许就会引起巨大的波澜。本文通过马、班对文帝的不同构建，试图揭示史家在史学书写过程中如何深受历史大势的影响，如何在撰述的过程中选取的不同侧重点。要言之，史家笔下向我们呈现怎样的历史，并非简单取决于史家的个性化选择，更是时代和社会共同选择的结果。

---

① E. H. 卡尔：《历史是什么?》，第 106 页。

② Hayden White, "The Historical Text as Literary Artifact," *Tropics of Discourse*, *Essays in Cultural Criticism*, *Baltimore*, The Johns Hopkins University Press, 1987.

唐代政治斗争与上官婉儿形象之演变*

——从“忠心奉上”到“死有余辜”

杨永康　张宇轩

（山西大学历史文化学院，山西太原　030006）

摘　要： 新出土墓志中上官婉儿的形象，与《旧唐书》中所塑造的形象相比存在很大差异。墓志中上官婉儿与韦后、安乐公主水火不容，忠心奉上，无辜受难，形象正面积极；《旧唐书》中的上官婉儿则与武三思、韦后秽乱宫闱，挟势弄权，死有余辜，形象负面丑陋。这种差异是由李隆基与太平公主之间激烈的政治斗争造成的，李隆基的最终胜利对国史婉儿形象塑造起到了决定性的作用。

关键词： 上官婉儿　李隆基　太平公主　政治斗争　历史书写

碑刻墓志是对传世文献极好的补充，《大唐故婕妤上官氏墓志铭并序》的出土备受学界瞩目，它的出土颠覆了学界对上官婉儿的传统认知，让我们看到了上官婉儿另外一种形象，出土墓志与传世史传之间的巨大差异引发了学者的关注。① 在以《旧唐书》为代表的传统史传中，上官婉儿的形

---

* 基金项目：本文系“山西省高等学校中青年拔尖创新人才”项目（项目编号：2016052001）阶段性成果。

① 关于上官婉儿墓志志文及相关研究问题，可以参考李明、耿庆刚《〈唐昭容上官氏墓志〉笺释——兼谈唐昭容上官氏墓相关问题》，《考古与文物》2013 年第 6 期；仇鹿鸣《碑传与史传：上官婉儿的生平与形象》，《学术月刊》2014 年第 5 期；李明《论唐代的“毁墓”——以唐昭容上官氏墓为例》，《考古与文物》2015 年第 3 期等。

象是反面的，淫乱弄权，死有余辜；在新出土的墓志中上官婉儿的形象则是正面的，忠心奉上，无辜受难。同一个上官婉儿，形象差异何以如此巨大？笔者认为李隆基与太平公主之间激烈的政治斗争对上官婉儿形象塑造起到了决定性的作用。

一 忠心奉上："唐隆政变"与官方墓志对上官婉儿形象的塑造

景龙四年（710），唐中宗李显去世后，韦皇后为控制朝政，与党羽拥立了中宗幼子李重茂为帝，改元唐隆。同年六月，李隆基与太平公主合谋发动了政变，唐睿宗李旦登上了皇位，改元景云，是为唐隆政变。上官婉儿在这场政治斗争中不幸殒命，《旧唐书》本传云："及韦庶人败，婉儿亦斩于旗下。"[①]《资治通鉴》云："及隆基入宫，昭容执烛帅宫人迎之，以制草示刘幽求。幽求为之言，隆基不许，斩于旗下。"[②] 很显然，上官婉儿是被李隆基有意杀害的。上官婉儿作为中宗朝的权势人物，她的死颇值玩味。曾有学者认为上官婉儿之死是受到了韦皇后的牵连，因为她与韦氏关系密切而被李隆基所杀。然而2013年出土于陕西咸阳的上官婉儿墓志却否定了这一说法，根据出土墓志的记载，上官婉儿与韦皇后存在着尖锐的矛盾，她跟太平公主的关系更为密切。也正是因为与太平公主走得太近，引起李隆基的猜忌，最终导致婉儿被杀。

唐隆政变发生在六月二十日，上官婉儿死于这一天，时隔两月，朝廷于八月二十四日[③]，为上官婉儿举办了葬礼，墓志也随之下葬。新出土墓志透露出一些极有价值的信息。

首先，记载上官婉儿与韦皇后、安乐公主斗争的事迹，这一史实为传世文献所无，值得特别重视。"神龙元年，册为昭容。以韦氏侮弄国权，摇动皇极。贼臣递构，欲立爱女为储；爱女潜谋，欲以贼臣为党。昭容泣血极谏，扣心竭诚，乞降纶言，将除蔓草。先帝自存宽厚，为掩瑕疵，昭容觉事不行，计无所出。上之，请擿伏而理，言且莫从；中之，请辞位而

---

① 《旧唐书》卷51《后妃上·上官昭容传》，中华书局，1975，第2175页。

② 《资治通鉴》卷209，中华书局，1956，第6646页。

③ 根据《大唐故婕妤上官氏墓志铭并序》所载："以大唐景云元年，八月二十四日，窆于雍州咸阳县茂道乡洪渎原，礼也。"可知上官婉儿下葬时间为景云元年八月二十四日，距政变之日已两个月之久。

退，制未之许；次之，请落发而出，卒为挫衄；下之，请饮鸩而死，几至颠坠。先帝惜其才用，慜以坚贞，广求入膝之医，才救悬丝之命，屡移朏魄，始就痊平。表请退为婕妤，再三方许。”李明、耿庆刚解读为“上官昭容极力与韦后、安乐一党划清界限，甚至不惜请饮鸩而死，几至颠坠”[①]，仇鹿鸣将这段史料解读为“上官婉儿以死劝谏中宗除去韦后”[②]。上官婉儿与韦后、安乐公主的激烈斗争令人惊讶，因为这样的记载不见于传世文献，并且颠覆了婉儿与韦后同党的传统认知。这段材料大致可以解读为：中宗上台之后为了巩固其统治地位，放任韦后、安乐公主发展各自的势力，婉儿感受到威胁，因而劝谏中宗，希望他能够限制韦后、安乐公主的势力，婉儿的劝谏没有得到中宗的采纳，婉儿被迫饮鸩极谏，差点死去。应该特别指出的是，婉儿劝谏的诉求应该是限制韦后、安乐公主的势力，并非完全铲除韦后、安乐公主。作为一名资深政治家，婉儿当然明白完全铲除韦后、安乐公主那是不可能完成的任务。关于婉儿劝谏的时间，以上两文并没有明确指出。笔者认为，这件事情应该发生在神龙二年（706）李重俊被立为太子以后至李重俊发动景龙政变（707）之前这段时间。神龙二年七月，李重俊被立为皇太子，但因不是韦后所生，颇受猜忌。安乐公主也多次请求中宗废掉李重俊，立自己为皇太女，李重俊感觉太子地位受到威胁，于神龙三年七月发动政变。“以韦氏侮弄国权，摇动皇极。贼臣递构，欲立爱女为储；爱女潜谋，欲以贼臣为党”，应该指的就是这一历史背景。《景龙文馆记》有云：“（婉儿）自通天后，逮景龙前，恒掌宸翰。”[③] 则景龙之后，婉儿离开政治中枢。结合墓志的记载，可以推知神龙年间婉儿已经与韦后、安乐公主产生矛盾，结果婉儿在这场政治斗争中失败，最终由昭容降级为婕妤，受此影响婉儿在景龙后淡出政治中枢。墓志对婉儿饮鸩极谏事迹的记载极为重要，有助于我们重新认识婉儿与韦后集团的关系。韦后、安乐公主是唐隆政变的主要对象，婉儿与她们斗争的事迹自然会被当作重要的功绩加以放大宣扬，墓志详细叙述婉儿饮鸩极谏的惨烈情节，婉儿“忠心奉上”的形象也就呼之欲出。

其次，隐讳了上官婉儿的死因。“昭容居危以安，处险而泰。且陪清禁，委运于乾坤之间；遽冒铦锋，亡身于仓卒之际”，墓志虽然明确表示

① 李明、耿庆刚：《〈唐昭容上官氏墓志〉笺释——兼谈唐昭容上官氏墓相关问题》，《考古与文物》2013 年第 6 期。

② 仇鹿鸣：《碑传与史传：上官婉儿的生平与形象》，《学术月刊》2014 年第 5 期。

③ 《太平广记会校》卷 271《景龙文馆记》，张国风校，北京燕山出版社，2011，第 4409 页。

上官婉儿之死实属无辜，但也有意隐讳了上官婉儿被李隆基所杀的史实。

最后，记载了朝廷对上官婉儿的礼葬。“皇鉴昭临，圣慈轸悼，爰造制命，礼葬赠官。”上官婉儿死后，朝廷按照礼制进行安葬，哀荣备至。“太平公主哀伤，赙赠绢500匹，遣使吊祭，词旨稠缪。”太平公主对上官婉儿之死极为哀伤，由此也可以看出两人关系极为密切。

与旧、新《唐书》上官婉儿传相对比，墓志中上官婉儿的形象截然相反。通读墓志可知，此时官方对上官婉儿评价非常正面，“光前绝后，千载其一”。墓志中上官婉儿的形象很是美好，德才兼备，忠心奉上，无辜受难。墓志对婉儿的评价基本上与中宗朝《起复上官氏为婕妤制》（709）相一致。反观与上官婉儿同一天殒命的韦皇后、安乐公主，她们的境遇就比较悲惨，“枭后及安乐公主首于东市。翌日，敕收后尸，葬以一品之礼，追贬为庶人；安乐公主葬以三品之礼，追贬为悖逆庶人”[①]。在被处死后的第二天，二人就被贬为庶人，降级安葬，由此亦可证明婉儿并非韦后同党。同样都在唐隆政变中被李隆基处死，为何官方态度反差如此之大呢？根本原因在于上官婉儿与李旦、太平公主属于同一阵线，共同反对韦皇后和安乐公主。李旦通过唐隆政变登上皇位之后，并没有忘记这位昔日的政治盟友，朝廷以原官礼葬婉儿并做出了较高评价。

郑雅如先生曾指出：“景龙四年（710）六月，中宗突然驾崩，韦后于京城布署重兵，遍布诸韦亲党于要地，企图临朝称制；史书记载婉儿与太平公主合谋，于遗制中引‘相王旦参谋政事’，试图牵制韦后，韦后及党羽不欲相王分权，不惜违反遗诏，此乃婉儿非属韦党最有力的证据。中宗之死出于突然，婉儿却能在紧要关头与太平公主合谋，最合理的解释是，在此之前，彼此早已声气相通。史书所谓婉儿‘归心王室’，可与此事合观，反映中宗朝后期婉儿与相王、太平公主应属于同一阵营，而非韦后一党。”[②] 墓志的出土进一步坐实了这一观点，早在神龙年间婉儿就与韦后、安乐产生了矛盾，以贬官收场。婉儿死后，太平哀伤，墓志毫不避讳太平公主与上官婉儿的亲密关系。李明、耿庆刚二位先生认为，太平公主与婉儿同龄，同在宫中长大，具备频繁接触的条件，婉儿曾与武氏过从甚密，而太平公主的第二任驸马武攸暨正是武氏家族成员，太平公主与婉儿有私

① 《旧唐书》卷51《后妃上·中宗韦庶人传》，第2175页。

② 郑雅如：《重探上官婉儿的死亡、平反与当代评价》，《早期中国史研究》2012年第4卷第1期。

交和相同政见是完全有可能的。他们进一步推测，上官昭容的安葬，太平公主有游说睿宗的莫大之功。[①] 所言甚是，正是因为与太平公主的亲密关系，即使此时的李隆基已经贵为太子，朝廷也没有将婉儿列入逆臣名单，坚持对婉儿葬之以礼。仇鹿鸣先生说："但从志文的书写及葬事的安排中，仍可看出太平公主与李隆基之间互相角力的痕迹。"[②] 婉儿曾与太平公主合谋，于遗制中引"相王旦参谋政事"，立有拥戴之功，婉儿没有因此受到官方的追赠和封赏，这么重要的事迹被墓志有意隐没，显然是官方也顾及了李隆基的立场。总之，墓志中婉儿"忠心奉上"的形象是太平公主与李隆基博弈的结果，双方都可以接受。

这里还有一个问题，既然同属一个阵营，李隆基为什么要有意诛杀上官婉儿呢？郑雅如先生认为，"婉儿之死除了因她曾为武氏一党，也由于她身为女性却掌握权力、左右朝政，故不为李隆基所容"[③]。笔者认为后者是李隆基诛杀上官婉儿的重要原因。上官婉儿如果活着，就会以拥立之功受到李旦重用，这种局面的出现对李隆基极为不利。婉儿身处禁内，政治能力突出，一定会对李旦继续施加强大的影响，更不用说和太平公主联手了。为了减少一个政治上的竞争对手，李隆基对待婉儿的态度肯定是必欲除之而后安，同为女性且久经政治风暴历练的太平公主也一定会洞悉李隆基的心思，对其处死婉儿保持警觉。随着韦武集团覆灭，李旦登上帝位，相王集团与韦武集团的矛盾转化为太平公主与李隆基之间的矛盾，太平公主开始利用婉儿之死大做文章，对李隆基发动攻击。

二　天子良辅："追复昭容"与上官婉儿形象的进一步美化

如前所述，朝廷对上官婉儿的礼葬背后已经反映出太平公主与李隆基的不和。上官婉儿被李隆基有意加害，朝廷却大张旗鼓地礼葬婉儿，将她塑造成忠心奉上、无辜受难的忠臣形象，丝毫不顾及已经贵为皇太子李隆基的感受，这背后显然有太平公主的推波助澜。上官婉儿葬礼之后不久，

---

① 李明、耿庆刚：《〈唐昭容上官氏墓志〉笺释——兼谈唐昭容上官氏墓相关问题》，《考古与文物》2013 年第 6 期。

② 仇鹿鸣：《碑传与史传：上官婉儿的生平与形象》，《学术月刊》2014 年第 5 期。

③ 郑雅如：《重探上官婉儿的死亡、平反与当代评价》，《早期中国史研究》2012 年第 4 卷第 1 期。

李隆基与太平公主的斗争逐渐公开，进入白热化阶段。景云二年（711），二人彻底决裂。“太平公主与益州长史窦怀贞等结为朋党，欲以危太子”[①]，“公主又尝乘辇邀宰相于光范门内，讽以易置东宫，众皆失色，宋璟抗言曰：东宫有大功于天下，真宗庙社稷之主，公主奈何忽有此议！”[②] 在两人矛盾彻底公开的情况下，太平公主开始利用上官婉儿话题持续向李隆基施压，通过抬高婉儿的地位、美化婉儿的形象打击李隆基。

首先，推动朝廷对上官婉儿进行追赠。上官婉儿最初是以本官婕妤下葬的，故墓志所用标题为“大唐故婕妤上官氏墓志铭并序”，志盖却题为“大唐故昭容上官氏铭”，志盖即官方追赠的产物。“秋，七月，癸巳，追复上官昭容，谥曰惠文。”[③] 在上官婉儿葬礼举办近一年后，朝廷又提高了上官婉儿的身份，并追赠了谥号。追复官职、追赠谥号等举措是在政治层面上对上官婉儿功德的进一步肯定。张说《昭容上官氏碑铭》即作于此时，与墓志相比，碑铭更加抬高了上官婉儿的品行：“天降时雨，山川出云。乃生灵媛，祚我圣君。精微其道，焕炳其文。三光错行，昭容纲纪。百揆繁会，昭容条理。外图邦政，内谂天子。忧在进贤，思求多士。”[④] 墓志表其忠，碑铭彰其贤，婉儿被进一步塑造成了天子良辅；碑铭还进一步点出上官婉儿之死为无辜受难：“忠孝心感，天焉报之？吉凶有数，邱焉祷之？如彼九日，羿焉暴之？如彼三良，秦焉悼之？”[⑤] 好人没好报，婉儿为忠臣贤臣，却落得个被李隆基处死的下场。不难想象，官方进一步抬高上官婉儿的行为一定是太平公主操纵的结果，抬高婉儿也就是贬低李隆基。通过此举可以讥讽李隆基滥杀忠良，并向其示威。“天子良辅”上官婉儿被李隆基有意杀害，这对李隆基的个人形象是极为不利的。

其次，与赠谥“惠文”相表里，推动朝廷为上官婉儿编撰文集。传统说法认为，上官婉儿的文集是由李隆基于开元初下令撰成的，经过陈祖言、郑雅如二位先生考订[⑥]，上官婉儿的文集正是在太平公主的推动下编撰而成的，时间应该在景云年间。李明、耿庆刚也认为：“《旧唐书》记

① 《资治通鉴》卷210，第6662页。

② 《资治通鉴》卷210，第6662页。

③ 《资治通鉴》卷210，第6666页。

④ 周绍良：《全唐文新编》第1部第4册，吉林文史出版社，2000，第2609页。

⑤ 周绍良：《全唐文新编》第1部第4册，第2609页。

⑥ 详参陈祖言《张说年谱》，香港中文大学出版社，1984；郑雅如《重探上官婉儿的死亡、平反与当代评价》，《早期中国史研究》2012年第4卷第1期。

载：玄宗令收其诗笔，撰成文集二十卷，令张说为之序，《新唐书》系年于开元初。直到陈祖言作《张说年谱》，才认为此说有误，将张说此序写作时间系于景云二年（711），可谓灼见”。序文末段叙述编纂文集的缘起提到：“镇国太平公主，道高帝妹，才重天人，昔尝共游东壁，同宴北渚，倏来忽往，物在人亡。悯雕管之残言，悲素扇之空曲。上闻天子，求椒掖之故事；有命史臣，叙兰台之新集。由此可知请为上官昭容编纂文集的正是太平公主，上表的对象是其兄唐睿宗，不是后来的唐玄宗这一说法。”[①]开元初，太平公主已被李隆基赐死，张说已被罢相，不可能奉李隆基之命编撰上官婉儿的文集。张说《昭容上官氏碑铭》主要赞扬上官婉儿的品行功德，《唐昭容上官氏文集序》则极力称颂上官婉儿之才华，“明淑挺生，才华绝代；敏识聪听，探微镜理。开卷海纳，宛若前闻；摇笔云飞，咸同宿构”[②]。更让人吃惊的是，序中堂而皇之地记载了上官婉儿“秤量天下”的“趣闻”：“初沛国夫人之方娠也，梦巨人俾之大秤，曰：‘以是秤量天下。’既而昭容生。弥月，夫人弄之曰：‘秤量天下，岂在子乎？’孩遂哑哑应之曰：‘是。’生而能言，盖为灵也。越在襁褓，入于掖庭，天实启之，故毁家而资国；运将兴也，故成德而受任。”[③] 本来只是夸张的私家小说，却被郑重其事地记载在官方的文本之中，上官仪、上官庭芝因罪伏诛反倒成全了一段“毁家而资国”的佳话，“秤量天下”的故事使上官婉儿“天子良辅”的形象进一步坐实。太平公主如此美化上官婉儿，其背后的用意很明显，婉儿功德越大、才华越高，李隆基则罪孽越重矣。如此有才华之人却被李隆基杀害，他是多么的嫉贤妒良。太平公主抬高上官婉儿也是抬高自己，重视婉儿也就是爱惜人才。太平公主也可以利用这一动作拉拢婉儿门下的文士集团，壮大自身的势力。

总之，因为上官婉儿曾反对过韦皇后和安乐公主，在唐隆政变之前与李旦、太平公主、李隆基属于同一阵营，尽管在唐隆政变中上官婉儿被李隆基有意加害，李旦上台之后从大局出发还是对上官婉儿进行了礼葬，婉儿身后哀荣备至，所以墓志中的形象正面积极。唐隆政变之后，李隆基与太平公主的矛盾很快公开化，太平公主故意利用上官婉儿身后事打击李隆基。婉儿被朝廷追赠昭容，并赠谥“惠文”，婉儿地位被进一步抬高，个

---

① 李明、耿庆刚：《〈唐昭容上官氏墓志〉笺释——兼谈唐昭容上官氏墓相关问题》，《考古与文物》2013 年第 6 期。

② 周绍良：《全唐文新编》第 1 部第 4 册，第 2553 页。

③ 周绍良：《全唐文新编》第 1 部第 4 册，第 2553 页。

人形象也被进一步美化，墓志中“忠心奉上”的婉儿被拔高到“天子良辅”，婉儿“无辜受难”的形象愈加凸显。然而，上官婉儿的正面形象并没有维持太久，随着太平公主在政治上的失败，上官婉儿的形象也随之跌至谷底。

三 死有余辜：“先天政变”与国史对上官婉儿形象的重塑

先天二年（713）爆发的“先天政变”，对唐代国史中上官婉儿形象的确立产生了决定性的影响。延和元年（712）八月，唐睿宗李旦传位给太子李隆基，自己退为太上皇，改元先天。先天二年（713）七月，太平公主等人图谋政变，“期以其月四日以羽林军作乱”①。李隆基与郭元振、王毛仲、高力士等人先发制人，将太平公主党羽诛杀殆尽。太平公主最终被赐死家中，其夫武攸暨坟墓也被毁。随着太平公主在政治上彻底被李隆基打倒，早已死去的上官婉儿也受到牵连，其墓也同时被毁。② 坟墓被毁意味着官方给予墓主的礼遇被取消，也意味着墓主在政治上被打倒，生前为朝廷所做的贡献被彻底否定，同时也意味着官方对上官婉儿评价的改变。受太平公主所累，国史中的婉儿形象发生了逆转式的改变。

先天政变以后，威胁李唐皇权的各种政治势力已悉数瓦解殆尽，唐朝政治进入了相对稳定期。“开元四年（716）十一月十四日，修史官刘子玄、吴兢撰《睿宗实录》二十卷，《则天实录》三十卷，《中宗实录》二十卷，成，以闻。”③ 这次修史活动形成了三朝实录的最终定本，标志着官方对“武周革命”至“先天政变”期间复杂的政治斗争史进行了系统梳理，对这一时期重要的政治事件和政治人物进行了盖棺定论。《旧唐书》中上官婉儿的形象也是在这次修史活动中最终定格的。上官婉儿死于“唐隆政变”，按照唐代实录的编撰原则，她的官方传记应该附在《睿宗实录》之中，上官婉儿历史形象的塑造、生平事迹的书写以及历史评价自然要掌握在李隆基手中。学界公认《旧唐书》史料主要取自实录、国史，《旧唐

① 《旧唐书》卷8《玄宗本纪上》，第169页。

② 参见李明、耿庆刚《〈唐昭容上官氏墓志〉笺释——兼谈唐昭容上官氏墓相关问题》，《考古与文物》2013年第6期；李明《论唐代的“毁墓”——以唐昭容上官氏墓为例》，《考古与文物》2015年第3期。

③ 《唐会要》卷63《史馆上·修国史》，中华书局，1955，第1094页。

书》中上官婉儿形象主要从《睿宗实录》继承而来的。由是观之，《旧唐书·上官婉儿传》虽然成书于五代时期，但其主要文本还是体现着李隆基的意志和唐代官方的立场。

与官方墓志中上官婉儿形象相比，唐代国史对她的塑造是颠覆性的。墓志中，上官婉儿忠心奉上，与韦后、安乐公主进行过斗争，而《旧唐书》中的上官婉儿则秽乱宫闱、挟势弄权，与韦武集团沆瀣一气。显而易见，唐代国史故意对婉儿进行了丑化和贬低。

首先，虚构婉儿与人私通的事迹，指责其秽乱宫闱。“婉儿既与武三思淫乱，每下制敕，多因事推尊武后而排抑皇家。”[①] 上官婉儿为中宗昭容，却与武三思关系混乱，秽乱宫闱。不仅如此，婉儿还与外朝官员私通，“婉儿又通于吏部侍郎崔湜，引知政事。湜尝充使开商山新路，功未半而中宗崩，婉儿草遗制，曲叙其功而加褒赏”[②]。据本传记载，上官婉儿因为与崔湜私通，所以利用职务之便，在中宗遗制中对崔湜进行了褒赏。这件显然是捏造的，《旧唐书·崔湜传》说：“睿宗即位，出为华州刺史，俄又拜太子詹事。初，湜景龙中献策开南山新路，以通商州水陆之运，役徒数万，死者十三四。仍严锢旧道，禁行旅，所开新路以通，竟为夏潦冲突，崩压不通。至是追论湜开山路功，加银青光禄大夫。”[③] 据此，追论崔湜开山路功，事在睿宗朝，此时婉儿已死，何来草遗制加褒赏之事？上官婉儿与武三思、崔湜关系密切固然是事实，但是说婉儿与他们淫乱，显然是恶意丑化。在封建时代，对女性形象的贬低莫过于指责其淫乱失贞。

其次，有意隐没婉儿与韦后、安乐公主斗争的史实，捏造其与韦武集团同流合污。如前所述，婉儿在节愍太子李重俊发动“景龙政变”之前，就已经公开与韦后、安乐公主进行斗争，其要求中宗限制韦后、安乐公主的诉求是有利于李重俊的。武三思的立场则倾向于韦后和安乐公主，“三思既与韦庶人及上官昭容私通，尝忌节愍太子，又因安乐公主密谋废黜之”[④]。假如朝廷立安乐公主为储，武氏后人有可能继承皇位，对武三思和武崇训是有利的，因而在废李重俊的问题上韦、武是一致的，这也直接导致武三思父子在景龙政变中被杀。上官婉儿与韦武集团在政治立场上有根本的分歧，由此看来，婉儿即便与武三思相熟识，他们之间的关系也不可

① 《旧唐书》卷51《后妃上·上官昭容传》，第2175页。
② 《旧唐书》卷51《后妃上·上官昭容传》，第2175页。
③ 《旧唐书》卷74《崔湜传》，第2623页。
④ 《旧唐书》卷183《外戚传》，第4736页。

能十分亲密。《旧唐书》对他们关系的描述却恰恰相反，“（中宗）受上官昭容邪说，引武三思入宫中，升御床，与后双陆，帝为点筹，以为欢笑，丑声日闻于外”①。“婉儿既与武三思淫乱，每下制敕，多因事推尊武后而排抑皇家。”② 唐代国史指责上官婉儿与武三思关系密切，采取“尊武抑李”的政治立场，显然是为了将婉儿与韦武集团捆绑在一起进行丑化。从墓志所载上官婉儿与韦后、安乐公主斗争的史实，以及上官婉儿与太平公主合谋共立李旦参谋政事的做法来看，“归心王室”恐怕早就是上官婉儿的政治选择，而不是传统上认为的李重俊发动“景龙政变”之后。上官婉儿传说韦后与武三思私通是靠婉儿居中牵线搭桥，这样的记载实属夸张，安乐公主嫁给了武三思的儿子武崇训，武三思与李显本来就是亲家，加之早已形成的李武一体政治格局，两家关系自然亲密，何须婉儿多此一举③。武三思与韦后下双陆棋，李显点筹，就两家的亲密关系而言并不是十分出格的事，然而经过史官有意涂抹，亲家之间的普通游戏就被歪曲成秽乱宫闱的丑事了。上官婉儿传有意隐没了上官婉儿“归心王室”的政治立场，污蔑其与韦武同流合污，根本用意还是对上官婉儿进行丑化和贬低。

最后，虚构婉儿与李重俊之间的矛盾，将其塑造成引发“景龙政变”的首祸。神龙三年（707）七月，太子李重俊与李多祚、李思冲、李千里等人发动兵变，诛杀武三思、武崇训父子，之后攻打宫城，意图杀死韦皇后、安乐公主等人，被阻于玄武门外，因士卒倒戈而失败。李重俊被部下杀死，是为“景龙政变”。根据《旧唐书·上官婉儿传》的记载，婉儿是引发李重俊政变的首祸。“婉儿既与武三思淫乱，每下制敕，多因事推尊武后而排抑皇家。节愍太子深恶之，及举兵，至肃章门，扣阁索婉儿。婉儿大言曰：‘观其此意，即当次索皇后以及大家。’帝与后遂激怒，并将婉儿登玄武门楼以避兵锋，俄而事定。”④ 按照这种说法，李重俊是因为婉儿“尊武抑李”，才发动兵变，婉儿是李重俊索要的首犯。在婉儿的挑唆下，李显与韦皇后保护婉儿登上玄武门。然而，《旧唐书·李重俊传》对此却有不同的描述：“时武三思得幸中宫，深忌重俊。三思子崇训尚安乐公主，

① 《旧唐书》卷51《后妃上·中宗韦庶人传》，第2172页。

② 《旧唐书》卷51《后妃上·上官昭容传》，第2175页。

③ 黄永年先生曾说：“武三思本是武承嗣死后武氏家族的首席代表人物，在李武政权中自有掌握大权的资格，并非由于他和韦后或上官婉儿淫乱才能窃取权力，更不是由于惧怕敬晖等宰相危害自己才要窃取权力。”参见黄永年《说李武政权》，《人文杂志》1982年第1期。

④ 《旧唐书》卷51《后妃上·上官昭容传》，第2175页。

常教公主凌忽重俊，以其非韦氏所生，常呼之为奴。或劝公主请废重俊为王，自立为皇太女，重俊不胜忿恨。三年七月，率左羽林大将军李多祚、右羽林将军李思冲、李承况、独孤祎之、沙咤忠义等，矫制发左右羽林兵及千骑三百余人，杀三思及崇训于其第，并杀党羽十余人。又令左金吾大将军成王千里分兵守宫城诸门，自率兵趋肃章门，斩关而入，求韦庶人及安乐公主所在。又以昭容上官氏素与三思奸通，扣阁索之。韦庶人及公主遽拥帝驰赴玄武门楼，召左羽林将军刘仁景等，令率留军飞骑及百余人于楼下列守。”[①] 以这条材料来看，李重俊兵变直接矛头是武三思父子和韦后母女，因为他们对李重俊的太子地位形成了直接的威胁，婉儿只是被当作次犯来对待。在这条材料中，登上玄武门楼的是韦皇后和安乐公主，婉儿并没有出现。无论是把上官婉儿当首犯还是当次犯，这样的说法显然都是后来捏造出来的，因为婉儿在安乐公主欲谋储位的问题上是站在李重俊一边的，甚至饮鸩自杀，差点死去，李重俊于情于理都不会将兵变的矛头指向婉儿。官方将婉儿与武三思进行捆绑，编造婉儿与李重俊之间的矛盾，把她塑造成“尊武抑李”、挟势弄权的奸臣，主要目的在于丑化和贬低婉儿，借以证明婉儿被李隆基诛杀是咎由自取、罪有应得。

上官婉儿死于唐隆政变（710），与李隆基发动的先天政变（713）并无直接的关系，李隆基为什么还要如此丑诋她，将之塑造成一个秽乱宫闱、挟势弄权的奸臣形象呢？可以从三方面来分析其原因。首先，为了抹黑对手，打击太平公主集团。婉儿生前与太平关系密切，死后曾被太平公主当作打压李隆基的工具，太平公主通过抬高婉儿来贬斥李隆基不容贤良，滥杀无辜。李隆基在彻底击败太平公主后，掌握了国史书写的话语权，当然会反其道而行之，通过丑化婉儿，暗示其死有余辜。太平公主力捧的人，李隆基一定会打压，先天政变之后婉儿墓被毁也充分地证明了这一点。其次，替自己滥杀上官婉儿回护。如前所述，如果上官婉儿在唐隆政变之前就与太平公主、相王李旦结盟，且形象正面，不管李隆基出于什么动机杀死婉儿，滥杀盟友与忠良的罪名显然是要背负的。只有将婉儿污名化才能证明其死有余辜，替李隆基诛杀婉儿找到合理的借口。正因为如此，本属相王集团的婉儿，被李隆基恶意塑造成韦武集团的同路人。最后，对妇人干政保持警惕，有意对婉儿进行贬低，借以夸大妇人干政的危害。婉儿并非个案，通观《旧唐书》，唐代官方对太平公主、韦皇后、安

① 《旧唐书》卷86《节愍太子李重俊传》，第2837～2838页。

乐公主等人，甚至包括武则天在内，都进行了不同程度的贬低与丑化。李隆基亲身经历了韦武之祸，以及与太平公主激烈的政治斗争，他一定能够深刻体会到妇人干政对皇权政治的危害，这样的经验教训也一定会有意或无意地被放大，影响唐代国史的书写。

综上所述，受唐代政治斗争的影响，上官婉儿死后其形象经历过官方多次塑造。第一次是在唐隆政变刚刚结束之后（710 年），在李旦和太平公主的支持下，官方以婕妤之礼安葬了婉儿，婉儿身后哀荣备至，墓志中婉儿的形象非常正面，她忠心奉上，无辜受难。第二次是在景云二年（711），太平公主与李隆基公开决裂之后，在太平公主推动下，婉儿被追复昭容并赠谥，墓葬的规格也相应提高，张说为之作《昭容上官氏碑铭》，朝廷为之编撰文集。这一时期的婉儿形象被进一步拔高，被太平公主当作打击李隆基的工具。婉儿被塑造成“天子良辅”的形象，李隆基则要暗自承受滥杀忠良的舆论压力。第三次是在李隆基发动“先天政变”之后，太平公主在政治上被彻底打败，李隆基掌握国史书写的话语权（716 年），婉儿的正面形象被彻底颠覆，官方最终将其塑造成秽乱宫闱、挟势弄权、死有余辜的奸臣形象。三种形象相比较而言，墓志中的形象更接近婉儿的本来面目，此时太平公主与李隆基之间的政治斗争尚未公开化，墓志的书写受政治斗争的干扰最小。按照太平公主意志塑造的“天子良辅”形象则有过分美化之嫌，按照李隆基意志塑造的“死有余辜”形象则因肆意抹黑，最不可信，离事实最远。总之，中国古代政治斗争深刻地影响着官方历史的书写，政治斗争的胜利者掌握着历史书写的话语权；政治斗争的胜利者总是极力地美化自己，丑化敌人；当政治斗争出现反复时，官方历史书写也会出现改变，唐代政治史的书写概莫能外。从官方墓志到国史盖棺定论，上官婉儿形象的演变过程也是政治斗争影响官方历史书写的一个典型例证。

《班马异同》及其评点的史学价值

范宇焜
（太原理工大学马克思主义学院，山西太原 030024）

摘 要：《史记》与《汉书》的对比研究，是中国古代史学史上比较重要的一个问题。南宋时，倪思撰写的《班马异同》是中国史学史上第一部明确以《史记》《汉书》内容差异展开的《史》《汉》对比研究专书，该书及其所附元人刘辰翁所作评点一般被称为《班马异同评》，其在撰述旨趣、研究对象、对比方法等方面显现出明显的特点，在“史记学”“汉书学”中占有不可忽视的位置。

关键词：《班马异同》 倪思 刘辰翁 史学价值

《史记》《汉书》是中国古代史学史上不朽的两部巨著，历代学人将马、班齐列、《史》《汉》并举，几乎成为常例。关于《史记》和《汉书》的差异，是学者们比较关注的问题，晋人张辅在《名士优劣论》中说：“世人称司马迁、班固之才优劣，多以班为胜。余以为史迁叙三千年事，五十万言，班固叙二百年事，八十万言。烦省不敌，固之不如迁必矣。”①这是从史文烦省的角度对《史》《汉》优劣展开的评价。此后，历代学人或“扬马抑班”，或“扬班抑马”，不断对两部巨著展开对比研究。《班马异同》为南宋倪思所撰，是中国史学史上第一部明确以《史记》《汉书》内容差异展开的《史》《汉》对比研究专书。倪思（1147～1220年），字正甫，归安（今浙江湖州）人，累任秘书郎、著作郎兼翰林权直、兵部尚书、礼部尚书等职。倪思《班马异同》行世后，元代文学家刘辰翁对此书

① 刘知幾：《史通》卷七《鉴识》，上海古籍出版社，2009，第190页。

进行点评，其评点本一般被称为《班马异同评》。刘辰翁（1233～1297年），字会孟，号须溪，庐陵灌溪（今江西吉安）人。《四库全书》分别收录倪思《班马异同》与刘辰翁《班马异同评》，将二书著录于《正史类一》、《正史类二》下。学界目前已有从文学及版本学视角展开的关于《班马异同评》的研究成果。[①]《班马异同评》在研究对象、对比方法等方面显现出明显的特点，值得从史学研究的角度进一步探讨，故笔者就这些方面展开讨论，以就教于方家。

一 “因其异而知优劣”的撰述旨趣

倪思并未明确提及《班马异同》的撰述旨趣。宋代官修目录书及《宋史·艺文志》中均未著录《班马异同》，陈振孙在《直斋书录解题》中著录有《班马异辞》：“《班马异辞》，三十五卷。倪思撰。以《班史》仍《史记》之旧而多删改，大抵务趋简严，然或删而遗其事实，或改而失其本意，因其异则可以知其笔力之优劣，而又知作史述史之法矣。”[②] 马端临在《文献通考·经籍考》中从陈振孙之说，但《文献通考》所著录的书名从《班马异辞》变为《班马异同》[③]，在明代刊刻此书时，书名为《史汉异同》。在明代刻本中，有学者杨士奇（1366～1444年）于永乐壬寅（1422）八月为《班马异同评》所作序，其中提到：“《文献通考》云……思以《班史》仍《史记》之旧而多删改，务趋简严，然或删而遗其事实，或改而失其本意，因其异可以知其优劣。”[④] 杨士奇所引“《文献通考》云”的说法即本于《直斋书录解题》，但他在转引过程中较之于陈振孙的记载删去了关键性的表述：“因其异则可以知其笔力之优劣，而又知作史述史之法矣。”[⑤] 倪思对《史》《汉》的对比，并不是为了简单地“知其优劣”，而是“知其笔力之优劣”，这是建立在历史叙事方法上的判断，在此基础上“知作史述史之法”，从而对历史撰述提供积极的参考，这决定了

① 可参见可永雪《〈班马异同评〉与人物形象问题》，《内蒙古教育学院学报》1992年第3期；王晓鹃《〈班马异同评〉研究三题》，《陕西师范大学学报》（哲学社会科学版）2016年第1期。

② 陈振孙：《直斋书录解题》卷一四《类书类》，上海古籍出版社，1987，第431页。

③ 参见马端临《文献通考》卷二〇〇《经籍考二七·史》，中华书局，1987，第1675页。

④ 杨士奇：《班马异同评序》，参见《班马异同评》书前，明刻本，哈佛大学燕京图书馆藏。

⑤ 陈振孙：《直斋书录解题》卷一四《类书类》，第431页。

《班马异同》是一本基于严谨对比的史学著作，一定程度上反映倪思撰此书的旨趣。

《班马异同》是基于《史记》《汉书》文本差别的对比研究，从书名来看，《史记》与《汉书》应在此书中地位相当，但实际上倪思应有所侧重。陈振孙在著录《班马异辞》的上一条，还著录了倪思所撰《迁史删改古书异辞》十二卷，并说："以迁《史》多易经语，更简严为平异，体当然也，然易辞而失其义、书事而与经易者多，不可以无考，故为是编。经之外与他书异者，亦并载焉。"① 《迁史删改古书异辞》已佚，单从其书名来看，应与《班马异辞》属于同类性质的研究。《迁史删改古书异辞》的撰述目的在于，《史记》在引用材料时对古书有所删改，导致可能失去古书记载的本来意义，需要通过对比了解这些改动之处，故倪思撰《迁史删改古书异辞》的目的大抵应是为精读《史记》而作的。撰述《班马异辞》的原因，则是"以《班史》仍《史记》之旧而多删改，大抵务趋简严，然或删而遗其事实，或改而失其本意"②。结合《汉书》在宋元社会中的地位，撰述《班马异同》的目的在于，《史记》作为《汉书》的史料来源之一，以《史记》记载为参照，经过对比，从而分析《汉书》改动后的内容的优劣。

《班马异同》撰成后流传范围不广，至清代，赵翼仍说："刘辰翁有《班马异同》，盖亦就《史记》《汉书》歧互处分别指出，今少有其本。"③ 赵翼认为《班马异同》是元人刘辰翁作，还特别提到在当时《班马异同》并不是常见的书。杨士奇在为《班马异同评》所作序中提到了此书在当时流传的一些情况："此书吾郡前辈家有之，近从邹侍讲借录，凡三册。此书吾郡前辈家有之，相传作于须溪，而编内不载。观其评论批点，臻极精妙，信非须溪不能。……岂非书作于倪，而评论批点出于须溪邪?"④ 杨士奇曾一度深信《班马异同》是刘辰翁所作。在杨士奇的《东里集》中，也提到："《史汉异同》。庐陵刘会孟先生作，欲知西汉文章之妙者，必考于此。盖先生用功迁固最深，前所未有。"⑤ 这里杨士奇认为读《班马异同》

① 陈振孙：《直斋书录解题》卷一四《类书类》，第431页。
② 陈振孙：《直斋书录解题》卷一四《类书类》，第431页。
③ 赵翼：《廿二史札记》卷一《史记汉书》"史汉不同处"条，王树民校证本，中华书局，1984，第14页。
④ 杨士奇：《班马异同评序》，见《班马异同评》书前，明刻本，哈佛大学燕京图书馆藏。
⑤ 杨士奇：《东里集》卷一七《史汉异同》，《文渊阁四库全书》第1238册，台湾商务印书馆，1986，第253、589页。

不仅可以知道《史》《汉》优劣，而且要知道西汉一代的文章精妙，此书都是必读之书，对刘辰翁有很高的评价。现存《班马异同》的多种刻本皆出于明代，且都附有刘辰翁评语。从《班马异同评序》的情况可以推断，《班马异同》经刘辰翁评点后，可能于元代并未刊刻，而是在小范围内传抄，从而有了“相传作于须溪”的说法。南宋时，陈振孙于《直斋书录解题》已著录此书，故《班马异同》绝无元人刘辰翁所撰的可能。自明代刊印《班马异同评》以后，随着其流传的广泛，学人逐渐接受倪思所撰、刘辰翁评点的说法。清人张之洞也同意这一说法，他于《书目答问》著录：“《班马异同评》三十五卷。宋倪思，刘辰翁评。嘉庆丁酉福建刻本。倪书为考《史》《汉》文辞异同，刘评无谓，今倪书无单行本。”[①] 张之洞肯定倪思撰《班马异同》的成绩，但他对刘辰翁所作评点评价很低。实际上，即便刘辰翁是一位文学家，四库官臣还是将他评点的《班马异同》当作史部著作处理。《四库全书》将《班马异同》和《班马异同评》分别收录，是对刘辰翁评语价值的肯定。刘辰翁的评点内容直接书写于《班马异同》原书的天头位置，以眉批的形式就书中涉及的相关史事、记载差别进行评论，丝毫不吝惜溢美与批评之辞。杨士奇称赞刘辰翁的评语“臻极精妙”[②]。如果说阅读《班马异同》可以使读者知《史》《汉》之优劣，那么刘辰翁的评语就是他自己对《史》《汉》优劣认识的具体阐发。

无论是倪思撰《班马异同》，还是刘辰翁《班马异同评》，他们的目的都在于“因其异而知优劣”，至于是知哪方面优劣，二者各有不同的侧重点。倪思撰《班马异同》，是为实现史学比较目的而作的基础研究，刘辰翁评点则是在《班马异同》史学比较基础上具体的史学和文学批评言论。《班马异同》与《汉书》的密切关系，使之成为宋元“史记学”“汉书学”发展中的一部代表性作品。

二　开创性的史学比较研究形式

在中国古代史学史上，《史记》和《汉书》的对比研究是一个重要的问题，宋代以前，已有一些学人对《史记》和《汉书》两部巨著的优劣发

① 张之洞：《书目答问》卷二《史目》，《中华汉语工具书书库》第90册，安徽教育出版社，2002，第507页。

② 杨士奇：《班马异同评序》，见《班马异同评》书前，明刻本，哈佛大学燕京图书馆藏。

论。《班马异同》在《史》《汉》比较研究方法，乃至于史学比较研究方法方面都有其开创性。从研究对象上来看，宋代以前，学人已有一些关于《史记》《汉书》优劣比较的言论，但比较零散。至南宋《班马异同》出现，成为历史上第一部以《史记》《汉书》进行对比研究的专书，自此，标志着《史》《汉》对比研究这样一个中国古代史学史上的重要问题成为一个专题研究的方向。后来的学人在其影响之下，《史》《汉》比较研究的专书不断问世。

《班马异同》的对比研究方法富有特点。首先，标目简洁明了。《班马异同》以人物或人物类型为纲，涉及九十七个人物和匈奴，大体上以本纪和列传的人物设置分卷，有四卷“酷吏”“游侠”“佞幸”“货殖”以人物类型分卷，其下再以具体人物作为标目，另附有“滑稽附”“日者附”二卷，仅收录《史记·滑稽列传》《日者列传》内容。在每卷卷前，分别指出本卷人物记载出现于《史记》和《汉书》的位置，以便于读者翻阅查找。

其次，正文处理颇具技巧。从现存的《班马异同》几种明代刻本来看，其正文在体例上将《史记》原文以粗体大字呈现，凡是《史记》没有而《汉书》所加的内容以细体小字加入正文中（见图1）；凡是《史记》记载但《汉书》删去的内容，在粗体大字旁以黑色线条勾勒出来（见图1）；关于《汉书》对《史记》记载有前后调整的情况，则作注曰“《汉书》上接（连）某文、以下接（连）某文”，如《汉书》将《史记》记载移入其他篇，则注曰“《汉书》见某纪、传”（见图2方框处）。这种处理方式较之于将《史记》《汉书》关于同一人物、史事的记载分别摘录更为直观、精巧。

《班马异同》的《史》《汉》比较研究方式在明代就产生了直接的影响。明人许相卿承袭《班马异同》的研究方法，在此基础上有所损益，撰成《史汉方驾》。许相卿（1479～1557年），字伯台，海宁袁花（今浙江海宁）人。标目方面，《史汉方驾》基本上承袭《班马异同》的分卷方法。内容方面，《班马异同》缺少陈胜、英布二人记载的比较，《史汉方驾》将这部分进行补缺。正文体例方面，《史汉方驾》稍作改动，《史记》《汉书》记载相同的部分直接书写于界行中；《史记》记载而《汉书》删去的部分，以小字写在界行右侧，《汉书》增加的内容以小字写在界行左侧，显得更加条理井然（见图3）。《班马异同》的体例和研究方法在《史汉方驾》的撰写过程中得到了进步和发展。《史汉方驾》在体例方面的发

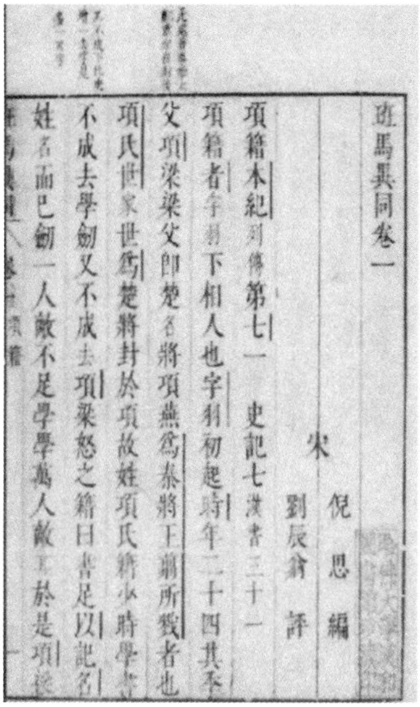

班馬異同卷一

倪思編

宋 劉辰翁評

項籍本紀 列傳第七 史記七 漢書三十一

項籍者字羽下相人也字羽初起時年二十四其季

父項梁梁父即楚名將項燕爲秦將王翦所戮者也

項氏世世爲楚將封於項故姓項氏籍少時學書

不成去學劍又不成去項梁怒之籍曰書足以記名

姓而已劍一人敵不足學學萬人敵於是項梁

图 1

羽乃號爲雍王王關中今則來沛公恐不得有

此可急使兵守函谷關無內諸侯軍稍徵關中兵

以自益距之沛公然其計從之十二月中項羽果

率諸侯兵西欲入關關門閉聞沛公已定關中

羽大怒使黥布等攻破函谷關十二月中遂至戲下

沛公左司馬曹無傷聞項王怒欲攻沛公使人

言項羽曰沛公欲王關中令子嬰爲相珍寶盡有之

欲以求封 亞父勸項羽擊

沛公方饗士旦日合戰是時項羽兵四十萬號百萬

图 2

图 1、图 2：刘辰翁评《班马异同》明代刻本书影，哈佛大学汉和图书馆藏本。

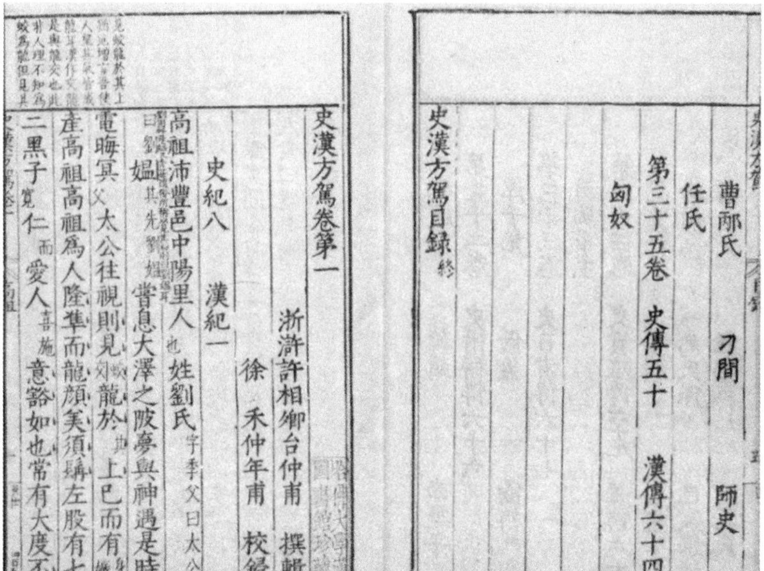

史漢方駕卷第一

浙滸許相卿台仲甫 撰輯

徐 禾仲年甫 校錄

史紀八 漢紀一

高祖沛豐邑中陽里人也姓劉氏字季父曰太公母

曰劉媼其先劉媼嘗息大澤之陂夢與神遇是時雷

電晦冥父太公往視則見蛟龍於其上已而有娠遂

產高祖高祖爲人隆準而龍顏美須髯左股有七十

二黑子寬仁而愛人喜施意豁如也常有大度不事

曹邴氏 刁間 師史

任氏

第三十五卷 史傳五十 漢傳六十四

匈奴

史漢方駕目錄 終

图 3 许相卿《史汉方驾》万历十三年刻本书影，哈佛大学汉和图书馆藏本

展对史注体例也产生了积极影响:“倪思作《班马异同》,以大字细字连书,猝难辨析。明许相卿改为《史汉方驾》,以班马相同者书于中,以马有而班无者侧注于左,以班有而马无者侧注于右。遂使增删之意,开卷厘然,而原书仍无改易,最为善变。”清代学者赵一清撰《水经注释》《水经注笺刊误》“殆亦类是”[①],承袭了《史汉方驾》的体例。

在《班马异同》问世之前,辑录不同记载,就文本差别进行对比的研究方法就已经出现。欧阳修在《集古录跋尾》中,常常分别收录同一碑文的集本和真本,如《唐重摹吴季子墓铭》[②],在真迹内容之后收录“又别本”一篇,从而使读者能够直观看到二者删改的关系。倪思将不同著者撰写的两部史书合为一书直接对照,可谓有文本对照研究方法方面的首创之功。

倪思在编撰《班马异同》时,凡《史记》《汉书》二者相异之处悉数注明,遵循事无巨细的原则,大体来看可分为三种情况。

其一,指出《史》《汉》所用古字的差别。如:

> 项羽召见诸侯将入辕门,无不膝行而前莫敢仰视,项羽由繇是始为诸侯上将军。[③]

又如:

> 景帝上居禁中,召条侯亚夫赐食,独置大胾无切肉又不置櫡箸。条侯亚夫心不平,顾谓尚席取櫡箸。[④]

这里关于《史记》《汉书》所用“由”与“繇”,“櫡”与“箸”在字义上没有差别,《班马异同》指明这类差别,便于读者了解两部史书在用字方面的差异。

---

① 以上引文见永瑢等《四库全书总目》卷六九《史部・地理类二》,中华书局,1965,第611页。

② 参见欧阳修《集古录跋尾》卷七《唐重摹吴季子墓铭》,《欧阳修全集》卷一四〇,李逸安点校本,中华书局,2001,第2256页。

③ 倪思:《班马异同》卷一《项籍》,明刻本,哈佛大学燕京图书馆藏,第8页b。引文按《班马异同》正文体例处理,粗体为《史记》文,《史记》载而《汉书》删去者标下划线,《史记》不载而《汉书》增加,以及《汉书》与《史记》相异处为细体小字。下引《班马异同》原文处皆作相同处理。

④ 倪思:《班马异同》卷七《周亚夫》,明刻本,哈佛大学燕京图书馆藏,第9页b。

其二，指明用字假借情况和传抄过程中出现的讹误。如记载娄敬所言：

> 与项羽籍战荥阳，争成皋之口，大战七十，小战四十。使天下之民肝脑涂地，父子暴骨骸中野，不可胜数。哭泣之声未不绝，伤痍夷者未起，而欲比隆于成康之时，臣窃以为不侔也矣。①

上述文字中，“暴骨中野”和“暴骸中野”，以及“伤痍”和“伤夷”都应是假借或传抄讹误所致。又如记载项羽所言，《史记》中为：“今岁饥民贫，士卒食芋菽，军无见粮。”② 而《汉书》中这句话是“士卒食半菽”③，“芋菽”和“半菽”这样的传写讹误，已经将文意改变了。《班马异同》指明这样的差异还是十分必要的。

其三，对于无关文意的字词改动，《班马异同》也一并注明。如记载刘邦对萧何的评价：

> 至如萧何，发踪纵指示，功人也。且诸君独以身随从我，多者三两三人。④

这句话中，《史记》记载为“两三人”，《汉书》为“三两人”，这种差别在用字、文意方面均无影响。《班马异同》注明这种区别显得比较烦琐，但《四库总目提要》评价这种处理方式说：“既以‘异同’名书，则只字单词，皆不容略。”⑤ 还是肯定了倪思的细致对照。

清人对《班马异同》的评价存在较大分歧，四库官臣认为《班马异同》“于史学颇为有功”⑥。清初学者钱谦益则批评《班马异同》说：“宋人《班马异同》之书，寻扯字句，此儿童学究之见耳。读班马之书，辨论其同异，当知其大段落、大关键来龙何处，结局何处。手中有手，眼中有眼，一字一句，龙脉历然。”⑦ 钱谦益对读《史记》和《汉书》的认识有

---

① 倪思：《班马异同》卷十五《刘敬》，明刻本，哈佛大学燕京图书馆藏，第2页b。
② 司马迁：《史记》卷七《项羽本纪》，中华书局，1959，第305页。
③ 班固：《汉书》卷三一《项籍传》，中华书局，1962，第1802页。
④ 倪思：《班马异同》卷三《萧何》，明刻本，哈佛大学燕京图书馆藏，第3页b。
⑤ 永瑢等：《四库全书总目》卷四五《史部·正史类一》，第401页。
⑥ 永瑢等：《四库全书总目》卷四五《史部·正史类一》，第401页。
⑦ 钱谦益：《牧斋有学集》卷三八《再答苍略书》，钱曾笺注本，上海古籍出版社，1996，第1310页。

一定道理，他认为读二史应着眼于宏观方面，厘清历史的脉络。但钱氏因此轻视《班马异同》，认为倪思着眼于字句的对照是“儿童学究之见”罢了。通过本节上文的论述，须知《班马异同》在史学比较研究方面的功绩还是值得学人重视的。

三 基于史学对比的评论

在《班马异同》的基础上，元代文学家刘辰翁进行了评点。此后，汇集刘氏评语的《班马异同评》为人所知，逐渐流传开来。关于这些评语的价值争议很大，杨士奇认为是“臻极精妙”，四库馆臣认为杨士奇的评价夸大了刘辰翁评语的价值，而张之洞则认为“刘评无谓”，这不禁使人对刘辰翁评语的价值产生疑问。综观刘氏评语，大体有以下几个方面特点。

其一，辑录注文，进行解释。刘辰翁通读《班马异同》，《史记》《汉书》中的一些记载对于元代人来说，在理解上可能存在困难和偏差。对于这种情况，刘辰翁引用《史记》《汉书》注进行解释。例如记载唐蒙通夜郎国时征发兵卒，军法的严苛令巴、蜀郡人大为惊恐，皇帝令司马相如撰文解释情况，安抚边民。司马相如檄文说：

> 陛下患使者有司之若彼，悼不肖愚民之如此，故遣信使，晓喻谕百姓以发卒之事，因数之以不忠死亡之罪，让三老孝弟以不教诲之过。方今田时，重烦百姓，已亲见近县，恐远所溪谷山泽之民不遍闻，檄到，亟下县道，咸谕陛下意，毋忽！[①]

针对上述记载，刘辰翁在评语中注明：“信使，师古曰‘诚信之人以为使也。’”“亲见近县，师古曰‘近县之人，使者已自见而口谕矣。’”[②]刘辰翁认为这段记载中“信使”的意义和“近县之人”传达檄文的情况在理解上有一定困难，他在查阅《汉书》颜师古注后将相关解释以眉批的形式呈现。又如记载西汉赠予匈奴单于的礼物中有“黄金犀毗一”[③]，《史记》中作“黄金胥纰一”[④]，那么“犀毗”究竟为何物？北宋时期，叶廷

---

① 倪思：《班马异同》卷二七《司马相如》，明刻本，哈佛大学燕京图书馆藏，第3页a。

② 以上引文均见倪思《班马异同》卷二七《司马相如》刘辰翁评语，明刻本，哈佛大学燕京图书馆藏，第3页a。

③ 班固：《汉书》卷九四上《匈奴传上》，第3758页。

④ 司马迁：《史记》卷一一〇《匈奴列传》，第2897页。

珪在《海录碎事》中就已注意到这一问题。叶廷珪，字嗣忠，宋徽宗政和五年进士，他提到："班固与窦宪牋曰'复赐固犀毗金头带'，此将军所服也。"刘辰翁引用《史记索隐》的说法解释说："《索隐》曰：《汉书》作'犀毗'，此作'胥'，'胥''犀'声相近。《战国策》云'赵武灵王赐周绍具带黄金师比'。延笃云'胡革冠带钩也'。则此带钩亦名'师比'，则'胥''犀'与'师'相近而说异耳。"刘辰翁在引用时对《索引》原文稍有删改，但不影响其原意。刘氏的结论是："'犀毗''胥纰''师比'名同，即今钩搭。"[①] 刘辰翁考异诸说，并解释《史记》《汉书》中记载的物品在元代的名称，对于读者理解还是有所裨益的。刘辰翁通读《班马异同》过程中，对于他认为在理解上存在困难的说法都引用《史记》和《汉书》注文进行了解释。

其二，"以意断制，无所考证"。《史记》《汉书》中记载的西汉史事为刘辰翁所重视，在阅读《班马异同》的过程中，他对相关记载进行评论。如《史记》《汉书》记载吕公将女儿许配给刘一事：

> 吕公曰："臣少好相人，相人多矣，无如季相，愿季自爱。臣有息女，愿为季箕帚妾。"酒罢，吕媪怒吕公曰："公始常欲奇此女，与贵人。沛令善公，求之不与，何自妄许与刘季？"吕公曰："此非儿女子所知也。"卒与刘季高祖。吕公女乃即吕后也。[②]

刘辰翁读至此处发出感叹："四百年之业成于吕公。吕公以其女贵，必自极喜，求人于天下。此天作之合者，非区区祯祥比也。项羽欲以力争经营，难矣。"[③] 吕后在西汉建立的过程中起到积极作用，她主事后的种种政策也对西汉初期的政治和社会稳定起到积极影响。[④] 但刘辰翁所言汉代"四百年之业成于吕公"，刘邦与吕雉的结合即便是祯祥之兆也不能及，或是自二人结合后就注定项羽难与刘邦争霸的结论显然都言过其实，是不符合历史事实的。又如刘辰翁对曲逆献侯陈平的生平提出看法：

---

① 以上引文见倪思《班马异同》卷二三《匈奴》刘辰翁评语，明刻本，哈佛大学燕京图书馆藏，第 13 页。

② 倪思：《班马异同》卷二《高祖》，明刻本，哈佛大学燕京图书馆藏，第 2 页 b。

③ 倪思：《班马异同》卷二《高祖》刘辰翁评语，明刻本，哈佛大学燕京图书馆藏，第 2 页 b。

④ 参见安作璋《论吕后》，《山东师范学院学报》（社会科学版）1962 年第 1 期。

陈丞相平者，阳武户牖乡人也。少时家贫，好读书，治黄帝、老子之术。①

刘辰翁在此处评论说：“不见平治老子之术。《汉书》据赞语特著于此，然赞语本平道家口语，非事实也。”② 班固根据《史记·陈丞相世家》中太史公曰：“陈丞相平少时，本好黄帝、老子之术”③ 的记载，将“治黄帝、老子之术”附于陈平的介绍后。刘辰翁认为陈平不曾施行过老子之术，而“太史公曰”的说法本于“始陈平曰：‘我多阴谋，是道家之所禁’”④。这在他看来也是陈平的“畏祸之辞”⑤，故陈平治黄老之术并非事实。刘辰翁的说法似不无道理，但他在表明观点的基础上并没有实际的证据，也缺乏进一步的阐发，这使其言论缺乏说服力。在评价西汉史事的过程中，刘辰翁多是有感而发，他的观点不曾经过细致的考证和梳理，显现出文人评史的一个缺点，故《四库全书总目提要》认为他“以意断制，无所考证”⑥。

其三，斟酌字句，评判得失。刘辰翁在评点《班马异同》时，特别注重《史记》《汉书》在叙事方面的技巧。如关于晁错之死的过程，《史记·袁盎晁错列传》记载比较简略，《汉书·爰盎晁错传》则很详细：

及会窦婴言、袁爰盎进说，诏召入见，上方与错调兵食。上问盎曰……乃拜盎为泰常，密装治行。后十余日，丞相青翟、中尉嘉、廷尉欧劾奏错曰：“吴王反逆亡道，欲危宗庙，天下所当共诛。……臣请论如法。”制曰：“可。”错殊不知。乃使中尉召错，绐载行市。上令晁错衣朝衣，斩东市。⑦

《汉书·爰盎晁错传》详细记载了袁盎劝说汉景帝杀掉晁错的言论，以及群臣弹劾晁错的上疏内容。关于《史记》和《汉书》在列传当中对同一史事不同的处理方式，刘辰翁评价说：“《汉书》备载（晁）错言边事

① 倪思：《班马异同》卷六《陈平》，明刻本，哈佛大学燕京图书馆藏，第1页b。
② 倪思：《班马异同》卷六《陈平》，明刻本，哈佛大学燕京图书馆藏，第1页b。
③ 司马迁：《史记》卷五六《陈丞相世家》，第2062页。
④ 司马迁：《史记》卷五六《陈丞相世家》，第2062页。
⑤ 倪思：《班马异同》卷六《陈平》刘辰翁评语，明刻本，哈佛大学燕京图书馆藏，第12页a。
⑥ 永瑢等：《四库全书总目提要》卷四六《正史类二》，第417页。
⑦ 倪思：《班马异同》卷一七《晁错》，明刻本，哈佛大学燕京图书馆藏，第22～24页。

已多，故于其死不得尽略。《史记》备载袁盎等在《吴王传》，故此传不得复详，各得体。”① 他从《史记》《汉书》在叙事风格方面的差异着眼，肯定了二史在《晁错传》中历史叙事方面不同的处理方法。

对《史记》和《汉书》在叙事用字方面的差异，刘辰翁有很多评点。如《史记·淮阴侯列传》和《汉书·韩信传》中都记载韩信、张耳率兵攻打赵国时，赵广武君李左车为成安君陈馀献计一事，李左车力主攻击韩信、张耳部队的辎重粮草，认为这样能避免陈馀被擒。《班马异同》将这段文字的差异注明如下：

> 愿足下假臣奇兵三万人，从间道绝其辎重；足下深沟高垒，坚营勿与战。彼前不得斗，退不得还，吾奇兵绝其后，使野无所掠，不至十日，而两将之头可致于戏下。愿君留意臣之计，否，必为二子所禽矣。②

这段文字，《汉书》对比《史记》稍有删改，最大的改动在于《汉书》记载“必不为二子所禽”，《史记》则为“否，必为二子所禽”。《汉书》的这些改动在文意上基本没有变化，刘辰翁评价说：“《汉书》剪截皆是。但为‘必不’字与‘否必’为字大远，以游说言之，‘必不’婉而‘否必’峻。”③ 他肯定了《汉书》对《史记》的删节，并结合李左车游说陈馀的历史情况进行分析，指出《汉书》“必不为二子所禽”的写法更为婉转，符合当时人的心理情境。刘辰翁对《史记》和《汉书》叙事用字方面的差别发论很多，这些评点基于他个人对《史记》和《汉书》叙事优劣的判断，随性而至。其中许多议论仅简单指出某字好，或标明“《汉书》佳”“《史记》是”等结论，并未进行进一步分析。这也是眉批一类点评著作的一个特点。要理解个中深意须读者仔细体会，这是刘辰翁作为一个文学家，基于史学对比基础上对历史叙事技巧分析的特点。

刘辰翁所作评语均应是他个人阅读《班马异同》时有感而发。这些评语涉及许多研究方向，既有引用史注解释原文，又有对西汉史事、人物的议论，还有从历史叙事及文学层面所做的优劣判断，这使刘辰翁的评语颇

① 倪思：《班马异同》卷一七《晁错》刘辰翁评语，明刻本，哈佛大学燕京图书馆藏，第24页a。

② 倪思：《班马异同》卷一〇《淮阴侯》，明刻本，哈佛大学燕京图书馆藏，第6页a。

③ 倪思：《班马异同》卷一〇《淮阴侯》刘辰翁评语，明刻本，哈佛大学燕京图书馆藏，第6页a。

具可读性，为不少士人所喜爱。但其评语内容的驳杂使其观点缺乏深度，《四库全书总目提要》评价《班马异同评》说："既非论文，又非论古，未免两无所取。"[①] 是有一定道理的。刘辰翁作为一位文学家，其点内容评有文学批评的特点，这使《班马异同评》成为一部典型的文人评史的专书。

总体来看，南宋倪思撰《班马异同》，和元代刘辰翁所作评语在明代合刊，出现多种刊本，得以流传下来，并最终为多数学人所肯定。明代，《史汉方驾》这样直接承袭《班马异同》研究方法的史学对比著作出现；清代赵翼在《廿二史札记》中以《史记》《汉书》记载差异进行比对，"摘其不同者列于后"[②]，都显现出《班马异同》对《史》《汉》比较研究所产生的影响。清代《水经注释》《水经注笺刊误》对《班马异同》《史汉方驾》注法的吸收推动了史注学的进一步发展。倪思在把握《史记》《汉书》文本异同的基础上，以对比研究的方法为指导，用创新的史学对比研究形式将两部巨著的文本差异鲜明地呈现出来，为《史》《汉》对比研究提供了广阔的空间。刘辰翁在此基础上的评点，则反映出元代学者在《史》《汉》研究方面的种种认识，从中不难发现宋元《史》《汉》研究一脉相承的学术特征。《班马异同评》在《史记》和《汉书》研究史上，以及这一时期的"史记学""汉书学"成就中占有不可忽视的位置。《班马异同》在史学比较研究方法上的创新，以及刘辰翁评语中关于史学评论、文学评论的有益内容，都值得进一步研究参考。

---

① 永瑢等：《四库全书总目》卷四六《正史类二》，第 417 页。

② 参见赵翼《廿二史札记》卷一《史记汉书》"史汉不同处"条，王树民校证本，中华书局，1984，第 14～18 页。

《辽史·兵卫志》的史源与史料价值*

武文君
（吉林大学文学院，吉林长春 130012）

摘 要：元修《辽史·兵卫志》的史源是以耶律俨《皇朝实录》和陈大任《辽史》为底本，参之以中原官方文献，尤以宋朝会要为重要参考，并未取材于《契丹国志》《文献通考》等私人所修史书，具有较高的史料价值，对研究辽朝兵制及其阶段性变化有重要学术意义。然《兵卫志》纂修者存在嫁接文献、史例不严谨等问题，以致该志存在诸多错误，这亦是治史者所应注意的。

关键词：《辽史》《兵卫志》 史源 史料价值

兵制是理解一朝军事系统及其运作体制的根本，向来为中国古代史研究中的重要领域。辽朝以武立国，元修《辽史·兵卫志》集中记录了其兵事制度及诸军概况，是研究辽朝军事的重要资料。今人对《兵卫志》史源的追溯较早，20世纪50年代冯家昇就曾指出，元修《辽史》的底本为耶律俨《皇朝实录》（以下简称《实录》）、陈大任《辽史》，天祚帝一朝帝纪和传大多来自《契丹国志》。而《辽史·兵卫志》多取材于陈大任《辽史·兵志》。[①] 邓广铭经考证得出，《兵卫志下》“御帐亲军”条和“大首领部族军”条均出自《契丹国志》，而《契丹国志》相关内容又节选自从

* 本文系2017年度国家社会科学基金专项项目“汉唐东北边疆研究”（17VGB008）、2018年吉林大学博士研究生交叉学科科研资助计划“辽朝外交制度与东亚秩序构建”（10183201803）的阶段性成果。

① 冯家昇：《辽史源流考》，载氏著《辽史证误三种》，中华书局，1959，第25～32页。

辽入宋的宋琪所呈“平燕蓟十策”。[①] 2016 年中华书局点校本《辽史》未提及《兵卫志》史源，但点校者指出元修《辽史》整体皆以陈大任《辽史》为蓝本，辅之以耶律俨《实录》。[②] 前辈学者或将《兵卫志》史源置于整部《辽史》史源的追述当中，或具体至其下某条的考辨，并未有整体的梳理研究。且元朝史家在纂修《兵卫志》时，是否参考了《契丹国志》亦可再作商榷。故本文以《辽史·兵卫志》为研究对象，着重考察其史源，并对其史料价值进行评析。

一 辽代兵制记载与《辽史·兵卫志》史源

《辽史·兵卫志》的史源与整部《辽史》取材相关。元廷诏修辽、宋、金三朝史书之时，苏天爵曾作《三史质疑》，对当时元朝史臣所掌握的原始材料有所反映，其下有云：

> 辽人之书有耶律俨《实录》，故中书耶律楚材所藏，天历间进入奎章阁，次则僧行均所撰《龙龛手镜》。其他文集、小说，亡者多矣。金章宗初年即命史官修《辽史》，当时去辽不远，文籍必有存者，犹数敕有司搜访事迹。其书又经党怀英、赵风、王庭筠诸名士之手。章宗屡尝促之，仅二十年，陈大任始克成编。……辽、金大族如刘、韩、马、赵、时、左、张、吕，其坟墓多在京畿，可模碑文，以备采择。[③]

《龙龛手镜》为音韵文字学著作，不能作为参考，可供元朝史家参考的辽朝文献仅有耶律俨修《实录》和一些碑刻资料。至金朝，增有陈大任《辽史》。《进辽史表》谈及辽代相关记载时，曾言：“耶律俨语多避忌，陈大任辞乏精详。《五代史》系之终篇，宋旧史埒诸载记。”[④] 表明当时元

---

① 邓广铭：《〈辽史·兵卫志〉中“御帐亲军”、“大首领部族军”两事目考源辨误》，载氏著《邓广铭全集》第 9 卷，河北教育出版社，2005，第 290 页。

② 《辽史》“修订前言”，中华书局，2016，第 8 页。

③ （元）苏天爵：《滋溪文稿》卷 25《三史质疑》，陈高华、孟繁清点校，中华书局，1997，第 421～427 页。

④ （元）脱脱等：《辽史》附录《进辽史表》，中华书局，2016，第 1714 页。《五代史》指《新五代史》，《辽史》卷 104《刘辉传》载：“宋欧阳修编《五代史》，附我朝于四夷，妄加贬訾。”（第 1604 页）

朝史臣关于辽朝的相关文献除耶律、陈二人史作之外，还有《新五代史》和宋朝文献。这些在纂修《辽史》时，都可能成为参考。

冯家昇通过研究认为除了耶律俨《实录》和陈大任《辽史》之外，元修《辽史》可考证的纂修依据资料还有《契丹国志》《大辽事迹》《王曾上契丹事》（《王沂公行程录》）《胡峤陷北记》《宋薛映上京记》《神仙传》《水经注》《魏书》《续汉书》《搜神记》《春秋》《周职方》《梁元帝横吹曲》《大辽古今录》《沈约宋书》《新五代史·职方考》《元好问故金漆水郡侯耶律公墓志铭》《辽朝杂礼》《通典》《北周书》《高丽古今录》《旧唐书》《新唐书》《唐会要》《宋刁约使辽诗》《阴山杂录》《旧五代史》《隋书》《资治通鉴》和南京地区碑刻资料。[①]

以上诸书为元朝史家修《辽史》可参照的书目，其中与《兵卫志》相关者，主要有耶律俨《实录》，陈大任《辽史》，《契丹国志》《大辽事迹》《隋书》《旧唐书》《新唐书》《唐会要》和宋朝文献。

《兵卫志上》“莫之能御矣”以上文字为《兵卫志·兵制》“序”，当中有称：“轩辕氏合符东海，邑于涿鹿之阿，迁徙往来无常处，以兵为营卫。飞狐以北，无虑以东，西暨流沙，四战之地，圣人犹不免于兵卫，地势然耳。”[②]《辽史·世表》云：“考之宇文周之《书》，辽本炎帝之后，而耶律俨称辽为轩辕后。俨《志》晚出，盖从《周书》。”[③]《世表》所言，意在表明《辽史》中追述辽之先为轩辕者，当出自耶律俨《实录》，追至炎帝者则出自元朝史家之手。本条序以轩辕氏时期的情形来解释辽朝设“兵卫”的缘由，应是遵从《实录》。

其后一段文字记载则另有史料来源。原文如下：

> 辽国左都辽海，右邑涿鹿，兵力莫强焉。其在隋世，依纥臣水而居，分为十部。兵多者三千，少者千余。顺寒暑，逐水草畜牧。侵伐则十部相与议，兴兵致役，合契而后动。猎则部得自行。至唐，大贺氏胜兵四万三千人，分为八部。大贺氏中衰，仅存五部。有耶律雅里者，分五部为八，立二府以总之，析三耶律氏为七，二审密氏为五，凡二十部；刻木为契，政令大行，逊不有国，乃立遥辇氏代大贺氏，兵力益振，即太祖六世祖也。及太祖会李克用于云中，以兵

---

① 冯家昇：《辽史源流考》，载氏著《辽史证误三种》，第38～51页。

② （元）脱脱等：《辽史》卷34《兵卫志上》，第449页。

③ （元）脱脱等：《辽史》卷63《世表》，第1051页。

三十万，盛矣。[①]

以上记载隋时契丹的文字相似者见于《辽史·世表》《隋书·契丹传》[②]。《世表》无“顺寒暑，逐水草畜牧”之言，故隋时契丹的概况来源于《隋书》。需要提及的是，《兵卫志》载隋时“猎则部得自行”，其实描述的是唐朝时的契丹，原文载于《新唐书·契丹传》[③]。而《世表》在抄录时将其置于唐时，是正确的。与唐时契丹记载相似，并且将大贺氏兵马数具体到“四万三千人”的，仅有《旧唐书·契丹传》和《唐会要·契丹传》[④]。

关于契丹祖“雅里”的描述史源较为明晰。《辽史·世表》有明确记载：“泥礼，耶律俨《辽史》书为涅里，陈大任书为雅里，盖辽太祖之始祖也。”[⑤]《辽史》中称契丹之先为“雅里”的相关文字，当出自陈大任《辽史》。另，《辽史·太祖纪下》“赞曰”：“奇首生都庵山，徙潢河之滨。传至雅里，始立制度，置官属，刻木为契，穴地为牢。让阻午而不肯自立。”[⑥] 这里提及雅里“刻木为契”，也与“序”记载相同。故而，《兵卫志》“序”雅里的文字记载，来源于陈大任所修《辽史》。

辽太祖会李克用之事，《旧五代史》《资治通鉴·后梁纪》《新五代史·四夷附录》《契丹国志·太祖大圣皇帝》皆有记载，但时间上存在差异。《新五代史》云：“梁将篡唐”[⑦]，时间在907年之前。《契丹国志》和

---

① （元）脱脱等：《辽史》卷34《兵卫志上》，第449~450页。

② （元）脱脱等：《辽史》卷63《世表》“遂北徙，逐水草，当辽西正北二百里，依纥臣水而居。东西亘五百里，南北三百里，分为十部，兵多者三千，少者千余。有征伐，酋帅相与议之，兴兵则合符契”（第1054页）。（唐）魏徵等：《隋书》卷84《北狄列传·契丹传》“部落渐众，遂北徙逐水草，当辽西正北二百里，依托纥臣水而居。东西亘五百里，南北三百里，分为十部。兵多者三千，少者千余，逐寒暑，随水草畜牧。有征伐，则酋帅相与议之，兴兵动众合符契”（中华书局，1973，第1882页）。

③ （北宋）欧阳修、宋祁：《新唐书》卷219下《北狄列传·契丹传》“其君大贺氏，有胜兵四万，析八部，臣于突厥，以为俟斤。凡调发攻战，则诸部毕会；猎则部得自行”（中华书局，1975，第6167页）。

④ （后晋）刘昫等：《旧唐书》卷199下《北狄列传·契丹传》“其君长姓大贺氏。胜兵四万三千人，分为八部，若有征发，诸部皆须议合，不得独举。猎则别部，战则同行”（中华书局，1975，第5349页）。（北宋）王溥：《唐会要》卷96《契丹传》“君长姓大贺氏，胜兵四万三千人，分为八部”（中华书局，1959，第1717页）。

⑤ （元）脱脱等：《辽史》卷63《世表》，第1057页。

⑥ （元）脱脱等：《辽史》卷2《太祖纪下》，第26页。

⑦ （北宋）欧阳修、宋祁：《新五代史》卷72《四夷附录第一》，中华书局，1974，第887页。

《资治通鉴》皆言二人之会在梁太祖开平元年（后唐天祐四年，907）[①]。胡三省按："云州之会，庄宗列传、薛史（《旧五代史》）皆在天祐四年，而纪年录（《唐太祖纪年录》，出自《通鉴考异》）独在天祐二年（905）。"[②]《辽史·太祖纪》载（唐）天复五年（905），与《唐太祖纪年录》同，应以905年为是。关于此次会盟耶律阿保机所带兵力数，《辽史·太祖纪》记载为"骑兵七万"。[③] 可见，《兵卫志》中"三十万"的兵力数是来源于中原史书。

其后又有辽太祖事迹以遥辇耶澜可汗时系年的文字。遥辇可汗事迹补编于辽兴宗重熙十四年（1045）编修的《实录》[④]，耶律俨修《实录》对其进行了参照。元修《辽史》中遥辇氏的相关记载应抄自耶律俨《实录》。这里按照遥辇世系纪年，应出自辽人之手。

自"太祖即位五年（911）"至正文"兵制"前，在内容上与元修《辽史》本纪相似，但某些部族名称、地点有差别；有些元修本纪无载；有些比《纪》更加详细。《辽史·太祖纪下》"赞曰"有"雅里"，其主体部分应出自陈大任《辽史》。[⑤] 而《辽史》仅此处有"背阴国"之称，其他皆为"术不姑"。"背阴国"应是《实录》的称谓，"术不姑"是陈大任的称谓。当中所言"于骨里国"，元修本纪称为乌古部。耶律俨《实录·部族志》全文保存在《辽史·营卫志》中[⑥]，《辽史·营卫志下·部族下》乌古涅剌部（涅离部）为于骨里户，因此"于骨里"之称为《实录》的称谓。这一段的主体部分参考仍是耶律俨《实录》。也就是说"遥辇耶澜可汗十年……莫之能御矣"，这些文字的主体史源为《实录》。

其中"天显元年（926），灭渤海国，地方五千里，兵数十万，五京、十五府、六十二州，尽有其众，契丹益大。"[⑦] 则抄自《新唐书·渤海传》，

---

① （南宋）叶隆礼：《契丹国志》卷1《太祖大圣皇帝》，贾敬颜、林荣贵点校，中华书局，2014，第2页；（北宋）司马光撰，（元）胡三省音注《资治通鉴》卷266《后梁纪一》太祖开平元年，中华书局，1956，第8679页。

② （北宋）司马光撰，（元）胡三省音注《资治通鉴》卷266《后梁纪一》太祖开平元年，第8679页。

③ （元）脱脱等：《辽史》卷1《太祖纪上》，第2页。

④ 杨军：《耶律俨〈皇朝实录〉与〈辽史〉》，《史学史研究》2011年第3期。

⑤ 元修《辽史》以陈大任《辽史》为蓝本，辅之以耶律俨《皇朝实录》（《辽史》"修订前言"，第8页）。

⑥ 杨军：《耶律俨〈皇朝实录〉与〈辽史〉》，《史学史研究》2011年第3期。

⑦ （元）脱脱等：《辽史》卷34《兵卫志上》，第450页。

所载为渤海震国王大祚荣至成为海东盛国时的情形，“地方五千里，户十余万，胜兵数万……地有五京、十五府、六十二州”[①]。

据上文来看，《兵卫志》“序”主要取材自耶律俨《实录》和陈大任《辽史》，参之以中原文献。

需要指出的是，《兵卫志》中除出现“雅里”这样具有代表性史源的词之外，还有两处值得注意。一处为“旧史”。提辖司“序”言：“太和、永昌二宫宜与兴圣、延庆同，旧史不见提辖司，盖阙文也。”[②] 太和宫与永昌宫分别为辽道宗和天祚帝的斡鲁朵，耶律俨修《实录》成书于天祚帝即位初期之乾统三年（1103），未将永昌宫提辖司情况修入实录合乎情理。而元修《辽史》圣宗、兴宗、道宗三帝《纪》记事较为详尽，本自《实录》[③]，并无太和宫提辖司的踪影。可见，辽修实录本无辽道宗太和宫提辖司的记载。此处“旧史”指《实录》。

另一处为“旧《志》”。《兵卫志下》“后论”言：“旧《志》言兵，唯以敌宋为务。”[④] 高井康典行提出“后论”有此言，是因为“旧志”的兵志仅可见到对宋战略的记载，“旧志”只等于《兵卫志》的“兵制”条。[⑤]“志”与“制”含义不同，高井的说法恐怕不足为信。且《辽史》中旧《志》与“旧史”皆有具体所指，此处不应例外。辽兴宗时曾兼修国史的萧韩家奴上言：“国家大敌，惟在南方。”[⑥] 可见，在辽史家的意识中，南方的宋朝是最大的敌人，修史侧重于宋朝实属常情。这里元朝史家所言旧《志》亦指《实录》。

二 《辽史·兵卫志》诸条史源详考

《兵卫志》分上、中、下，共三卷，“序”以下为其主体。上卷是对辽朝兵制的总体概括，除“序”外，还有“兵制”部分。中卷和下卷为辽朝诸种兵马条目，中卷包括“御帐亲军”“宫卫骑军”“大首领部族军”“众

---

① （北宋）欧阳修：《新唐书》卷219《北狄列传·渤海传》，中华书局，1975，第6180～6182页。

② （元）脱脱等：《辽史》卷35《兵卫志中》，第462页。

③ 杨军：《耶律俨〈皇朝实录〉与〈辽史〉》，《史学史研究》2011年第3期。

④ （元）脱脱等：《辽史》卷36《兵卫志下》，第489页。

⑤ 〔日〕高井康典行：《辽代斡鲁朵的存在形态》，何天明译，《蒙古学信息》2001年第4期。

⑥ （元）脱脱等：《辽史》卷103《萧韩家奴传》，第1595页。

部族军”；下卷包括“五京乡丁”“属国军”“边境戍兵”。每一条目下分“序”和正文，体例大致如此。以下将逐一考察各条在相关史籍中的记载情况，以明其史源。

“兵制”条。本条一开始即言明辽朝的征兵制度，原文如下：

> 辽国兵制，凡民年十五以上，五十以下，隶兵籍。每正军一名，马三匹，打草谷、守营铺家丁各一人。人铁甲九事，马鞯辔、马甲皮铁视其力。弓四，箭四百，长短枪、骨朵、斧钺、小旗、锤锥、火刀石、马盂、粆一斗、粆袋、搭毡伞（搭钩、毡伞）各一，縻马绳二百尺，皆自备。人马不给粮草，日遣打草谷骑四出抄掠以供之。铸金鱼符，调发军马。其捉马及传命有银牌二百。军所舍，有远探拦子马，以夜听人马之声。①

这一段文字在元马端临所修《文献通考·四裔考》中可找到大致的原文，仅有两处存在文字上的出入。一处是，“兵制”中“每正军一名，马三匹”，《文献通考》记为“每正兵一名，自备马二匹”；另一处是，“兵制”中“人铁甲九事”，《文献通考》记为“人铁中九事”。2016年中华书局点校本《辽史·兵卫志上》已经注意到第一处差异，校勘记［八］言：《文献通考》载“每正兵一名，自备马二匹。”② 2011年点校本《文献通考》结合《辽史·兵卫志》对这两处皆提出质疑。其校勘记［八三］指出了与《兵卫志》的第一处差异；而校勘记［八四］则据《兵卫志》将第二处差异的“中”改为“甲”。③ 如此看来，因无其他可供对照的文献，点校者只能指出两书的不同或者按照常理推测哪种更合理。

然而，经考查笔者发现，两书记载差异的缘由并非无迹可寻。《辽史》和《文献通考》的点校者所据《文献通考》是清乾隆十二年武英殿校刊本④，而明冯天驭刻本的《文献通考》的记载解开了差异缘由。原文为：“每正兵一名，自备马三匹，鞯鞍、马甲、皮铁视其力。人铁甲九事，打草谷、守营铺家丁各一，弓四，箭四百，长短枪、骨朵、斧钺、小旗、锤

① （元）脱脱等：《辽史》卷34《兵卫志上》，第451页。

② （元）脱脱等：《辽史》卷34《兵卫志上》，第455页。

③ （元）马端临：《文献通考》，上海师范大学古籍研究所、华东师范大学古籍研究所点校，中华书局，2011，第9624页。按：本文征引《文献通考》涉及版本问题，下注不标版本者，即此版。

④ （元）马端临：《文献通考》“前言”，第5页。

锥、火刀石、马盂、粆袋、搭钩、毡伞各一，縻马绳二百尺，粆一斗。”①明刻本《文献通考》记载与《辽史》“兵制”条如出一辙。故而，《文献通考》与《辽史》的记载是一致的，只是受版本的影响，不得知其源。由此可知，《辽史·兵卫志》原文的记载不错，辽朝确实是每正军一名，配以三匹马。

这样一来，似乎可得“兵制”取自《文献通考》，下文如“出兵不过九月，还师不过十二月”。“沿途居民、园囿……及退亦然。”“军行当道州城……声以相闻，得相救应。”② 皆与《文献通考》的内容相近。不过，此时下定论未免过于草率。除去前文所言征兵制度部分与《文献通考》几乎无差外，后面提及内容相近的文字，亦占了很大一部分。但《文献通考》所载具体内容实际上不及“兵制”记载详细。比如，“兵制”言：“选诸军兵马尤精锐者三万人为护驾军。”③《文献通考》仅载：“戎主则以精兵自随，命曰护驾兵马。”④ 再如，“军行当道州城……得相救应”。“兵制”用较多文字描述，而《文献通考》仅言：“所过城邑，不可击者，声言治攻，其胁使自守不出。每城门辄以百余人刺候，或城中突出，力不敌则走还，集众兵往斗，号簇门兵。津济径路，皆巡视绞络。若攻城，驱所掠老幼运薪土，塞池壕，引满以居其后。置阵必预度山水地阔狭。马五百或七百为队，每十队次第更进，以一队奔突哮唊，扰我军疲困，则退而饮食休息，新羁者进回环不已。又以草谷家丁扬尘助声势于其旁。”⑤ 通过这些文字，可以看出《文献通考》是简写。而其他文献又不像《文献通考》有这样集中且较多的文字重合部分。出现这种情况，仅可解释为《文献通考》与前述《兵卫志》内容的史源相同。

《文献通考》的材料来源分两大类：“凡叙事则本之经史，而参之以历

① （元）马端临：《文献通考》卷346《四裔考》，北京大学图书馆藏明嘉靖冯天驭刻本，叶15上。

② （元）脱脱等：《辽史》卷34《兵卫志上》，第452～453页。

③ （元）脱脱等：《辽史》卷34《兵卫志上》，第451页。

④ （元）马端临：《文献通考》卷346《四裔考》，北京大学图书馆藏明嘉靖冯天驭刻本，叶15下。

⑤ 清刻版原文为：“所过城邑，不可击者，声言治攻具，胁使自守不出。”（《文献通考》卷346《四裔考》，第9607页）校勘记［八五］言：“‘具’原作‘其’，据局本改。”（第9624页）而《兵卫志上》原文为“军行当道州城，防守坚固，不可攻击，引兵过之。恐敌人出城邀阻，乃围射鼓噪，诈为攻击”（《辽史》卷34，第452页）。《兵卫志》意为当宋朝闭城自守时，辽朝假装攻击，而非治攻城的器具。两相对照，可以发现，仍是明刻本与《兵卫志》相合，应以其为准。

代会要，以及百家传记之书……凡论事则先取当时臣僚之奏疏，次近代诸儒之评论，以至名流之燕谈，稗官之记录。”[①]《文献通考·四裔考》称辽朝为“虏”“契丹”，当中很多文字可在宋朝文献中找到。故前述《辽史》与《文献通考》相近的内容应抄自宋人文献。宋人文献中现存的《续资治通鉴长编》（以下简称《长编》）《宋会要辑稿》《契丹国志》中可找到部分相似文字，因此，以下将着重对这三种文献进行考辨。

首先来考察《长编》。《长编》原书九百八十卷，因为卷帙浩繁，难于传写，刻印困难，当时诸本大多是节录本，详略互有不同。神宗、哲宗、徽宗、钦宗四朝未曾镂版，只由秘书省缮写一部，因而元朝以来，极少传本。清乾隆年间从《永乐大典》中辑录《续资治通鉴长编》原文，共五百二十卷，虽然原书主要内容得以恢复，但是徽宗、钦宗两朝全缺，英宗、神宗、哲宗三朝也缺部分内容。[②] 而《辽史·兵卫志》“兵制”的时间断限大致为辽宋战争时期，即最晚至辽圣宗统和二十二年（1004），即北宋真宗景德元年以前。《长编》所缺失的部分主要在宋中后期，不在“兵制”所限的时间范围内。据现存《长编》来看，当中并未记载上述《文献通考》所载相关文字，况且《文献通考》已说明其史料来源“参之以历代会要”，自然也并未取材于《长编》。

《四库全书总目提要·〈契丹国志〉提要》指出《契丹国志》“穆宗以前纪、传，则本之《资治通鉴》，穆宗以后纪传及诸杂记，则本之李焘《长编》等书。其胡峤《陷北记》，则本之欧史《四夷附录》（欧阳修《新五代史·四夷附录》）。诸番记及达锡伊都等传，则本之洪皓《松漠记闻》，杂记则本之武圭《燕北杂记》”[③]。提要所言，说明《契丹国志》的史源较为杂乱。元朝史家早前也对其有过评价。苏天爵曾作《三史质疑》寄给欧阳玄，而欧阳玄正是元修《辽史》的总裁官之一，是辽、宋、金三史编修的实际主编[④]。文中明确指出：“叶隆礼、宇文懋昭为辽、金国志，皆不及见国史，其说多得于传闻。盖辽末金初，稗官小说，中间失实甚多。至如建元改号，传次征伐，及将相名字，往往杜撰，绝不可信。”[⑤] 意在表明《契丹国志》不可信，自然也不宜作为修史依据。元朝史臣修史不太可能

① （元）马端临：《文献通考》“自序”，第3页。

② （南宋）李焘：《续资治通鉴长编》“点校说明”，中华书局，2004，第1~2页。

③ （清）永瑢等：《四库全书总目》卷五十“《契丹国志》”条，中华书局，1965，第449页。

④ 李绍平：《宋辽金三史的实际主编欧阳玄》，《湖南师范大学社会科学学报》1991年第1期。

⑤ （元）苏天爵：《滋溪文稿》卷25《三史质疑》，第423页。

放弃官方文献，选取一个不可信的材料作为依据。再者，《辽史·百官志》载：“主事、守当官。并见耶律俨《建官制度》。”[①] 耶律俨《实录》有《建官制度》，《契丹国志》卷23亦有《建官制度》。然核对原文发现，《契丹国志》并无《实录·建官制度》所载的主事和守当官。《契丹国志》称为“投下”，而《辽史》中仅有《地理志》一处为“投下”，其余皆为“头下”。这些都可以表明“兵制”条与《契丹国志》并无关系，只是有相同史源。

而宋朝会要则很有可能。宋人先后修有16部会要，后日渐散佚，明朝曾将其传世者修入《永乐大典》，后清人徐松从中辑出，成《宋会要辑稿》。[②] 现今“兵制”条记载，而不见于《宋会要辑稿》的文字，很可能来自于宋朝会要的散佚部分。况且，《文献通考》作者也说其作取材于“历代会要”等，故而，取自宋朝会要的可能性较大。

至于下文，“军入南界，步骑车帐不循阡陌。……馈饷自赍，散而复聚。善战，能寒，此兵之所以强也。”[③] 这部分文字《文献通考》虽无，但原文为宋琪“平燕蓟十策”下面的“料贼众寡”和“贼来布置”。这些见于《长编》卷27、《宋会要辑稿·蕃夷一》和《契丹国志·兵马制度》。“兵制”的上半部分抄自宋朝会要，下半部分也当出自一源。

总而言之，《兵卫志·兵制》与《文献通考》和《契丹国志》仅是有相同史源的关系，并未照抄二书。“兵制”部分可能以宋朝会要为主要史源，只因逐渐散佚，今已不可考其原文。

“御帐亲军”条。上文已述，邓广铭先生对此条和下文的“大首领部族军”条做过详尽考述。他认为，这两条出自《契丹国志》，而《契丹国志》辗转抄自《续资治通鉴长编》宋琪“平燕蓟十策”当中二、三策。《辽史·兵卫志》纂修者武断地将“御帐亲军”下三万皮室军和两万属珊军改为三十万和二十万；“大首领部族军”太子李胡、伟王安端、南北大王、麻答、国舅萧翰等人，即所谓的“诸大首领者”，他们所带兵为私甲，并非长期存在的部队名号。[④] 笔者同意这一观点。二军最终来源于宋琪“平燕蓟十策”，然其内容是如何入《辽史》的却有待进一步考察。

---

① （元）脱脱等：《辽史》卷47《百官志三》，第867页。

② 孙昊：《〈宋会要·蕃夷类·辽门〉研究》，《文史》2018年第2辑。

③ （元）脱脱等：《辽史》卷34《兵卫志上》，第453～454页。

④ 邓广铭：《〈辽史·兵卫志〉中“御帐亲军”“大首领部族军”两事目考源辨误》，载氏著《邓广铭全集》第9卷，第289～306页。

《辽史》卷35《兵卫志中》“御帐亲军”条，“序”及内容：“皇后述律氏居守之际，摘蕃汉精锐为属珊军。太宗益选天下精甲，置诸爪牙为皮室军。大帐皮室军。太宗置，凡三十万骑。属珊军。地皇后置，二十万骑。”① 本序及内容更像是另两处内容的总结，即《辽史》卷46《百官志二》“北面军官”条和《宋会要辑稿·蕃夷一》。

> 《百官志二》其下内容为：“南皮室详稳司。太宗选天下精甲三十万为皮室军。初，太祖以行营为宫，选诸部豪健千余人，置为腹心部，耶律老古以功为右皮室详稳。则皮室军自太祖时已有，即腹心部是也。太宗增多至三十万耳。……属珊军详稳司。应天皇太后置，军二十万。选蕃汉精兵，珍美如珊瑚，故名。”②
>
> 《宋会要辑稿》：“晋末，虏主投下兵谓之大帐，有皮室，约三万人骑，皆精甲也，为其爪牙。国母述律氏头下谓之属珊，有众二万，是先戎主阿保机之牙将，当是时，半已老矣。每南来时，量分借得三五千骑，述律常留余兵为部族根本。”③

《百官志二》之“天下精甲”“增多至”“蕃汉精兵”和兵力数与“御帐亲军”下之“益选天下精甲”“蕃汉精锐”及兵力数相合。而《宋会要辑稿》之“大帐”“皮室”“留余兵为部族根本”相合。前文已述，“兵制”部分参考了宋朝会要，此处也应有参照。至于《百官志二》，《兵卫志》纂修者应未对其进行参考，否则不会官志有四皮室而兵志却只有大帐皮室。但二志的史源应是相同的。《辽史·百官志》“北面军官”条目的总序出自耶律俨《实录·建官制度》，其下内容可能是以《建官制度》为骨架，但元代史臣又参考其他史料补入了大量内容。④ 皮室军可能即是元朝史臣补入的内容。最为明显的是，皮室军分为南、北、左、右皮室。《辽史》中并无别处将此四皮室并列，南皮室即右皮室，北皮室即左皮室。⑤ 而且亦无皮室军详稳司的记载，这应是元朝史臣编入。

而关于皮室军和属珊军的详细解释，则是从别处摘抄而来。《百官志》

① （元）脱脱等：《辽史》卷35《兵卫志中》，第457页。

② （元）脱脱等：《辽史》卷46《百官志二》，第828页。

③ （清）徐松辑：《宋会要辑稿·蕃夷一》，刘琳等点校，上海古籍出版社，2014，第9719页。

④ 杨军：《耶律俨〈皇朝实录〉与〈辽史〉》，《史学史研究》2011年第3期。

⑤ 林鹄：《辽史百官志考订》，中华书局，2015，第111页。

所言耶律老古，本传记载“以功授右皮室详稳，典宿卫。”① 《耶律曷鲁传》则有：“时制度未讲，国用未充，扈从未备，而诸弟剌葛等往往觊非望。太祖宫行营始置腹心部，选诸部豪健二千余充之，以曷鲁及萧敌鲁总焉。”② 显然与皮室军相关内容来源于此。又《耶律曷鲁传》称契丹之祖为“雅里”，应抄自陈大任《辽史》。皮室、属珊二军的兵力分别有三十万和二十万，与宋人文献记载三万和两万相差甚多。陈大任为金人，实在无必要夸大辽人兵力，同理，元朝史家亦无动因。前文元朝史家记载辽太祖会李克用于云州兵力三十万，虽与《太祖纪》不合，但也是有依据的。可见，元人择取史料的来源是有迹可循的，只是未经考辨。当然，这也是整部《辽史》纂修的弊端。若兵力数出自辽朝史家之手似乎更为合理，陈大任《辽史》继承辽人的记载，故而《兵卫志》纂修者以陈大任《辽史》为主，参之以宋人的记载，才有皮室军和属珊军的详细描述。

“宫卫骑军”条。“宫卫”即斡鲁朵。③ 辽朝共有十三个斡鲁朵，每一斡鲁朵皆出一定数量的骑军，是为“宫卫骑军”。本条与《营卫志上》记载大体一致，二者之间应具有相同的史源。此条下提辖司“序”言：“太和、永昌二宫宜与兴圣、延庆同，旧史不见提辖司，盖阙文也。”④ 上文已证“旧史”指《皇朝实录》，因而此条取材于《实录》。

“大首领部族军”条。“序”：“辽亲王大臣，体国如家，征伐之际，往往置私甲以从王事。大者千余骑，小者数百人，著籍皇府。国有戎政，量借三五千骑，常留余兵为部族根本。”有太子军、伟王军、永康王军、于越王军、麻荅军、五押军。⑤《宋会要辑稿·蕃夷》在属珊、皮室二军之后，紧接着就是关于大首领的记载：“其诸大首领有太子、伟王、永康、南北王、于越谓国舅。麻答、五押等，大者千余骑，次者数百人，皆私甲也。”⑥ 可见二者具有相承关系。

“众部族军”条。耶律俨《实录·部族》保存于《营卫志·部族》中，详细记载了各部族的军事和民事隶属关系。而“众部族军”下之部族虽与《营卫志》大致相同，却并非出自一源。

① （元）脱脱等：《辽史》卷73《耶律斜涅赤传附老古传》，第1351页。
② （元）脱脱等：《辽史》卷73《耶律曷鲁传》，第1347页。
③ （元）脱脱等：《辽史》卷31《营卫志上》，第409页。
④ （元）脱脱等：《辽史》卷35《兵卫志中》，第462页。
⑤ （元）脱脱等：《辽史》卷35《兵卫志中》，第465～466页。
⑥ （清）徐松：《宋会要辑稿·蕃夷一》，第9719页。

从体例上讲，《营卫志》按照时间来记录各部族，并在诸部族下详述其军事、民事隶属关系。而《兵卫志》则以其民事隶属于北府、南府作为区分，其下再言各军事机构统属部族。从内容上讲，出现于《营卫志》中的突举部、突吕不室韦部、涅剌拏古部、耨盌爪部、特里特勉部、楚里部、斡突盌乌古部、伯斯鼻骨德部皆未在“众部族军”下出现。“众部族军”条的图卢部，《营卫志·部族上》称图鲁部。[①] 如果说《兵卫志》纂修者，可以修改体例，选择性抄录《营卫志》所载部族，将部族之名作不同翻译，但部族隶属关系不应改变。《兵卫志》下一些部族的军事机构与《营卫志》记载明显存异。比如，品部隶南府、属西南面招讨司，而《营卫志》载其隶北府，属西北路招讨司；《兵卫志》戍倒塌岭者为讹仆括部，《营卫志》则为特里特勉部。

陈大任《辽史》有《兵志》部分[②]，“众部族军”条可能出自这里。还有一些例子可以佐证。“众部族军”下言奚王府部侍从宫帐，奚王府共六部，属东北路统军司者有遥里部、伯德部、奥里部、南克部、北克部，剩下楚里部未言其军事隶属关系，应即奚王府部。奚王府六部自辽圣宗朝开始逐渐国家化，与众部族趋同。《营卫志·部族》所载最晚可追至辽道宗时（东北路统军司设于道宗咸雍、大康年间[③]），当中仅载奚六部民事隶北府，未载军事隶属关系。此处六部去向、隶属明确，当为描述辽后期奚六部驻军的分布情况。这也与女真起兵时，奚王回离保带兵应敌相合。

“五京乡丁”条。其下言辽圣宗统和二十三年建中京，“草创未定，丁籍莫考，可见者一县：高州三韩县丁一万”[④]。《地理志》下也是仅有三韩县户数五千，其他并无记载。《实录》中有地理一类的记载，出自《实录》的可能性较大。

“属国军”条。“可纪者五十有九”，然后文各属国有重复，又有非是者。尤为突出的，比如波斯、大食显然并非辽朝属国，所据为《辽史·太祖纪下》载天赞二年六月，“波斯国来贡”。[⑤] 根据陈述《辽史补注》卷36

① （元）脱脱等：《辽史》卷33《营卫志下》，第440页。
② 冯家昇：《辽史源流考》，载氏著《辽史证误三种》，第32页。
③ 余蔚：《中国行政区划通史·辽金卷》，复旦大学出版社，2012，第68页。
④ （元）脱脱等：《辽史》卷36《兵卫志下》，第484页。
⑤ （元）脱脱等：《辽史》卷2《太祖纪下》，第21页。

《兵卫志下》，斜离底与达里底为重出；敦煌与沙州敦煌重出……[①]可见，本条是元朝史臣不加区分，将旧本《辽史》出现的一些部族或政权罗列于此充当属国军。

“边境戍兵”条。元史臣自言：“又得高丽《大辽事迹》，载东境戍兵，”[②] 首先指明此条史源。“又得”表明这是元朝史臣在《兵卫志》编纂结束后才见《大辽事迹》，但并无合适位置放入，故置于“后论”之后。

以上看来，《兵卫志》诸条来源主要有四种，分别是：耶律俨《实录》；陈大任《辽史》；以会要为主的宋人文献；高丽文献。元朝史家在纂修《兵卫志》时，并未参考《契丹国志》《文献通考》等私人所修史书。由此，我们也需要重新审视《兵卫志》的史料价值所在。

三 《辽史·兵卫志》的史料价值

耶律俨《实录》和陈大任《辽史》有无《兵卫志》，学术界有不同说法。就前文而言，《兵卫志》诸条史源较为丰富，恐为元朝史家新增一志。通过《营卫志》的编纂亦可窥其端倪。《营卫志》“序”载：

> 上古之世，草衣木食，巢居穴处，熙熙于于，不求不争。爰自炎帝政衰，蚩尤作乱，始制干戈，以毒天下。轩辕氏作，戮之涿鹿之阿。处则象吻于宫，行则悬旄于纛，以为天下万世戒。于是师兵营卫，不得不设矣。……居有宫卫，谓之斡鲁朵；出有行营，谓之捺钵；分镇边圉，谓之部族。有事则以攻战为务，闲暇则以畋渔为生。无日不营，无在不卫。立国规模，莫重于此。作《营卫志》。[③]

“营”指“行营”，“卫”指“宫卫”，是《营卫志》的具体含义。而将部族列于此，元朝史臣有其说法。《营卫志下·部族下》“序”言：“古者，巡守于方岳，五服之君各述其职，辽之部族实似之。故以部族置宫卫、行营之后云。”[④] 部族镇戍四边，与“卫”相似，故将其置于宫卫、行

---

① 陈述：《辽史补注》，中华书局，2018，第 1491～1493 页。

② （元）脱脱等：《辽史》卷 36《兵卫志下》，第 490 页。

③ （元）脱脱等：《辽史》卷 31《营卫志上》，第 409～410 页。

④ （元）脱脱等：《辽史》卷 33《营卫志下》，第 435 页。

营之后。元朝史臣之言正表明《营卫志》是将取材于不同处的内容整合在一起的。言下之意是旧史本无《营卫志》，此为元朝史臣新增一志。结合前文《兵卫志》总“序”，可以发现，二者皆以轩辕氏时的情形作为辽设“营卫”和“兵卫”的前提，但又有所差异，可能有相同史源。故之前亦并无《兵卫志》的称法，此志亦系元朝史家新增。

元朝史家新纂《兵卫志》所据史源大部分为官方文献，从史源角度看，是较为可靠的。有其独特价值所在。主要体现在以下两个方面。

一方面，保存不见他处的可信史料。比如，“众部族军”条下所载部族的隶属关系。《营卫志》按照时间顺序来记载，有一些部族概况，如奚六部、戍守倒塌岭的部族仅止于辽圣宗时期。如按照《实录》逐一录入，恐怕辽朝后期各部族军的隶属情况就难以知晓了。《兵卫志》的记载客观上有助于厘清奚六部在辽朝的发展演变过程。又如保存于此的《大辽事迹》详细记载了辽朝东境戍兵的具体兵力，对研究兵制大有裨益。

另一方面，可纠《辽史》别处之误。《营卫志》“宫卫”序载：诸宫“正户八万”，然后文诸宫正户总数则为“八万一千”。《兵卫志》“宫卫骑军”条下，诸宫军共 16 万丁，按照一户出两丁，正好是 8 万户。何以《兵卫志》所载反倒与《营卫志》所载正户相合，大概因二者皆出自《实录》，《营卫志》抄写时出现错误。《营卫志》所载出错者，为天祚帝永昌宫，正户八千，应改为七千①。二志，蕃汉转户、出骑军数相同，皆言“凡诸宫卫，丁四十万八千，出骑军十万一千”②。两志皆以丁数计算总数，正户丁数 16 万、蕃汉转户丁数 24.8 万，共计 40.8 万。《兵卫志》“宫卫骑军”条所反映的才是《实录》的原始记载。

在肯定《兵卫志》史料价值的同时，还应注意由于受编修时间和史家认识的影响，《兵卫志》的编纂亦存在诸多问题。大体表现在以下两点。

其一，不加考辨，嫁接文献。总“序”中遥辇耶澜可汗系年一段，《辽史·太祖纪》载天复元年（901）至三年（903）中有内容相似，不如此处详细，时间也完全对不上。《辽史·世表》追述辽先世时，元朝史臣通过对照耶律俨《纪》和《新唐书》，认为李怀秀即阻午可汗，屈戍为耶

① （元）脱脱等：《辽史》卷 31《营卫志上》校勘记（三），第 421 页。

② （元）脱脱等：《辽史》卷 31《营卫志上》，第 419 页；卷 35《兵卫志中》，第 465 页。

澜可汗，习尔为巴剌可汗，钦德为痕德堇可汗。[1] 遥辇氏共历经九位可汗，分别为遥辇洼可汗、阻午可汗、胡剌可汗、苏可汗、鲜质可汗、昭古可汗、耶澜可汗、巴剌可汗、痕德堇可汗。[2] 耶律俨《纪》和《新唐书》记载的辽先世只能对应上第二位阻午可汗和后三位耶澜可汗、巴剌可汗、痕德堇可汗。可见耶律俨《纪》中关于遥辇世系亦记载不清，元朝史家无法一一对应，只能从后往前推。换言之，《世表》所言耶澜可汗在唐武宗会昌年间的记载，也仅是推测。前文已述，《兵卫志》未参考《世表》，《兵卫志》纂修者自然不知遥辇耶澜可汗实在唐武宗会昌年间。然此处系年又比较具体，元朝史家不太可能臆造，可能仅是辽人补编遥辇氏事迹时硬套而致。

这里需注意的是，从行文看，纂修者是按照时间顺序叙述。然辽太祖会李克用在905年或907年，遥辇耶澜可汗一处文字为901～903年事迹，下文载辽太祖事迹又自911年开始。《世表》纂修者尚据《新唐书》对遥辇世系进行推测，而《兵卫志》纂修者则不加考辨，仅通过辽太祖的活动事迹，人为将这三个时间段内的文字串起来。

其二，史例不严整，序与正文不合。有两处较为明显。一处是《兵卫志上》“序”与“兵制”。理论上讲，“序”应是正文的总结或引言。然元朝史臣实际按时间顺序书写，前者追述辽先世至辽太宗时期，后者所言则是辽圣宗南伐事。并且，杂之以986年（辽圣宗统和四年）宋琪所呈“平燕蓟十策”，误以为所载为圣宗朝概况，列于“兵制”最后。另一处是御帐亲军的“序”。

《宋会要辑稿·蕃夷一》在属珊、皮室二军之后，有关于大首领的记载：“其诸大首领有太子、伟王、永康、南北王、于越谓国舅。麻答、五押等，大者千余骑，次者数百人，皆私甲也。”[3] 元朝史臣错将战时的领兵者当作某军，已实属错误，还在“序”中错得更加离谱。上文《宋会要辑稿》所言：“每南来时，量分借得三五千骑”显然是就皮室、属珊军而言，

---

① （元）脱脱等：《辽史》卷63《世表》言：“萧韩家奴有言，先世遥辇可汗洼之后，国祚中绝，自夷离堇雅里立阻午可汗，大位始定。今以唐史、辽史参考，大贺氏绝于邵固，雅里所立则怀秀也，其间唯屈列、过折二世。屈列乃可突于所立，过折以别部长为雅里所杀。唐史称泥里为可突于余党，则洼可汗者，殆为屈列耶？”（第1059页）可见，《世表》所载是元朝史家通过二史推测出来的。

② （元）脱脱等：《辽史》卷45《百官志一》，第800页。

③ （清）徐松：《宋会要辑稿·蕃夷一》，第9719页。

并非辽朝各大首领所领军马。

综上所述，元修《辽史·兵卫志》的主体史源为耶律俨《实录》和陈大任《辽史》，参之以中原官方文献，尤以宋朝会要为重要参考。并未取材于《契丹国志》《文献通考》等私人所修史书。根据《兵卫志》的史料来源，可以判定其具有较高的史料价值。《兵卫志》对于研究辽朝兵制整体及其阶段性变化有重要启示，不可一味否定。而元朝史臣在《兵卫志》纂修、史料选取及分析判断上存在不足，以致有诸多错误，亦是需要治史者在参考《兵卫志》时所应注意的。

中国近现代史学研究

魏源经史之学的内在关联

谢辉元

（中国社会科学院历史理论研究所，北京　100732）

摘　要： 魏源的经学和史学都是为了经世致用。他的经学研究走的是一条以宋明理学为根基、汉学为手段、今文经学为进路而归于实用的学术路径。其经学思想有浓厚的历史哲学特色，其中的“气运论”“王道说”是魏源解释历史危机与现实困局的哲学依据。而魏源史学之重“食货之学”与“西学”，是其经学经世思想的延伸和践履，也是为社会危机的解决寻找经验和对策。

关键词： 魏源　经史关系　经世致用　史学思想

魏源是引领晚清思想变革的先驱性人物，长久以来围绕魏源经学与史学的研究引发着人们的浓厚兴趣①，但就经史关系而言则有待深入。以往研究虽然抓住了两者所共有的经世特征，但也容易夸大其今文经学思想对其史学思想的影响。无疑，今文经学是魏源史学思想的一个基本资源，但问题在于这种影响是否只来自今文经学？其实，主今文经学者并不必然就讲史学经世，而老学尤其是理学等也曾对魏源史学思想产生过重要影响。当前有关魏源经学与史学关系的研究中，对理学所产生之影响的研究就重

---

① 学界相关研究成果主要有贺广如《魏默深思想探究》（“国立”台湾大学出版委员会，1999），李瑚《魏源研究》（增订版）（朝华出版社，2002），陈其泰、刘兰肖《魏源评传》（南京大学出版社，2005），夏剑钦、熊焰《魏源研究著作述要》（湖南大学出版社，2009）等，论文则有许冠三《龚魏之历史哲学与变法思想》（《中华文史论丛》1980 年第 1 辑，上海古籍出版社，1980），吴泽《魏源的变易思想和历史进化观点》（《吴泽文集》第 4 卷，华东师范大学出版社，2002），蒋大椿《魏源史学经世思想述论》（《求索》1995 年第 3 期），秦世龙《魏源思想的理学渊源》（《学术界》2016 年第 5 期）等。

视不够，这就需要在透析魏源经学思想演化路径的基础上，揭示出其经学与史学的具体的共生关系。

一　由理学经世而经学[①]经世：魏源经世思想的内在发展

由于学界对魏源理学思想的研究比较薄弱，这里拟重点谈谈该问题。魏源于乾隆五十九年（1794）生于湖南邵阳，在其早年求学过程中，受到了官方教育和地域文化的双重影响。由于程朱理学乃官方意识形态和科考主要内容，而湖南自宋以后形成湖湘理学传承和书院教育传统，这种文化环境通过家庭教育、学院教育和科考历程培育了魏源的理学思想。

家庭教育方面，魏父邦鲁曾从溆浦学者严如熤习“经世之学”，“生平好读《通鉴纲目》，岁必数过”[②]。二叔魏辅邦肄业岳麓书院，“课子侄孙辈甚严，必延访名师”。魏源的文章经济能“有声名重华夷，多辅邦有以教之也”。[③] 受这种矢志科考、注重经世的醇厚家风影响，加上个人天分和努力，魏源早慧，“八岁受书，即解大义”[④]。这说明魏源在义理之学的学习上很早就表现出良好修养。学院教育方面，魏源先后就读于邵阳爱莲书院（周敦颐故居）、长沙岳麓书院，在其中接受了系统的理学教育，成绩优异，先后获得了秀才、廪生、拔贡等资格，这说明他有扎实的理学功底。在此前后，他曾“究心阳明之学，尤好读史”，这种对心学的热爱虽与程朱官方理学有所歧异，但大体不出理学范畴，且伯父魏辅邦对此进行了干预，要求魏源读书“禁杂泛”[⑤]，这使魏源的思想重归科考正途。科考方面，魏源坚持了大半生，其中有得意（如15岁中秀才，道光二年29岁时高中南元，即顺天乡试举人第二名），也有失意（乡试落榜两次，会试落榜5次，直至道光二十五年52岁时才考中进士），其间

① 这里的“经学”借用了皮锡瑞、周予同在考察经学历史时所用的广义“经学”概念，它包括魏源成长过程中所习得的宋明理学、汉学、今文经学等多种儒家经论思想。参见皮锡瑞《经学历史》，周予同注释，中华书局，2004。

② 黄宅中、张镇南修，邓显鹤纂《宝庆府志》第3册，岳麓书社，2009，第1823页。

③ 李柏荣：《魏源师友记》，岳麓书社，1983，第10~11页。

④ 魏源：《碑传集补·魏默深先生传》，《魏源全集》第14册，岳麓书社，2011，第345页。

⑤ 魏源：《碑传集补·魏默深先生传》，《魏源全集》第14册，第345页。

虽然对科考程式颇为不满，但毕竟屡败屡战而终有所成，这说明他在理学功课上的坚持。上述经历给魏源带来的，有经世致用的湖湘实学精神，也有明理达义的理学正统观念，它们在魏源身上统合为理学经世的文化价值追求。

魏源理学经世思想的形成还与他所师事、交游的学人有关。魏源在湖南求学时的恩师李宗瀚、汤金钊及岳麓书院山长袁名曜等，都是时人称道的理学名家，对魏源理学观念的涵养有重要影响，如李宗翰就被魏源赞为“即论素性亦吾师”[①]。嘉庆十九年（1814），魏源到京师求学，学术圈子得到扩展，其中服膺理学者占很大比例。师长方面，旧识李宗翰、汤金钊，新知姚学塽、董桂敷，都是理学家。姚学塽是当时少有的学行如一的学者，声誉颇佳，魏源曾向他请教《大学》古本问题，生活中对他也极为尊崇。董桂敷对程朱理学颇有研究，魏源寄诗与他，言“关河千里亦吾师”[②]，其《大学古本章句疏证》亦请董氏作序。序中言“魏君笃信朱子之学者也”[③]，这无疑是对魏源当时思想状态的评判。魏源挚友中也多理学信徒。陈沆是魏源“讲学最契之友”[④]，他“笃好宋五子书”[⑤]，常与魏源、董桂敷、姚学塽谈理学。魏源曾劝董桂敷完成《近思录补注》，董氏因病未允，工作终由陈沆完成，其中还收录魏源注文 11 条。[⑥] 直到道光六年（1826）魏源 33 岁时，魏、陈两人还在通信谈理学体会。[⑦] 魏源也常与李克钿、陈起诗、何庆元等湖湘俊彦一起讨论理学。同治《桂东县志·李克钿传》载：李克钿“游京师归，与邵阳魏默深、桂阳何庆元、郴州陈起诗究心圣贤学，沈潜宋儒程朱诸书”[⑧]。而从魏源与李克钿的通信中也可看出，他们曾就《近思录》研读过程中的心得进行分享与交流。[⑨]

---

① 魏源：《送李春湖师归广西》，《魏源集》，中华书局，2009，第 821 页。

② 魏源：《寄董小槎编修》，《魏源集》，第 820 页。

③ 董桂敷：《自知室文集》卷 2《大学古本章句疏证序》，载夏剑钦、熊焰《魏源研究著作述要》，湖南大学出版社，2009，第 107 页。

④ 陈曾则：《先殿撰公诗抄后序》（节录），载孙文光、王世芸《龚自珍研究资料集》，黄山书社，1984，第 77 页。

⑤ 《清史列传》第十九册，卷 73“陈沆”，王锺翰点校，中华书局，1987，第 6016 页。

⑥ 李瑚：《魏源研究》（增订版），第 261～262、477 页。

⑦ 李瑚：《魏源研究》（增订版），第 305～306 页。

⑧ 刘华邦、郭岐勳：《桂东县志》卷 15“人物·文艺·李克钿”，清同治五年修，第 73 页。

⑨ 李瑚：《魏源研究》（增订版），第 477～478 页。

如果说上述材料只是从侧面反衬出魏源对理学的关注，那对他著述的分析则能更直接地揭示魏源对理学的态度。魏源在青年时期曾花费大量精力来研究理学问题，相关理念长期存留在他脑海深处。魏源在京之初，勉力作《大学古本章句疏证》，引发了其师汤金钊“勤学罕覯”“深造至此”的赞叹。[①] 嗣后两三年，他又补注了《近思录》。[②] 尽管这种版本和集注工作更像汉学考据，所探讨的却是理学问题。而在后来的《大学古本》中，魏源更明确指出，朱子“道问学”和王氏“尊德性”皆论“大学”之道，各有优劣，前者得其本末而章次不明，后者反之，其流弊则是一“失于支”，一“流于荡”，“岂非千载遗憾有待后人者乎?”故此，他以这种“后人”自任，在书中“取宋、明儒先之说，旁推曲畅以尽其意”。[③] 他还先后就孔孟曾颜程朱陆王等儒家圣贤人物写过10余篇赞文[④]，高度称赞其思想、事功，对于他们在“大学”上的贡献尤为称道，在《陆子赞》中更是直言程朱陆王“皆百世之师，如伊尹、惠、夷、颜、孟之不妨小异”[⑤]，这集中体现了他对理学道统传承的认同。他的《孝经集传》《曾子章句》《子思子章句》《庸易通义》等著述，都关涉四书问题[⑥]，对程朱等宋儒多有肯定，因此钱穆认为：“《大学古本》《孝经集传》及《曾子章句》诸书，皆带宋学气息。”[⑦] 更有论者指出，《古微堂四书》“从思想逻辑和体例风格上看，有仿效或接续朱熹《四书章句集注》之意”，“体现了魏源宗今文而不废宋学，重建道学体系的努力”。[⑧] 另外，魏源的宋学根底在子学研究中也有流露。如在《老子本义》中，魏源就曾做过援道入儒和以理释

---

① 魏耆：《邵阳魏府君事略》，《魏源集》，第948页。

② 李瑚：《魏源研究》（增订版），第477～478页。

③ 魏源：《大学古本叙》，《魏源集》，第138～139页。

④ 其中有《孔孟赞》《曾子赞》《颜冉赞》《孟子补赞》《周程二子赞》《程朱二子赞》《朱子赞》《陆子赞》《朱陆异同赞》《杨子慈湖赞》《王文成公赞》《明儒高刘二子赞》等。

⑤ 魏源：《陆子赞》，《魏源集》，第318页。

⑥ 魏源主张“以《曾子》十篇并《孝经》次《大学》之后”，理由是它们与《大学》一样都是“曾子之学”，“宜与孔子之《论语》、孟子之《七篇》、子思之《中庸》，并列于《四子书》者也”。（魏源：《孝经集传序》《曾子章句序》，《魏源集》，第140～141页）因而《孝经集传》《曾子章句》实际是《大学》的延伸，《子思子章句》《庸易通义》则是《中庸》的延伸。

⑦ 钱穆：《中国学术思想史论丛（八）·读古微堂集》，台北东大图书有限公司，1980，第295页。

⑧ 《古微堂四书》别名《四书后编》，指《小学古经》《大学古本发微》《孝经集传》《曾子发微》四书。参见张昭军《晚清民初的理学与经学》，商务印书馆，2007，第72页。

老的工作。①

嘉庆二十年（1815）魏源向刘逢禄学公羊学后，也一直尝试在公羊学与理学之间进行调和。他在学习公羊学前后，一直坚持着理学研究。理学除在义理发挥上因其与公羊学的相似性而对后者有启示作用外，其丰厚的经学研究成果也往往成为魏源的研究起点。如在《董子春秋发微》中，魏源高度评价董仲舒《春秋发微》"内圣而外王"的功业："抉经之心，执圣之权，冒天下之道者，莫如董生。"与之相比，何休之论则有"玷经害教，贻百世口舌"之嫌。② 这种以卫道者口吻发出的议论有着浓重的道学气息。而抬高董仲舒在圣王之学和天人之学中的地位，则与当时理学家所勾画的道学源流是一致的。③ 又如在《书古微》中，魏源志在"黜东晋梅赜之伪以返于马、郑古文本，此齐一变至鲁也"，而这种工作实际吸收了朱熹的研究成果。该书《例言》入题即云"东晋晚出之孔安国《古文尚书》伪《经》，伪《传》，伪《序》，三者并发端于朱子《语录》中"，而朱论则"言之凿凿"。④ 魏源还以为宋学与今文尚书学一样都曾为利禄之徒所累，但本教还是好的，应把它与末流区分开来。⑤ 再如《诗古微》，朱熹曾撰《诗集传》《诗序辩说》，引领了对《毛诗》的怀疑和齐鲁韩三家诗遗说的搜集，主张从《汉书》《文选注》和汉魏诸子所引《韩诗》入手进行辑佚，惜未付诸实践，而这种认识恰成为《诗古微》创作的起点。魏源在《诗古微》中多次称引朱熹的观点有"阙疑慎余""略发其端"的价值，甚至单写一卷《集传初义》肯定朱氏诗学，并明言："《诗》，《国风》之《集传》可废，而《雅》《颂》之《集传》不可废"。⑥ 正因此，有学者才肯定《诗古微》是魏源按朱熹的想法去作的，并对《朱传》多有采择。⑦

---

① 贺广如：《魏默深思想探究》，第 79 ~ 82 页；秦世龙：《魏源思想的理学渊源》，《学术界》2016 年第 5 期。

② 魏源：《董子春秋发微序》，《魏源集》，第 135 页。

③ 方东树在《汉学商兑》中指出："盖自汉儒分道为一家，而道之正名实体大用皆不见。惟独董子、韩子及宋程、朱，始本《六经》、孔、孟之言而发明之，而圣学乃著。"（方东树：《汉学商兑》卷上，光绪八年四明花雨楼刻本，第 5 ~ 6 页）与之相同，魏源在自己的著作中对董、韩、程、朱在继承发展孔学上的贡献都曾给予高度肯定。

④ 魏源：《书古微例言上》，《魏源集》，第 115 ~ 116 页。

⑤ 魏源：《书古微例言中》，《魏源集》，第 116 ~ 118 页。

⑥ 魏源：《诗古微》，《魏源全集》第 1 册，岳麓书社，2011，第 25、57、89 页。

⑦ 李瑚：《魏源研究》（增订版），第 725 页；曹志敏：《学术探求与春秋大义——魏源〈诗古微〉研究》，社会科学文献出版社，2011，第 165、170 页。

尤需注意者，在集中展现魏源世界观和经世观的一些标志性作品中，也明显体现出理学痕迹。《默觚》[①] 即是如此。一者，魏源对程朱理学的理欲说抱有较高认可度。如他直言："世儒多谓孟子言寡欲，不言无欲，力排宋儒无欲之说为出于二氏。不知孔子言无我，非无欲之极乎?"[②] 所以"君子以道为乐，则但见欲之苦焉；小人以欲为乐，则但见道之苦焉"。[③] 二者，魏源对陆王心学的心性说也极表赞同。他说"人之心即天地之心"，[④] 而"性根于心，萌芽于意，枝分为念，畼茂为情"。[⑤] 观人心在慎独，"身在心中"，"万物皆备于我"，只要"心不受垢"，则"于道幾矣"。[⑥] 三者，魏源试图将程朱陆王进行整合，统一在学"道"的旗帜下。他相信"尊德性"与"道问学"是"学"的两方面，君子应"观其会通"[⑦]，所以"朱陆论学，砥砺不遗余力"，究其因，是"其轨辙不同者，道之并育并行所以大；其同是尧而非桀者，性善秉彝之无二也"。[⑧] 又如《皇朝经世文编》，清人李慈铭就指出该书"时当汉学极盛之后，实欲救汉学之偏，以折衷于宋学，故其去取不免左袒于宋"。[⑨] 近人贺广如在分析该书材料去取时，也指出书中少见极力维护汉学的作品，而歌功宋学的文章则易见，反映魏源在汉宋之中虽主调和，但大体仍以宋学为重。[⑩]

以上情况说明，理学对魏源思想影响的深刻性和长期性应当重估。理学可以说是魏源学术思想的起点与基础，它在魏源成长过程中有所淡化，但并未被放弃，而是在更广阔的经学思想领域与新习得的汉学、今文学乃至西学等新观念进行了融合。这与他在京师先后向胡承珙、姚学塽、刘逢禄、董桂敷等各派名家问学有关。而这种建立在扬弃汉宋基础上的经学思

---

① 《默觚》一书未署年月，目前仍未有定论。笔者比较赞同李汉武和李瑚的判断，认为该书主要完成于鸦片战争以前。[见李汉武《魏源传》，湖南大学出版社，1988，第 67 页；李瑚《魏源研究》（增订版），第 499～500 页] 从书中内容来看，《学篇》较多地呈现出理学的影子，《治篇》则较多地体现出公羊学的影响，书中更夹杂老学思想。该书杂糅了魏源青壮年时期习得的各种学术思想，体现了魏源对学术、社会及其历史的总体性思考。

② 魏源：《默觚上·学篇四》，《魏源集》，第 11 页。

③ 魏源：《默觚上·学篇十》，《魏源集》，第 25 页。

④ 魏源：《默觚上·学篇五》，《魏源集》，第 12 页。

⑤ 魏源：《默觚上·学篇十三》，《魏源集》，第 30 页。

⑥ 魏源：《默觚上·学篇五》，《魏源集》，第 13～14 页。

⑦ 魏源：《默觚上·学篇一》，《魏源集》，第 1 页。

⑧ 魏源：《默觚上·学篇十二》，《魏源集》，第 28～29 页。

⑨ 李慈铭：《越缦堂读书记》，辽宁教育出版社，2001，第 839 页。

⑩ 贺广如：《魏默深思想探究》，第 85～89 页。

想在他看来正是对孔学本来面目的恢复，所以无论义理、辞章和考据之学他都有致力。但因时使然，所成就者乃今文经学。因此并不能以今文经学这一点完全衡定魏源经学思想的总貌，实际无论宋学、汉学、今文经学、经世之学，都只是他复杂经学理念的外显形式之一面。

梳理魏源的治学历程，经世致用是其基本诉求，这一点已成共识。也正基于此，魏源对于各种学说抱的都是兼采以为实用的态度。他对理学并不盲目推崇，曾对宋学流弊给以严厉批评，尤其不屑于空谈理学。所以，无论对于宋学，还是汉学，魏源虽有偏好，却无爱憎，因为他的取舍始终落在实用上。魏源对理学的继承是如此，对汉学、今文经学的运用也是如此。他以注疏集解和版本比较处理理学经典的问题，又以版本考证、学术史的方式处理今文经学的问题，实际都是对汉学的积极运用。在今文经学一端，他又重点阐扬了变易、功利和“通三统”等思想，为清代改革事业鼓与呼。魏源相信儒墨、汉宋、今古文乃至朱陆之争都是入主出奴，非“邦家之利”，“试登洙泗堂，几见殊体用”。[①] 他主张消弭门户之见，追求的是“体用一致”。以此为基础，魏源提出了“以经术为治术”的治学主张。总之，从魏源经学思想的产生与发展情况看，总体是以宋明理学为根基，汉学为手段，今文经学为进路，而归本于实用。

二 由“气运论”而“王道说”：魏源经学经世思想的历史哲学观

魏源的经世思想有着浓厚的历史哲学内涵，而这又是以他对社会历史危机的体认为基础的。一，魏源在京师求学期间非常关注时务和经济之学。其时魏源学问日增却屡试不第，遂激起他对科考弊病的忧愤，并日益表现出对时务的关心。他与龚自珍、姚莹、汤鹏、邓显鹤、陈起诗、何庆元、李克钿等“抱济世之才而愤于乱世”的学友交往，在科举制度的压力下转向经济之学。如他和陈起诗曾“相与讲求天下利病”，“益穷究天文、舆图、礼乐、财赋、兵阵，下逮中西算法，佛老家言”[②]。姚莹曾回忆当时

① 魏源：《家塾示儿耆》，《魏源集》，第653页。

② 李柏荣：《魏源师友记》，第40～45页。

与魏源交往所留下的印象："默深始治经，已更悉心时务。"[①] 这点出了魏源思想的转轨。

二，魏源在幕府时期曾参与社会经济改革等实务工作。自嘉庆二十四年（1819）至道光十九年（1839）近20年间，魏源先后在晋苏等地加入贺长龄、陶澍幕府，尤其是参与到江浙漕运、河工、盐政的新政改革中，并先后撰成《筹漕篇》《筹鹾篇》《湖北堤防议》《东南七郡水利略序》等篇章。这大大加深了他对社会积弊的体认。

三，魏源在编辑《皇朝经世文编》《明代食兵二政录》过程中明晰了清代社会历史发展大势。道光六年（1826），魏源在贺长龄授意下主持编辑了《皇朝经世文编》，由此接触到大量雍正以后的奏疏文献，对清代事关国计民生的众多领域的政策制定和沿革情况有所知悉，实务思想有较大发展，尤其对财政和军事问题表现出极大重视。此后，他开始考虑将相关问题追溯至明代，"念今昔病药之相沿，常以对治而益著，爰复仿宋臣鉴唐、汉臣过秦之谊，故集有明三百年文章论议言食政之类十有三"，"兵政之类二十有四"，遂成《明代食兵二政录》。

由此，魏源对清代所面临的前所未有的危机有了清醒认识："无一岁不虞河患，无一岁不筹河费，此前代所无也；夷烟蔓宇内，货币漏海外，漕鹾以此日敝，官民以此日困，此前代所无也；士之穷而在下者，自科举则以声音训诂相高，达而在上者，翰林则以书艺工敏、部曹则以胥史案例为才，举天下人才尽出于无用之一途，此前代所无也。"[②] 如果说河患、夷患指向的都是清朝的财政经济问题，腐儒之患指向的则是经学与现实脱节的问题，魏源认为这些问题都已成为时代性危机，这种认识成为其历史哲学思想的重要出发点。

上述时代危机与经学界弊于门户和空谈的现状构成鲜明对比，为了应对这种困局，魏源尝试提出自己的解释框架和处理方案。由于他不满汉宋之争，所以只能游走于古今各种学术之间，寻找可以经世的文化资源，而突破点则在汉以来的千年绝学今文经学。"今文经学的核心思想就是'经世'与'变革'"，且"微言大义方法为他增添了一种表达其经世思想的工具，因为有经学的门面，比较容易为人接受"。[③] 他先后著作《诗古微》

① 施立业：《姚莹年谱》，黄山书社，2004，第108页。

② 魏源：《明代食兵二政录叙》，《魏源集》，第163页。

③ 陈其泰、刘兰肖：《魏源评传》，第183页。

《书古微（初稿）》《两汉经师今古文家法考》《董子春秋发微》，整理刘逢禄遗书，与龚自珍等人掀起公羊学革命，大力宣扬公羊变易观和历史变革论。尽管魏源的改革思想以今文经学为主体，但就历史观而言，除今文经学外，理学、汉学乃至黄老之学等也往往是重要的思想资源。

魏源对于时代变局的解释，融通了传统经学的多种复杂观念。其历史观中较具创见者，是以气运说和王道说为基础，解释明清历史变局，并论证了言功利的重要意义。气论是中国传统哲学的一个重要范畴，早在先秦时期就已出现，此后董仲舒、王充、张载、王夫之等都曾提倡过气本论。① 而魏源的历史哲学较为明显地受到张载、王夫之气论思想的影响。由张载所大加阐扬的“太虚之气”“神气”“气化”等概念为魏源所接受，成为他理解社会历史的依据。张载云“太虚即气”，“由气化有道之名”，“气之性本虚而神”，“唯神能通变化”。② 魏源亦云“太虚之精气流动，充盈于天地间”③；“神气化形体”，然后依次化为衣食、语言、宫室、城郭、赋税、甲兵等，最后由“水火复化神气”④；“气化递嬗，如寒暑然。太古之不能不唐、虞、三代，唐、虞、三代之不能不后世。”⑤ 这说明在魏源的认知里，“气”是社会大厦的构成基石和变化动力。

在“气化”基础上形成的“气运”则是历史盛衰的关键。魏源相信“三代以下之人材乘乎气运”，而“气运所生亦有二”，即国家之“昌”与“衰”，人材之“盈”与“窳”。⑥ 而根据气运，他将历史发展分为三个阶段：“三皇以后，秦以前，一气运焉；汉以后，元以前，一气运焉。”⑦ “天地之气”，“其至明而一变乎”。⑧ 在魏源看来明清两代受新的气运支配着。在《老子本义》中，魏源云：“治始黄帝，成于尧，备于三代，歼于秦，迨汉气运再造，民脱水火，登衽席，亦不啻太古矣。”⑨ 他以黄帝时为太古，夏商周三代为中古，秦为末世，汉则返于太古，这是一个气运循环。此后又经历了两个类似的气运循环。上述说法常被人们称作“三世三复

① 曾振宇：《中国气论哲学研究》，山东大学出版社，2001。
② 见张载《正蒙》之《太和》《乾称》《神化》篇。
③ 魏源：《默觚上·学篇十四》，《魏源集》，第 34 页。
④ 魏源：《默觚下·治篇十四》，《魏源集》，第 71～72 页。
⑤ 魏源：《论老子二》，《魏源集》，第 257 页。
⑥ 魏源：《默觚下·治篇十一》，《魏源集》，第 65 页。
⑦ 魏源：《默觚下·治篇三》，《魏源集》，第 43 页。
⑧ 魏源：《海国图志》，《魏源全集》第 4 册，岳麓书社，2011，第 404 页。
⑨ 魏源：《论老子二》，《魏源集》，第 258 页。

说”或“气运再造说”，往往被视作魏源公羊学思想的产物[①]，其实它更多地体现着老学与宋学的影响。

魏源的气运再造说并不像有的学者认为的那样是一种历史进化论。单一气运循环并未体现出据乱、升平、太平三世说所含的进步意味，反而有着退化论的味道。这种提法一方面可能受龚自珍衰世说的影响，另一方面也是为现实危机寻求解释的产物。在作为历史起点的三代和作为现世的清代都被确定了的情况下，这种处理方法便很可以理解了。而从多个气运循环看，则体现为更化论或循环论。

一者，他曾不止一次地表达天道、历史循环无端的思想。如前面提到的神气化万物最后复归神气的哲学思想，面对道德日退时所坚称的“昊天不复，忧无疆也；千岁必反，古之常也；弟子勉学，天不忘也”[②]的人生信念，以及“天下之生久矣，一治一乱”[③]的历史思想。魏源的这种历史循环观念蕴含了经学中的易学、荀孟之学、公羊学、宋学，乃至老学等多重身影。

二者，魏源所理解的历史过程中有进化趋势，但更主要的还是退化。如魏源“气化日禅”造成“皇春帝夏、王秋伯冬”[④]，及“太古、中古、末世”交相更替的思想都是如此。有研究者曾举下面一段话论证魏源的进化思想，即魏源曾言后世事胜于三代者有三端：文帝废肉刑，柳子非封建，世族变贡举，因为这些举措或“仁”或“公”。[⑤]这说明魏源确乎能够看到历史中的某些进步因素。然而与三代以后大道日益分裂带来的苦果相比，这些只能是次要的。魏源指出：“三代以上，君师道一而礼乐为治法；三代以下，君师道二而礼乐为虚文”，其因在于“功利兴而道德教化皆土苴矣”。从道学源流看，“自孔、孟出有儒名，而世之有位君子始自外于儒矣；宋贤出有道学名，而世之儒者又自外于学道矣”。这个过程中，有德与有位者由合而为一到“泮然二途”，再到治经之儒、明道之儒、政事之儒“泮然三途”。[⑥]

---

① 参见许冠三《龚魏之历史哲学与变法思想》，《中华文史论丛》1980年第1辑，第85~97页；吴泽《魏源的变易思想和历史进化观点》，《吴泽文集第4卷·学术思想论集》，第314~317页。

② 语出《荀子》，见《默觚上·学篇九》，《魏源集》，第23页。

③ 魏源：《老子本义序》，《魏源集》，第254页。

④ 魏源：《默觚下·治篇二》，《魏源集》，第41页。

⑤ 魏源：《默觚下·治篇九》，《魏源集》，第60页。

⑥ 魏源：《默觚上·学篇九》，《魏源集》，第23页。

这种道术分裂带来的道德退化论应该是受到朱熹、陆九渊等宋儒的影响。由于程朱理学将理不离气作为理气关系的基础[①]，心学在理气关系问题上又从一开始就倾向于气学[②]，加上宋儒末世情节较重，许多学者都主张历史退化论，这就使得宗奉宋明理学而同样又有身处衰世之感的魏源很容易受到气论和历史退化论的同时影响。如朱熹亦讲气化，所谓“气以成形，而理亦赋焉”[③]；并相信气运循环，认为“气运从来一盛了又一衰，一衰了又一盛，只管恁地循环去，无有衰而不盛者”[④]；同时还主张历史退化，说三代以下周孔之道不传，千五百年间“只是架漏牵补，过了时日”，纵言行有“偶合于道者”，也“未免乎利欲之私”。[⑤] 这种由气化而人心而气运乃至历史退化的观念，与魏源的气运论逻辑具有高度相似性，对魏源思想形成无疑有重要启发。

当然，魏源也试图同时运用公羊三世说来解释历史，这在论及清代前中期的文治武功时会有呈现。在为刘逢禄遗书作序时他曾言：“清之兴二百年，通儒辈出。若所见之世，若所闻之世，若所传闻之世，则有若顾、江、戴……于东京之学，盖尽心焉。”[⑥] 在为《国朝古文类钞》作序时又云：“我圣清皞皞二百载，由治平、升平而进于太平，元气长于汉，经术盛于唐，兵力、物力、幅员雄于宋。”[⑦] 魏源在这里所提出的治平、升平、太平三世循环说，与前述太古、中古、末世历史循环说，看似矛盾。实则前者是谈治绩之升进，后者是反映治法由质初而文极之变迁。[⑧] 一是夸赞本朝文治武功的逐级臻盛，二是纵论历代道德治术的阶段变迁，而在循环论下其结果都指向清中后期面临的衰世气象。这样，在为现实寻求历史解释的动机下，公羊学、宋学、老学等观点实现了奇妙的整合与统一。

既然三代之后的历史是一个功利兴而道德退的过程，现世也是一个衰世，那作为一个儒者的魏源无疑是应该感到沮丧和忧虑的，不过经学中所

① 李申：《中国哲学的气论与儒教》，《哲学研究》2003 年第 8 期。

② 李存山：《气论对于中国哲学的重要意义》，《哲学研究》2012 年第 3 期。

③ 黎靖德编《朱子语类》卷一《太极天地上》，杨绳其、周娴君校点，岳麓书社，1997，第 1 页。

④ 黎靖德编《朱子语类》卷一《太极天地上》，第 4 页。

⑤ 朱熹：《答陈同甫》，《朱熹集》（三），郭齐、尹波点校，四川教育出版社，1996，第 1592 页。

⑥ 魏源：《刘礼部遗书序》，《魏源集》，第 242 页。

⑦ 魏源：《国朝古文类钞叙》，《魏源集》，第 229 页。

⑧ 许冠三：《龚魏之历史哲学与变法思想》，《中华文史论丛》1980 年第 1 辑，第 86 页。

暗含的循环论思想，以及儒家固有的达观和入世精神，让他仍能保持乐观态度，相信历史总会回返治世，关键则在于时机和方法。

由于当代已进入衰世，接下来就应是治世，气运再造的时机已成熟，而途径和方法则是“王道论”，即要回复古之王道，也就是重现三代“君师道一”“以经术为治术”① 的局面，解决经术、学术与政事相互脱节问题。这与他尝试解决的经学与实务间的失衡问题是一致的。“今日复古之要，由训诂、声音以进于东京典章制度，此齐一变至鲁也；由典章、制度以进于西汉微言大义，贯经术、故事（政事）、文章于一，此鲁一变至道也。”② 魏源相信汉代气运再造，是治世，经术、政事、文章繁盛，且为一体，所以汲汲以求归复至西汉。而这其中实际蕴含了魏源对自己人生的期待，他之极力推崇董仲舒，所谓“抉经之心，执圣之权，冒天下之道莫如董生”者，更像是以经术、圣权、大道的一统自任。董氏在经学源流中地位极高，无论理学家还是公羊学家都视之为一代宗师，且他更是帝王之师，他所代表的形象对魏源是有吸引力的。因此，对西汉“以经术为治术”形态的归复自然也就成为魏源的精神寄托和自我价值期待。

三　由“食货”而“西学”：魏源经学经世思想在史学上的延伸

魏源的史学思想有许多可贵之处，最重要的闪光点则有二，1840 年以前表现为对食货之学的肯定，此后则体现在对西学的阐扬。它们都与魏源的经学思想有重要关联。

在贺长龄、陶澍幕府期间，魏源完成了青年时期最为重要的史学工作，即编著了《皇朝经世文编》《明代食兵二政录》。在这两书中，他沿着经济之学的轨迹，抓住传统学术中的食货之学大力研讨，由此促成了其史学思想的质的进步。而对食货之学合理性的论证，则是在经学框架内进行的，王道论为“言功利”提供了解释依据。魏源的王道论是王道富强论和王道教化论的结合。他曾主张通过变革回复古之王道，而其条件是：“君子之为治也，无三代以上之心则必俗，不知三代以下之情势则必迂。”③

① 魏源：《默觚上·学篇九》，《魏源集》，第 24 页。

② 魏源：《两汉经师今古文家法考叙》，《魏源集》，第 152 页。

③ 魏源：《默觚下·治篇五》，《魏源集》，第 49 页。

“三代以上之心”指道德礼法，“三代以下之情势”则指言功利。尽管魏源有三代以后“功利兴而道德教化皆土苴矣”的感慨，不过他并未就此否定言功利的必要性，而是相信道德和功利是统一的。

这与他对“食货”之“道”的理解有关。魏源的经学看重“道”的根本性，而“道”的本质则是“道形诸事谓之治”，“以其事笔之方策，俾天下后世得以求道而制事，谓之经”。[①]“道”在内容上表现为礼乐、兵刑、食货等具有社会现实性的事物，尤其是脱离食货之学的“道”是不可想象的。“曷谓道之器？曰‘礼乐’；曷谓道之断？曰‘兵刑’；曷谓道之资？曰‘食货’。”[②]“自古有不王道之富强，无不富强之王道……洪范八政，始食货而终宾师；无非以足食足兵为治天下之具。后儒特因孟子义利、王伯之辩，遂以兵食归之五伯，讳而不言，曾亦思足民、治赋皆圣门之事，农桑、树畜即孟子之言乎？”[③]

魏源之论“道”实际是为“食货”之“道”张本。他把经书理解为三代以上的圣人之治的历史记载，理解成现实生活中的事物，经学被当作客观历史过程来看待，从而把经学史学化。这种认识颇有章学诚“六经皆史”的味道。在当时，把经书作为史书来处理已为相当一部分学者所接受，但魏源思想的独特性在于，将食货之学视为经书记载的重要内容及其旨归，使经学往现实生活方面大大推进了一步；同时，食货之学在史学中的地位也自然而然得到了加强，史学离现实生活更近了。这就等于在经史关系领域进行了一场革命，经史之学被整体性地置于现实的基础上。在当时，看到食货之学在社会历史中的某种基础性作用的学者自然不止魏源一人，如龚自珍就有相似的观点[④]，不过旗帜鲜明地以王道富强论论证食货之学的合理性，并切实地以史学撰述实践为此开路的，则魏源恐怕要属前驱

---

① 魏源：《默觚上·学篇九》，《魏源集》，第23页。

② 魏源：《默觚上·学篇九》，《魏源集》，第23页。

③ 魏源：《默觚下·治篇一》，《魏源集》，第36页。

④ 龚自珍在论述上古文明起源演进时突出了饮食和食货之学的基础性作用（陈其泰：《公羊三世说与龚自珍的古代社会历史观》，《浙江学刊》1997年第3期）。不过在现实改革中，他却更多地停留在重本抑末的问题上，甚至对商品流通有一定的排斥性（申满秀：《从“抑商”到“重商”观念的转变——龚自珍、魏源、王韬、郑观应经济思想个案简析》，《贵州社会科学》1996年第6期）。而在这方面，魏源则比他更前进了一步，在鸦片战争以前就有了“保富”思想，他在肯定有田的“本富”的同时，也肯定无田的“末富”的存在价值（魏源：《默觚下·治篇十四》，《魏源集》，第72～73页），更不论鸦片战争以后魏源思想的新发展了。

了。尤其是到了鸦片战争以后，魏源的相关思想更发展到新的时代高度。

魏源以王道富强论解释食货之学，把民众在衣食住行方面的需求看作天道乃至圣王的必尽事宜，将民众切身利益的实现当作历史评价的标尺，这是魏源食货思想的重要创见。一来，足民、富民、便民与利民成为衡量社会治理和改革的标准。由于王道必然富强，食货亦属王道，所以他相信“足民、治赋皆圣门之事”[①]；“王者藏富于民”，“土无富户则国贫，土无中户则国危”[②]；“变古愈尽，便民愈甚”[③]；“履不必同，期于适足；治不必同，期于利民”[④]。二来，以是否兼具道德礼法与利民、足民于一身，来衡量儒者乃至君王的价值，蕴含了突破君主专制的思想因子。魏源指出了“天子”由“众人所积而成”的公共性，及“自视为众人中之一人，斯视天下为天下（人）之天下”的义务。[⑤] 但由于天下气运已变，本来为“治天下之具”的“势、利、名”已不再为圣王保有，“后世以其势、利、名私一身，穷天下之乐而不知忧天下之忧”。[⑥] 这就不能不将思想锋芒引向现世的天子。当然，我们对此也不应高估，毕竟魏源还未明确提及反专制，而只是相信“惟使势、利、名纯出乎道德者，可以治天下”[⑦]；他虽然肯定圣人要“以美利利天下之庶人”，但也指出还要“以名教治天下之君子”，而“世之极盛也，使天下以义为利，其次则以民为利”。[⑧] 魏源纵然可以为了万民利益而指斥天子，却无法为万民而否定名教。

鸦片战争对魏源思想产生了重大影响。一来，他曾进入裕谦幕府开展抗英斗争，并参与对英军被俘虏军官安突德的审讯，对英国情况有所知悉并增补成《英吉利小记》；二来，他受林则徐委托撰写《海国图志》，编辑过程中了解到有关西方历史文化、典章制度、民风礼俗、科学技术的大量知识，自信是“创榛辟莽，前驱先路”；三来，魏源于1847年游历南方各省，足迹遍及广州、香港、澳门等地，尤其是港澳之游，引发了魏源“扩我奇怀，醒我尘梦，生平未有”[⑨] 的感叹。这时期的魏源，虽然增撰了

① 魏源：《默觚下·治篇一》，《魏源集》，第36页。

② 魏源：《默觚下·治篇十四》，《魏源集》，第73页。

③ 魏源：《默觚下·治篇五》，《魏源集》，第48页。

④ 魏源：《默觚下·治篇五》，《魏源集》，第48页。

⑤ 魏源：《默觚下·治篇三》，《魏源集》，第44页。

⑥ 魏源：《默觚下·治篇三》，《魏源集》，第43～44页。

⑦ 魏源：《默觚下·治篇三》，《魏源集》，第44页。

⑧ 魏源：《默觚下·治篇三》，《魏源集》，第44～45页。

⑨ 魏源：《香港岛观海市歌》，《魏源集》，第740页。

《书古微》，但青年时期确立的经学经世思想并没有质的改变，他开始在经学框架内寻求应对中西之变的合理解释，并将史学研究的重心转向西学。他先后撰《圣武记》《道光洋艘征抚记》谈正反面的对敌经验和教训，撰《海国图志》增进国人对西方的了解，撰《元史新编》讲处于类似境遇中的元代治国的成功案例。魏源的西学研究是在其食货研究基础上的创新。早在《明代食兵二政录》中，他就意识到中西之变的空前性，指出“夷烟蔓宇内，货币漏海外”的现象和危害，但这仍是从经济角度思考问题的。鸦片战争则使他不得不将西洋作为一种先进文明平等看待，开始“开眼看世界”。

魏源对中西之变的认识同样与其经学思想有关，王道、气运等观念仍是他认识的出发点。魏源相信王道像天道一样有着公平属性，既然王道是道德教化与富强殷盛的统一体，那它们作为王道的衡量标准，在古今中外都是适用的。尤其是教化，更为重要。而这种认识恰恰是突破华夷大防的关键。早在《默觚》中，魏源就曾尝试以王道教化论化解民族歧视，强调“王伯之分，在其心不在其迹也。心有公私，迹无胡越”[①]。这种观念与公羊大一统思想有关，是“太平世，天下远近大小若一”等观念的发展。而在《元史新编》中，王道思想则成为他处理夷夏关系的利刃，认为“大道之行，天下为公。公则中外一家，不公则南北瓦裂”[②]。在气运说里，汉、元两代作为气运再造的两个朝代，在中国历史中扮演了十分重要的作用。《元史新编》的一个撰述意图就是揭示元代的太平世局。而魏源相信，作为外族入主中原的政权，元朝留给后人的最为成功的一个启示就是在处理夷夏和民族关系上秉持“公”道，这也是王道的必然要求，其中为清统治者作殷鉴的意图是很明确的。

尤其是在《海国图志》中，魏源为了论证“师夷”的必要性，更是直接对华夷之防进行了分析，指出其中的不合理性，试图以王道教化论给“夷狄”正名“夫蛮狄羌夷之名，专指残虐性情之民，未知王化者言之”，“非谓本国而外，凡有教化之国，皆谓之夷狄也”。“夫远客之中，有明礼行义，上通天象，下察地理，旁彻物情，贯串今古者，是瀛寰之奇士，域外之良友，尚可称之曰夷狄乎？”[③] 这就从概念上突破了华夷之防的观念。

① 魏源：《默觚下·治篇一》，《魏源集》，第36页。

② 魏源：《元史新编》，《魏源全集》第八册，岳麓书社，2011，第4页。

③ 魏源：《海国图志》，《魏源全集》第七册，岳麓书社，2011，第1889页。

与此同时，魏源还尝试从历史上梳理华夷问题。他在《默觚》中就曾意识到“春秋以后，夷狄与中国为二；春秋以前，夷狄与中国为一”的历史现象，不过当时的魏源在感情上似乎并不能完全接受华夷混同，因而认为郡县制以关塞长城限华夷是它比封建制下的华夷混处更加优越的地方。[①] 而在《海国图志》中，他的观念发生了转变，出于对西洋文明的重视，他尝试以气运说化解夷夏之别，指出明清以后中西沟通加剧：“岂天地气运，自西北而东南，将中外一家欤？”[②] “中外一家”是魏源对中西关系发展大势的叩问，虽然他对此还抱有疑问，但在大一统理念指导下，他也隐约感知到了华夷关系将逐渐走向平等的历史趋势。

魏源在研究西学的过程中也发展了其食货思想，而理论依据同样是气运论和王道说。在《圣武记》中，魏源论军储问题，将开辟食源与货源作为与国民兴利的重要方法，指出“食源莫如屯垦，货源莫如采金与更币”，而“今日缓本急标之法，则货又先于食”。[③] 魏源在这里虽仍认为食与货存在本末之别，但面对内外交困的财政局面，他已然理智地认识到商业才是当务之急。对此，他特别强调仿铸西洋银钱和采金开矿的重要意义，甚至拿气运论和王道说来作论证：“天地之气，一息一消，一汐一潮。银来番舶数千年，今复为番舶收之而去，则中国宝气之秘，在山川者数千年，亦必今日而当开。中国争用西洋之银钱，昂于内地之银值，则中国银币行之数百年，亦必因时而当变。”[④] 既然“帝王之道，张弛各因其时”，采矿就不能一味遵旧制；既然货币是“圣人所以权衡万物之轻重，而时为之制”，仿铸银钱就是可行的。[⑤] 如果说这些论述主要是谈发展商业的必要性，那么在《海国图志》中他的食货思想则扩展到了工业领域[⑥]，强调“沿海商民有自愿仿设厂局以造船械，或自用，或出售者听之”[⑦]。对此，他也不忘以气运论进行解释，指出古之圣人也讲究奇技，对于西洋器械要“因其所长而用之，即因其长而制之”，如此，“风气日开，智慧日出，方见东海之

① 魏源：《默觚下·治篇三》，《魏源集》，第 42 页。
② 魏源：《海国图志》，《魏源全集》第 4 册，第 8 页。
③ 魏源：《军储篇一》，《魏源集》，第 471 页。
④ 魏源：《军储篇一》，《魏源集》，第 473 页。
⑤ 魏源：《军储篇二》《军储篇三》，《魏源集》，第 479 ~ 483 页。
⑥ 杨万铭：《中国近代经济思想的开拓者——魏源经济思想评析》，《社会科学研究》1996 年第 6 期。
⑦ 魏源：《海国图志》，《魏源全集》第 4 册，第 39、41 页。

民，犹西海之民”。[①]

魏源西学研究中最为闪光的地方之一在对西方民主制的赞美，而这同样与王道论分不开。在《海国图志》中，他多次不加掩饰地赞赏欧美“不设君位”的民主制度的优越，称其“公”而“周”，值得学习。“墨利加北洲之以部落代君长，其章程可垂奕世而无弊。”[②]“公举一大酋总摄之，匪惟不世及，且不四载即受代，一变古今官家之局，而人心翕然，可不谓公乎！议事听讼，选官举贤，皆自下始，众可可之……可不谓周乎！”[③] 瑞士“不设君位，惟立官长、贵族等办理国务”，是“西土之桃花源”。[④] 魏源对公举制的上述赞美，实际又与其经学思想中的王道至公，及便民、利民的理念相呼应。在王道论的阐释下，它也更容易为人们所理解和接受。

结　语

魏源一生饱经世乱坎坷，但作为一个深受儒学浸染的传统士大夫，在他学术思想最富创造性的时期，主要是以经学经世的理想来应对当世变局的。与有着类似见解的龚自珍相比，魏源身上理学的气息似乎更加浓厚，在一个批判理学却又无法抛弃理学的时代，他投身于与理学有类似性却又更有思想自由的今文经学革命中。不过两人亦有差别，虽然他们都看到了经学与实务脱离的问题，但龚自珍所做的更多的是对经学和时政的痛诋乃至将其锋芒引向对君主专制的批判，而魏源做得更多的是对经学与实务关系的调和从而走向对至大至公的民主制度的向往。这就使得魏源的思想在当时比龚自珍的显得更加“柔和”，虽然两者同样都会受到社会的排挤，但魏源之被时人指为“傲”更多的是性格上的指责，而龚自珍之被批为“狂”则更多的是言论上的难容。

魏源的经学思想有着浓厚的历史哲学内涵，作为历史阐释与现实解读的理论依据，它是魏源根据实务工作需要，融合理学、今文经学等各种学术思想加以改造的结晶，“以经术为治术”则是其最终归宿。魏源的史学经世思想是其经学经世思想的自然延伸，而其共同指向则是经世致用。以

① 魏源：《海国图志》，《魏源全集》第4册，第39页。
② 魏源：《海国图志》，《魏源全集》第4册，第8页。
③ 魏源：《海国图志》，《魏源全集》第6册，岳麓书社，2011，第1619页。
④ 魏源：《海国图志》，《魏源全集》第6册，第1356、1360页。

经学为指导，魏源尝试对当世的时代危机和现实困局寻求历史的解释。以史学为依托，魏源希望在食货之学和西学中寻找到可供资鉴的治国经验和对策。而经世致用的初衷与实践则是魏源经史思想形成和蜕变的重要依据，循此路径，也使得魏源的思想最终超越了门户之见、君民之别和华夷之防，最终为近代思想启蒙做出了重大贡献。

向达的中西交通史研究

毛瑞方
（北京师范大学历史学院古籍所，北京　100875）

摘　要： 向达（1900～1966）是中西交通史研究的著名学者。自其大学期间转理为文，加入南高史地研究会并在会刊《史地研究》上开始发表学术论文起，向达的学术探索之路经历了20世纪20年代的起步期，30年代的成熟期，40年代的聚焦期和50、60年代的转型期四个阶段。他的一生出版了2部研究专著、近20种译著、50余篇论文，开设了明清之际西学东渐史、中西交通史、印度史、史部目录学等课程，培养了许多学生。中外对比、历史文献学、实地考察是向达治中西交通史主要的研究方法。他在中西交通史学科、敦煌学派的创建和爱国史学的开展方面成就巨大，影响深远。

关键词： 向达　中西交通史研究　方法　成就

向达（1900～1966），字觉明，笔名方回、佛陀耶舍，湖南溆浦土家族人。20世纪上半期，时局动荡，但向达始终都没有放弃中西交通史学术研究。他曾说："这三十几年，在中国现代历史中是动荡极其急剧的时代：一九一（二?）七年第一次大革命、上海的五卅惨案、九一八事变、七七抗日战争、解放战争，这些我都经历过。"① 在这样的经历中，向达治中西交通史研究的脉络却是清晰的，相关研究成果是丰硕的，治学方法是多元的，成就是巨大的，影响是深远的。

以往的向达研究已有较为丰硕的成果，在对向达的敦煌文献及敦煌学

---

① 向达：《向达的自传》，沙知编《向达学记》，生活·读书·新知三联书店，2010，第3页。

研究、图书馆工作及赴欧交流、交友及信札、研究著述等方面已有一批研究论文，还有一些相关专著中专辟向达研究的章节，以及后世学者回忆缅怀向达的一批文集。总体而言，目前尚缺向达中西交通史研究的总体考察及其史学理论总结。向达的中西交通史研究全貌如何？取得了哪些突出成就？运用了哪些研究方法？呈现出什么特点？本文即尝试围绕这些问题，从史学史角度系统考察向达的中西交通史研究。以期更好地开展向达研究，更好地梳理20世纪中西交通史研究之演进脉络。

一　向达的中西交通史研究的重要成果

向达一生的学术研究主要围绕中西交通史进行。自其大学期间转理为文，加入南高史地研究会并在会刊《史地研究》上开始发表学术论文起，依次经历了20世纪20年代的起步期，30年代的成熟期，40年代的聚焦期和50、60年代的转型期四个阶段。[①] 向达的中西交通史研究产生了丰硕的成果，初步统计，他一生出版了2部研究专著、近20种译著、50余篇论文，开设了明清之际西学东渐史、中西交通史、印度史、史部目录学等课程，培养了许多学生。

（一）研究专著

向达的第一本专著是1933年10月上海商务印书馆出版的《中外交通小史》，后有1934年、1947年、1948年依次的二版、三版、四版。笔者手中的是香港学风出版社影印版，出版时间不详。这是中国第一部以“中外交通史”命名的研究专著。卷首有作者赘言和绪论。全书共九章，包括：希腊罗马与中国古代的文化交通、中国与中亚、中国与伊朗文化、印度文化之东来、中国与阿拉伯的交通、中国文化之东被与南传、景教与也里可温教、中古时代到过中国的几位外国人和明清之际之中西交通与西学。每章前一部分是正文，论述中国同上述诸国的交通简史及互相影响；后一部分为附注，开列与此章相关的史料。

在《中外交通小史》的基础之上，向达又撰写了《中西交通史》，作为舒新城等人编订的《中华百科丛书》之一种于1934年由上海中华书局

① 毛瑞方：《向达的中西交通史研究之路》，《淮阴师范学院学报》（哲学社会科学版）2019年第1期，第13~18页。

初次印刷出版，后有 1941 年中华书局《中华百科丛书》本，1996 年上海书店《民国丛书》本，2012 年岳麓书社初版影印本等版本。

《中西交通史》卷首有舒新城总序及作者小引和叙论，全书共十章，包括：中国民族西来说、古代中西交通梗概、景教与也里可温教、元代之西征、马可·摩罗港人之东来、十五世纪以后中西交通之复兴、明清之际之天主教士与西学、十八世纪之中国与欧洲、十三洋行、鸦片战争与中西交通之大开。每一章正文之后，有“参考书”和“问题”两个部分。关于参考书，向达在《中西交通史·小引》中说：“我于每一章的后面加附注一条，粗粗举出几种可以补充本章的书籍，以备读者有意作稍进一步的阅读。……至于附注所开书名以简明而易得者为限，参考书有中文可举的总举中文，中文以外，略举英文书同日文书几种，其他文字概从省略。”① 而每一章的问题可以帮助读者进行复习和思考这一章所涉及的主要内容。书末附《中西交通大事年表摘要》，有助于简明扼要地鸟瞰中国同欧洲诸国在政治文化方面初步的交通情形。书末另附中文名词索引和西文名词索引。

向达的《中外交通小史》和《中西交通史》在 20 世纪 30 年代初先后出版，《中西交通史》是《中外交通小史》的修订本。两者在内容上有交集，也有区别。

两书研究的时间断限不同。《中外交通小史》的时间断限自张骞通西域至清代乾隆禁教，向达认为自汉武帝时期以后才有确凿的文献支撑；而乾隆禁教是一个天然的分水岭，因为乾隆禁教以后，中外交通的形势有了空前的变革，外国正式以武力压迫中国。道光时期的鸦片战争失败后，中国门户洞开，这是旷古未有的局面。他说：“仅仅一世纪间，中国在文化上所起的变革，其急剧竟为前数千年所未有。”② 而《中西交通史》则从中国民族起源谈起，到鸦片战争结束，涵盖中国古代历史时期更长更完整。

（二）研究论文

向达的相关学术论文多达五六十种，集中收录于其文集《唐代长安与西域文明》。本节以向达的《唐代长安与西域文明》这部论文集为代表进行简要介绍。

---

① 向达：《中西交通史》，岳麓书社，2012，小引第 4 页。

② 向达：《中外交通小史》，（香港）学风出版社，出版时间不详，绪论第 4 页。

《唐代长安与西域文明》是向达的学术论文集，1956 年 4 月编成，1957 年 4 月由三联书店发行初版，后有明文书局 1982 年版，河北教育出版社 2001 年、2007 年版，重庆出版社 2009 年版，湖南教育出版社 2010 年版，商务印书馆 2015 年、2017 年版，学林出版社 2017 年版等版本。该文集共收录了向达自 1926 年至 1954 年间撰写的代表性论文 23 篇，以其第一篇《唐代长安与西域文明》的篇名为书名，因为这是向达篇幅最长、学术影响最大的一篇文章。全书内容包括四个部分，“第一部分，自第一篇至第四篇，都和唐代历史有关，特别是唐代中外文化关系史和国内西南少数民族的历史。第二部分，自第五篇至第十四篇，都是属于所谓‘敦煌学’范围的文章。第三部分，自第十五篇至第十七篇，谈的是摄山佛教石刻和明清之际传入中国的西洋美术。第四部分，自第十八篇至第二十三篇，都是和目录学有关的一些文章。”① 荣新江在该书《前言》中分析了此四个部分，他对四组论文所做的内容介绍和价值揭示有画龙点睛之功。

其中，《唐代长安与西域文明》是向达文集的第一篇也是最重要的一篇文章。全文占全书五分之一多篇幅，通过考察进入长安的西域人物，首次对长安与西域文明的关系做深入探讨，重点分析了西域的绘画、乐舞等对长安文化的影响。这是继陈垣研究西域华化问题之后又一次对相关问题开展的扎实研究之作。虽然，关于这篇文章，贺昌群曾从整体上认为其“多其捃摭疏通之勤，而惜其少独发之功”，“除第六打毬小考外，余皆他人先我而道之，惟著者更刺取旧文，为之加详其说”，但他也看到了“篇中所增益前人之处颇多……所举长安洛阳出土之康安米诸姓之墓志，皆为以前考昭武九姓者所未及知；他如关于长安西市之数条，亦石田干之助氏所未道也”。② 而当代学者李孝迁则认为：“向著虽吸收了欧美、日本汉学者以及国内学者如冯承钧、陈垣等人的研究成果，但专论西域文明在唐代的传播及其影响，仍为当时汉学界最为翔实的著作。”向达这篇文章也产生了国际影响力。1947 年，华盛顿大学留学生朱世嘉在《远东季刊》（*The Far Eastern Quarterly*）发表英文评论，向西方读者全面介绍了该文各部内容大意，对史料来源、文字表述、谋篇布局都给予了肯定。③ 英国著名科

① 向达：《唐代长安与西域文明》，河北教育出版，2007，作者致辞第 1 页。

② 贺昌群：《唐代长安与西域文明》，沙知编《向达学记》，生活·读书·新知三联书店，2010，第 36 页。

③ 李孝迁：《民国时期中西交通史课程设置》，《史学史研究》2012 年第 1 期，第 112 页。

学家、中国科技专家李约瑟曾称向达的《唐代长安与西域文明》为“有关唐代长安西方人的卓越论文”。

（三）相关课程

1934 年，北京大学历史系聘请向达讲授“明清之际西学东渐史”，后因其赴欧交流访书而搁浅。等到 1938 年向达从欧洲回国，国内已发生很多变化。关于他任职高校的经历，他曾经自己简要描述如下：

> 回国以后，因北平图书馆已迁至昆明，缩小范围，遂辞去职务，在老家住了半年。一九三九年三月，迁到广西宜山的浙江大学找我去教书，遂携带妻和两个孩子到了浙大。在浙大史地系教了半年书，又转就北京大学之聘，于一九三九年秋到了昆明，作了北大文科研究所的专任导师，并兼任西南联合大学历史系的教授。一九四一年，那时候的中央研究院组织了西北史地考查团，在额济纳河和敦煌一带进行考古工作，要我参加。我因把家搬到四川南溪县李庄镇的中央研究院历史语言研究所，我自己从重庆经兰州到敦煌。一九四二年夏回到李庄，一九四三年春又同历史语言研究所的人从四川出发，再到敦煌进行发掘工作，当年冬我一个人先回四川。一九四五年回到西南联大，一九四六年北大、清华、南开三校复员，我随北大回到北京。从一九四六年回到北京以后，一直到现在，我都在北京大学工作。①

通过这段描述，向达高校任教履历清晰可见。他曾任教浙大、西南联大，主要在北大教书育人，“在西南联大和北大开过中西交通史、印度史、中国考古学史、亚洲史和中国史料学等课程”②。

有学者认为，向达中西交通史相关课程“中西交通史”“印度史”主要是新中国成立前讲授，新中国成立后教授的是考古学史和史料学方面的课程。③ 但其实向达的课程内容都与中西交通史相关，即使是在讲授考古学和史料学方面的课程，内容也多涉及中西交通史。例如，1961 年，向达在北京大学讲授“史部目录学”，这门课程独具特色，融文献整理与研究、唐史、敦煌学、中西交通史于一体。他的《史料学与目录学》油印讲义即

① 向达：《向达的自传》，沙知编《向达学记》，生活·读书·新知三联书店，2010，第 2 页。
② 向达：《向达的自传》，沙知编《向达学记》，生活·读书·新知三联书店，2010，第 3 页。
③ 沙知编《向达学记》，生活·读书·新知三联书店，2010，第 327 页。

是证明。这份讲义包括四个部分，分别是“有关史料学和史部目录学若干书籍简介”“工具书简介”“敦煌学略论”“第二部分 本论”。“有关史料学和史部目录学若干书籍简介”部分有《伦敦所藏敦煌卷子经眼录》《关于三宝太监下西洋的几种资料》内容；在“工具书简介”中，包括《一百七十五种日本期刊中东方学论文篇目附引得》《中外历史年表》《世界大事年表》等中西交通相关的工具书；“敦煌学略论”是介绍向达敦煌学研究的心得；最后一部分则侧重中外交通史的内容。[①] 从这门课程及其讲义来看，向达讲授的课程主要还是围绕着他的中西交通史研究展开的。

清华大学教授何兆武回忆其 1941 年在北京大学历史系上学时经师姐推荐选修向达的课，收获颇丰。他说，向达“特别强调中世纪中国的思想文化受到印度的极大影响。当时我曾冒然问他：如无印度的影响，中国文化将是什么样子呢？向先生答道，历史当其成为过去以后，再回过头去看，就是定命的了。多年来，每当读史书而发奇想时，总不免记起向先生这一非常之巧妙的答案，那巧妙得宛如一件完美无瑕的艺术品”[②]。当时向达在中西交通史研究领域的影响和他在课堂上师生论学的温馨场景可见一斑。

邓锐龄回忆向达老师时说，1946 年他到北京大学文学院史学系读书见到向达本人，后来选了他的课。他记得当时上课的情景：

> 约近五十岁的中年教授，身躯宽大结实，穿着臃肿的薄棉袄，面容黧黑，五官大而端正，戴着近视镜，一头黑发。他先走下讲台亲手发给我们油印的讲义，全是文言，字体端秀，应是他手刻的，然后神态凝重、声音低沉，低头看着讲稿开讲，偶尔在黑板上写些难字或英文，又转身低头续讲，不看听众，直到下课。[③]

可见，向达的讲义是自己油印的，字体端秀；他上课很认真，但不善于交流。有学者回忆说：“先生上课之态度十分认真。每次上课前都在小

① 蔡振翔：《向达遗稿〈史料学与目录学〉油印讲义本》，《中国社会科学报》2016 年 9 月 19 日第 008 版。

② 何兆武：《缅怀向达先生》，沙知编《向达学记》，生活·读书·新知三联书店，2010，第 158 页。

③ 邓锐龄：《忆向觉明师》，沙知编《向达学记》，生活·读书·新知三联书店，2010，第 163 页。

油灯下认真备课，一丝不苟地用蝇头小楷写下教案卡片。”[①] 北大考古系教授邹衡回忆当年课后借向达授课内容的小卡片抄写的情景时说：“卡片上写得密密麻麻的，从中得知做学问是非常艰苦的。”[②]

周清澍则回忆道：“1950 年我初入北大史学系的时候，觉明师已不讲中国通史基础课，只开一门中西交通史选修课和指导研究生。”[③]

与中西交通史研究相比，中西交通史相关的课程更容易出现断层，因为“作为一种专门化程度较高的课程，中西交通史并非一般教员都能胜任，而且由于它在大学史学系课程中的地位并不突出，没有制度化的保证，故它的开设常随教员流动而时续时断”[④]。从这个意义上讲，向达长期坚持在主流大学讲授相关课程，“对推动中西交通史课程建设贡献甚大”。[⑤]

二　向达中西交通史研究的方法与特点

（一）兼顾中外的研究方法

向达的中西交通史研究兼顾中外史料的研究方法包括对中外史料的推荐、评价、运用、对学术问题的中外比较研究等。

第一，向达善于对中外史料进行推荐和评价。这一点在其《中西交通史》每章的参考文献中清晰可见。例如，在他的《中西交通史》第三章“景教与也里可温教”的正文之后开列关于唐代景教的参考文献，以便读者更好理解相关问题和扩大阅读量。他说：“中国方面可看而易于求得的有明耶稣会士西洋人阳玛诺所著《景教碑颂正诠》，为中国论述景教最早的一部书。此外最近冯承钧氏有《景教传行中国考》（商务出版）一书，综合中外学者的研究，极便参考。”另外，他还关注日本人佐伯好郎

① 阎文儒、阎万钧：《向达先生小传》，沙知编《向达学记》，生活·读书·新知三联书店，2010，第 11 页。

② 阴法鲁、萧良琼：《中国敦煌学的开拓者——向达》，沙知编《向达学记》，生活·读书·新知三联书店，2010，第 22 页。

③ 周清澍：《回忆向觉明师》，沙知编《向达学记》，生活·读书·新知三联书店，2010，第 206 页。

④ 李孝迁：《民国时期中西交通史课程设置》，《史学史研究》2012 年第 1 期，第 106 页。

⑤ 李孝迁：《民国时期中西交通史课程设置》，《史学史研究》2012 年第 1 期，第 106 页。

(P. Yoshio Saeki) 研究专著《景教碑文研究》。[①] 关于元朝也里可温教研究可参考的研究成果则主要"以陈垣氏所著《元也里可温考》为最详尽"。[②] 关于泛论元以前中国基督教史的参考文献，向达推荐说："关于元代文人而为基督教世家的可看陈垣《元西域人华化考》一文，此篇有自印油印本，又发表于北大《国学季刊》一卷四号，《燕京学报》一卷二号。"[③] 而相关西文书中，"采集史料最多的，则以新出穆勒 (A. C. Moule) 专著为第一，全书俱将原料译出，另于页下加以注解，最便参考。至于美国赖德烈 (Prof. Latourette) 所著的《中国基督教布道史》(*History of Christian Missions in China* 1729) 一书，也不失为详尽之作，不过所述详今而略古"[④]。

第二，向达兼用中外史料开展中西交通史研究。向达的《中外交通小史》是依据英国著名的马可·波罗学家亨利·玉尔 (Henry Yule) 修订的《东域纪程录丛：古代中国闻见录》(*Cathay and the Thither*) 而撰。在此基础上，他参考了很多中国史籍和其他国际研究成果，增补了对中国文化的东传及南传、中外交通在文化上的影响和明清之际中西文化交通几部分的研究内容。可以说，向达的《中外交通小史》这本书本身就是一部中外文化交通小史。[⑤]

向达在《中西交通史》一书中也不乏采用国际学者的研究成果表达自己的学术观点之例。他在该书第二章"古代中西交通梗概"中讨论"大秦"是指罗马时，利用了日本学者藤田丰八的观点，说"至于何以称罗马东徼为大秦，解释者纷纭其说，日本藤田丰八以为米索不达米亚的底格里斯河和幼发拉底河之间一片腴壤，汉时称为 Daksina，传入中国，遂以其地代表罗马东徼全部，而译其国名为大秦了。这一说与实际大约还相去不远"[⑥]。

向达还关注和利用中外学者地质考察和考古发现的相关成果开展研究。《中西交通史》第一章"中国民族西来说"中提到当时地质学和考古学的前沿状况，说"近十几年来，中国的地质学同考古学也渐渐萌芽了。于是有仰韶文化的新发见，有辛店期等的分期，发见了新石器时代前后的

① 向达：《中西交通史》，岳麓书社，2012，第 23 页。
② 向达：《中西交通史》，岳麓书社，2012，第 23 页。
③ 向达：《中西交通史》，岳麓书社，2012，第 24 页。
④ 向达：《中西交通史》，岳麓书社，2012，第 23~24 页。
⑤ 向达：《中外交通小史》，(香港) 学风出版社，出版时间不详，作者赘言第 1~2 页。
⑥ 向达：《中西交通史》，岳麓书社，2012，第 9 页。

中国文化，所得的陶器花纹，又多与西亚发见的陶器有相似处。虽不能即用以实证西来说，而西来说有复活之势，却是实事。最近并且有人发掘山东古城以图证明古代中国文化是否受有西来的影响的"[①]。他还在此章的参考文献中推荐瑞典学者的地质调查报告性质的成果："关于仰韶文化等等同西方的关系，有瑞典人安特生的《中华远古之文化》和《甘肃考古记》，俱为地质调查所的专刊。"[②] 向达认为，关于中华民族的起源问题还有赖于更多的考古证据。

第三，向达在著述中西交通史时，不乏使用中西对比的方法。例如，他在《中西交通史》第七章"明清之际天主教士与西学"中列数明清传教士传入西学情况，除了为应对内忧外患而紧急引进的水利、西洋新式火器、采矿知识外，还有天文学、数学、地理学、物理学、哲学、绘画、建筑等。其中提及王徵《奇器图说》的价值时，将其与熊三拔的《泰西水法》进行比较研究，认为"万历时熊三拔著《泰西水法》，中述取水、蓄水各种机械，不过器具很是简单。天启时王徵从邓玉函译成《奇器图说》，为书四卷：第一卷言重心比重；第二卷述杠杆、滑车、轮轴斜面；第三卷述应用原理以起重、引重、转重、取水及用水力代人力诸器械。器械的繁复，远非《水法》一书所可比了"[③]。由是，明清西学入华及其影响跃然纸上，通过前后中西学者相同领域研究成果的比较，既揭示了《泰西水法》与《奇器图说》的特点与价值，也呈现了西方水利及物理学知识传入中国并不断本土化的历史动态。

（二）历史文献学研究方法

首先，向达十分重视海外汉籍的搜访工作，是20世纪初期较早开展海外访书的学者。1935～1936年，他作为北平图书馆与英国牛津大学图书馆的交换馆员，对牛津大学图书馆馆藏中文图书进行了整理编目。[④] 随后，他去了伦敦，在不列颠博物馆研究该馆所藏敦煌卷子和太平天国文书。[⑤] 1937年冬，向达由伦敦转赴法国巴黎，先是顺道游历德国，在柏林普鲁士科学院看了所藏的吐鲁番出土的古文书，后来在巴黎国家图书馆继续研究

① 向达：《中西交通史》，岳麓书社，2012，第3页。

② 向达：《中西交通史》，岳麓书社，2012，第4页。

③ 向达：《中西交通史》，岳麓书社，2012，第53页。

④ 向达：《向达的自传》，沙知编《向达学记》，生活·读书·新知三联书店，2010，第1页。

⑤ 向达：《向达的自传》，沙知编《向达学记》，生活·读书·新知三联书店，2010，第1页。

巴黎所藏敦煌出土的卷子和明清之际天主教的一些文献。① 回国后，向达陆续发表介绍欧洲汉籍情况及欧洲大量一手资料的编目成果，为中国学界的相关研究提供了文献线索与支撑。

其次，向达综合运用翻译、编目、汇编、校正、影印等文献整理的方法产出丰硕成果。他翻译了《世界史纲》《印度现代史》、斯坦因的《西域考古记》《黑水获古记略》《敦煌获书记》《高昌考古记》以及《中国印刷术之发明及其西传》若干章。《伦敦所藏敦煌卷子经眼目录》《汉唐间西域及南海诸国古地理书叙录》则是他的重要编目成果。《关于三宝太监下西洋的几种资料》《中外交通史籍丛刊》和中非交通史料的整理发表则是他汇编文献的代表作。周一良评价向达说："经过他的系统阅读所编写的目录和提要，提出并解决了不少有关历史、考古、文学、目录学等方面的重要问题，把敦煌文献的整理、利用和研究大大地向前推动了一步。"②《西洋番国志校注》《两种海道针经校注》《蛮书校注》则是向达运用校注文献的方法而成。向达自 1939 年开始对《蛮书》进行研究，直到 1962 年才把《蛮书校注》一书完成并出版。《蛮书》分云南界内途程、山川江源、六诏、名类、六脸、云南城镇、云南管内物产、蛮夷风俗、南蛮条教、南蛮疆界接连诸番夷国名，共十卷。向达以前后近二十余年之功力整理出《蛮书校注》，实为有清以来朴学传统之一主要著作。③

最后，向达还积极运用文献学的相关研究方法开展学术问题的研究。他对《隋书·经籍志》的利用即为一例。向达在《中外交通小史》中谈到中印交通史论中国医药与天文方面受到印度影响时，所举力证是《隋书·经籍志》所著录各种印度药方多达四五十卷，印度传来的各种天文同算法书达六十卷。④ 可见，向达对现存中国古籍目录的熟悉程度及其运用目录学的方法治史的自觉意识。其实，中国古籍目录并非旧账簿和故纸堆，通过目录著录典籍的数量、体例、特点以及不同目录书的著录差异，可以考察许多学术史的问题，这是一种重要的文史研究方法。

---

① 向达：《向达的自传》，沙知编《向达学记》，生活·读书·新知三联书店，2010，第 1～2 页。

② 高增德：《向达：走向中西交通史研究的文化轨迹》，沙知编《向达学记》，生活·读书·新知三联书店，2010，第 190 页。

③ 阎文儒、阎万钧：《向达先生小传》，沙知编《向达学记》，生活·读书·新知三联书店，2010，第 15 页。

④ 向达：《中外交通小史》，（香港）学风出版社，出版时间不详，第 32～33 页。

另外，向达十分重视二重证据法。他认为，要开展中西交通史这门学问的研究亦应重视二重证据法。他在《中西交通史》第一章探讨中国民族西来说的时候即指出："总之要证明中国民族是否源自西方，一定要把地下的材料和纸上的文献，充分地找出来，然后验之制度、文物、古代文字、声音、传说而皆合，稽之地下新出各种材料而不悖，方可以作近似的决定。"① 荣新江在《唐代长安与西域文明》的《前言》中肯定了向达在这篇文章中所运用的二重证据研究方法。他说：

> 除了前人所利用的传统文献资料外，向达先生十分重视使用新出土的墓志资料和文物材料，这样一方面大大补充了前人所辑昭武九姓粟特人的有关活动记载，另一方面也以文物材料形象地解释了西域文化在长安的表现，为此，本文配有部分图版，有中国出土文物，也有日本传存的唐代乐舞形象。②

（三）实地考察研究法

向达还十分重视实地考察。在研究唐代长安的西域文明时，他曾前往陕西盩厔的大秦寺故址考察，获得了许多第一手材料。向达的"敦煌学"研究，也同样开拓了中国"敦煌学"的范围，从书桌走向田野。③ 他两次赴敦煌，对西北史地进行考察。一次是 1941 年，他说"那时候的中央研究院组织了西北史地考察团，在额济纳河和敦煌一带进行考古工作，要我参加……我自己从重庆经兰州到敦煌"；一次是 1943 年春，向达"又同历史语言研究所的人从四川出发，再到敦煌进行发掘工作"。④ 《西征小记》《两关杂考》《莫高榆林二窟杂考》《罗叔言〈补唐书张议潮传〉补正》《记敦煌石室出晋天福十年写本〈寿昌县地境〉》五篇文章就是 20 世纪 40 年代向达两次前往敦煌考察的学术收获。

虽然上述分别对向达治中西交通史的研究方法做了总结和论述，但其实向达在做研究的时候，视野是开阔的，方法是多元的，他的运用方式也是灵活而综合的。他既讲究传世文献与出土文献相结合，也重视中国文献

① 向达：《中西交通史》，岳麓书社，2012，第 3 页。
② 荣新江：《唐代长安与西域文明》，河北教育出版社，2007，前言第 5 页。
③ 荣新江：《唐代长安与西域文明》，河北教育出版社，2007，前言第 7 页。
④ 向达：《向达的自传》，沙知编《向达学记》，生活·读书·新知三联书店，2010，第 2 页。

与外国文献相结合；既尝试史学文献与文学文献相结合的研究路径，也开拓教内文献与教外文献相结合进行研究的方法。

上文列举的向达对中外文献及传世文献和出土文献的利用案例已不少，这里补充他尝试利用文史文献与教内外文献治史的案例。向达在《中外交通小史》中论景教的影响时，以李白的诗为材料进行说明。他认为，唐朝的景教对当时的思想界发生的影响从当世人的著作中可窥一二，如李白的《上云乐》一诗所咏，便属景教教理也。他所利用的这首《上云乐》是这样的：

> 金天之西，白日所没；康老胡雏，生彼月窟。巉岩容仪，戌削风骨：碧玉炅炅双目瞳，黄金拳拳两鬓红。华盖垂下睫，嵩岳临上唇，不睹诡谲貌，岂知造化神。大道是文康之严父，元气乃文康之老亲。抚顶弄盘古，推车转天轮。云见日月初生时，铸冶火精与水银。阳乌未出谷，顾兔半藏身，女娲戏黄土，团作愚下人；散在六合间，濛濛若沙尘；生死了不尽，谁明此胡是仙真！西海栽若木，东溟植扶桑，别来几多时，枝叶万里长。中国有七圣，半路颓鸿荒，陛下应运起，龙飞入咸阳。赤眉立盆子，白水兴汉光。叱咤四海动，洪涛为簸扬，举足蹋紫微，天关自开张。老胡感至德，东来进仙倡。五色师子，九苞凤凰，是老胡鸡犬，鸣舞飞帝乡。淋漓飒沓，进退成行。能胡歌，献汉酒，跪双膝，并两肘，散花指天举素手。拜龙颜，献圣寿。北斗戾，南山摧，天子九九八十一万岁，长倾万岁杯！①

他解析说，所谓大道元气，即是景教的上帝。而“抚顶弄盘古”以下十二句，则为基督教的创世说同中国相传的神话糅杂而成，全篇中充满了异国情调同景教的风趣，以前注释家多未留意及此。

向达在《中外交通小史》论景教时，对于基督教传入中国之始的论述中提到教内文献的记载，但他还是认为仅据教内文献而无其他旁证，很难确定这个时间。他认为“大约还要以《大秦景教流行中国碑》所载，于贞观九年（公元后六三五）由阿罗本传入中国之说为比较可靠”。虽然关于基督教进入中国之始的问题没有得到确凿的全新观点，但向达的谨慎态度表明其研究结论通常是在不同文献互证、确凿无误时才会得出；而且，向达对基督教会内部文献的关注充分说明教内外文献相结合的研究方法是向达在治中西交通史时自觉运用的。

① 向达：《中外交通小史》，（香港）学风出版社，出版时间不详，第67～68页。

向达中西交通史研究的特点是鲜明的，最突出的便是立足中国，放眼世界的特点。他的治史目标明确，就是要梳理清楚中国同外国文化交流的历史，透视相关学术问题的真实情况。他的立足点、出发点和落脚点是中国，但是他的研究视野十分开阔，具有世界意识。何兆武曾谈到听向达讲授中西交通史课程的感受说：

> 向先生讲课极为细致，但又能以小见大，并不以引征繁琐的考据为能事，往往能直指一个时代文化精髓的核心。按他的原计划，这门课分四部分讲，即古代印度、中世纪印度、近代印度、中印文化交流史。为了引起学生的兴趣，他把第四部分放在最前面讲。而且开始是一篇很详尽的绪论，即印度在现代世界政治中的地位。向先生的视野并非只是在故纸堆和古文献中讨生活，他始终能放眼于世界历史的大背景，对当今世界的形势讲起来也了如指掌。我记得最初的几周就几乎全是纵论印度在当今世界政治和世界文化中的地位。然后才转入第一部分，即中国与印度的文化交流史。这是向先生毕生学术研究中最为当行出色、可称之为海内独步的绝学。①

可见，向达始终站在世界的高度讲授“中西交通史”课程和开展中西交通史研究。向达曾经说过：“我们要说中国的文化，必须博览诸国的史乘，看其彼此交通影响的处所，方可不致囿于方隅，而说中国文化是一种孤立的发展。”② 向达在这一句中，清晰地表达出中国文化是多元的，因为在不断地吸收着其他文化的影响。看不到或不考虑其他诸国不同文化对中国文化的影响，研究中国文化史就还在较低的一个认识维度上，是很不全面的，是“囿于方隅”的。这充分表现出向达治学的开阔视野，他这个观点的逻辑起点就是将中国同世界其他诸国文化放在一起，共同置于世界平台上进行考察，是自觉国际视野下的学术研究。

三 向达中西交通史研究的成就及特色

向达将自己定位在中西交通史研究者的身份上。20 世纪 50 年代后期

---

① 何兆武：《缅怀向达先生》，沙知编《向达学记》，生活·读书·新知三联书店，2010，第 157～158 页。

② 向达：《中外交通小史》，（香港）学风出版社，出版时间不详，第 49 页。

他在自传中这样写道："我是一个学历史的学生，专门研究中西交通史。"① 向达是中国中西交通史研究领域的重要学者，其研究成就是巨大的，影响也十分深远。

（一）中西交通史研究的开创者

有学者称："向达与张星烺、冯承钧鼎足而三，为我国中西交通史研究开创了新的局面。"② 向达的研究专著《中西交通史》和《中外交通小史》以"中西交通史"命名，系统而全面地对古代整个中西交通历程、渊源、演变及影响进行梳理和分析。这是开创性的研究工作和成果，被中国学界视为中西交通史学科体系建立的重要标志，也因此，向达被称为中西交通史研究的开创者。

向达最早明确了"中西交通史"是指基于地理交通而发生的文化交流史。向达在其《中外交通小史·绪论》中所界定的内涵："所谓的中西交通史有两个意义：一是就交通制度本身而言，如中国历代交通器具的变迁以及交通时间的缩短，都是这一类交通史中讨论的资料；一是就这一个地理单位同又一个地理单位在各时代交往的情形及其影响而言，如中国同日本历代往来的梗概，和其在文化上所激起的变革，那是这一类交通史所要讨论的。"③ 在他这部研究专著中，每一章都基于中外文献阐述中外交通状况和文化互动，并附相关史料。

向达在其中西交通史研究中提出很多宝贵的新见解，对已有研究也补益许多。例如，开拓以宗教史研究为切入点的中西交通史研究模式的著名代表人物陈垣，认为唐代的基督教实为景教，随着会昌毁佛景教逐渐绝迹了。就连罗马主教派人东来考查，也"以为中国的基督教，已近绝迹，废然而反"。④ 向达则在《中外交通小史》与《中西交通史》中依据《大秦景教流行中国碑颂》、敦煌经卷中的景教文献和阿拉伯游历家等文献的记载和许多考古发现，提出："景教或其他的基督教派在宋元之间辽金时候还是有痕迹可寻，不过踪迹以在北方为多"⑤，并举出很多景教遗迹为证。他认为，"会昌毁佛而后，景教虽曾一时衰歇，但是并未中断，此后蝉联不

① 向达：《向达的自传》，沙知编《向达学记》，生活·读书·新知三联书店，2010，第 3 页。
② 修彩波：《近代学人与中西交通史研究》，博士学位论文，华东师范大学，2004，第 2 页。
③ 向达：《中外交通小史》，商务印书馆，1933，绪论第 1 页。
④ 向达：《中西交通史》，岳麓书社，2012，第 16 页。
⑤ 向达：《中西交通史》，岳麓书社，2012，第 16 页。

绝，时时有从西域来的景教徒流寓中国。所谓中断，或者在中国南部稍微零落，而北部却仍流行民间"[①]。另外，他还关注到以往学者所忽略的景教与佛教的关系问题。向达通过研究景教文献发现，"就现存的景教典籍一看，可以感觉景教初入中国的时候，受佛经的影响很大，经文字句以及名辞，大都模仿佛经"[②]。随后，他举唐代来华的景净与佛教徒般若共译胡本经籍的例子：景教翻经的景净与佛教提名般若者共同译过《六波罗蜜经》，虽然"般若不闲胡语，复未解唐言；景净不识梵文，复未明释教"。虽有批评者说他们所译的《六波罗蜜经》"虽称传译，未获半珠"，但这个例子至少说明了"景教教士初到中国，和佛教僧人混杂往来的情形"。[③] 而到了元朝，"元朝初年……也里可温时常与僧道并列，到后来居然跻于僧道之上"[④]，等等。

向达的《中外交通小史》中不乏他的中西交通史研究的理论总结。他首先提出文化不孤立论。他认为中国的文化并不是孤立的，通观整个中西交通史，可见中国在秦汉以降无时无刻不与外国交通往来，因此在文化方面也时时交光互影。[⑤] 向达强调的是文化交流时时都在发生，是动态而非静止不变的；而且不同文化间是联系在一起的，这种不同文化间的相互影响他称之为"交光互影"。在西方学术体系和现代学科划分体系的影响下，无论是中国史还是世界史均是国别史，这种划分的背后逻辑强调区别和对比；而中西交通史既是世界史的一部分，也是中国史的一部分，其重点在联系。这两种逻辑的重点和指向泾渭分明，也辩证统一。这就是中西交通史研究的独特学术价值所在，也是它在国际交流频繁的时代总会成为学术热点的重要原因。

（二）中西交通史研究的敦煌学成就

向达独具的贡献还有他在敦煌学领域的成就。阴法鲁和萧良琼认为，向达是敦煌学的开拓者，他"以研究中外文化关系史著称，更是我国早期研究'敦煌学'的卓有成就的学者"。[⑥]

---

① 向达：《中外交通小史》，（香港）学风出版社，出版时间不详，第63页。

② 向达：《中外交通小史》，（香港）学风出版社，出版时间不详，第61页。

③ 向达：《中外交通小史》，（香港）学风出版社，出版时间不详，第61页。

④ 向达：《中西交通史》，岳麓书社，2012，第16页。

⑤ 向达：《中外交通小史》，（香港）学风出版社，出版时间不详，第49页。

⑥ 阴法鲁、萧良琼：《中国敦煌学的开拓者——向达》，沙知编《向达学记》，生活·读书·新知三联书店，2010，第17页。

20世纪30年代，向达远赴欧洲调查敦煌文书，“是早期出国调查研究敦煌卷子的先行者之一”，“《伦敦所藏敦煌卷子经眼目录》，是向达先生阅览时记下的简要目录，因为当时伦敦藏卷没有完全公布，向先生的目录在一段时间里就成为人们利用查找伦敦藏卷的指南”，“把敦煌俗文学作品的研究引入了正确的轨道”[①]。因此，周一良教授认为，向达把敦煌文献的整理、利用和研究极大地向前推进。

20世纪40年代，向达主要在中国西北地区进行实地考察，并将考察所得写成学术论文发表，“这两次实地考察以及此前的赴欧考察敦煌文献，使得向达先生与敦煌、敦煌学结下了终其一生的不解缘分”。[②] 向达两次赴敦煌，经过实地考察，撰写学术文章，在他的倡导与呼吁下，中国建立了敦煌艺术研究所。他为我国保护和研究敦煌艺术、促成敦煌研究所的成立做出了重要贡献。

何兆武回忆罗常培在课堂上曾讲过：“治中西交通史（这是当时的名称，现在已改称中西文化交流史了）就必须精通敦煌学，当今治敦煌学的权威首推我校的向达先生。”[③] 这句话一方面道出了中西交通史名称沿革，即20世纪初期的“中西交通史”到了20世纪末期已改称“中西文化交流史”；另一方面，何兆武道出中西交通史研究与敦煌学研究的关系，敦煌学与中西交通史关系密切，敦煌学是中西交通史这门学问的重要组成部分；这句话同时反映出向达当时治敦煌学的造诣和学界影响力。

（三）中西交通史研究者的爱国情怀

向达致力于中西交通史研究始自他的爱国情怀，他的学生辈说，向达曾经多次谈到致力于中西交通史研究是“自从（20世纪）30年代，他开始翻译英国斯坦因的《西域考古记》时，对他们盗劫我国文物之行为极为愤怒，更不能容忍的是斯坦因、伯希和与柯兹洛夫等文物大盗们对我国文物遗产、艺术瑰宝——敦煌藏经洞文物之劫夺”，因此，便“下决心发愤

---

① 荣新江：《唐代长安与西域文明》，河北教育出版社，2007，前言第6~7页。

② 樊锦诗：《缅怀前贤，激励来者——向达先生对敦煌学研究的贡献》，载樊锦诗、荣新江、林世田主编《敦煌文献、考古、艺术综合研究——纪念向达先生诞辰110周年国际学术研讨会论文集》，中华书局，2011。

③ 何兆武：《缅怀向达先生》，沙知编《向达学记》，生活·读书·新知三联书店，2010，第157页。

图强，使我国西域文明与敦煌文化艺术放出更加灿烂光辉”。[①]

这种爱国情怀一直贯穿向达研究中西交通史的全过程。20 世纪 30 年代，向达在欧洲考察期间，国内抗日救亡运动爆发，欧洲的爱国留学生也纷纷投入救亡运动。向达在自传中曾记载，“七七抗日战争起来，我正在英国，加入了中国留英学生抗日救国会，帮着办报，做宣传工作，不过至此而止，还不能放弃自己的学问工作，所以迟至一九三八年才回国”[②]。阎文儒、阎万钧描述说：

> 抗日战争爆发后，国家危机，中华民族面临危亡，先生心急如焚，拟早日回国参加抗日工作。在巴黎他见到了当时在巴黎之吴玉章同志。把自己急于回国参加抗日的心情讲与吴老，吴老力劝先生安心，把自己的工作做好。并告诉他说他的工作是很有意义的，这项工作是祖国需要的，要珍视这个机会，多做些工作，然后再回去，对祖国是大有用处的。在吴老的劝说下，先生才安心下来，一方面积极参加留学生救亡工作，另一方面更加勤奋地工作。争取多为祖国做出贡献。[③]

1945 年中国抗日战争胜利后，向达在西北地区的考古考察工作结束，他返回北平，投身于人民革命的洪流之中。1946 年 12 月 31 日，暴徒们砸毁北京大学学生会，向达十分气愤地大声疾呼：“你们把北大的脸丢尽了。”甚至撸起袖子准备和特务们搏斗。在那“黑云压城城欲摧”的日子里，向达是《保障人权宣言》的发起者——十三位教授之一，因此，他的名字被国民党特务列在黑名单内第三名。1948 年锦州师范教员李海帆因领导学生运动，被国民党特务追捕而离开锦州来到北平，起初住在向达的寓所中，由他秘密保护起来，后来李海帆到石家庄解放区去了。1947 年，向达有一年的休假时间，原本有机会到美国去讲学，而且可以得到一一笔可观的讲学费。但是，他不愿离开危难中的祖国，毅然放弃了这个机会。向达的爱国行动受到广大师生的称赞。在他赴南京之前，大家为他开了一个欢送会，并在一块洁白的绸子上为他签了名，以表达对他崇高思想之景

① 阎文儒、阎万钧：《向达先生小传》，沙知编《向达学记》，生活·读书·新知三联书店，2010，第 9 页。

② 向达：《向达的自传》，沙知编《向达学记》，生活·读书·新知三联书店，2010，第 3 页。

③ 阎文儒、阎万钧：《向达先生小传》，沙知编《向达学记》，生活·读书·新知三联书店，2010，第 10 页。

仰。解放战争时，胡适三番五次劝向达去台湾，但都被他义正词严地拒绝了，向达选择参加北大护校委员会，并接替毛子水做了北大图书馆馆长。[①]向达同时也教育自己的孩子们积极参加反内战活动。一次国民党反动当局组织反苏游行，发给每个参加者一个面包，他不许孩子们参加，并说："这个面包不能吃，吃下要烂肠子。"在 1950 年美帝国主义发动侵略战争的时候，向达毅然地送自己的小儿子参了军。[②]

东方学家季羡林曾评价向达说："无论是学术方面，或者是道德方面，向先生都是第一流的。"[③] 这种在国家危亡时刻的爱国主义史观也许是向达治中西交通史之成就的另一个独特注脚。

（四）向达中西交通史研究的特色

20 世纪中西交通史研究著名学者有陈垣、张星烺、冯承钧、方豪等。根据学术特点及成就特色可总结为中西交通史研究之宗教史派、史料派、译介派等。陈垣、方豪可归入中西交通史研究之宗教史派。陈垣是基督宗教史研究第一人，也是开拓以宗教史研究为切入点的中西交通史研究模式之第一人，他对宗教传播与中西文化交流的关系有独到研究视角。他探究各教在华的流布情况，开拓了由宗教史进而中西交通史研究的路径。他的《元西域人华化考》是首次对元代汉化问题进行研究的专论，系统论述了元代西域与"中土"文化互动的情形，"实为一部元代中西文化交流史"[④]。稍晚一些的方豪是陈垣的私淑弟子，其治学路径与陈垣相似，对陈垣开创的由宗教而文化的研究模式有发扬光大之功。方豪的《中西交通史》是从中西文化平等的角度出发、以研究明清之际的中西文化交流为中心的一部集大成之作。而其《中国天主教史人物传》则是一部独特的传记体天主教在华传播史研究论著，以人物为纲，呈现了明清之际天主教入华的过程、原因及中西文化的相互影响等问题。方豪还开宗教区域研究的先河，对浙江地区各种外来宗教做了重点考察。陈垣、方豪还对其他外来宗

---

① 阎文儒、阎万钧：《向达先生小传》，沙知编《向达学记》，生活·读书·新知三联书店，2010，第 12～13 页。

② 阎文儒、阎万钧：《向达先生小传》，沙知编《向达学记》，生活·读书·新知三联书店，2010，第 13 页。

③ 陈玉龙：《向达先生逝世 20 周年祭》，沙知编《向达学记》，生活·读书·新知三联书店，2010，第 31 页。

④ 修彩波：《近代学人与中西交通史研究》，博士学位论文，华东师范大学，2004，第 2 页。

教诸如摩尼教、回教、犹太教做了较为精深的研究。因此，将陈垣和方豪划归为中西交通史研究之宗教史派。他们均是将宗教史研究作为中西交通史研究的切入点并着力颇多。

张星烺是中西交通史研究之史料学派。张星烺被一些学者称为“民国以来专业从事中西交通史研究的第一人”①，其实，他的突出贡献是对中西交通史史料的汇编成就。他的《中西交通史料汇编》首次将中西交通史作为一个整体，汇集了当时相关的主要资料和重要成果，并进行了全面的考察，是中西交通史研究的一次大胆尝试。在“体例方法上，也初呈条贯，由近及远的结构方式，显示了具有中国特点的中外关系史发展的新趋势”；中西史料比堪的方法也独具一格。②“他所译注的《马可孛罗游记》不仅对原书详加考释、对玉尔考证多作增补，且在版本选择上也有过人之处，开启了中国马可·波罗的研究之路。”③虽然在整理的基础上，张星烺也对西学东渐及其影响有过专论，例如他的“《欧化东渐史》则首次就近代西学对中国社会的影响作了系统整理”④。但他的《中西交通史料汇编》成就卓著，独具特色，因此可被称为中西交通史研究史料派之第一人。

冯承钧是中西交通史研究之译介派。冯承钧是20世纪我国译介西方汉学成果贡献最大的一位学者，他一生共翻译出版的论著达170多种，其中大多与中外交通有关。另外，他的翻译成果之中不乏考证，“不仅为中西交通史等学科引进了西方汉学研究的最新成果，而且提供了科学的治学方法”。⑤冯承钧的《中国南洋交通史》对中国与南洋的交通做了分期研究，并对其中的地名、航线做了周详的考证。他所校注的《瀛涯胜览校注》《星槎胜览校注》《海录注》《诸蕃志校注》等史籍，至今仍是研究古代中外关系史和海外交通史的基本参考书。⑥可以看出，冯承钧在中西交通史的研究中，最突出的贡献在译介西方汉学成果方面，兼及南洋交通史的研究及古籍整理。因此，将他列入20世纪中西交通史研究的译介派。

综上可见，20世纪几位著名学者的中西交通史研究具有共同特点，也各有突出成绩和特色。在向达的身上能够看到陈垣宗教史研究、张星烺中

① 修彩波：《近代学人与中西交通史研究》，博士学位论文，华东师范大学，2004，第2页。
② 修彩波：《近代学人与中西交通史研究》，博士学位论文，华东师范大学，2004，第2页。
③ 修彩波：《近代学人与中西交通史研究》，博士学位论文，华东师范大学，2004，第2页。
④ 修彩波：《近代学人与中西交通史研究》，博士学位论文，华东师范大学，2004，第2页。
⑤ 修彩波：《近代学人与中西交通史研究》，博士学位论文，华东师范大学，2004，第2页。
⑥ 修彩波：《近代学人与中西交通史研究》，博士学位论文，华东师范大学，2004，第2页。

西交通史史料整理和冯承钧中西交通史外著译介的影子，向达对陈垣、方豪所治的基督教在华传播史十分关注，并在相关史料和研究中对一些相关问题详加考证。例如，对景教碑的研究、对唐景教、元也里可温教、明清之际天主教来华等的研究与论证都是受陈垣基督教史研究成果的影响，并在此基础上所做的补充。向达在中西交通史史料的搜集和整理方面也着力颇多，也曾做过大量的译介工作。但向达在中西交通史研究领域的突出贡献是他以《中外交通小史》《中西交通史》这两部研究专著开创了一门专学，并在敦煌学的创建与发展方面做出了重要贡献。从这个意义上说，向达的个案研究较为清晰地呈现了20世纪中西交通史研究的整体特点，他在中西交通史研究方面取得了突出的成就。

试论民国时期高校历史系地理学课程*

任　虎

（华东师范大学历史学系，上海　200241）

摘　要： 高校历史系设置地理学课程，自清末就已制度化，20世纪30年代以后，在各系科目表有所体现。在朱希祖、张相文、顾颉刚、竺可桢、张其昀等人推动下，沿革地理、历史地理、人文地理、地质学等课程，日益成为历史系的重要科目，课程体系逐渐完善。在动荡困窘的社会环境下，受中外史地观念、西方史学理论的影响，地理学已成为中国现代史学的发展取向之一，直至今日仍有显现。

关键词： 地理学转向　地理学课程　史学专业化　学科体制

受西方现代学科观念的影响，自晚清以来就希冀通过课程、学程改革来实现学科体制向现代的转型。而在历史系①中，沿革地理、历史地理、人文地理、地质学、地史学、中国地理等地理学课程，成为科目表制定的两大主要对象之一②，推动了中国现代史学的专业化进程。以往学界对中国现代史地关系的研究，多聚焦于传统舆地之学的继承③，或西方近代地

---

* 本文是2017年度上海市教育委员会科研创新计划重大项目“重构中国：中国现代史学的知识谱系（1901～1949）”（项目批准号2017－01－07－00－05－E00029）的阶段性成果。

① 包括大学历史系（史地学系、文史学系、历史社会学系等）以及高等师范学校史地学系（部）历史组。

② 黄龙先：《我国大学课程之演进》，《高等教育季刊》1941年第1卷第3期。

③ 参见朱士光《中国历史自然地理学的回顾与前瞻》，《北京大学学报》（历史地理学专刊）1992；李久昌《对中国历史地理学渊源问题的再认识》，《中国历史地理论丛》2004年第1期；王晖《方志与地志是历史与地理之母》，《中国地方志》2008年第12期等。

理学的传入[①]，而对地理学课程设置及其对历史学的影响，缺乏系统梳理和分析。本文欲在既有研究的基础上，从制度演变、课程设置、历史情境等方面加以论述，以期对民国时期高校历史系地理学课程设置现象及其反映的地理学转向有一清晰说明。

一 课程设置的演变

在历史系设置地理学课程，自清末学制改革就已制度化。20 世纪初，学制改革借鉴源于德国的日本双轨学制，重视大学教育进行文实分科，通过“讲座制”和“选科制”，提倡史地兼修，并沿袭日本在大学历史系设置地理学讲座、课程，在高等师范学校历史地理部兼设史地课程的典范。[②] 1902 年，清政府在《钦定京师大学堂章程》即规定，“大学分科”“仕学馆”“师范馆”兼习“史学”与“舆地”（地文、地质学等）课程。[③] 1904 年，在《奏定大学堂章程》中要求在中国史学门设置“中国历代地理沿革略”和“中外今地理”，在外国史学门设置“万国地理”。[④] 虽然中外史学门始终没有设置，但三江师范学堂及改制而成的两江优级师范学堂，依此兼设了史地课程。[⑤]

1913 年，蔡元培主持颁布《大学规程》和《高等师范学校规程》。规定在大学历史学门“中国史及东洋史学类”和“西洋史学类”开设“历

---

① 参见阙维民《西方现代历史地理学思想在中国的传播及其影响》，《中国历史地理论丛》1992 年第 4 期；彭明辉《历史地理学与现代中国史学》，东大图书股份有限公司，1995；邹振环《晚清西方地理学在中国——以 1815 至 1911 年西方地理学译著的传播与影响为中心》，上海古籍出版社，2000；郭双林《西潮激荡下的晚清地理学》，北京大学出版社，2000。

② 以“东京帝国大学”为例，东大效仿柏林大学，聘请瑞斯（亦译为利斯，Ludwig Riess，1861～1928）担任“国史学科”教师，建立“历史地理研究会”，创办《历史地理》杂志。瑞氏还与日本人坪井九马三，于明治 26 年（1893）日本实行讲座制度时，共同担任“史学、地理学”讲座。参见今井登志喜《西洋史学对于日本史学的影响》（上），梁盛志译，《中国公论》1941 年第 4 卷第 5 期；东京帝国大学编《东京帝国大学五十年史》（上），东京帝国大学，1932，第 993 页。

③ 《钦定京师大学堂章程》，璩鑫圭、唐良炎编《中国近代教育史资料汇编·学制演变》，上海教育出版社，2007，第 244～253 页。

④ 《奏定大学堂章程》，璩鑫圭、唐良炎编《中国近代教育史资料汇编·学制演变》，第 357～361 页。

⑤ 苏云峰：《三（两）江师范学堂：南京大学的前身，1903～1911》，南京大学出版社，2002，第 38～47 页。

史地理学";[①] 将高师本科分为国文部、英语部、历史地理部等六部，并在"历史地理部"设置历史与地理（地理学通论、中国人文地志等）课程。[②] 1917年，教育部公布《修正大学令》，进行选科制和评议会改革[③]，1924年又颁布《国立大学校条例》，强调院系自主规划课程[④]。蔡元培就认为"习文科各门者，不可不兼习理科中之某种"，并明确要求"习史学者，兼习地质学"。[⑤]

1930年，教育部欲统一全国学制。1939年颁行大学及高师《科目表》，规定大学历史系将"中国地理"列为必修，"世界地理""制图学"列为选修;[⑥] 师范学院史地系将"自然地理""人生地理""中国地理（总论）""中国区域地理""世界地理""中国历史地理"列为必修，将"国防地理""经济地理""政治地理""地理实察""地图读法""天文地理""测量学""地形学""气候学""气象学"列为选修。[⑦] 1944年，除"中国地理（总论）"外，"中国沿革地理""世界地理"也被列入历史系必修课程，且地理类学分占据总分值1/6。同年，教育部修订大学课程，"地史学"亦被列为选修，以示重视。[⑧]

20世纪30年代前后，随着史学专业化的渐趋稳定，全国高校历史系基本设置了地理学课程。实际上，作为一类专业化程度较高的课程，对教员的要求相当苛刻，受过专业训练或沉浸该领域者方能讲授，故常因教员流动而中断。如张相文1917年在北大史学系开设"地理沿革史"，1919年离职后，直至1924年，也无人开设地理学课程，故有朱希祖计划选派史学系毕业生赴德国学习"数学地理、物理地理、生物地理、人地学及其他各支部"，以备将来在史学系开设地理学课程，但直至1922年方得实现。[⑨]

---

① 《教育部公布大学规程令》，《教育杂志》1913年第5卷第1号。

② 《高等师范学校课程标准》，《教育杂志》1913年第5卷第3号。

③ 《修正大学令》，《教育杂志》1917年第9卷第12号。

④ 《国立大学校条例》，《教育公报》1924年第1卷第3期。

⑤ 蔡元培：《本校拟在专门以上各学校校长会议提出讨论之问题》，《北京大学日刊》1918年10月30日，第3版。

⑥ 《大学各学院分系必修及选修科目表》，《教育法令汇编》第5辑，正中书局，1940，第60~62页。

⑦ 《师范学院分系必修及选修科目表》，《教育法令汇编》第5辑，第131~133页。

⑧ 《现行历史学系必修科目表》《现行修订历史学系选修科目表》《修订文学院历史学系必修科目表》，王应宪编校《现代大学史学系概览（1912~1949）》（下），上海古籍出版社，2016，第898~902页。

⑨ 《北大史学系选送学生赴德》，《京报》1922年6月9日，第5版。

检视各大学、高师历史系科目表，具体课程设置情况举要于下：

民国时期高校历史系地理学课程举要

学校	讲授者	课程名称及设置时间
北京大学史学门/系	张相文	地理沿革史（1917～1919）
	铎尔孟	人地学（1918）
	朱家骅	地史学（1924～1925）
	李宗武	人文地理（1925～1926）
	毛子水	地理学（人文）（1929），地图学（1929、1932、1933、1935），地学通论（1930），欧洲地志（1930），地图基线论（1930），地理学通论（1936）
	翁文灏	地史学（1929）
	张星烺	西北历史地理（1930），南洋史地（1931、1933），西北史地（1935）
	白眉初	中国历史地理（1931），中国地理（1932）
	郑天挺	古地理学（1932）
	地质系	地理学（1932、1933）
	顾颉刚	中国古代地理沿革史（1933），中国古代地理沿革史（二）（1934）
	王谟	西洋地理（1933），外国地理（1934、1935）
	冯家昇	东北史地（1934、1936）
	王庸	中国地理（1934），中国地学史（1940）
		历史地理（1939、1941）
燕京大学历史学系	张星烺	西北史地（1928～1931），南洋史地（1931、1935、1936）
	方壮猷	东北史地（1930、1931）
	瞿宣颖	方志研究（1930、1931）
	冯家昇	东北史地（1935、1936）
	顾颉刚	中国古代地理沿革史（1933、1934）
	谭其骧	中国地理沿革史（1936）
	张国淦	中国地方志学（1936）
	达伟德	自然地理（1936）
	张印堂	中国地理（1936）
	侯仁之	中国地理、世界地理、中国地理沿革（政治经济的检讨）（1941）

续表

学校	讲授者	课程名称及设置时间
辅仁大学史学系	王华隆	东北史地（1933）
	张星烺	南洋史地（1931、1937、1938、1941、1942），南洋史地（第二部）（1935），政治地理（1941）
	王庸	地理学概论（1935）
	谭其骧	中国历史的地理（1932～1934）
	王光玮	地理学概论（1937～1939、1941、1942）
	史禄国	亚洲东北史地（1938）
	牟传楷	历史的地理（1941）
	张鸿翔	西北史地（1942）
	黄玉蓉	地理学概论、中国历史的地理（1947）
	福克司	舆图学（1939）
		地理学概论（1930、1931、1935），历史的地理（1930、1931）
清华大学历史学系	张星烺	南洋史地（1932、1935）
	谭其骧	中国地理沿革史（1937）
	地理学系（地学系）	地理学（1929、1930、1932），普通地质学（1937、1947），地学通论（1947），中国地理总论（1947），世界地理（1947）
		中国地理沿革（1947）
南高师国文史地部（历史组）	竺可桢	世界地理、气象学、地质学、地文学（1920～1922）
	曾膺联	地质学（1923）
中央大学史学系/历史社会学系	顾毅宜	美洲地理（1930）
	地理学系	人生地理、政治地理、经济地理（1930），自然地理、本国地理、亚洲地理、欧洲地理、美洲地理、世界地理、国际地理、人生地理、经济地理、政治地理、建设地理（1933）
		中国历史地理（1930），中国沿革地理、欧洲沿革地理（1933），人文地理、政治地理、经济地理（1941）
浙江大学史地学系（历史组）	朱庭祜	地学概论、世界地理（1937）
	张其昀	本国地理概论（1937）

续表

学校	讲授者	课程名称及设置时间
浙江大学史地学系（历史组）	谭其骧	中国历史地理（1947）
		历史地理下（1937），人文地理、地学通论、普通地质学、中国地理总论（1947）

说明：（1）资料来源主要参考王应宪编校《现代大学史学系概览（1912~1949）》；（2）只挑选课程持续性相对完善的高校，部分高校历史系①虽也设置地理学课程，但未选入；（3）因教员流动和战争动荡，表中设置时间并非明确起止时间，部分讲授者也难以明确。

在高校历史系中，北大史学系（门）延续京师大学堂重视地理沿革的传统，在复设之初，即将“地理”作为“文法科”入学试题之一②，将“地理沿革史”列为史学门六门课程之一③。朱希祖接任史学系后，地理学课程基本出现在历年科目表中，即使因时势或教师原因未能设置，也反复在《课程指导书》中强调“基本科学中，尚有人地学一科，将来亦须添设”④。北大史学系深刻认识到地理学的重要性，不仅在1922年派遣姚从吾、毛子水赴德国学习地理学以备师资，更在指导学生研究题目时，明言将“历史的地理”与“政治”“经济”“学术”等分类研究⑤。1925年，朱家骅所开设的“地史学”课程，与李宗武讲授的“人文地理”课程，组成史学系“地理”类目，与“本国史”“外国史”“人类学及人种学”并列为史学系四大课程类目。⑥

其他历史系同样将地理学课程置于显要地位。北高师史地部将“地理学通论”“中国地志”“外国地志”“地理实习”列入本科课程，要求预科

① 如北京民国大学历史学系、北平大学女子师范学院史地学系、成都大学历史学系、成都师范大学历史学系、重庆大学史学系、东北大学史学系、东南大学历史系、东吴大学历史系、广东大学史学系、广东省立勷勤大学文史学系、光华大学历史系、河北省立女子师范学院史地学系、河南大学文史学系、暨南大学历史地理学系、齐鲁大学历史政治学系、山西大学历史学系、山西省立教育学院史学系、上海女子大学史地学系、四川大学史学系、西北大学历史学系、厦门大学史学系、云南大学文史学系、英士大学史学系、中国公学史学社会学系、中山大学历史学系等。

② 《本年招生办法》，《北京大学日刊》1918年4月30日，第2版。

③ 《文本科本学年各门课程表》，《北京大学日刊》1918年9月26日，第4版。

④ 《史学系课程指导书》（1923~1924），《北京大学日刊》1923年9月29日，第3版。

⑤ 《史学系课程指导书》（1930~1931），《北京大学日刊》1930年10月16日，第2版。

⑥ 《国立北京大学史学系课程指导书（续）》（1925~1926），《北京大学日刊》1925年10月12日，第1版。

讲授“中国史”与“西洋史”课程时，就须兼及地理叙述[①]，何炳松即担任“外国地理”教职。[②] 北京民国大学历史学系将“地理沿革史”作为“基本科目”，“《三国志》地理考”作为“研究问题”。[③] 燕京大学历史学系要求学生“尤宜选修地理学”。[④] 东吴大学历史系规定“以历史为主科者”，须以“人文地理”“中国地理沿革”为必修课。[⑤] 辅仁大学史学系更将“地理学概论”作为必修课程，并强调：

> 本学科附隶于历史学系中，关系亦至重要。盖因历史之研究，必须藉地理以作基础，过去时代人类文化之进展，多有地理的背景，以地理解释历史实为历史研究之一种新趋势。本学系设置此门，则不外使学者一面学习历史，一面接受地理学之训练与教养，以期予历史学之深造也。[⑥]

各高校历史系都深刻认识到地理学是历史学的基础，希冀通过“地理学之训练与教养”，来促进“历史学之深造”。但对传统沿革地理与西方现代地理学的抉择，成为历史系面临的首要难题。

二　沿革地理与现代地理学课程

因应乾嘉考据与清季西北史地研究之余绪，以考证历史疆域变迁为主要内容的“沿革地理”“历史地理”课程最早在历史系设置。侯仁之指出，沿革地理课程在历史系“第一次被列入教学科目中”，讲授者系张相文。[⑦] 张氏早年积极从事地学活动，1903 年翻译孟德斯鸠《论法的精神》，1909 年成立中国地学会，并于次年创办《地学杂志》，积极译介西方近代地理学思想。1917 年，张相文在北大史学门开设“地理沿革史”课程，以

① 《史地部教授实施状况》，陈宝泉、钱玄同等编《北京高等师范学校十周纪念录》，1918，第 67 ~ 73 页。

② 《现任教员录》，陈宝泉、钱玄同等编《北京高等师范学校十周纪念录》，第 170 页。

③ 《北京民国大学学则概要》，《北京民国大学一览》（1924），第 15 ~ 16 页。

④ 《课程一览》，《北平私立燕京大学一览》（1936 ~ 1937），第 100 页。

⑤ 《历史系学程纲要》，《私立东吴大学文理学院一览》（1936），第 64、72 页。

⑥ 《辅仁大学文学院史学系课程组织及说明》，《北平辅仁大学文学院概况》（1935），第 64 ~ 65 页。

⑦ 侯仁之：《在燕园里长大》，吴传钧、施雅风主编《中国地理学 90 年发展回忆录》，学苑出版社，1999，第 230 页。

“考据沿革乃占史类之重要部分”，而从地理角度书写中国历史，对“上古及夏商”以迄民国时期的疆域变迁、山川形势、州郡侨置等内容，按朝代分章叙述。课程内容虽显陈旧，但已尝试融合西方近代地理学思想。张氏强调“地理学之为用极广，而与历史之关系尤为密切。盖历史者……无一事不留存于地理”。故其《中国地理沿革史》讲义“各省常有远道寄函求索者”。[①] 他身兼史学门教员、国史编纂处民国史纂辑员与中国地学会会长数职，在北大创设史料征集会和组织“通史讲演会”，要求史学门学生有“关乎地理者，则载于地学会《地学杂志》”。[②] 1920 年辞去北大教职后，虽不再讲授地理学课程，但其学生姚从吾，却以人地学为治史之基，声名鹊起；[③] 哲嗣张星烺承其衣钵，联贯史地，在北大、燕大、辅大等校讲授“南洋史地”“西北史地”“政治地理”等课程。

张氏之后，北京民国大学历史学系与厦门大学历史社会学系历史学门相继开设“地理沿革史”（1924）[④] 和“本国历代地理沿革”（1926）[⑤]。真正促进沿革地理课程发展者则推顾颉刚。顾氏 1928 年即在中山大学讲授“古代地理研究”课程，以从文献中探究古代疆域观念和汉以前疆域变迁为主要对象。将讲义分甲乙两种，甲种分辑《通鉴地理通释》《史记》《禹贡》《山海经》等文献中有关地理变迁与考辨内容；乙种收录罗振玉、王国维有关先秦地理论著。[⑥] 顾氏服膺王国维考释古代地理之方法，尤其关注“其新发见之事实及其所运用之方法”，与“考证古代地理的困难原因和征服这些困难的策略”[⑦]。这为他后来研究沿革地理和创立禹贡学会提供了基调。

“九一八”后，感于时势，顾氏 1932 年订立研究经济地理之计划[⑧]，1933 年开始在北大、燕大等校开设“中国古代地理沿革史”，并以“研究

---

① 张相文：《中国地理沿革史·绪言》，《南园丛稿》（下），上海书店，1935，第 1~2 页。

② 《国史编纂处纪事》，《北京大学日刊》1919 年 1 月 17 日，第 3~4 版。

③ 详见任虎《史学地理化与中国现代史学：以姚从吾早年学术活动为中心》，《中国研究生》2018 年第 4 期。

④ 《学则概要》，《北京民国大学一览》（1924），第 15 页。

⑤ 《文科学程纲要》，《厦门大学布告》1926 年第 5 卷第 4 期。

⑥ 顾颉刚：《古代地理研究讲义》，《顾颉刚古史论文集》第 5 卷，中华书局，2010，第 1~23 页。

⑦ 顾颉刚：《学期试题》，《顾颉刚古史论文集》第 5 卷，第 32 页。

⑧ 顾颉刚、郑德坤：《研究经济地理计划刍议》，《东方杂志》1933 年第 30 卷第 5 号。

中国地理沿革史为目的”发起禹贡学会[①]，订立编纂《古代地理沿革史》计划[②]。次年创办《禹贡半月刊》，强调不明白地理就“无由了解历史”，呼吁“使一般学历史的人，转换一部分注意力到地理沿革这方面去”，使历史学建筑在稳固的地理学基础之上。[③] 至1937年向西北转移，顾氏不仅在地理沿革方面取得丰硕成果，还培养了一批致力于沿革地理的学者：谭其骧1932年开始在辅仁大学、清华大学等校讲授“中国地理沿革史”；[④] 辅大学生史念海1937年主撰出版了《中国疆域沿革史》，并在复旦大学、兰州大学、西北大学等校讲授地理课程。谭史二人都成为中国历史地理学学科的主要建设者。

相比沿革地理之余绪，“人文地理”“经济地理”“地质学”等课程的设置，得益于20世纪20年代以后西方近代地理学尤其是人文地理学的大量涌入[⑤]。面对蕴含“地质均变论”和“人地关系”以解释历史发展规律的西方地理学的传入，部分学者如顾颉刚等人之所以致力于沿革地理，是对不能明了古代地理学与地质学的让步[⑥]。故以西方为蓝本的地理学课程，成为史学专业化与科学化的主要对象之一。因人文地理学与历史学相近的文科属性，首先进入视野。

1918年，法国学者铎尔孟（André d’Hormon，1881－1965）首次在历史系讲授“人地学”课程。李石曾为该课程在《北京大学日刊》广造声势，盛赞铎氏对人地学研究的开创之功，指出其对法国人文地理学者邵可

---

① 《禹贡学会简章》，《禹贡半月刊》1934年第1卷第2期。

② 《个人计划》，《东方杂志》1934年第31卷第1号。

③ 顾颉刚、谭其骧：《发刊词》，《禹贡半月刊》1934年第1卷第1期。

④ 谭其骧：《谭其骧自传》，《文献》1982年第1期。

⑤ 这一时期西方人文地理学思想的广泛传播，主要集中在亨廷顿（Ellsworth Huntington，1876－1947）《文明与气候》（*Civilization and climate*）、《亚洲的脉动》（*The Pulse of Asia*：*A Journey in Central Asia Illustrating the Geographic Basis of History*）和《人生地理学原理》（*Principles of Human Geography*）；邵可侣（Élisée Reclus，1830－1905）《世界新地理》（*Nouvelle géographieuniverselle*：*la terre et les hommes*）和《人与地》（*L’ homme et la terre*）；白兰士（Paul Vidal de La Blache，1845－1918）《人地学》（*Human Geography*）；白吕纳（Jean Brunhes，1869－1930）《历史地理学》（*La Géographie de l’ historie*）、《人生地理学》（*La Geographiehumaine*），以及哈兴额（Hugo Hassinger，1877－1952）《历史之地理基础》（*GeographischeGrundlagen der Geschichte*）等西方人地学著作。

⑥ 顾颉刚就认为当前的“古代地理研究”侧重疆域沿革，不能对地理问题作“明白的解答”，必须“先作地理学和地质学的研究而又加以实地调查不可”，并坦言自己的研究智识不充分，基础不坚实，“岂非大笑话”。参见顾颉刚《古代地理研究讲义》，《顾颉刚古史论文集》第5卷，第1~2页。

倡之学说“曾益加研究”。铎氏讲义今不得见，但李氏后附《人地学社宣言书》以介绍邵氏学说，供听者提前参详，揭示出铎之课程或本于邵氏《人与地》，并“于吾国人地之关系集有多许例证”①。

竺可桢是我国近代第一批受到西方地理学训练的学者之一。1918 年自美国哈佛大学研究院地学系博士毕业后，先后任教于武昌高师博物部、南高师历史地理部，又主持创办东南大学地学系、中央大学地学系、浙江大学史地学系。他在南高—东大期间讲授“地学通论”“气象学”“地质学”等课程，编有《地理学通论》讲义，被认为是中国“最早的地理学讲义”②。向历史学组学生系统介绍“天文地理学”“地文学”“生物地理学”“人种地理学”“政治及军事地理”“商业地理”“气象学”知识理论。竺氏提倡人地关系研究，尤其服膺戴维斯（William Morris Davis，1850－1934）与李特尔（Carl Ritter，1779－1859）关于地理学是“研究地球上各种物质与人类关系之一种科学”的观点。③ 他通过对中国历代史籍中有关“雨旱灾荒”“严寒酷暑”史迹的搜辑，以省份、朝代、世纪为单位对历史上各时期、各地区的水旱灾害次数进行比较与分析，以研究中国历史上的气候灾害，说明气候在中国历史中的突出影响。④

受竺可桢影响，张其昀尤其关注人文地理对历史研究的重要意义。在就读南高时就发出“近今‘批评地理学’之应用于社会科学者，大有所向披靡之概。……哲学、社会学、史学，亦莫不享受地理精神之浸淫渐渍，以说明发达之理。而历史之‘地理化’尤为著明”⑤ 的感慨。1923 年自南高师史地学部毕业后，受竺氏推荐在商务印书馆主编高中《本国地理》，分述中国之“地势”“水利”“气候”“物产”“民族与人口”“都市与交通”“政治区域”“天然区域”，揭橥中国地理区域划分之变革。通过“每

---

① 《本校增设人地学一课》，《北京大学日刊》1918 年 2 月 19 日，第 2 版。

② 任美锷：《竺可桢和翁文灏的两本最早的地理学讲义》，吴传钧、施雅风主编《中国地理学 90 年发展回忆录》，第 317 页。

③ 竺可桢：《地理学通论》，《竺可桢全集》第 1 卷，上海科技教育出版社，2004，第 103 页。

④ 参见竺可桢《气象与农业之关系》（《科学》1922 年第 7 卷第 7 期）、《地理对于人生之影响》（《科学》1922 年第 7 卷第 8 期）、《中国历史上气候之变迁》（《东方杂志》1925 年第 22 卷第 3 号）、《中国历史上之旱灾》（《史地学报》1925 年第 3 卷第 6 期）、《气候与人生及其他生物之关系》（《气象杂志》1936 年第 12 卷第 9 期）、《中国近五千年来气候变迁的初步研究》（《考古学报》1972 年第 1 期）等文。

⑤ 张其昀：《地理学之新精神》，《史地学报》1923 年第 2 卷第 7 期。

章皆有山川风物之提要，以冠其首，人地关系之结论，以殿其后”[①]，来揭示地理环境与中国历史社会变迁之联系，作为在中大（1927）与浙大（1936）讲授本国地理课程的讲义。他在担任浙大史地学系主任期间，延续南高“史地兼修”的培养模式，将史地学系分为历史组与地理组，强调历史组必修“地学概论”“本国地理概论”“世界地理”，选修“历史地理”，“以期造成完美之历史学及地理学之人材”[②]。

三 因应与际会

民国时期高校历史系地理学课程的设置，培养了大批“史地兼修”型人才，推动了中国现代史学的“专业化”“科学化”进程。究其原因，有以下方面：首先，舆地沿革传统的承传与近代地理学传入，为历史系设置地理学课程提供了思想资源。自《隋书·经籍志》形成四部分类以来，“地理居史部之下”的观念根深蒂固，正如梁启超所说，“中国地理学，本为历史附庸”[③]。传统典籍中“汗牛充栋”的地理志、地方志、山水志、风土记、旅行记、地名考，为“沿革地理”“方志学”等传统地理学课程提供了理论来源。然而面对西方近代地理学尤其是以“人地关系”为核心的人文地理学的传入，学者难以从“志沿革，考地名，玩山水，讲堪舆，抱残守缺，流连光景附会”[④] 的中国舆地沿革观念中寻得相通之处，于是纷纷以“破”为先，乃至完全不承认其为地理学，正如王庸所言：

> 严格地说，除掉地图和西方科学输入以后的地学之外，在中国学术史上实在是很少可以称为地理学的。……而明清以前，除地图、地志以外，实在没有多少系统的地理学可讲。[⑤]

即使是试图以地理书写“民族史”的禹贡学会[⑥]，也因受到这种观念

---

① 张其昀：《本国地理》（上），商务印书馆，1932，自序第6页。

② 《国立浙江大学文理学院史地学系学程一览》（1937），王应宪编校《现代大学史学系概览（1912～1949）》（下），第581～584页。

③ 梁启超：《中国近三百年学术史》，中华书局，1936，第314页。

④ 姚存吾：《地理学之解释——何为地理学?》，《地学杂志》1922年第1期。

⑤ 王庸：《中国地理学史·弁言》，商务印书馆，1938。

⑥ 顾颉刚：《古史辨伪工作的过去与将来》，李孝迁、任虎编校《近代中国史家学记》（上），上海古籍出版社，2018，第209页。

的影响，而将《禹贡半月刊》的英文名从“中国地理沿革”（*The Evolution of Chinese Geography*）改为舶来词的“中国历史地理”（*The Chinese Historical Geography*），反映出传统舆地观念对西方近代地理学的让步和迎合。因此，“人文地理学”“地质学”“历史地理学”“地史学”等西方近代地理学课程逐渐成为高校历史系地理学课程的主力军。

其次，西方史学理论著作为历史系设置地理学课程提供了理论说明。在中国现代史学界风靡甚久的三部西方史学理论著作：德国伯伦汉（Ernst Bernheim，1850－1942）《史学方法论》（*Lehrbuch der historischenMethode und der Geschichtsphilosophie*）、美国鲁滨孙（James Harvey Robinson，1863－1936）《新史学》（*The New history*）、法国朗格诺瓦（Ch. V. Langlois，1863－1929）与瑟诺博斯（Ch. Seignobos，1854－1942）《史学原论》（*Introduction aux Etudes Historiques*），对地理学于历史学的意义大书特书。伯伦汉在《史学方法论》中，认为地理学与年代学共同作为“史学之耳目”，在“史料学”“考证”“综观”中具有重要价值。同时，人类地理学因包含“空间环境对于人类命运之影响，以及人类对于其环境的反抗”的内容，是历史研究上之“有力的补助科学”。[①] 鲁滨孙在《新史学》中，断定作为历史学“姊妹科学”的地质学，将使历史研究的范围更加深化，成果更有价值，新史学家必须懂得达尔文（Charles Robert Darwin，1809－1882）“生物进化论”与赖尔（Charles Lyell，1797－1875）“地质均变论”。[②] 朗格诺瓦与瑟诺博斯在《史学原论》中，尤其强调史家应对舆地学、人种学、财政学及一切自然科学“无所不知”，尤其提倡弗里曼（E. A. Freeman，1823－1892）所说“历史家若晓地质学，则其工作必较佳，其事甚明”的观点。[③] 这在史法风靡的中国现代史学界，无论是对史家，还是史学专业培养模式的制定者来说，都是深具指引意义的。张荫麟就曾表达出对“地学毫无素养”的惭愧：

> 地理与历史可称为姊妹科学，其相辅相成之处甚多，治一时代之史而不明其地理环境，犹演戏之无配景，乌乎可？弟深愧于地学毫无

---

① 伯伦汉：《史学方法论》，陈韬译，胡昌智、李孝迁整理《史学方法论》，上海古籍出版社，2018，第110、117～119页。

② 鲁滨孙：《新史学》，齐思和等译，商务印书馆，2009，第59、63～64页。

③ 朗格诺瓦、瑟诺博斯：《史学原论》，李思纯译，李孝迁、胡昌智编校《历史研究法二种合刊》，上海古籍出版社，2018，第27页。

素养，他日必先于本国地质、地势稍加考究，并恣游秦晋宋鲁之故墟，然后敢下笔写国史也。①

在他看来，历史研究“必须藉地理以作基础”，通晓地理环境和地理背景，因为“过去时代人类文化之进展，多有地理的背景”，“史地兼通”才是历史学者的基本属性。

最后，动荡困窘的时代环境促使国人关注地学问题。近代以来，边疆危机与自然灾害频发，举凡“间岛”“片马”问题，“九一八”“七七”事变，长江、海河、淮河水灾，陕甘大地震，都引起学界广泛关注。地理学“关系于民智，诚一国兴衰强弱之本”，因此“地理一科，不可不视为学堂中重要之科目”。② 历史、地理的教育更成为战时唤醒国人爱国信念的首要法门，是“革命建国教育的中心科目，不论在各级学校和民众教育上，都应该特别注重”③。同时，因财政资源匮乏，现代中等学校所聘教员，往往不仅“史地两课率归一人”，社会、经济等课目亦须担任，故师范学院多“合历史、地理为一系”，其课程也以“普遍额要”为标准，更“辅以社会、经济、政治、法律等选修课目”。④ 就学于南高师的陈祖源曾回忆道：“我为了将来在中学能兼任地理课，因此欣然在第一年就选读‘地学通论’。”⑤

结　语

纵观20世纪上半期中国高校历史系地理学课程设置，其绵延之久，范围之广，直至今日仍有显现。虽随着时代变迁，学科专业化渐趋稳定，学科壁垒高筑，专门理论和数理条件的限制横亘在历史学与地理学之间。历史系不再设置“人文地理学”“地史学”“地质学”“地理学概论”等纯地理学课程，但诸如“历史地理学”“方志学”等课程，直至今日，依然以必修或选修形式保留在当今各高校历史系中，成为历史学专业训练的必经阶段。

---

① 张其昀：《敬悼张荫麟先生》，李孝迁、任虎编校《近代中国史家学记》（下），第1043页。

② 范祎：《中等地理教本·序》，转引自邹振环《晚清西方地理学在中国——以1815年至1911年西方地理学译著的传播与影响为中心》，第277页。

③ 蒋中正：《革命的教育》，《中央周刊》1938年第1卷第13期。

④ 《史地学系概况》，《河北省立女子师范学院一览》（1934），第63～64页。

⑤ 陈祖源：《陈祖源自述》，苏州市地方志编纂委员会办公室、苏州市政协学习和文史委员会编《苏州史志资料选辑》，苏州史志资料选辑编辑部，2000，第81页。

历史系地理学课程设置与史地系合立、史地期刊涌现现象相伴而生，是中国现代史学不容忽视的一个面向，是对西方历史学“地理学转向”的再现和发展。因19世纪以来地理学尤其是以“人地关系”为核心的人文地理学，通过书写地理环境制约人类、人类不断战胜自然，来揭示人类社会历史发展规律，使得地理学“在20世纪初开始与社会科学系统性互动”①，对历史学产生了巨大影响。乃至有学者认为“二十世纪学术上最大的贡献是史学精神与地学精神的综合”②。

地理学凭借自身“科学”的学科属性，直接建构出一部堪比唯物史观“阶级斗争史”的“人地关系史”，从而成为历史学追求“科学化”的效仿对象，在历史学“科学化”“专业化”过程中产生了巨大影响。诚如法国学者许克尔（G. A. Hückel，1880－1919）所说：“昔之史家深恐人生地理侵入历史学之领土，至今如朱理安（Jullian）、斐勒罗（Ferrero）辈，皆以史家而具有地学的精神、地学的情感与地学的方法，是则不能不归美于人生地理学之嘉贶也。不但史学有地理化之倾向，地学精神业已流入于各种人文科学之中。”③ 故当西方近代地理学传入中国，史界众人莫不表现出极大兴趣，认为只有吸收了地理学研究的精神和情感，历史研究才能“解释益见圆满，证据益见充实”④。

---

① Geogres B. Benko, “Geography, History and Social Sciences: An Introduction,” in Geogres B. Benko& Ulf Strohmayer (eds.), *Geography, History and Social Science*, Kluwer Academic Publishers, 1995, p. 4.

② 转引自张其昀：《我与浙大史地系》，浙江省文史资料研究委员会编《天涯赤子情——港台和海外学人忆浙大》，浙江人民出版社，1987，第5页。

③ 白吕纳：《人生地理学发达史（续）》，张其昀译，《地理杂志》1930年第3卷第4期。

④ 张其昀：《地理学与现代文化》，《国风半月刊》1933年第3卷第2期。

外国史学研究

试论修昔底德的史学致用思想

李永明
（北京师范大学图书馆、史学理论与史学史
研究中心，北京 100875）

摘 要：修昔底德在西方史学史上第一次将鉴往与知来联系起来，对史学致用和求真的关系有了自觉的认识。修昔底德的史学致用思想建立在其人性说的基础之上。他一方面肯定历史事实对现实的重要指导和借鉴意义，另一方面又致力于揭示人类活动和历史现象背后的本质和普遍规律——人性，以使人们可以预见和理解将来所发生的类似事件。关于史学的价值和史学致用的限度，修昔底德也表达了相当深刻的思想。在他看来，史学的价值在于人类可以运用理性能力去认识历史，而史学致用的局限则在于人类尽管能够理性地认识和理解自身发展的历史，却无法改变历史。人性本身的非理性和人类理性所必然具有的历史局限性，决定了人类不可能真正把握历史的发展变化，人类历史的发展是不以人的主观意志为转移的。

关键词：修昔底德 《伯罗奔尼撒战争史》 求真 致用

古希腊史家自希罗多德起，已开始对史学的功能和价值问题进行了较为自觉的思考。修昔底德进而将史学的致用与史学的求真联系起来，并在叙史中表达了深刻的史学致用思想，对后世西方史学产生了重要影响。本文拟在学界相关研究成果的基础上，对修氏的史学致用思想做一些探讨，以就正于方家。

一 史学的求真与致用

古希腊"历史学之父"希罗多德在其《历史》一书的序言中开篇明义："他所以要把这些研究成果发表出来，是为了保存人类的功业，使之不致由于年深日久而被人们遗忘，为了使希腊人和异邦人的那些值得赞叹的丰功伟绩不致失去它们的光彩，特别是为了把他们发生纷争的原因给记载下来。"① 由此可见，希氏的著述目的一方面是为了保存人类的丰功伟绩，另一方面要探讨事件发生的原因。在他看来，历史学的功能和价值"部分地是发现人做了什么事，而部分地是发现人们为什么这样做"②，即因为什么原因而争斗。

希氏意识到了史学在记述人类活动和保存人类功业方面的价值，并重视探求事件发生的原因，但在史学致用和求真的关系方面，尚未有明确认识。③ 修昔底德则对古希腊诗人和包括希氏在内的散文编年史家的思想和方法进行了批评，确立了史料批判原则。修氏指出，古希腊诗人和散文编年史家的记载均难以凭信，"因为诗人常常夸大事实"，而散文编年史家所"追求的是吸引听众而不是说出事实真相"。"他们处理主题往往是缺乏证据的，岁月悠悠抹去了它们的历史价值，使其迷失于传说的雾境中。"④ 也

---

① 〔古希腊〕希罗多德：《历史》，王以铸译，商务印书馆，1959，第 1 页。

② 参见〔英〕R. G 柯林武德《历史的观念》，何兆武、张文杰译，商务印书馆，2003，第 50 页。

③ 按：柯林武德在《历史的观念》一书导论中曾提出历史学具有四个典型特征，第一，在学科性质上，历史学是科学的，由提问题开始；第二，从研究对象上来说，历史学是人文主义的，力求回答人类在过去的确切的时间里的所作所为问题；第三，在研究方法方面，历史学是合理的，对它所提出的问题所做的回答必须要诉诸证据和对证据的解释而进行；第四，从历史学的功能价值方面来说，它是自我显示的，历史学是为了人类的自我认识。不仅要认识个人的特点、与他人的区别，而且也要认识人的本性。柯林武德认为，第一、第二和第四个特征已然在希罗多德的序言中出现了。但在史学的研究方法方面，修氏较希氏有所改进，"因为希罗多德没有提到证据（即前面所提到的第三个特征），人们只好从他的整个著作中得出他关于证据的观念是什么；但是修昔底德则明确地说，历史的探讨有赖于证据"。见〔英〕R. G 柯林武德《历史的观念》，第 36 ~ 38 页，49 ~ 51 页。

④ Thucydides, *The Peloponnesian War*（以下省称 Thucydides），Ⅰ.21。本文所引《伯罗奔尼撒战争史》文字主要依据克劳莱（R. Crawley）的英译本，亦参考洛布古典丛书斯密司（C. F. Smith）的英译本（London and New York，1928）和企鹅丛书华尔纳（R. Warner）的英译本（Penguin Books，1972）；中译文主要参考徐松岩的译本（广西师范大学出版社，2004），同时参考谢德风的中译本（商务印书馆，1960）。此处引文据谢德风中译本。

就是说，在修氏看来，历史的探究必须依赖于证据和对证据的批判，史学的功用和价值必须以求真为前提，所以他在撰史过程中自觉对史料证据进行了严格的批判，并对史学求真的限度有了一定程度的自觉："在叙事方面，我绝不是一拿到什么材料就写下来，我甚至不敢相信自己的观察就一定可靠。我所记载的，一部分是根据我亲身的经历，一部分是根据其他目击其事的人向我提供的材料。这些材料的确凿性，我总是尽可能用最严格、最仔细的方法检验过的。然而，即使费尽了心力，真实情况也还是不容易获得的。"①

在撰述旨趣方面，修氏断然否定以虚构故事娱乐大众或"迎合群众一时的嗜好"作为史家主要的著史目的，在西方史学史上第一次将鉴往与知来联系起来，把史学的致用和对历史记载准确性的要求，即求真结合在一起，对史学致用和求真的关系有了自觉的认识。修氏在其《伯罗奔尼撒战争史》（以下简称《伯战史》）第一卷的序言中宣称：

> 我这部历史著作很可能读起来不引人入胜。因为书中缺少虚构的故事。但是，如果那些想要清楚地了解过去发生的事件和将来也会发生类似事件（因为人性总是人性）的人，认为我的著作还有一点益处的话，那么，我就心满意足了。我的著作不只是迎合群众一时的嗜好，而是想垂诸永远的。②

修氏在此处明确表达了对史学求真与致用关系的认识，即通过鉴往以知来，通过求真（"清楚地了解过去发生的事件"，即探求具体历史事件的真相）以致用（清楚地了解"将来也会发生类似事件"，即预见和理解将来发生的类似事件）。而鉴往之所以能知来，乃是"因为人性总是人性"，人性是不变的，所以通过考察不变的人性，不仅能了解已经发生的事，也能了解将来发生的类似事件及其原因。修氏认为，其著作不仅清楚地记述了具体的历史事件，提供个别历史事实的经验教训，更重要的是深刻揭示了具体历史事实背后关于人性的普遍规律。③ 这正是他的著作提供给读者的最大的教益，也是其书能超越时间、"垂诸永远"的原因。由此可见，

① Thucydides，Ⅰ.22. 汉译文据谢德风中译本。

② Thucydides，Ⅰ.22. 汉译文据谢德风中译本。

③ 易宁、李永明：《修昔底德的人性说及其历史观》，《北京师范大学学报》（社会科学版）2005 年第 6 期。

修氏关于史学致用的信念正是建立在存在着永恒不变的人性这一观念的基础之上的。[①]

修氏关于史学致用与求真的思想体现了古希腊史学的巨大进步，史学由此获得了更为严肃和崇高的意义。正如有学者所言：“它标志着人们对历史学家的责任有了新的看法，对准确性开始有了更高的标准。修昔底德宣布这一观点或许可以与1824年兰克宣告科学的历史学相比。”[②]

二　历史事实与致用

修氏撰史，主要围绕伯罗奔尼撒战争的主题，记载当代的相关事件。对于自己笔下的具体历史事实，特别是某些重要事件的经验教训和借鉴价值，修氏具有比较自觉的认识。如修氏曾结合自身的患病经历，详尽细致地描述了雅典瘟疫的各种症状和情形，以期对后人再面对这种病时，能有所帮助。[③]

对于古代历史事实的借鉴价值，修氏同样非常重视。修氏认为，尽管由于时间的间隔和证据的缺乏，人们对于古代历史难以做到完全确知，但通过认真地批判考核历史证据，史家是能够在一定程度上获取历史事件的真相和关于古代历史的正确认识的[④]，而这种建立在史学求真基础之上的历史知识对于现实是有重要的指导和借鉴意义的。我们不难发现，尽管修氏著史，主要叙述当代的军政大事，但在叙事过程中又充分运用插话的形式，追叙了希腊古代历史和相关事件，以解释和理解现实的诸种情形。从这些插话中，可以清楚地看出修氏对历史事实的运用以及对历史事实功用和价值的思考。例如，为了论证他所撰写的主题——伯罗奔尼撒战争“是

---

① Philip A. Stadter, “Historical Thought in Ancient Greece,” in Lloyd Kramer and Sarah Maza, *A Companion to Western Historical Thought*, Malden: Blackwell Publishers, 2002, pp. 46 – 47. G. Crane, *Thucydides and the Ancient Simplicity: The Limits of Political Realism*, Berkeley: University of California Press, 1998, pp. 296 – 297. M. Reinhold, “Human Nature as Cause in Ancient Historiography,” in *Studies in Classical History and Society*, Oxford: Oxford University Press, 2002, p. 47. Robert A. Luginbill, *Thucydides on War and National Character*, Boulder: Westviw Press, 1999, p. 26. 另参见〔英〕约翰·布罗《历史的历史——从远古到20世纪的历史书写》，黄煜文译，广西师范大学出版社，2012，第55页。

② 约翰·伯里：《古代对历史用途的看法》，付莹岩译，载《新史学》第十辑，大象出版社，2013。

③ Thucydides, Ⅱ. 48.

④ Thucydides, Ⅰ. 1, 20 – 21.

希腊人甚至是全人类历史上最伟大的一场战争，比以往发生的任何一场战争都更值得叙述”[①]，修氏在《考古学》篇中批判地运用荷马史诗等文献证据和考古证据，考察了希腊古代历史的发展，并通过古今比较，有力地证实了自己的论断。为了探求伯罗奔尼撒战争爆发的真正原因，修氏追叙了自波斯人败退至伯罗奔尼撒战争发生之前，即“五十年历史”（Pentekontaetia）时期雅典势力的扩张和雅典帝国的形成过程，揭示了战争爆发的真正原因在于斯巴达对雅典势力日益增长的恐惧。[②] 修氏说：“我们之所以偏离主题而叙述这些事件，是因为以前的作家都没有述及这段历史，他们的主题不是波斯战争以前的希腊史，就是波斯战争本身。的确，赫兰尼科斯在他的《雅典史》中曾涉及过这些事件，但是叙述得有些简略，书中的年代也是不正确的。另外，这些事件的历史可以说明雅典帝国是怎样形成的。”[③] 伯罗奔尼撒战争正式爆发后，斯巴达人屯兵地峡，欲入侵阿提卡，雅典人接受了伯里克利的建议，将乡野的人口和财产迁入雅典城，这令雅典人感觉非常痛苦，“因为他们大多数人一直是习惯于居住于乡村的”。[④] 为了对此进行解释，修氏追叙了雅典发展的历史。修氏指出：“雅典人长期以来就是分散地生活在阿提卡的独立的城镇中的。就是在提秀斯把权力集中起来以后，他们依然保持着这种古老的习惯。大多数的雅典人，从早期时代直到这场战争前，都和家人生活在乡村。因此，现在要他们彻底地迁移，尤其是在波斯人入侵后刚刚重新定居下来的时候，他们是很不愿意迁移的。”[⑤]

通过以上三例，可以看出，修氏非常重视历史知识对现实的指导意义。当然，在修氏看来，史学的致用必须以求真为前提。反之，如果人们缺乏必要的历史知识，或者所获取的历史知识和观念是错误的、虚假的，则无疑会阻碍人们对现实的正确理解，甚至会误导人们对现实情形的判断和决策。雅典人在这两方面都为后世留下了惨痛的教训。

在伯罗奔尼撒战争后期，雅典人野心极度膨胀，以援助西西里岛上的同族人和同盟者为借口，发动了西西里远征。修氏在其著作第六卷开篇的插话中，追叙了西西里的地理情形、种族人口和城邦发展的历史，并指

---

① Thucydides，Ⅰ.1，23.

② Thucydides，Ⅰ.118.

③ Thucydides，Ⅰ.97.

④ Thucydides，Ⅱ.14.

⑤ Thucydides，Ⅱ.15－16.

出，雅典人对此几乎一无所知。“他们大部分的人不了解这个岛的大小和岛上居民（希腊人和土著）的人数；他们不知道他们现在所要进行的战争是和他们跟伯罗奔尼撒人所进行的战争几乎是同样巨大的规模。”[①] 修氏指出，雅典人远征西西里，只是出于一种“对虚无飘渺的景象的渴望”，[②] 而非谨慎明智的决策。

修氏书中另一个因错误的或虚假的历史知识和观念而导致对现实的误判和非理智决策的例子也发生在雅典人身上。在第一卷的序言中，修氏批评了雅典人的轻信和对本国历史缺乏真正的了解，曾以雅典历史上著名的哈摩狄乌斯和阿里斯托吉吞刺杀希帕库斯一事为例说明。[③] 在第六卷的一段著名的插话中，修氏再次详细追述了该事件的原委。[④] 雅典人对于皮西特拉图斯家族僭主制的严酷统治记忆犹新，将哈摩狄乌斯和阿里斯托吉吞视为反抗僭主暴政的勇士。然而修氏指出，雅典人关于本国这段历史事实的认识并不正确。首先，当时雅典僭主的统治是比较温和的，并非暴政，僭主们也表现出了高度的智慧和美德。[⑤] 其次，哈摩狄乌斯和阿里斯托吉吞行刺希帕库斯根源于一场同性恋的纠纷，本属个人私事，并非为了争取公众自由；他们二人误以为阴谋暴露，因而采取鲁莽的刺杀行动；他们所刺杀的希帕库斯也并非当时的雅典僭主，而是雅典僭主希皮亚斯的弟弟。刺杀事件发生后，雅典僭主希皮亚斯担心自身安全，才开始进行严酷统治。[⑥] 所以，雅典僭主的严酷统治是哈摩狄乌斯和阿里斯托吉吞行刺事件所导致的结果，而非导致行刺事件发生的原因。雅典人颠倒了二者之间的因果关系。

修氏认为，正是由于雅典人对本国这段历史事实存在着严重的误解，在先入为主和不真实的历史观念的导引下，导致雅典人总是杯弓蛇影，对于赫尔墨斯神像被毁事件表现出了一种歇斯底里的疯狂情绪。[⑦] 雅典民众的这种非理性的情绪最终导致了一个非理性的决定：将亚西比德从西西里

---

① Thucydides，Ⅵ. 1.

② Thucydides，Ⅵ. 24.

③ Thucydides，Ⅰ. 20.

④ Thucydides，Ⅵ. 53 – 60.

⑤ Thucydides，Ⅵ. 54.

⑥ Thucydides，Ⅵ. 59.

⑦ 斯塔尔：《卷六和卷七的演说词与事件过程》，载〔美〕P. A. 斯塔特编《修昔底德笔下的演说》，王涛等译，华夏出版社，2012。

召回并判处其死刑。[①] 亚西比德是雅典继伯里克利之后最有才华的将军。在修氏看来，如果雅典人没有罢免亚西比德的指挥权的话，雅典极有可能取得西西里远征的胜利。[②]

三 历史规律与致用

如前所述，修氏著史的目的，不仅在于准确地记载具体历史事件，使人们可以清楚地了解过去所发生的事，更在于揭示人类行为的共同特征，探求人类活动和历史现象背后的本质（人性）和“某种永恒不变的真理”（柯林武德语，即关于人性的普遍规律），使人们可以清楚地了解将来所发生的类似事件。[③] 对于修氏来说，人类历史就是人性展开的一个维度。[④]

《伯战史》中的人性（physis）一词，其含义较为广泛，包括自然而来的个体的人、群体的人以及人类所共有的品性、能力、生理特征等。[⑤] 修氏在叙史时，特别关注与重大历史事件有关的人类所共有的本性，即人追求权力、财富、和荣誉的欲望、好斗性以及人的情绪等[⑥]，并着力从人性入手分析历史事件的原因，解释历史事件之所以然。他分析伯罗奔尼撒战争爆发的原因，叙述了爱彼丹努斯事件和波提狄亚事件。但修氏认为，这些事件只是战争的表面原因。斯巴达最终决定对雅典宣战，其真正原因不

---

① Thucydides, Ⅵ. 61.

② Thucydides, Ⅱ. 65, Ⅵ. 15, 31. 另参见〔美〕S. 福特《统治的热望》，未已等译，华夏出版社，2010，第 14 页。

③ 〔英〕R. G. 柯林武德：《历史的观念》，何兆武、张文杰译，商务印书馆，2003，第 65 页。另参见 J. H. Finley, Jr., *Thucydides*, Ann Arbor: University of Michigan Press, 1963, pp. 109 – 110。M. I. Finley, “Thcydides the Moralist,” in *Aspects of Antiquity*, New York: Penguin Books, 1977。Leo Strauss, *The City and Man*, Chicago and London: University Of Chicago Press, 1978, pp. 141 – 145。Simon Hornblower, *Thucydides*, Baltimore: Johns Hopkins University Press, 1987, pp. 34 – 44. H. – P. Stahl, *Thucydides: Man' s Place in History*, Swansea: The Classical Press of Wales, 2003, p. 219。〔美〕D. 格雷纳：《古希腊政治理论——修昔底德和柏拉图笔下的人的形象》，戴至恒译，华夏出版社，第 29 页。〔德〕K. 莱茵哈特：《修昔底德与马基雅维里》，载刘小枫、陈少明主编《修昔底德的春秋笔法》，华夏出版社，2007。

④ D. Boucher, *Political Theories of International Relations: from Thucydides to the Present*, Oxford, New York: Oxford University Press, 1998, pp. 68 – 69.

⑤ W. K. C. Guthrie, *A History of Greek Philosophy*, Vol. 2, Cambridge: Cambridge University Press, 1965, pp. 351 – 353.

⑥ 参见易宁、李永明《修昔底德的人性说及其历史观》。

是帮助盟友和其他希腊诸邦摆脱雅典的奴役，而是“雅典势力的增长引起了斯巴达的恐惧”。[①] 他将诸多城邦的矛盾归结为雅典与斯巴达的矛盾。而此两者的矛盾表现的则是人性中的权力欲望和被沦为弱者的恐惧。实际上其他国家卷入冲突的原因，在修氏看来，也可以从人性中寻求解释。如科西拉和母邦科林斯的矛盾由来已久，并由于争夺爱彼丹努斯的控制权而发生军事冲突。雅典之所以同意科西拉入盟，不惜和科林斯兵戎相向，是因为觊觎科西拉强大的海上力量，并意图控制通往意大利和西西里的海上通道。麦加拉仇恨雅典的原因在于其被排斥出雅典所有的港口和市场，波提狄亚城邦与科林斯交好的原因在于摆脱雅典的控制。西西里战役是伯罗奔尼撒战争后期的一次重要战役。修氏说，从来没有哪一场战役有如此之多的国家和部族聚集在一个国家（雅典或斯巴达）之下。他分析这些国家支持雅典或斯巴达的原因：“不是因为友谊的原则或种族的联系，而是因为每个国家自己的利益和需要而团结起来的。”[②] 此所谓的“利益和需要”不外乎是人性的表现，是对权力、荣誉和财富的追求，对获得自由的渴望或丧失自由的恐惧等等。

这种对权力的渴望、对自身安全和利益的追求，同样体现在城邦内部的斗争之中。修氏详细叙述了科西拉城邦民主派与寡头派的斗争，以及内战期间发生的种种暴行，并且一针见血地指出：“他们打着为公众谋福利的幌子，事实上是为他们自己谋取私利。”[③] “所有这些罪恶产生的原因是贪欲和野心引起的统治欲，以及党派斗争的暴行表现出的激情。”[④] 此所谓“谋取私利”“统治欲”和“激情”等正是人性的重要内容和特征。

修氏认为，追求权力和自身利益是人类的共有本性。对于国家而言，不存在超乎本国利益之上的东西，同样，在城邦内部人与人的关系之中，个人、党派也会根据自身利益行事。凡此种种人类活动和历史事件，在本质上都是人性之表现，因此，人性是历史的本质。

修氏依据人性解释历史，也表现在对历史进程的认识上。修氏在《考古学》篇中考察了希腊世界的早期历史。修氏叙述早期历史的目的，是通过古今之比较，说明了他所生活的时代是以前从未有过的“伟大的时代”，

---

① Thucydides, Ⅰ.23.

② Thucydides, Ⅶ.57.

③ Thucydides, Ⅲ.82.

④ Thucydides, Ⅲ.82.

他所描写的伯罗奔尼撒战争是人类历史上前所未有的“伟大战争”。[①] 尽管修氏没有全面论说希腊历史发展的意图，然而他的叙述清楚地表达了历史进步的观念：历史的进步表现为社会经济的发展和希腊诸邦之间联系的加强。[②] 据修氏的叙述，还可以看出另一点认识，即古今的比较是建立在古今联系之上的。当代的社会经济是从古代逐渐发展而来的，以雅典和斯巴达为首的两大同盟的矛盾亦由来已久。“从波斯战争终结到伯罗奔尼撒战争开始，中间虽有些和平时期，但就整个情况而言，这两个强国不是彼此间发生战争，就是镇压它们同盟的暴动。”[③] 从古今的联系中，修氏有力地说明了他所生活的时代较之古代“伟大”，他所描写的战争是一场前所未有的“伟大战争”。

那么，联系古与今，推动历史发展的动力是什么？修氏指出：是人性，是人的欲望、好斗性和情绪。他说：早在部落时代，占有肥沃土地的人因拥有较多财富而扩大权势，从而引发“纷争，导致公社瓦解”。[④] 米诺斯帝国清除海盗，是为了获取更多的财富和维护自身的安全。[⑤] 阿伽门农之所以能组建联军发动特洛伊远征，主要是由于他的实力强大和其余各部对他的畏惧，而不是因为那些求婚者所谓的宣誓。[⑥] 僭主们追求的是“个人的安逸和家族势力的扩大”。[⑦] 斯巴达早就干涉他邦事务，并把自己的政体形式强加给它们。等等。

由此可见，人性，即人之追求财富和权力的欲望、好斗性，以及情绪（安全、恐惧等）一直贯穿于希腊历史的发展进程之中，并不断推动着希腊世界的进步。人性是推动历史发展的动因。[⑧]

概而言之，修氏认为，不仅具体历史事件的原因而且古往今来的历史变化都可以从人性中寻求解释，人性是人类历史的本质，也是推动人类历史发展变化的最终动因，而且由于“人性总是人性”，人性是不变的，将

---

① Thucydides, Ⅰ. 1.

② D. Boucher, *Political Theories of International Relations*: *from Thucydides to the Present*, p. 69. G. Crane, *Thucydides and the Ancient Simplicity*: *The Limits of Political Realism*, pp. 126 – 127.

③ Thucydides, Ⅰ. 18.

④ Thucydides, Ⅰ. 2.

⑤ S. Forde, “Power and Morality in Thucydides,” in Lowell S. Grstafson, *Thucydides' Theory of International Relations*, Baton Rouge: Louisiana State University Press, 2000, p. 153.

⑥ Thucydides, Ⅰ. 9.

⑦ Thucydides, Ⅰ. 17.

⑧ 易宁、李永明：《修昔底德的人性说及其历史观》。

来发生的事同样也可以从人性中得到解释。所以他断言：读他的书可以“理解过去的事和将来发生的类似的事”；他的书是一部鉴往知来、“垂诸永远”的著作。[①]

四 史学致用的限度及其价值

以上，我们从历史事实和历史规律两个层次探讨了修氏史学致用思想的内涵。关于史学致用的限度问题，修氏也表达了相当深刻的思想。在修氏看来，史学的致用受限于两个重要因素，其一，是人性自身的限制，主要体现为人性本身的非理性特征；其二，是人类理性本身的限制，主要表现为非理性的命运（偶然性）对人类历史的干扰。而在人类历史的实际发展过程中，人性之理性和非理性与偶然性的命运往往相互交织，使得人们更难以把握历史的变化。

在修氏的思想中，人性作为人类共有的本性，表现为人类的意志，它有激发、冲动的一面（orge），包括人的欲望（对权力、财富和荣誉的追求）和情绪（激情、恐惧、希望等），亦有思考、知觉、判断、评估的一面（gnome）。人性中的各种欲望和情绪相互影响促进，具有非理性的特征；而人性中思考和判断的一面（gnome）则对欲望进行评估。不过，尽管 gnome 代表了人性中相对理性的一面，但思考和评估的过程并不必然是理性的。[②] gnome 一词本身的含义就比较复杂，有思考、判断、决心、意见、观点、倾向、性情等多种意思。[③] 在修氏书中，只有伯里克利等少数杰出人物能够做到明智的运用 gnome 节制和指导人性中的 orge，体现出人性中理性的一面[④]，大多数人在运用 gnome 时，多带有主观和感性的因素，常常受到欲望、情绪和偶然性的命运的支配和影响，并经常犯错或发生改变。[⑤] 因此，在修氏看来，gnome 正确引导人的欲望和情绪的作用是很有限的。追求权力、财富、荣誉的欲望、好斗性以及人的各种情绪等人类共有

① Thucydides, Ⅰ. 22.

② Robert D. Luginbill, *Thucydides on War and National Character*, p. 25.

③ H. G. Liddell and R. Scott, *A Greek – English Lexicon*, *With a revised supplement*, Oxford: Oxford University Press, 1996, p. 354.

④ Thucydides, Ⅱ. 22, 65.

⑤ Thucydides, Ⅰ. 140, Ⅱ. 59, Ⅲ. 82, Ⅳ. 34, 106, Ⅵ. 49, Ⅶ. 71. Robert D. Luginbill, *Thucydides on War and National Character*, pp. 56 – 60.

的本性从本质上说是非理性的。修氏的人性说正是以非理性的人性为基础的。[①] 人的欲望、好斗性和情绪，或结合，或冲突，在不同的人身上以不同的方式表现出来，从而形成的人的活动，因而也多具有非理性的特点。[②]

在《伯战史》中，我们看到人性经常表现为一种非理性的激情和冲动。无论是个人还是群体的人（国家）往往被一种强烈的激情和冲动所支配，特别是当他们为了最伟大的目标——“帝国和自由”——而行动的时候。而一旦这种强烈的激情被释放出来，它便会驱使个人和群体（国家）过度放纵自己的野心和欲望，做出种种不理智的行动。在雅典征服密提林之后，戴奥多都斯在第二次公民大会上发言说，“城邦和个人一样，都是天性易于犯错误的”。没有任何法律能够阻止它。人们往往被致命的激情、冲动所支配。“希望和贪欲到处都有；贪欲在前，希望跟着来；贪欲产生计划，希望暗示计划可以成功——这两个因素虽然看不见，但是比我们眼前所能看得见的恐怖还强烈得多。”幸运也引诱人们在没有做好充分准备的时候就去冒险。对于整个国家而言，更是如此，因为它们是以最大的代价去孤注一掷的，要么为了摆脱他人的统治，要么为了统治他人。“简言之，当人们专心致意地从事某一件事情的时候，想利用法律的力量或其他恐怖的手段去阻止他们，这从人性上来说是不可能的，只有头脑简单的人才会否认这一点。”[③] 修氏曾对战争中那些叛离雅典的城邦进行批评，认为它们在追求自由这种强烈渴望的支配下发生了暴动，而没有对自身与雅典的实力做出明智的判断。修氏评论说：“凡人都有这样一个习惯，对于他们渴求得到的东西，他们总会把它寄托于一种轻率的希望，而对于他们所不想要的东西，则会用充足的理由加以拒绝。”[④]

从雅典大瘟疫和科西拉内战中，我们可以更清楚地看出人性中的欲望和激情对个人行为的支配作用。雅典大瘟疫中，人们在瘟疫和死亡的威胁下表现出疯狂的情绪，抛弃了对神的敬仰和对法律的尊重，做出了种种违法乱纪之事，使整个城邦陷入混乱之中。科西拉内战更是造成了城邦秩序和法律的崩溃、传统价值和道德观念的瓦解。修氏分析说，由贪欲和野心所引起的对权力的追求是所有那些罪恶产生的原因；而党派斗争爆发的时

---

① P. A. Stadter, “Historical Thought in Ancient Greece,” in Lloyd Kramer and Sarah Maza, *A Companion to Western Historical Thought*, p. 47.

② 易宁、李永明：《修昔底德的人性说及其历史观》。

③ Thucydides, Ⅲ. 45. 英译文参见华尔纳本，汉译文据谢德风中译本。

④ Thucydides, Ⅳ. 108.

候，强烈的激情发生作用，这也是原因之一。为了赢得胜利，他们不择手段，不惜采用最可怕的行动。他们既不顾及正义与否，也不考虑城邦的利益，他们行动的唯一标准就是其一时的任性。有人甚至不是为了图利，而是因为一种无法抑制的强烈激情驱使他们参加互相残杀的斗争。[①] 在修氏看来，对利益以及统治权力的追求是人性的一个重要特征，但人性的欲望又经常被情绪所支配，表现为一种无法控制的激情，从而导致种种偶然的和非理性的行为；人类非理性的人性是不变的，所以类似的灾难将永远都会发生。[②]

修氏主要从人性入手分析和解释人类活动和历史事件的原因，但他在叙史以及对史事的评论中，又屡次提及命运（Tyche），关于不可预测的命运对历史发展的巨大影响作用，修氏也是非常重视的。修氏书中命运一词的主要含义是指非理性的偶然性，包括运气（fortune，good fortune and ill fortune）、机遇（chance）等，具有出乎人的意料、不可预见、不可谋算的特点。[③]《伯战史》记载伯里克利的话说："当事件的发生出乎我们的意料之外，我们常归之于命运。"[④] 修氏在叙史时，展现了命运的偶然性对历史的重要影响，如派娄斯事件就是由一系列偶然的和突发的事件所构成。[⑤] 由于命运不可预知，出于人类理性之外，因此经常干扰人们理性的判断，并使事件的发展与人们的计划相背离。许多学者都注意到，《伯战史》中，人的计划与事件的发展之间总有一种距离。就是那些有先见之明的人也无法确切地看清事情的结果，总有一些突发的偶然事件难以预料，并破坏了人们精心设计的计划。[⑥] 正如书中斯巴达国王阿基达马斯所说："命运无

---

① Thucydides，Ⅲ.82.

② P. R. Pouncey，*The Necessities of War：A Study of Thucydides' Pessimism*，New York：Columbia University Press，1980，p. 86. D. Boucher，*Political Theories of International Relations：From Thucydides to the Present*，pp. 61 – 62.

③ G. F. Abbott，*Thucydides：A Study in Historical Reality*，London：George Routledge and Sons，Ltd.，1925，pp. 17 – 18. Michael Grant，*The Ancient Historians*，New York：Barnes & Noble Books，Inc.，1994，pp. 105 – 106. David Cartwright，*A Historical Commentary on Thucydides*，Ann Arbor：The University of Michigan Press，1997，p. 77. Robert D. Luginbill，*Thucydides on War and National Character*，pp. 53 – 56，60 – 61.

④ Thucydides，Ⅰ.140.

⑤ L. Edmands，*Chance and Intelligence in Thucydides*，Cambridge：Harvard University Press，1975，pp. 176 – 179. Tim Rood，*Thucydides：Narrative and Explanation*，Oxford：Clarendon Press，1998，pp. 24 – 57.

⑥ Michael Grant，*The Ancient Historians*，pp. 105 – 106. John Marincola，*Greek Historians*，pp. 87 – 90.

常，非人的心计所能控制。”[①] 叙拉古人赫摩克拉底也深刻认识到，“那种认为我们既能支配自己的计划，就能控制自己的命运的想法是非常愚蠢的，命运是我们所不能控制的。”[②]

命运不仅影响人类理性的判断和算计，而且对人性中非理性的一面（欲望和情绪）也会产生重大影响。[③] 上文援引的戴奥多都斯在雅典公民大会上的言论已对此作了细致分析。派娄斯事件之后，斯巴达人和雅典人面对不可预知的命运所产生的两种截然不同反应则为此提供了绝佳注脚。斯巴达人哀叹“近期命运多变，多灾多难，而且都是出乎他们的意外”，这使得他们胆战心惊，总怕还有别的灾难会同斯法克特里亚的灾难一样，降临到他们身上。“因此，他们在两军阵前，精神不振，他们以前没有遭受过磨难，因而完全丧失了自信，认为只要一有军事行动，就又要遭到失败。”[④] 与斯巴达人过于悲观丧气、萎靡不振相反，雅典人则表现出狂妄自大的心态。“雅典人觉得，他们一刻不进攻别人，就会牺牲那一刻取得成就的机遇。”[⑤] “他们各方面的意外成功，使他们产生了这种心态，认为凡是他们能够想到的，就一定能够做到。”[⑥] 由此可见，不可预测的命运与人的恐惧、希望等情绪相互交织，也促使人们做出种种非理性的举动。

总之，在修氏的思想中，人性是人类历史的本质，也是人类活动和历史发展的最终动因，但人性本身是非理性的，人性自身的非理性往往导致人类种种偶然的和非理性行为的发生。由于人的这种非理性的本性是不变的，因此类似于科西拉内战的事件“将永远都会发生”（前引修氏语）。偶然性的命运超出人的理性判断之外，无法预知，但常常会“改变事件的序列或逻辑进程”[⑦]，并和人性中非理性的情绪（希望、恐惧等）相互影响，也会导致人类非理性行为的发生。人的理性（按，指历史理性）可以对过去和将来人类的各种理性的和非理性的行为及其非理性的人性本质进行理性的认识，但并不能改变由非理性的人性本质所导致的人的非理性的行

① Thucydides, Ⅰ. 84.

② Thucydides, Ⅳ. 64.

③ Robert D. Luginbill, *Thucydides on War and National Character*, pp. 65 – 75.

④ Thucydides, Ⅳ. 55.

⑤ Thucydides, Ⅳ. 55.

⑥ Thucydides, Ⅳ. 65.

⑦ J. Alexander Machattie, *Weather, Chance and the Unperdictable in Thucydides*, The University of British Columbia, Master Thesis, 2000, p. 4.

为；同样，人的理性也可以理性地认识到人类历史中存在超出人类理性之外的偶然性的命运，但却无法改变这种命运。[①] 从这个意义上来说，史学的价值就在于人类可以运用理性能力去认识自身的历史，而史学致用的局限则在于人类尽管能够理性地认识和理解历史，却无法改变历史。简言之，人性本身的非理性和人类理性所必然具有的历史局限性，决定了人类不可能真正把握历史的发展变化，人类历史的发展是不以人的主观意志为转移的。这也许就是修氏的著作留给后世的真正启示。[②]

① 参见易宁《古希腊史学的命运观》，《史学史研究》2013 年第 1 期。

② W. Robert Connor, *Thucydides*, pp. 243 – 245. Philip A. Stadter, "Historical Thought in Ancient Greece," in Lloyd Kramer and Sarah Maza, *A Companion to Western Historical Thought*, pp. 46 – 47. H. – P. Stahl, *Thucydides: Man' s Place in History*, p. 219. 〔波兰〕莫迪凯·罗希瓦尔德：《对历史的理解——寻求流逝时间中的绝对》，姚介厚译，《第欧根尼》2002 年第 1 期。

从政治犬儒主义者到替罪羊：圭恰尔迪尼历史形象述论

王新梅
（上海师范大学人文与传播学院，上海　200234）

摘　要： 弗朗切斯科·圭恰尔迪尼一直是一位非常有争议的历史人物。一方面，学者们认为他是当时意大利最伟大、客观的历史学家，是可以与塔西佗和吉本相提并论的人物；另一方面，有些学者则批评其政治生涯中的两面派作风、分裂主义思想及其《意大利史》的枯燥、"不实"文风。对圭恰尔迪尼的这种负面批评肇始于19世纪民族国家的兴起时期，当时以兰克和德·桑克提斯为代表的批评家需要树立一个负面的典型来宣扬其符合时代需求的爱国主义思想。随着20世纪中叶文艺复兴研究中心的转移，英美学者对圭恰尔迪尼的评价趋于多元化、客观化，但不容否认，对其形象的争议依然存在。

关键词： 圭恰尔迪尼　《意大利史》　兰克　德·桑克提斯　意大利衰落

15世纪末到16世纪初是欧洲从中世纪向近代的过渡时期。这一时段不仅是意大利文艺复兴从辉煌走向衰落的时期，更是意大利从相对独立的国家沦为受他国奴役的过渡阶段。弗朗切斯科·圭恰尔迪尼（Francesco Guicciardini，1483－1540）作为彼时意大利重要的政治家、外交家、历史学家，以及当时欧洲事务的主要斡旋者、参与者和见证者，本应享受殊荣，流芳后世。但吊诡的是，他却一直饱受世人苛责与诟病。这种对圭恰尔迪尼的评价现象并不是凭空出现的，而是有其深刻的历史文化根源。

1824年，兰克（Leopold Von Ranke，1795－1886）的第一部著作《拉

丁与日耳曼民族史》(*Geschichten der romanischen und germanischen Völker von 1494 bis 1514*) 出版，该著作的问世使兰克迅速成为学术界的知名人物，并获得柏林大学的教职。《拉丁与日耳曼民族史》之所以出名，主要在于兰克挑战了风靡欧洲两个多世纪的权威著作——圭恰尔迪尼的《意大利史》。圭恰尔迪尼的《意大利史》在1561年出版后，便被翻译成了多种文字，有着巨大的文化影响力。兰克在其著作《拉丁与日耳曼民族史》的附录《近代史家批判》(*Zur Kritik neuerer Geschichtschreiber*) 中重新审视了《意大利史》是否值得尊敬的问题，他称圭恰尔迪尼是一位自私自利的伪造者，称他的史学为"圭恰尔迪尼式的假叙事"①。

无独有偶，德·桑克提斯（Francesco De Sanctis，1817－1883）在1869年发表了一篇名为《圭恰尔迪尼式的人物》(*L' uomo del Guicciardini*) 的评论②，他在文中严厉地批评了圭恰尔迪尼。德·桑克提斯认为《意大利史》不是一部可以显示意大利人心胸的作品，他不仅对圭恰尔迪尼冠以"不道德"之名，还将其视为极端自私自利者。德·桑克提斯警告读者，"这个人的致命性在于，如果我们没有力量来扼杀他对我们意识的影响，他将会阻碍我们统一的进程"③。圭恰尔迪尼被刻画为明知政治分裂极端危险，但还支持区域自治这般不识大体之人。

就西方思想界对圭恰尔迪尼的批评史的脉络来看，兰克与德·桑克提斯并不是最早批评圭恰尔迪尼的人。在西方思想界，仅就文艺复兴时期具有垂范作用的批评家而言，蒙田在《随笔集》中就已经批评过圭恰尔迪尼在著作中显露出来的"心术不正"和其著作语言的冗长枯燥乏味。④ 国内外史学界对圭恰尔迪尼的政治思想、史学思想方面的研究已经取得了一些重要的学术成果，但是，对于圭恰尔迪尼的批评史研究，尤其是长时间段的批评史研究，国内外都缺少系统性的梳理。⑤ 圭恰尔迪尼虽然一直以来

---

① Vincent Luciani, *Francesco Guicciardini and his European reputation*, Karl Otto, 1936, p. 254.

② Francesco De Sanctis, "L' uomo del Guicciardini", in*Nuova Antologia*, XII, October 1869, pp. 217－235.

③ Francesco De Sanctis, *Storia della letteratura italiana*, See op. cit., vol. 2, p. 235. 转引自 Vincent Luciani, *Francesco Guicciardini and his European reputation*, Karl Otto, 1936, p. 369。

④ Michel de Montaigne, *Essais*, Deuxième volume, Paris: Firmin－Didot, 1907, p. 83.

⑤ 国外关于圭恰尔迪尼的批评史主要集中于文森特·卢西亚尼和卡洛·胡阿尼·切利的研究，参见 Vincent Luciani, *Francesco Guicciardini and his European reputation*, Karl Otto, 1936; Carlo Juhani Celli, *Francesco Guicciardini post－1945*, University of California, Los Angeles, 1992。

都没有被列入文艺复兴时期的巨人之列，但是他却被法国政治思想家让·博丹、启蒙运动家伏尔泰和英国历史学家吉本等人视为"历史之父"，是当代的修昔底德和色诺芬[①]。西蒙兹（John Addington Symonds，1840－1893）在后期的著作中也称他为所有民族和时代里最完美的历史学家，称其著作《意大利史》"几乎是无法超越的著作"[②]。事实上，在圭恰尔迪尼《未曾出版过的原稿》（*Opere Inedite*，1857－1867）出版以前，《意大利史》一书是维持其学术声誉的重要支撑。菲利克斯·吉尔伯特（Felix Gilbert，1905－1991）也认为圭恰尔迪尼在当时通常被认为是"与事件共时、亲历事件以及事件公正的叙述者和评判人"，而马基雅维利则一直被公众指责为道德堕落者[③]。但是情况随着拥有巨大学术影响力的兰克、德·桑克提斯等人的批评发生了改变。兰克与德·桑克提斯，这两位在史学界和文学界具有很大影响力的思想家对圭恰尔迪尼的批评，使圭恰尔迪尼凭《意大利史》积累起来的声誉土崩瓦解。那么，他们对圭恰尔迪尼的批评合理吗？事实真相到底为何？由于圭恰尔迪尼所受的批评源于他的政治立场和史学著作《意大利史》，因此，本文拟从政治与历史两个方面来分析五百多年来圭恰尔迪尼颇受争议的历史文化根源。

一 政治视角：从政治实践到德·桑克提斯的"特定阴影"

（一）门阀政治

评论家基于政治视角对圭恰尔迪尼的批评，首先集中在圭恰尔迪尼家

① 同时代的查理五世曾对他的朝臣们说，他能够在一小时内创造出 100 个贵族，100 个军事将领，但 20 年也创造不出一位像圭恰尔迪尼这样的历史学家。这一赞誉一直被后来的历史学家引用。详见 1763 年戈达德的《意大利史》英译本前言，Francesco Guicciardini, *The History of Italy*, VOL. I, translated by Austin Paker Goddard, London, Printed for Z. Stuart, at the lamb, in Pater－noster－Row, MDCCLXIII, . XVIII。对于圭恰尔迪尼在历史学界的地位，参见 Paul F. Grendler（Editor in Chief），*Encyclopedia of the Renaissance*, Vol. 3, Published by Charles Scribner's Sons, New York, 1999, p. 102。

② Take from the work of John Addington Symonds by Lieut－Colonel Alfred Pearson, *A Short history of Renaissance in Italy*, London: Smith, elder, & CO. , 15 Waterloo Place, 1893, p. 158.

③ 〔美〕菲利克斯·吉尔伯特：《历史学：政治还是文化——对兰克和布克哈特的反思》，刘耀春译，北京大学出版社，2012，第 19 页。吉尔伯特借鉴了阿诺尔德·黑伦对圭恰尔迪尼的评价。详见 Anorld Heeren, *Handbuch der Geschichte des Europäischen Staatenszstems und seiner Colonien*, Göttingen, 1819。

族对佛罗伦萨政治的操纵上。圭恰尔迪尼的祖先在12世纪左右从乡村来到佛罗伦萨城定居并建功立业。进入佛罗伦萨城市后，由乡村富有的封建领主成为“贤人（good plebeians）”。12～14世纪中期的佛罗伦萨面临着选择什么样的制度来维持自身生存的问题，圭恰尔迪尼家族在这段时间把握住了机遇，开始扶摇直上。圭恰尔迪尼的祖先1302年起开始担任正义旗手和执政团（Signoria）的要员，此后，他们经常担任此类职务。据里德尔菲（Roberto Ridolfi，1899－1991）统计，比圭恰尔迪尼家族担任正义旗手的次数要多的佛罗伦萨家族总共有4个：美第奇家族、萨尔维亚蒂家族、斯特罗齐家族和里德尔菲家族。[①] 1434年，美第奇家族在佛罗伦萨建立起实际的统治，皮埃罗·圭恰尔迪尼是迎回科西莫的主要人物之一，家族的荣耀也因此得以建立。在1466年卢卡·皮蒂试图推翻美第奇家族统治的事件和1478年的帕齐阴谋中，圭恰尔迪尼的祖父为维护美第奇家族出力最多，从而为圭恰尔迪尼家族带来了持续不断的荣宠。圭恰尔迪尼家族成员后来一直在政府的各个机构担任官职。圭恰尔迪尼正是出身于这样一个显贵家族，而圭恰尔迪尼之所以受批评的原因，也正是由于民众对于这种“门阀政治”的厌恶。

作为家中的第三个孩子，圭恰尔迪尼需要自谋前程。因此，他最初急切地想要继承他的叔父的高级主教的职位。这件事由于他的父亲皮埃罗·圭恰尔迪尼的阻拦未能如愿。[②] 在婚姻的选择上，圭恰尔迪尼考虑的也是家族联姻所能带来的荣誉和声望。圭恰尔迪尼选择与玛利亚·萨尔维亚蒂结婚，他在《大事记》中坦承这一选择与其岳父阿拉门农·萨尔维亚蒂的政治影响密不可分。因为萨尔维亚蒂家族比佛罗伦萨任何其他公民都要有更广泛的家族关系、财富和声望。他迫切“想要获得他们的联姻，不计任何代价”[③]。兰克评价道，圭恰尔迪尼的这种政治上的选择一直在满足自己的“虚荣心”[④]。

另外，1512年美第奇家族在教皇尤利乌斯二世的帮助下恢复了对佛罗

① Roberto Ridolfi, *The Life of Francesco Guicciardini*, New York: Alfred · A · knopf, 1968, p. 2.

② 里德尔菲认为皮埃罗·圭恰尔迪尼受萨沃纳罗拉的影响，参见 Roberto Ridolfi, *The Life of Francesco Guicciardini*, New York: Alfred · A · knopf, 1968, p. 8。

③ Francesco Guicciardini, *Selected Writings: Ricordanze*, edited and introduced by Cecil Grayson, translated by Margaret Grayson, London, 1965, p. 134.

④ 〔德〕利奥波德·冯·兰克：《近代史家批判》，孙立新译，北京大学出版社，2016，第4页。

伦萨的统治，佛罗伦萨共和国被颠覆。同在共和国任职的马基雅维利等共和派被美第奇家族辞退，但圭恰尔迪尼却能继续做他的驻西班牙大使，并在回到佛罗伦萨后继续为美第奇家族和教皇国服务，先后担任摩德纳、雷焦、帕尔马和罗马尼阿的最高行政长官。圭恰尔迪尼在 1528 年完成的《格言集》的 B 系列中写道：是机运（fortuna）安排他追随两位教皇并为他们服务①。但是在 1530 年修改的《格言集》的 C 系列中却表示：为了维护自身的利益（particulare），不得不为他们服务②。然而，根据里德尔菲的信件分析，圭恰尔迪尼为两位教皇服务的契机是他在做驻西班牙大使时就已经向枢机主教朱利奥·德·美第奇（即后来的克莱蒙七世）、洛伦佐·德·美第奇（小洛伦佐）和接替马基雅维利的新任国务秘书尼科洛·米凯洛奇等人写信，表达了他效忠新政府的决心。1513 年 3 月，乔瓦尼·德·美第奇当选为新任教皇，史称利奥十世，圭恰尔迪尼当即向他写信表达了祝贺和忠心。③ 这种政治上的投机主义让人们很难喜欢他。④

批评家感兴趣的另一件事情是圭恰尔迪尼对科西莫一世当选的操纵。1537 年，亚历山德罗被洛伦奇诺·德·美第奇暗杀，佛罗伦萨局势骤变。圭恰尔迪尼与美第奇家族的领袖秘密会晤，选举美第奇家族的旁支科西莫·德·美第奇为继任者。亚历山德罗被暗杀后仅有一个年幼的私生子，而作为美第奇家族旁系的 17 岁的科西莫在佛罗伦萨毫无声望可言。里德尔菲认为，圭恰尔迪尼希望建立一个限制君主权力的贵族寡头政府，他们选举科西莫主要基于两点考虑：一是科西莫年轻，使圭恰尔迪尼认为他应该会依赖圭恰尔迪尼的建议；二是圭恰尔迪尼已经计划将小女儿丽莎贝塔嫁给科西莫。⑤ 这种行为引起了瓦尔基（Benedetto Varchi，1503 - 1565）、塞

---

① Francesco Guicciardini, *Opere di Francesco Guicciardini* (volume 1, *Ricordi*, *serie B*, 124), a Cura Di Emanuella Scarano, Unione Tipografico - Editrice Torinese, 1970, p. 829. 机运女神与命运女神是不同的两个概念，机运是 fortuna，人们可以通过努力对之产生影响，而命运则是 fato，是注定的，不可改变的。

② Francesco Guicciardini, *Opere di Francesco Guicciardini* (volume 1, *Ricordi*, *serie C*, 28), a Cura Di Emanuella Scarano, Unione Tipografico - Editrice Torinese, 1970, pp. 735 - 736.

③ Roberto Ridolfi, *The Life of Francesco Guicciardini*, New York: Alfred · A · knopf, 1968, p. 40.

④ Rudolf von Albertini, *Firenze dalla repubblica al principato*: *Storia e coscienza politica*, Tranlated by C. Cristofolini, Torino, 1970.

⑤ Roberto Ridolfi, *The Life of Francesco Guicciardini*, New York: Alfred · A · knopf, 1968, p. 248.

尼（Bernardo Segni，1504－1558）等后来的几代学者的嘲笑。[①] 尽管，里德尔菲比较认同洛伦佐·波焦（Lorenzo Poggio）的观点，即圭恰尔迪尼因为美第奇家族洛伦齐诺和科西莫之间权力斗争的不确定性，最初是反对将他的女儿嫁给科西莫的。[②] 但萨伊塔（G. Saitta）将圭恰尔迪尼的这种行为视为“反民主的”，是美第奇家族的谄媚者，认为他为了谋取个人私利而宁愿牺牲普遍的自由。[③]

（二）圭恰尔迪尼的政治思想与政治实践的错位

圭恰尔迪尼出身于贵族家庭，他心目中的理想政体是威尼斯的贵族寡头政体，他在著作中不止一次地赞美威尼斯政体，并试图以之为榜样建立一个相仿的共和国。[④] 圭恰尔迪尼眼中的威尼斯共和国政体是良性的，既没有罗马共和国咄咄逼人的扩张性，共和国也因为规模较小而相对便于管理。例如，他在《对马基雅维利〈论李维罗马史〉的思考》中写道：

> 毋庸置疑，一个由君主、贵族和人民三种力量组成的混合制政府更好，并且比单一制的政府更稳固。……在贵族统治的政府中，有这样一些优点，它们没有一人统治那么容易建立僭主制。他们是这个城市中最有资格（最称职的）统治的，相对于普通民众他们更为睿智和审慎。[⑤]

然而，在实际的整个政治生活中，圭恰尔迪尼不仅一直支持美第奇家族的统治和僭主政治，而且与共和派产生了无法弥补的裂隙，这让圭恰尔迪尼饱受同时代以及之后的佛罗伦萨人纳尔迪（Nardi）、瓦尔基、塞尼等的批评，他们视圭恰尔迪尼为将佛罗伦萨共和国出卖给美第奇家族的罪魁

---

① Carlo Juhani Celli, *Francesco Guicciardini post－1945*, University of California, Los Angeles, 1992, pp. 70－71.

② Ibid.

③ G. Saitta, “La politica di Francesco Guicciardini” in*Antologia della critica storica*, vol. II, ed. by Franco Landogna, Torino, 1966, p. 238.

④ Francesco Guicciardini, *The History of Italy*, (Vol. I) translated by Austin Paker Goddard, London, Printed for Z. Stuart, at the lamb, in Pater－noster－Row, MDCCLXIII, pp. 252－268.

⑤ Francesco Guicciardini, *Selected Writings: Considerations on the ‘Discourses’ of Machiavelli on the First Decade of T. Livy*, edited and introduced by Cecil Grayson, translated by Margaret Grayson, London, 1965, pp. 63－65.

祸首。佩科拉罗（M. Pecoraro）表示不能原谅圭恰尔迪尼因为个人的利益而成为佛罗伦萨共和派的敌人。① 1527 年，罗马陷落以后，美第奇家族倒台，佛罗伦萨由更激进的共和派执政。由于教皇与查理五世达成和解，激进派视圭恰尔迪尼为教皇的人，怀疑他对佛罗伦萨的忠诚。他们不仅控诉圭恰尔迪尼侵吞战争款项，而且没收了他的家产。这无疑伤害了圭恰尔迪尼的自尊心和个人利益。1530 年 8 月 12 日，德、西军队攻入佛罗伦萨，亚历山德罗·德·美第奇在查理五世的扶植下成为佛罗伦萨元首，圭恰尔迪尼被派回佛罗伦萨整顿事务。圭恰尔迪尼对共和派采取了强硬手段予以报复，激进派人士或被流放，或经严刑拷问之后被处以绞刑。此后，圭恰尔迪尼又为亚历山德罗辩护，支持他建立独裁统治，这更令共和派对圭恰尔迪尼恨之入骨。对这一辩护，里德尔菲认为圭恰尔迪尼只是履行他作为律师的职责。而佩科拉罗认为圭恰尔迪尼的行为是应受斥责的。从佛罗伦萨叛乱那一刻起，圭恰尔迪尼就惧怕产生一个佛罗伦萨共和国，它会再一次放逐他并没收他的财产，他与亚历山德罗的继任者科西莫一世的命运绑在一起。②

在教会统治时期，社会精英的理论信仰与现实感受之间存在着明显的冲突。在理论上，现世的苦难是进入天国世界的准备；而实际上，他们又为教会的权势感到振奋。③ 这种奇怪而矛盾的二元论恰恰反映在圭恰尔迪尼的身上。一方面，他对教会的腐败感到深恶痛绝，另一方面，他又积极为教会和教皇服务。这种政治理想和政治实践之间的矛盾，使西方思想界一直将其视为政治犬儒主义者的典型。因此，在 1871 年意大利统一之前，圭恰尔迪尼的形象就已经有了较大争议。一方面，法国理论家让·博丹在他的《简明易懂历史的方法》（*Methodus ad facilem historiarum cognitionem*，1566）中较早地注意到了圭恰尔迪尼之于当时城邦政治的重要性，以及他在历史书写过程中的真实性问题。④ 博丹指出圭恰尔迪尼精于城邦和军事事务，试图为历史事实而写作，并非简单的编造故事以取悦于同代人和他

① M. Pecoraro, "II Guicciardini del Ridolfi," in*Saggi vari da Dante al Tommaseo*, Bologna: Mursia, 1970.

② Roberto Ridofli, *Studi Guicciardiniani*, Florence, 1975.

③ Bertrand Russell, *A History of Western Philosophy*, Second edition, First published 1946, George Allen & Unwin Ltd, 1961, p. 229.

④ Paul F. Grendler (Editor in Chief), *Encyclopedia of the Renaissance*, Vol. 3, Published by Charles Scribner's Sons, New York, 1999, p. 102.

的同胞。[①] 皮埃尔·贝尔注意到了时人对圭恰尔迪尼的负面批评，但他在《历史和批判词典》中仍然坚持认为圭恰尔迪尼是一位“非常值得尊敬的历史学家”[②]。伏尔泰也曾赞美圭恰尔迪尼的历史成就，认为“圭恰尔迪尼是意大利的修昔底德或色诺芬，因为他有时就是在他所描写的战争中指挥作战”[③]。另一方面，历史研究者蒙田则在圭恰尔迪尼的作品中洞察到他人性中的冷酷和精于谋划。众所周知，16~18世纪是西欧各国民族主义觉醒的时期。为了捍卫所在城邦或国家的民族性格和君主形象，这时期的大多数人并不像博丹和蒙田那么公正和客观，他们总是从个人和本国立场出发评价圭恰尔迪尼。这一时期圭恰尔迪尼的负面形象主要源于他当年政治实践过程中所犯的错误，包括他在著作《意大利史》中描写同时代政治人物时所招致的不满。

（三）“统一观”与德·桑克提斯的批评形成的“特定阴影”

15~16世纪的意大利，还处于一个四分五裂的状态。沙博（Federico Chabod，1901－1960）曾经谈到，就15~16世纪的意大利诸邦国而言，要说爱国主义是很勉强的。意大利人文主义者的“文化”自豪感难以形成一种“政治”力量，以与“野蛮人”对抗。威尼斯、米兰和佛罗伦萨也经常借助外国的力量来摧毁意大利的其他城邦，以捍卫意大利的“自由”[④]。1494年的意大利战争促使意大利的统一观和民族主义诞生。批评家对圭恰尔迪尼最大的反感就源自于他缺乏这种统一观。许多学者指责圭恰尔迪尼是分裂主义者，因为他在《对马基雅维利〈论李维罗马史〉的思考》中表达了他对统一的质疑：

> 我实在不知道一个人的统治对这个国家是福还是祸。因为，对于一个共和国来说，统一可能给意大利的声名带来荣耀，给城市统治者

---

① Jean Bodin, *Methodus ad facilem historiarum cognitionem*, Lyon: Jean Marechal, 1583. 转引自Athanasios Moulakis: *Republican Realism in Renaissance Florence* (*Francesco Guicciardini's Discorso Di Logrogno*), Rowman & Littlefield Publishers, Inc., 1998, pp. 32－33.

② Pierre Bayle, *The Dictionary Historical and Critical*, 2d, ed., London: Knapton, 1734－1738, vol. 3, pp. 270－275.

③ Voltaire, *Essai sur les Moeurs*, Paris: Garnier, 1878, vol. 11, chap. 121, p. 246.

④ 〔意〕费德里科·沙博：《有一个文艺复兴时期的国家吗?》，刘耀春译，载《新史学》第19辑，2017年9月。(Federico Chabod, "Was There a Renaissance State?", in *The Development of the Modern State*, Heinz Lubasz, ed., New York, 1964.)

带来幸福，但它对其他所有人来说可能意味着灾难。因为在专制的阴影下城市不可能取得任何伟大的成就……[①]

圭恰尔迪尼对统一没有什么热情，他更倾向于维持意大利各城邦独立自由的现状。他认为：分裂可能是意大利的命运（fato）或者说是它的民族性格——强壮而智慧——所致，它从来不会轻易服从于任何人的统治，即使是在教会来这里之前。意大利天生渴望自由，除了罗马人用强大的暴力和英勇的军队征服过这里之外，没有任何记载说有另外一个国家曾经完全占据过这里。因此，他表示，罗马教廷反对统一是因为这一分裂状态合乎它最古老的习惯和倾向。[②]

这一论点在统一人士看来，确实难以接受。但是，批评家们似乎忽略了非常重要的一点，即《对马基雅维利〈论李维罗马史〉的思考》成书于1529年，此时意大利各邦国与英、法的同盟已经失败，罗马也被攻陷。作为一个政治上的失意者，圭恰尔迪尼的内心是羞愧的，他一直在自我辩解与自我鞭笞之间徘徊。一方面，通过对当时形势的权衡或评估，他认为自己做出的联合米兰、威尼斯、法国对抗查理五世的决定是正确的；另一方面，他确实是干邑同盟的促成者，对战争的失败负有不可推卸的责任。菲利普斯（Mark Phillips）与沙士戴勒（Andre Chastel）都认为，1527年后爆发了一场文化危机，而圭恰尔迪尼在罗马被洗劫后经历了深刻的自我反省[③]。1512年圭恰尔迪尼在《格言集》的早期版本中描述了他离世前所期盼的三件事：我希望在我们的城市里建立起一个井然有序的共和国；意大利能够摆脱野蛮人的控制；世界可以从邪恶僧侣们的暴政中解放出来[④]。在1523～1525年间的版本中，圭恰尔迪尼加了句“虽然我怀疑，即使我

---

① Francesco Guicciardini, *Selected Writings: Considerations on the 'Discourses' of Machiavelli on the First Decade of T. Livy*, edited and introduced by Cecil Grayson, translated by Margaret Grayson, London, 1965, pp. 81 - 82; Francesco Guicciardini, *Opere di Francesco Guicciardini* (volume 1, *Considerazioni sui《Discorsi》del Machiavelli*), a Cura Di Emanuella Scarano, Unione Tipografico - EditriceTorinese, 1970, pp. 629 - 630.

② Ibid.

③ Carlo Juhani Celli*Francesco Guicciardini post* - 1945, University of California, Los Angeles, 1992, p. 56.

④ Francesco Guicciardini, *Maxims and Reflections of a Renaissance Statesman* (*Ricordi*), translated by Mario Domandi, introduction by Nicolai Rubinstein, Gloucester, Mass. Perer Smith, 1970, Q2 17, p. 144.

一直活下去，可能也等不到它们成功的那一天”[①]。而在以后的版本中，这一条便消失了。由此可见，圭恰尔迪尼早期的想法和 1527 年之后完全不同。

圭恰尔迪尼认为如果有好的制度和方案，城市和公共事务的变化是相当缓慢的，它们往往能够以此抗衡时运（fortuna）带来的颠覆力量而得以长久存在。[②] 但他又感慨生于末世的不幸。他认为，一旦城市落入暴君之手，一个好的公民应该去努力配合暴君的行动，并用自己的影响力惩恶扬善。[③] 这样看来，圭恰尔迪尼对城市的忠诚似乎超越了对美第奇家族的情感和精英共和政体的政治构想。城市的基本精神是自由，这与文艺复兴时期的精神和当时的国家理念是相符的。但圭恰尔迪尼的这种观念在后来 19 世纪的意大利民族复兴运动和谋求国家统一人士看来，不仅不合时宜，而且是堕落、危险的体现。政见的歧异，必然导致人物风评的转移。

在这一问题上，德·桑克提斯的“分裂主义者”定论为圭恰尔迪尼的声誉留下了长久的阴影。弗朗切斯科·德·桑克提斯是 19 世纪意大利的文坛巨匠，他在意大利文学领域的学术影响经久不衰。1857～1867 年间，圭恰尔迪尼的《未曾出版过的原稿》出版。此书的出版有助于加深读者对圭恰尔迪尼的了解，一定程度上提升了圭恰尔迪尼的文化地位和学术热度。但德·桑克提斯在 1869 年写了一篇名为《圭恰尔迪尼式的人物》（*L' uomo del Guicciardini*）的评论[④]，文中对圭恰尔迪尼的严厉批评，降低了读者对圭恰尔迪尼著作的阅读热情，圭恰尔迪尼的形象也因此蒙上了一层特定的阴影。德·桑克提斯提倡道德价值和坚定立场，他的梦想是建立一个主张立宪和改革的“年轻的左翼”，不断扩大国家的基础，运用坚定的意志和披荆斩棘的气概把资产阶级内部对立的左右两翼联合起来，实现国家的统一[⑤]。

---

① Ibid, Series B 14, p. 101.

② Ibid, Series C 139, p. 76. *Francesco Guicciardini*, *Opere di Francesco Guicciardini* (*volume* 1, *Ricordi*, *Serie C*, 139), a Cura Di Emanuella Scarano, Unione Tipografico – Editrice Torinese, 1970, p. 768.

③ Francesco Guicciardini, *Maxims and Reflections of a Renaissance Statesman* (*Ricordi*), translated by Mario Domandi, introduction by Nicolai Rubinstein, Gloucester, Mass. Perer Smith, 1970, Series C 220, p. 98.

④ Francesco De Sanctis, "L' uomo del Guicciardini", in*Nuova Antologia*, XII, October 1869, pp. 217 – 235.

⑤ 〔意〕斯帕多利尼：《缔造意大利的精英——以人物为线索的意大利近代史》，罗红波、戎殿新译，世界知识出版社，1993，第 261～265 页。

德·桑克提斯虽然表示了个人对圭恰尔迪尼智力的欣赏，但他受拜诺伊斯特（Benoist）和赛特布里尼（Settembrini）的影响，将圭恰尔迪尼视为极端自私自利者，意大利统一的绊脚石。拜诺伊斯特和赛特布里尼认为马基雅维利的上帝是祖国，而圭恰尔迪尼的上帝则是自我（ego）；马基雅维利随时准备牺牲自己的孩子来拯救祖国，而圭恰尔迪尼则随时准备牺牲自己的祖国以满足自己的个人利益①。经过这样的对比，两者高下立判。马基雅维利重视祖国的牺牲精神符合这一时期意大利民族主义和爱国主义高涨的时代需要，而圭恰尔迪尼的论调则似乎显得不合时宜。

德·桑克提斯这一代人正在为意大利的统一而奋斗，拜诺伊斯特和赛特布里尼对圭氏的这种评价给他留下了深刻的印象。在《圭恰尔迪尼式的人物》一文中，德·桑克提斯扩大了对圭恰尔迪尼的负面评价。就德·桑克提斯而言，圭恰尔迪尼是文艺复兴时期的吝啬鬼，深受早熟之苦，他对圭恰尔迪尼早期伊壁鸠鲁式的生活态度极为不满。圭恰尔迪尼的党派主义、理性主义和唯物主义特性充分解释了16世纪的意大利是如何沦陷并被其他国家所奴役的。德·桑克提斯明确指出圭恰尔迪尼式的传统正是腐蚀新意大利独立道德品质的一剂致命的毒药。德·桑克提斯刻意地将圭恰尔迪尼与更为注重提倡英雄主义和爱国主义的马基雅维利进行对比，大力宣扬爱国主义者对圭恰尔迪尼的批评，给圭恰尔迪尼贴上诸如“利己主义者、残酷迫害共和派人士”的道德标签。

德·桑克提斯对圭恰尔迪尼的批评基于特定的历史政治背景和时代要求。杰托（Giovanni Getto，1913－2002）和吉尔伯特将圭恰尔迪尼视为为子孙后代和自己的尊严写作的人，因为历史的原因在历史的写作中有与生俱来的荣誉，不是为了民族主义或者德·桑克提斯指责的仅有的修辞②。然而德·桑克提斯对圭恰尔迪尼的不满态度持续发酵。1885年，英国的意大利文艺复兴的推广者、诗人、历史学家约翰·阿丁顿·西蒙兹，在撰写第九版《大英百科全书》（*Encyclopaedia Britannica*）的“圭恰尔迪尼”词条时，完全接受了德·桑克提斯的观点，还加入了更为夸张的措辞。他评

① L. Settmbrini, *Lezioni di letteratura italiana dettate nell' Universita di Napoli*, *Vincent Luciani*, 15th, ed., Naples, 1892, vol. 2, p. 149. 转引自 Vincent Luciani, *Francesco Guicciardini and his European reputation*, Karl Otto, 1936, p. 368。

② Giovanni Getto, "Note sulla prosa della *Storia d' ltalia* di Francesco Guicciardini," in *Aveum*, (XV), 1941. Felix Gilbert, *Machiavelli and Guicciardini*: *Politics and History in Sixteenth – Century Florence*, Princeton, 1965.

价圭恰尔迪尼是“愤世嫉俗和自私自利时代的产物”，他不仅具有那些令其同胞所厌恶的品质，诸如“野心勃勃、残忍、睚眦必报和贪婪”，还是一位“冷漠而固执的利己主义者”，“他牺牲真相和荣誉以满足个人利益，他对自己世界的最坏情况的默许——只要他可以用它们满足自己的利益——与他的表里不一结合在一起，形成了一种在我们看来即使不是邪恶有害的，也是令人鄙薄的特性”[①]。西蒙兹将意大利社会和政治的衰落归咎于圭恰尔迪尼式的人物——没有爱国心的自私自利者。西蒙兹认为，由于上述人格问题，以及《意大利史》冗长乏味且没有任何道德和情感的文风，抑制了人们阅读圭恰尔迪尼历史著作的兴趣。从这时起，几乎所有写圭恰尔迪尼的评论家在某种程度上都将圭恰尔迪尼视为马基雅维利犬儒主义阴暗面的意识形态继承者了。[②]

二　史学视角：从《意大利史》的写作方式到兰克的批判

（一）《意大利史》的文风

圭恰尔迪尼生前没有发表任何著作，他的《意大利史》在1561年才开始出版，但只有16卷。1564年，《意大利史》的后4卷单独在威尼斯和帕尔马出版。以上版本及此后出现的版本都是经过审查后的删节本。《意大利史》的完整版直到1775年才真正出现。[③]《意大利史》一经出版就被翻译成拉丁文、法文、德文、荷兰文、西班牙文和英文，对欧洲文化圈产生了重要影响。从波利比乌斯到斯宾格勒，许多作家都对国家衰落的无形因素着迷，圭恰尔迪尼的《意大利史》主题也是在探求意大利衰落的原因。他在《意大利史》中总结出来的最重要的教训是：谨慎的缺失和野心的过度。

圭恰尔迪尼因《意大利史》一书招致的批评首先体现在这本书的体例和文风上。《意大利史》采用的是编年史体例，叙述方式是按照时间而不是事

① *Encyclopaedia Britannica*, *ninth edition*, vol. 11, New York: Charles Scribner's sons, 1878 - 1889, pp. 255 - 257.

② Carlo Juhani Celli, *Francesco Guicciardini post - 1945*, University of California, Los Angeles, 1992, p. 20.

③ Vincent Luciani, *Francesco Guicciardini and his European reputation*, Karl Otto, 1936, pp. 13 - 15.

件的进展，因此他会经常中断一件事情之后又重新在另一章接着叙述。另外，《意大利史》的事件和人物纷繁复杂，这种形式的著作让有些读者觉得比较枯燥。蒙田在《随笔集》中尽管承认圭恰尔迪尼勤奋、真实的写作精神，但也难以接受圭恰尔迪尼的文风。他说圭恰尔迪尼试图“努力不丢掉可能会说到的任何事情”，结果“堕落成为一种学究气的、迂腐的、冗长的、喋喋不休的说教”[①]。这一观点直接影响了美国学者汤普森在《历史著作史》中对圭恰尔迪尼的评价。[②] 蒙田认为：圭恰尔迪尼把人物的“动机”归因于私利和居心叵测，一字不提美德、宗教和良心，没有看到人类高尚和理性的行为。他对此感到不可思议，怀疑圭恰尔迪尼“心术不正”[③]。贝尔在编撰《历史和批判词典》时，同样认为有些人对圭恰尔迪尼的文风不满：他保留了太多琐碎的事情，嵌入了太多长篇大论，不仅倾向于将行动归因于坏的动机，还将战争和国家改革的决定因素归诸虚无缥缈的运气。[④]

19 世纪之前，学术界对圭恰尔迪尼的《意大利史》的批评多是缘于地方历史学家对其写作风格的不满和拥有巨大文化影响力的蒙田等人的描述。不过，彼时肯定其作为的正面描述还是多于负面评价的。但这些中肯的评价随着兰克对圭恰尔迪尼的批评在 19 世纪以后逐渐声闻阒寂。

（二）兰克对“权威”的挑战

兰克对圭恰尔迪尼的批评主要集中于四点：第一，著作的形式。兰克认为圭恰尔迪尼的《意大利史》一书的书写形式来源于阿里奥斯托的《愤怒的奥兰多》（*Orlando Furioso*），这种经常打断和重新拾起的叙述方式，是有意识地遵照编年史的书写方式进行的。兰克对此相当愤怒，他反问道：“某个事件在年份上的偶然差别，确实重要到他必须先说清楚阻碍他连续记述的事件之后，再回过头来接着记述原来的事件吗?”[⑤] “这样的著作自然是不堪卒读和无法忍受的。”[⑥] 因此，凡是阅读过这部史书的人都会因其叙述对象的经常转换而毫无头绪，无所适从。

---

① Michel de Montaigne, *Essais*, Deuxième volume, Paris: Firmin – Didot, 1907, p. 83.

② 〔美〕J. W. 汤普森：《历史著作史》，谢德风、李活译，商务印书馆，1996，第 720 页。

③ Michel de Montaigne, *Essais*, Deuxième volume, Paris: Firmin – Didot, 1907, p. 83.

④ Pierre Bayle, *The Dictionary Historical and Critical*, 2d, ed., London: Knapton, 1734 – 1738, vol. 3, pp. 270 – 275.

⑤ 〔德〕利奥波德·冯·兰克：《近代史家批判》，孙立新译，第 13 页。

⑥ 〔德〕利奥波德·冯·兰克：《近代史家批判》，孙立新译，第 14 页。

第二，兰克试图向读者证明，圭恰尔迪尼的材料是从他人那里剽窃过来的，无论是第一手的材料还是权威的信息。他认为圭恰尔迪尼抄袭了加利亚佐·卡普拉（Caleazzo Capra，1487 - 1537）的《米兰公爵弗朗西斯光复原位记事》（*Commentarii de rebus gestis pro restitution FrancisciII*，*Mediolanensiumducis*）关于帕维亚战争的描述和贝尔纳多·鲁切拉伊（Bernardo Rucellai，1449 - 1514）的《意大利战争》（*De Bello Italico*）中关于查理八世到达托斯卡纳一事的描述。在兰克的心中，尽管圭恰尔迪尼在某些大事中扮演着关键性的角色，但他的《意大利史》并不能被视为可信的原始材料[①]。不过，兰克也表示，“如果把他归类于那些同样只是复制了一些外来资料的作家之列，对他来说也是不公正的”[②]，“如果说圭恰尔迪尼的著作是鲁切拉伊著作的复制品的话，我们就走得太远了……人们到处都能看到他的独特性和独立精神”[③]。

第三，兰克质疑圭恰尔迪尼演说词的真实性，他认为圭恰尔迪尼是用其他演说词代替甚至是虚构了演讲并重构事实，使之与虚构的演讲相互呼应。兰克考察了索德里尼、皇帝马克西米利安等人的演讲内容，指出圭恰尔迪尼为了使演讲看上去确有其事，“不仅改动了索德里尼的演讲，虚构了皇帝的演讲，而且还肆意歪曲历史事实，以便使演讲看上去像是确有其事”[④]。兰克认为，圭恰尔迪尼为了使文章文辞优雅，起到激励作用，虚构了演说词。

第四，兰克认为历史不允许虚构，哪怕是最微小的细节。而圭恰尔迪尼的叙述，则有大量错误的存在。他列举了 1499 年法国征服米兰事件中，圭恰尔迪尼对加利亚佐·圣塞韦里诺的错误描述。圭恰尔迪尼认为加利亚佐有能力对抗法军却逃跑了，从而成了懦弱的背叛者的典型。[⑤]兰克从卢多维科的一份报道中找到证据，认为米兰兵力处于弱势，加利亚佐是有计划地撤退的。兰克对于圭恰尔迪尼握有卢多维科的报告而枉顾事实感到不满，认为圭恰尔迪尼是基于个人私愤而冤枉了加利亚佐，抄袭了克里奥等人的著作。圭恰尔迪尼在《意大利史》中将干邑联盟失败的原因

---

① Vincent Luciani, *Francesco Guicciardini and his European reputation*, Karl Otto, 1936, p. 256.

② 〔德〕利奥波德·冯·兰克：《近代史家批判》，孙立新译，第 24 页。

③ 〔德〕利奥波德·冯·兰克：《近代史家批判》，孙立新译，第 30 ~ 31 页。

④ 〔德〕利奥波德·冯·兰克：《近代史家批判》，孙立新译，第 36 页。

⑤ Francesco Guicciardini, *The History of Italy*, VOL. II, translated by Austin Paker Goddard, London, Printed for Z. Stuart, at the lamb, in Pater - noster - Row, MDCCLXIII (1763), pp. 334 - 335.

归诸乌尔比诺公爵的不作为，兰克对此进行了辩驳。他认为公爵的军队相比于其对手来说还很稚嫩，不应该对乌尔比诺公爵期望太高，因此，他断定圭恰尔迪尼将责任转嫁给乌尔比诺公爵更多的是出于个人利益的考虑。另外，圭恰尔迪尼著作中记载的一些奇迹内容，兰克觉得匪夷所思，不可容忍，认为这不是一个客观公允的历史学家应该持有的态度。

事实上，1824 年兰克出版《拉丁与日耳曼民族史》时，圭恰尔迪尼的《意大利史》在欧洲具有深远的影响力。兰克通过对权威的挑战，将圭恰尔迪尼打落神坛，初步形成了他的历史观，确立了他在史学界的权威。吉尔伯特注意到了这一现象，他认为当时圭恰尔迪尼通常被视为“与事件共时、亲历事件以及事件公正的叙述者和评判人”，而马基雅维利尚未摆脱反马基雅维利者对其道德堕落的指控。因此，兰克的观点与当时的主流观点相左。[①] 兰克的历史观是：①使史学写作成为一门文学艺术。②使用考据法确立历史史实。③民族精神构筑欧洲民族共同体。④历史要超越“事实的大量堆积”，提升为一种普遍的观点，一种关于客观存在的相关的知识。[②] 这些观点与马基雅维利的历史观正相合。马基雅维利是一位理想主义者，因为政治上的失意，在文学作品上投入比圭恰尔迪尼要多，文笔也相对更优雅流畅。并且，马基雅维利与热衷于引起人类巨变的特殊性因素和对人类独特环境的解释的圭恰尔迪尼不同，前者更倾向于人类普遍性准则的探索。作为一位理想主义者，马基雅维利一直致力于使意大利强大起来的方法。因此，兰克对当时批评家猛烈打击的马基雅维利报以理解和同情，认为马基雅维利的全部心思都集中在意大利的解放事业上，为了拯救意大利，甘冒风险，开出了以毒攻毒的药方。[③]

文森特·卢西亚尼认为，兰克过多地停留在某些细节的洞察上使他忽视了整部著作的价值[④]。里德尔菲也认为兰克对圭恰尔迪尼的批评较为片面，甚至是错误的[⑤]。菲利克斯·吉尔伯特认为兰克的考据热情过头了[⑥]。

---

① 〔美〕菲利克斯·吉尔伯特：《历史学：政治还是文化——对兰克和布克哈特的反思》，刘耀春译，第 19 页。

② 〔美〕菲利克斯·吉尔伯特：《历史学：政治还是文化——对兰克和布克哈特的反思》，刘耀春译，第 11、15、18、22、25 页。

③ 〔德〕利奥波德·冯·兰克：《近代史家批判》，孙立新译，第 287 ~ 289。

④ Vincent Luciani, *Francesco Guicciardini and his European reputation*, Karl Otto, 1936, p. 263.

⑤ Roberto Ridolfi, *The Life of Francesco Guicciardini*, New York: Alfred · A · knopf, 1968, p. 94.

⑥ 〔美〕菲利克斯·吉尔伯特：《历史学：政治还是文化——对兰克和布克哈特的反思》，刘耀春译，第 19 页。

伊格尔斯（Georg G. Iggers，1926－2017）在评述兰克在“历史学作为一种专业规范的诞生”上的贡献时，也认为兰克力图在文献考订的基础上重建一幅宏伟的欧洲政治改造的画面时[①]，排斥了任何以原来材料为基础之外的写作历史的企图，他多少有点不公正地谴责此前一切有关意大利战争的叙述——包括圭恰尔迪尼的经典著作[②]。维拉里（Villari）详细查阅了圭恰尔迪尼家族档案馆的档案，发现圭恰尔迪尼确实是最大程度地利用了这些档案，他的很多被兰克认为是错误的观点是符合当时时代的普遍看法的[③]。尽管兰克在最后也认识到《意大利史》这部著作的胆略和伟大，但他的偏见和巨大影响力无疑使圭恰尔迪尼的著作和声誉蒙上了一层灰尘。

德·桑克提斯和兰克等人的观点影响深远，以至于现在人们对圭恰尔迪尼的看法仍然笼罩在他们的阴影之中。人们简单地从意大利人在公共秩序中缺乏羞耻感的行为，得出意大利人的性格中包含的自私自利和腐朽的内容，然后将之归因于500年前圭恰尔迪尼式人物的影响。[④]

三 文艺复兴中心转移后的综合性研究和正名

20世纪以后，随着学界相关研究的进一步深入，学者们对圭恰尔迪尼的研究渐趋客观和中立，学者们不断纠正德·桑克提斯等人观点的偏颇，开始将圭恰尔迪尼纳入文艺复兴时期的巨人之列。[⑤] 理查德·加尼特（Richard Garnett，1835－1906）在其《意大利文学史》中认为，圭恰尔迪尼的《意大利史》之所以文风不佳，是因为它的作者还没有进行最后的润色便去世了。圭恰尔迪尼和吉本一样，很重视自己的尊严，并将历史视为诗人的歌袍。圭恰尔迪尼与波利比乌斯一样文风不佳，但他们良好的判断

---

① 即《拉丁与日耳曼民族史》（*Geschichten der romanischen und germanischen Völker von* 1494 *bis* 1514），读者可参见英文版 Leopold von Ranke：*History of the Latin and Teutonic Nations from* 1494 *to* 1514，London：George Bell and Sons，York Street，Convent Garden，1887。

② 〔美〕伊格尔斯：《二十世纪的历史学——从科学的客观性到后现代的挑战》，何兆武译，辽宁教育出版社，2003，第26～27页。

③ Richard Garnett：*A History of Italian Literature*，New York：D. Appleton and Company，1901，p. 167.

④ Mark Phillips，*Francesco Guicciardini*：*The growth of the Historian's mind*，University of Toronto，Ph. D.，1974，P. III.

⑤ Francesco Guicciardini，*The history of Florence*，Translation，Introduction，and Notes by Mario Domandi，Harper & Row，1970，p. XIII.

力和他们所记录的宝贵政治经验可以弥补这一缺陷。[①] 英裔美国人较少受到天主教或意大利民族主义先入之见的影响，波考克将圭恰尔迪尼置于大西洋共和主义传统中，强调了对话中更为普遍的方面，使圭恰尔迪尼成为某种文艺复兴时期的亚历山大·汉密尔顿。[②] 沙博在他的《意大利百科全书》中承认圭恰尔迪尼对意大利和佛罗伦萨所做的爱国努力。[③] 帕尔马洛奇（Roberto Palmarocchi）将圭恰尔迪尼视为一位有着经验主义缺点的政治实践者。[④] 里德尔菲和帕伦博（Matto Palumbo）认为圭恰尔迪尼的诚实、责任感、职业道德和正义平衡了他性格中不太光彩的方面。[⑤]

事实上，对圭恰尔迪尼的批评远没有因此而消失。在20世纪意大利的主要意识形态渠道中，民族主义、天主教和马克思主义，圭恰尔迪尼无法得到任何一方的支持或同情。学者们对圭恰尔迪尼行为和态度的理解，大多还是基于道德的立场，并非从探寻圭恰尔迪尼的生存环境和人生经历的角度进行解释。萨伊塔认为圭恰尔迪尼只懂得秩序和务实独断。在圭恰尔迪尼看来，人民大众不具备意识到危机和解决问题的天赋，而这样的语言成为少数人野心的审慎表达。圭恰尔迪尼还错误地估算了个人和公众的善。正是基于上述论断，萨伊塔表示不能原谅圭恰尔迪尼。[⑥]

沙士戴勒曾指出圭恰尔迪尼希望能够在道德上或宗教上做出成就，可以让意大利避免陷于衰落的危局，继而联合各方力量使意大利重新崛起。但1529年的博洛尼亚的会议证明，缺乏支持力量的圭恰尔迪尼无法达成这一理想。[⑦] 罗素（Bertrand Russell，1872－1970）接续传统的观点，认为圭恰尔迪尼是意大利政治腐败的典型，更是文艺复兴和人文主义缺陷的体现。他引用圭恰尔迪尼的《格言集》中为了自身利益，无论如何讨厌还是要为教皇服务的话语为例，说明为什么“人文主义者不能开创一个新局

---

① Richard Garnett: *A History of Italian Literature*, New York: D. Appleton and Company, 1901, p. 167.

② 〔英〕J. G. A. 波考克：《马基雅维里时刻：佛罗伦萨政治思想和大西洋共和主义传统》，冯克利、傅乾译，译林出版社，2013。

③ Federico Chabod, "Francesco Guicciardini" in *Enciclopedia Italiana*, vol. XVIII, Rome, 1949.

④ Roberto Palmarocchi, *Studi Guicciardiniani*, Città di Castello, 1947, pp. 31－57.

⑤ Roberto Ridolfi, *The Life of Francesco Guicciardini*, London, 1967.

⑥ G. Saitta, "La politica di Francesco Guicciardini" in *Antologia della critica storica*, vlo. II, *Età Moderno*, ed. by Franco Landogna, Torino, 1966. 参见 Carlo Juhani Celli, *Francesco Guicciardini post－1945*, University of California, Los Angeles, 1992, p. 222。

⑦ Andre Chastel, *Il sacco di Roma*, Torino, 1983.

面”的问题。①

黑尔（John Hale）、马克·菲利普斯、艾瑞克·科克兰（Eric Cochrane）、威尔考克斯（Donald Wilcox）、西德尼·亚历山大（Sidney Alexander）等人则从历史的角度肯定了圭恰尔迪尼的史学贡献。② 邦达内拉（Peter Bondanella）认为，圭恰尔迪尼的缺陷是他缺少一个“哲学框架”以及将他个人的世界观转为普世的观点的能力。③ 黑尔视圭恰尔迪尼的人生为从个人到民族心理的一个转变时期。科克兰认为圭恰尔迪尼在知识和艺术意义上是意大利文化认同观点的创始人。在圭恰尔迪尼之后的一代中，唯一的意大利民族历史学家是瓦萨里。吉尔伯特认为，圭恰尔迪尼没有将意大利统一为一个国家的观念和意识，而是将意大利视为一个地理的整体单元。这种意大利地理上的统一观的认同多少中和了兰克与德·桑克提斯的批评。正如彼得·邦德内拉所言，对圭恰尔迪尼的批评，反映了意大利人的自我审视，它始终在试图回答两个问题：意大利是如何衰落的？是怎样的民族性格使然，让意大利从文艺复兴时期对欧洲有着政治、经济、文化等全方位影响的优越地位，沦落到受奴役、被压迫、无独立自主权力的悲惨境地的呢？回答这两个复杂问题正是梳理长期以来圭恰尔迪尼声誉问题的关键。④ 然而，就如卡洛·胡阿尼·切利所指出的那样，随着欧洲贸易中心的转移，西班牙和土耳其的崛起，地中海贸易变得越来越无利可图。圭恰尔迪尼尽管为阻止意大利的衰落贡献有限，但不应成为他那个时代政治失败的替罪羊。⑤

---

① Bertrand Russell, *A History of Western Philosophy*, Second edition, First published 1946, George Allen & Unwin Ltd, 1961, pp. 501 – 502.

② 具体参见 J. R. Hale, “Introduction” to Francesco Guicciardini, *History of Italy and History of Florence*, trans. By Cecil Grayson, New York, 1960; Mark Phillips, *Francesco Guicciardini: The Historian's Craft*, Toronto and Buffalo, University of Toronto Press, 1977; Eric Cochrane, “Eredita del Guicciardini Dalla storia nazionale alle storie definitive” in*F. G.* 1483 – 1983 *nel V Centenario della nascita*, Florence, 1983; Eric W. Cochrane, *Historians and Historiography in the Italian Renaissance*, the University of Chicago Press · Chicago & London, 1981; Donald Wilcox, “Guicciardini and the Humanist Historians” in *Annalid' Italianistica*, Vol. 2, 1984, pp. 19 – 33; Francesco Guicciardini, *The History of Italy*, translated by Sidney Alexander, Princeton, New Jersey: Princeton University Press, 1984, pp. VIII – XXVIII。

③ Peter Bondanella, *Francesco Guicciardini*, Boston, 1976, p. 32.

④ Peter Bondanella, “Francesco Guicciardini in Modern Critical literature,” *Annali d' Italianistica*, vol. 2, 1984, p. 7 – 8.

⑤ Carlo Juhani Celli, *Francesco Guicciardini post* – 1945, University of California, Los Angeles, 1992, p. 202.

结 语

综上所述，历数不同时期学者关于圭恰尔迪尼的研究，明显可以感受到圭恰尔迪尼已逐渐成为文艺复兴历史研究的热点问题之一。圭恰尔迪尼相关著作和信件的陆续出版，为学者进行多角度的深入对比分析提供了便利。因此，我们可以做出如下结论，其一，对圭恰尔迪尼的政治思想和历史思想研究已经逐渐趋于成熟，但要突出圭恰尔迪尼在中世纪和现代的过渡作用，以及其思想与社会现实的互动关系，注意对他的风格和特点进行深层次的分析；其二，对圭恰尔迪尼的小部头著作和信件的研究有待于进一步的挖掘，研究过程中要注意从个案研究过渡到跨学科研究（不能仅限于和马基雅维利的比较研究，还要注意和古典作家、同时代及近代的欧洲思想家的比较）；其三，在个案研究方面，对圭恰尔迪尼的外交家身份和律师身份的认识还有待进一步深化。圭恰尔迪尼在国际战争中的地位和思想并不亚于其政治思想和历史思想，欧洲势力在意大利的角逐和对罗马陷落的原因分析仍然具有很大的吸引力。此外，在研究过程中，我们要摆脱复兴运动时期的民族主义偏见影响，对圭恰尔迪尼的性格、史学著作和历史地位进行重新评估。我们既要避免过分贬低圭恰尔迪尼，而忽视如此重要人物的历史和思想贡献，又要警惕过分吹嘘夸大圭恰尔迪尼的某些思想，从而走向集权主义和精致的利己主义的歧途。

政治家自传的史料价值

——以卡特自传为研究中心

宋　嫚

（北京邮电大学人文学院，北京　100876）

摘　要： 美国前总统卡特近年来出版的几部自传，对于了解当代美国外交政策、外交思路的转换，提供了弥足珍贵的材料。本文结合卡特新近出版的几部自传、卡特同僚所撰写的回忆录，分析了卡特自传的史料价值。指出卡特自传对于了解中美正式建交的曲折历程，对于认识卡特时期美国政治由“人权外交”向“冷战思维”转变的深层原因，都具有独特的意义。

关键词： 卡特　自传　中美关系　人权外交　冷战思维

美国总统特朗普执政以来，美国在国内政治以及国际关系方面，都发生了明显的变化。如何理解这种变化？如何看待美国国策的调整？或许，回顾历史仍然是回答这些问题的最好方法。近年来，美国第三十九任总统吉米·卡特有不少回忆性著作面世，这对于缕析美国政坛的变化，了解美国国策的改变，解读美国主导思想的演变，无疑具有重要的史学价值。

一　独具特色的总统自传

在诸多当代美国总统中，卡特有其独特性。他一生笔耕不辍，著作等身。“二战”之后的数十位美国总统均撰写有自传、回忆录，但其中唯有卡特著作丰厚。他在《充实的一天：九十岁感怀》（以下简称《充实的一天》）之前出版书籍共计 32 本，内容包含执政日记、退休生活、政治评论、童年回忆、诗歌、争取妇女儿童权益、中东和平以及宗教信仰，等等。这些著作或是他对社会问题决策的记述和反思，或是他对人生某一阶段的总结性回顾，时间跨度长达四十年（1975～2015），为研究卡特的政治思想、卡特时期的美国政治、外交，提供了宝贵资料。尽管他著述颇丰，但在国内翻译出版的书籍仅有10本，而自21世纪以来，介绍到我国的中译本只有5本（《黎明前的一小时》《她们的世界》《白宫日记》《保持信心》《充实的一生：九十岁感怀》①）。相比此前的几部传记，《充实的一生》的特点是显而易见的。它不仅全景式地呈现了卡特的一生，而且对于当代国际政治事件的记述更加完整，发展过程更为清楚。②值得注意的是，本书首次披露了卡特个人生活及重大政治决策背后的思想脉络，对于研究世界当代史、美国政治史，无疑增加了新的材料。

吉米·卡特的自传《充实的一生》于2015年出版。③ 出乎意料的是，在出版不久，该书就居《纽约时报》销量排行榜前十名。众所周知，在卡特离开白宫后的很长一段时间内，媒体一直称他为美国最失败的总统之一，原因是他抑制国内经济滞胀失败，以及伊朗人质危机处理不当等④一系列的事件。在长期不被看好的情况下，卡特如何能够在30年后变得备受关注，这是引人深思的问题。

---

① 在本书之前出版的32本书中，自传有4本。它们是《黎明前的一小时》《保持信心》《白宫日记》和 *Beyond the White House*。分别记述了卡特总统童年、白宫四年以及退休生活。这四本自传分别侧重他人生的不同阶段。《黎明前的一小时》（英文版2001年出版）是对卡特童年生活的详述；《保持信心》则还原了卡特入主白宫四年的大事件，内容客观翔实；而2010年出版的《白宫日记》是卡特的四年执政生涯期间的日志；而 *Beyond the White House* 侧重卡特离任后从事的公益慈善工作。

② 《充实的一生》的各章以时间顺序排列，每章内容以事件、人名或地名为小标题分别记述，每个重要事件的内容都有细致的介绍；整本书以时间线索展开，共分为八章。第一章为卡特19岁以前（1924～1942）在家乡佐治亚州平原县父亲的农场 Archery 中的青少年生活；第二章为卡特在海军服役的经历（1943～1953）；第三章侧重于退役后他回乡白手起家做“花生”生意的经历；第四章讲述卡特当选州长前后直至当选总统的经历（1970～1976）。第五章到第七章为卡特入主白宫后的从政经历（1977～1981）；第八章为卡特退休后在老家普兰斯的经历。

③ 英文版 *A Full Life*: *Reflections at Ninety* 由 Simon & Schuster 出版社2015年出版。中文版《从农场到白宫：卡特自传》由译林出版社于2017年9月出版。本书所引文献均来自英文版。

④ 伊朗人质危机是直接导致卡特竞选连任失败的导火索。1979年伊斯兰革命后，美国长期支持的巴列维国王被迫流亡，之后因病被美国收留。此事激怒了伊朗国内反美的什叶派教徒，他们于1979年11月4日占领美国大使馆，扣留52名美国人质，直到卡特卸任后才释放。而卡特政府的犹豫不决以及营救计划的失败直接导致了卡特竞选连任的失败。

综观《充实的一生》这部书，可以说，其史料价值重点体现在两个方面。第一，揭示了美国外交由“人权政策”向“冷战思维”的转变。卡特在执政初期，追求种族平等的自由主义原则，重视环保以及新能源的开发（与特朗普倡导的美国退出“巴黎气候协定”的做法大相径庭），而在执政过程中，特别是在处理苏联问题时，冷战思维却主导了他的对外政策（这一思维也直接地影响了中美正式建交）。第二，揭示了中美正式建交的曲折历程。中美关系正常化始于尼克松总统，而两国关系的巩固强化却得益于卡特总统。由卡特自传披露可知，尽管有尼克松时期的铺垫，但中美正式建交的路途并不平坦，其中贯穿着迟疑与犹豫，并且时时可见“冷战思维”模式的阴影。

应该说，对卡特总统以及他的治国理念的探究，不仅对于促进当今两国关系的良性发展有着特殊的意义，对于研究当代中美关系以及美国历史也颇有裨益。

二　由卡特自传看美国的“人权外交”

《充实的一生》对于卡特执政时期的重要外交政策——“人权外交”有深刻的分析，并且对于深入了解美国20世纪70年代由“人权外交”转向“冷战思维”，也提供了细致的论述。

卡特执政初期，追求种族平等的自由主义原则，“人权外交”即是具体体现。这一观念是卡特在1974年宣布参加竞选时首次提出，他说“我国要在胆识、同情心、正直感以及献身基本人权和自由方面给国际社会树立榜样”。[①] 1976年在接受民主党总统候选人提名讲话时，卡特再次指出：“我们是第一个明确致力于基本道德和哲学原则的国家……这是一种充满非凡智慧和胆略的行动……是一个引起人类遐想的革命发展。”在就职演说中他再次提出，美国“最崇高和最有雄心的任务就是”在全世界范围内“帮助建立一个真正人道、正义和和平的世界”[②]。在就任总统后，卡特的自由主义原则得到了具体的运用与实践，并且在世界范围内产生了积极的影响，这方面的典型事例就是“巴拿马运河事件”。

20世纪70年代的“巴拿马运河事件”，需要追溯至20世纪初的一项

---

① Vital Speeches of the Day, Vol. 43, No. 17, pp. 519 – 520.

② Vital Speeches of the Day, Vol. 43, No. 17, pp. 519 – 520.

条约。1903年，美国政府由于迫切需要拥有巴拿马运河的控制权以加强殖民主义扩张，首先支持哥伦比亚叛变分子发动政变，并成立巴拿马共和国；随后巴美便签订了《运河条约》。此条约规定：美国取得16公里宽的运河区的租借权并负责建造、经营和保护运河，“永久使用、占领和控制”运河区。条约还规定，美国将如“主权所有者那样拥有和行使”对运河区的“一切权利、权力和职权”。[①]条约签订不久美国人就斥资建立起了巨大的运河工程并对之实施了长达75年的管理运营。运河的经营给美国带来了巨大的经济利益，但是，美国在运河区的工资管理制度方面浸透了种族歧视，美国的霸权主义激起了巴拿马人的强烈反对，在他们的抗争下，1953年，条约增加了巴拿马工人的年金。

但是，问题并未结束。20世纪60年代美国单独在运河区悬挂美国国旗，挑衅巴美条约。此举点燃了巴拿马人的愤怒情绪，造成数次流血冲突。1973年民族主义领袖托里霍斯带领的巴拿马政府开始寻求拉美国家以及联合国的支持，在国际舆论的重压下，美国提议开展南北美洲的“新对话”，就巴拿马运河问题与巴拿马政府展开协商。最终，两国外交官（基辛格和塔克）签署了一项联合声明，公布了八项原则[②]。从条约内容可见，美国原则上已同意巴拿马收复运河管辖权。然而遗憾的是，这个声明因美国国内保守势力的反对最终未取得实质性的进展。

但是，由于巴拿马运河的收复得到拉美国家的广泛支持，这个问题如何解决势必影响美国和拉美国家关系的前景，运河新协议的签订势在必行。同时，随着第三世界国家经济军事实力的增强，以及20世纪70年代全世界范围的去殖民化进程加快和经济力量的增强，世界格局已经从美苏两个超级的“二元格局”发展为多元格局，巴拿马运河这个美国最后一片“殖民地”也理应移除的呼声很高。[③]最后，美国不得不考虑苏联试图拉拢拉美国家、孤立美国的企图，在经过半年的艰苦谈判和表决后，1977年9月7日，卡特与托里霍斯在华盛顿签署了新的《巴拿马运河条约》和《运河永久中立和营运条约》。《巴拿马运河条约》规定，美国政府将把巴拿马运河的主权在2000年之前，分阶段、分步骤地归还巴拿马。“巴拿马运河事件”告一段落。

---

① 条约全文见《巴拿马运河问题参考资料》，世界知识出版社，1964，第35~45页。

② 声明全文见《美洲的火药桶——巴拿马运河》，第375、376页。

③ 引自〔美〕吉米·卡特1978年2月1日广播电视讲话《巴拿马协议》。

结合《充实的一生》以及卡特此前出版的自传《保持信心》看，卡特在斡旋“巴拿马运河事件”过程中，坚定地奉行、恪守“人权”原则。“巴拿马运河事件”的最终解决，与卡特执政时期的努力不可分割。为此，卡特付出了巨大的“政治代价”（见后）。然而，在回顾一生时，卡特认为他的付出是值得的，他说：“我们为条约所付出的代价是否值得呢？毫无疑问，答案是肯定的。我国是信仰平等、正义、正直和真理的。”[①] 当然，卡特“人权外交政策”在一定范围内受到人们的好评，如美国前国家安全顾问、政治学家布热津斯基高度认可“人权”外交，指出它“避免了美国同拉美关系的危机”[②]，摒弃了美国“专横的家长式统治”[③]，重新树立了美国作为一个大国所遵循的“公正、平等”的原则。他赞赏卡特经过四年的努力，把美国从只重视美苏竞争到“重又被人们视为维护传统的自由价值的国家”[④]，美国的“大棒”“金元”外交政策退出历史舞台，取而代之的是“以经济力量和政治力量为后盾，通过谈判来维护美国利益”[⑤]的原则。由此可见，卡特“人权外交”对于美国当代历史具有重要意义。

但是，由《充实的一生》看，卡特人权外交的理念与实践，在事实上遭遇了重重阻力，甚至遭受了政治对手的冷嘲热讽，为此，他付出了“政治代价”，这也为他日后趋于保守的“冷战思维”埋下了伏笔。

在自传中，卡特指出，美国国内对于新的巴拿马协议的签订始终有强大的右翼保守势力的反对。在 1964 年及 1970 年巴美两国曾试图就修订条约进行的两次谈判，都因为“国会的”和“国内的”“反对意见如此的强烈”[⑥]而被搁置；此外，美国其他几位涉事总统对巴拿马运河问题的相对保守的态度也导致了谈判几度搁浅。卡特认为，尼克松和福特总统都真诚地进行了谈判，而他们的谈判在政治上“很谨慎”，没有取得进展。至于卡特的政治对手罗纳德·里根，则态度强硬，反对卡特的外交政策。他先是毫不留情地指责福特政府面对巴拿马政府时，“像老鼠一样默不作声”，批评福特政府过于温和。接着，他又将运河问题上升为检验美国是否有力量

---

① 〔美〕吉米·卡特：《保持信心》，世界知识出版社，1983，第 170 页。

② 〔美〕兹比格涅夫·布热津斯基：《实力与原则》，世界知识出版社，1985，第 594 页。

③ 〔美〕兹比格涅夫·布热津斯基：《实力与原则》，第 159 页。

④ 〔美〕兹比格涅夫·布热津斯基：《实力与原则》，第 580 页。

⑤ 翟晓敏：《美国为何归还巴拿马运河——1977 年美巴运河条约评析》，《世界历史》2005 年第 4 期，第 67 页。

⑥ 〔美〕吉米·卡特：《保持信心》，第 139 页。

和是否伟大，以这种惯用手段，蛊惑美国民众。里根“周游全国并将他的广播录音带和电视录像带寄给成百个广播电视台，去纠集反对参议院批准条约的票数”①。由此可见，卡特在解决“巴拿马运河事件”过程中遭遇重重障碍。

甚至时过境迁之后，卡特解决“巴拿马运河事件”时的理念与实践也并未得到继任者的认可。卡特在《充实的一生》结尾处提到了他的这个“最具勇气的政治决策”如何不受他之后白宫高官们的欢迎。他提及了另外两位总统对运河的态度，颇为耐人寻味。2000 年巴拿马主权移交仪式，时任总统克林顿不愿参加，委任卡特为美国方代表参加。后来的小布什总统也“意外地”邀请卡特作为美方代表参与大规模扩建运河的启动仪式。小布什和卡特私交甚好，然而奉行霸权的小布什在运河问题上和卡特的分歧也“浮出水面”。②从中可见，卡特之后任职的克林顿和小布什对待巴拿马运河协议的态度仍然是唯恐避之不及。这些细节的补充，对于了解美国政坛对于拉美的政策走向，对于了解美国政治脱离“人权主义”的原则，均有宝贵的史料意义。

应当说，巴拿马运河问题的解决颇费周折。《巴拿马运河条约》的签订被称为是“以极大的代价换取的胜利”③，但卡特的此次外交努力“并未在国内为他赢得些许的赞许或认可”，④反而对他后期外交政策的制定产生了一些负面影响⑤，对于他日后外交政策趋向保守的“冷战思维”，起到了不小的影响作用。

三　中美正式建交过程中的迟疑和犹豫

卡特自传的重要史学价值还在于他披露了中美正式建交过程中的波折与曲折，特别是他自身的迟疑与犹豫，在其后，“冷战思维”的阴影

① 〔美〕吉米·卡特：《保持信心》，第 147 页。

② Jimmy Carter, *A Full Life: Reflections at Ninety*, Simon & Schuster, 2015, p. 154.

③ George Moffett, *The Limits of Victory: The Ratification of the Panama Canal Treaties*, Ithaca, N. Y.: Cornell University Press, 1985, p. 107.

④ Gaddis Smith, *Morality, Reason and Power: American Diplomacy During the Carter Years*, N. Y.: Hill and Wang, 1986, p. 115.

⑤ 1978 年和 1980 年的选举中，68 位投赞同票的议员中有 20 位未能取得连任。一些保守州的温和派议员因为支持巴拿马条约而遭受来自保守势力的打压，不得不为了自己的政治生涯转而反对卡特后期的外交政策。

时时闪现。

众所周知，20 世纪六七十年代美国进入了外交以及军事战略的“蛰伏期”。从军事战略上看，自尼克松以来的均势战略保持不变，越战拖垮了美国的经济，他们在军备上再也无力追求“一家独大”的地位，转而寻求扶持亚欧国家，与之建立同盟，以与苏联的军事力量抗衡，军事上从追求绝对优势到维持能够具备打“两个半战争”的军事实力（后又紧缩为打“一个半战争”）。在卡特时期，这种军事战略进一步延续并深化（直至执政后期“卡特主义”军事战略的出现）。在对外关系中，从尼克松、福特政府外交事务顾问基辛格的现实主义均势战略，到布热津斯基的地缘政治学说，都强调中国和美国在政治上的共同利益，寻求同中国建立外交关系成为美国重要的外交决策。这是从冷战初期以来美国把共产主义视为一种“独特种类的邪恶”①的一种巨大的转变。

尼克松的“破冰”之旅为打破中美关系的壁垒开了先河，中美发表《中美联合公报》，打开了中美交往之门。②卡特认为此举是“外交上的一大成就”，其意义是能使“西太平洋地区的稳定与和平达到一个新的阶段”。③然而，之后的福特－基辛格政府虽经过努力但并未把中美关系更进一步推进，主要原因就是中美双方都没有坦率而直截了当地谈论“美台关系”这个“烫手山芋”。也就是说，美国“没有下定决心”④。直至 1977 年卡特就职之初，美中关系仍然没有被提上议事日程。换言之，在“破冰”之后，中美关系的发展并非一帆风顺。

《保持信心》和《充实的一生》中都有大量细节记录了中美正式建交前后的细节，由这些细节可知，中美建交过程并非一片坦途，而是迟疑和退缩贯穿始终。

卡特中美建交的策略明显出于“制衡苏联”的战略考量，因此也呈现从“人权外交”向“冷战思维”的一种转变。Gaddis Smith 曾说，“莫斯科对美国的挑战（1979 年入侵阿富汗）迫使卡特的外交策略从以‘人权’

① 〔美〕弗朗西斯·福山：《美国处在十字路口——民主、权力与新保守主义的遗产》，中国社会科学出版社，2008，第 45 页。

② （1）承认只有一个中国，台湾是中国的一部分；（2）不支持台湾“独立”运动；（3）美国人离开台湾时，保证不让日本人进入台湾取代他们的位置；（4）美国欢迎和平解决台湾问题，不支持台湾针对中国大陆的任何军事行动；（5）美国希望美中关系正常化并将设法促其实现。双方在北京和华盛顿分别设立联络处。

③ 〔美〕吉米·卡特：《保持信心》，第 173 页。

④ 参见〔美〕兹比格涅夫·布热津斯基《实力与原则》，第 229 页。

和‘多边’为中心退回到冷战思维”。[①]一个明显的例子就是在1979年中美建交后，卡特政府迫不及待地希冀和台湾保持良好的关系，不仅成立了非官方机构“美国在台协会”（American Institute in Taiwan），以期保持和台湾在经济文化方面的正式往来；而且在同年，卡特政府通过了《与台湾关系法》，表明美国继续向台湾出售防御性武器，声称“任何企图采取除和平手段以外的方法解决台湾问题的企图都会引起美国高度重视并会通过提供防御性武器的方式帮助台湾人民具备防御能力”[②]。可见，从卡特就职到中美建交的两年间（1977～1979），卡特在推进中美关系正常化方面表现出明显的反复和退缩。[③]

这种反复和退缩有几方面的原因，根据卡特自传，其中非常重要的因素之一是由于与苏联的关系。中美双方为正式建交而努力之时，也正是美国与苏联就限制性核武器展开谈判之时，也就是说，美国是两个阵线同时作战。而这两个阵线之间有相互冲突之处（因为边界问题中苏关系在1979年陷入僵局）。美国在两个阵线之间试图平衡，非常担心中美关系的推进会对美苏谈判产生负面效果，影响美苏关系。美国在处理这一组关系时的矛盾心态直接体现在时任国务卿万斯以及国家安全事务助理布热津斯基对中国的不同策略方面。

依照当事人回忆，虽然万斯和布热津斯基都认为“与中国实现关系正常化是十分可取的”，但布热津斯基更倾向于加快发展中美关系，而万斯则倾向于谨慎行事。[④]布热津斯基认为，苏联在非洲之角通过古巴进行地区性的军事干预[⑤]，就是对美苏达成的“缓和”政策进行公然挑战。因此美国应该主动和中国建立外交关系，并且要“突出战略关系”在高级技术的转让方面给中国特殊待遇，以对苏联形成威慑。[⑥]而万斯坚持认为推进和中

---

① 转引自 David F. Schmitz and Vanessa Walker, “Jimmy Carter and the Foreign Policy of Human Rights: The Development of a Post - Cold War Foreign Policy,” *Diplomatic History*, Vol. 28, No 1 (Jan. 2004), p. 115。

② Fauzia Atique, “Sino - Us Relations: Recent Developments 1979 - 84,” *Pakistan Horizon*. Vol. 37, No. 3 (Third Quarter 1984), p. 69.

③ 据说，卡特在两年间并未果断推进建交事宜，从始至终起决定作用的是布热津斯基。参见〔美〕兹比格涅夫·布热津斯基《实力与原则》，第228～268页。

④ 〔美〕兹比格涅夫·布热津斯基：《实力与原则》，第230～231页。

⑤ 苏联单方面与埃塞俄比亚签订军事供应协定，支持埃塞俄比亚政府在欧加登地区与索马里的战争。苏联－古巴联军帮助埃方打败了索马里。苏联公然挑衅了美方在埃塞俄比亚的外交存在。

⑥ 〔美〕兹比格涅夫·布热津斯基：《实力与原则》，第228页。

国的外交关系不应当影响美苏的限制战略武器会谈进而影响美苏关系。他说，“无论对中国还是苏联，在任何可能用于军事目的的高级技术项目的转让方面，美国都应实行不偏不倚的政策”。[①]由于担心中美会谈会损害与苏联的关系，1977 年 8 月份万斯访华的谈判并未取得实质性的进展。

中美双方在经过数轮谈判、多次磋商之后，协议最终达成。1978 年 5 月，卡特总统派遣布热津斯基访华。美方提出了建交三原则：①美国同台湾的防御协定还将继续维持一年；②中国不反对美方关于应以和平方式耐心地解决台湾问题的声明；③防御协定期满后，美国将继续向台湾出售一些武器。[②]在邓小平和布热津斯基的外交努力下，除了就美向台出售战略防御性武器一条将在未来继续协商以外，双方接受各自的条件并于 1979 年 1 月 1 日正式建交。从“破冰”到正式建交，中美关系提升到一个新高度。

总之，卡特出于美国自身利益的考虑以及他对中国的不了解，导致了在对华政策方面的犹豫。相比《巴拿马运河条约》的签订中卡特所表现出的坚定与果断，中美建交的决策，卡特则表现出迟疑和犹豫。卡特为什么在签订运河协议的事情上无所畏惧，甚至不惜牺牲自己的政治资本，而在与中国建交问题上却有犹豫和退缩心态呢？

分析国内外相关文本，可以窥见其深层原因。数位国外学者分析卡特外交政策后指出，卡特外交政策呈现前后不一致的迹象，其间主要的因素还是“冷战思维”。他们称，卡特政策不一致在 1979 年苏联入侵阿富汗前后尤其明显[③]。卡特把外交政策的重心从“人权和多元化的格局转变为冷战思维”，加之政府内部人员意见分歧以及来自国内的批评等，使卡特的外交政策看起来“非常幼稚”。

事实上，从卡特自传所透露出的内容分析，卡特对“人权”为中心的外交政策的偏离从巴拿马协议签订前后就已经初见端倪。原因主要是在“冷战思维”影响下，国内右翼保守势通过反对签订《巴拿马运河条约》

---

① 〔美〕赛勒斯·万斯：《困难的抉择——美国对外政策的危急年代》，中国对外翻译出版公司，第 24 页。

② 〔美〕吉米·卡特：《保持信心》，第 183 页。

③ Gaddis Smith, *Morality, Reason and Power: American Diplomacy in the Carter Years*, New York: Hill and Wang, 1986, p. 247；另外，Michael Hunt, Burton Kaufman, Jerel Rosati, Vernon Vavrina, Tony Smith, William Stueck 等人持类似的观点。参见“Jimmy Carter and the Foreign Policy of Human Rights: The Development of a Post – Cold War Foreign Policy,” p. 116; Tony Smith, *America's Mission: The United States and the Worldwide Struggle for Democracy in the 20th Century*, Princeton, NJ, 1994, pp. 264 – 265。

变得空前的团结和壮大，保守势力在国会的影响较大，因而阻挠卡特推行各项决策，并在实际中影响卡特政府的外交政策。右翼保守势力坚信，巴拿马运河协议的签订意味着美国失去霸权地位，经济利益受损，是在向苏联示弱，会是美国“走向耻辱的关键一步”；他们要以爱国的名义尽全力去挽回。全国的20个反协议的右翼组织通过加入两个组织（拯救巴拿马运河委员会和拯救巴拿马运河应急同盟）开始合作，他们通过设计民粹主义和草根策略吸引支持者。①不仅如此，这些反协议组织投入巨额的资金进行反协议的宣传。这些反协议的运动虽然没有给右翼组织带来胜利，但右翼组织的成员增加了近40万，他们团结起来反对之后的政策变得更加便利。②对保守的右翼组织而言，巴拿马协议谈判“毫无损失”，而对于卡特政府，谈判“胜利”的代价是“异常巨大的”③。正因如此，在中美建交谈判的过程中卡特表现出了“波动和不连续性”④。

卡特的高级顾问们尤其是布热津斯基本人也印证了这一点。据布热津斯基回忆，1977年卡特对中美建交就表现出反复，他提醒总统不能表现出“动摇和退让”时，卡特仍旧坚持采取“慎重”态度，并提出要“当心避免引起国内各种集团的反对”。而在万斯和其他几位高级顾问的反对声中，卡特又倾向于“把步子放慢一点，走得稳一点”。⑤毫无疑问，在这个过程中，保守势力及其观念对卡特有着不可无视的影响。1978年3月，由于布热津斯基的努力，卡特才同意由他访华推进正常化，并放宽向中国转让技术，向中国提供比苏联更优的待遇。此外，在与苏联的限制战略武器谈判和实现对华关系正常化的先后顺序上，卡特也始终“拿不定主意”⑥。这种犹豫不决一直持续到1978年5月布热津斯基访华前夕。建交后卡特本人也对布热津斯基说，“这件事后面的真正推动力是你。每当我动摇时，你是

① David Skidmore, “Foreign Policy Interest Groups and Presidential Power: Jimmy Carter and the Battle over Ratification of the Panama Canal Treaties,” *Presidential Studies Quarterly*, Vol. 23, No. 3 (Summer, 1993), pp. 480 - 482.

② David Skidmore, “Foreign Policy Interest Groups and Presidential Power: Jimmy Carter and the Battle over Ratification of the Panama Canal Treaties”, *Presidential Studies Quarterly*, Vol. 23, No. 3 (Summer, 1993), p. 491.

③ Gaddis Smith, *Morality, Reason and Power: American Diplomacy in the Carter Years*, New York: Hill and Wang, 1986, p. 115.

④ 赵学功：《卡特政府的对华政策与中美关系正常化》，《西南大学学报》2017年第6期，第198页。

⑤ 〔美〕兹比格涅夫·布热津斯基：《实力与原则》，第232~234页。

⑥ 〔美〕兹比格涅夫·布热津斯基：《实力与原则》，第240页。

多方推动我，使我坚持到底”①。

综上所述，可以得出结论，中美正式建交过程充满了波折与起伏，这在一定程度上，是由于美国政府的迟疑和犹豫造成的。具体到卡特个人来说，则是由于他对“人权外交”政策的背离。卡特背离“人权外交”，始于“巴拿马运河事件”，尽管卡特实践自由主义原则，成功推动“巴拿马运河事件”的解决，但在巴拿马运河谈判过程中，遭遇了重重阻力和障碍，付出了政治代价，因此，造成了他在之后的外交决策中表现出犹豫和退缩，并在一定程度上导致对“人权外交”原则的背离。②

余　论

《充实的一生》十分引人之处在于全景式地展示了卡特的“人权外交”理念，以及他在实践过程中对这一理念的坚持与背离。联系“巴拿马运河事件”、中美正式建交两件卡特执政时期的大事，正可观察到卡特外交政策前后微妙的变化。而这正是卡特自传提供的重要史学信息。

此外，从史学研究角度看，卡特自传有较高的价值，还在于他叙事比较客观真实，对于他主政时期美国内政外交政策的阐述多翔实可靠；其次是能够从今天的角度来反思他主政时期的美国历史。其关注点不在于为自己评功摆好和强词辩护，而是认真展现事件的过程。卡特《充实的一生》，对于研究当代国际政治与外交历史具有重要的参考价值，其原因也正在乎此。

① 〔美〕兹比格涅夫·布热津斯基：《实力与原则》，第268页。

② 卡特在1979年12月25日苏联人侵阿富汗后开始抛弃对苏的“缓和”战略和“人权”原则，在波斯湾和海湾地区增强军事部署，与苏联展开激烈对抗。这一转变标志着美国从战略收缩又回到了战略进攻。

历史文献学

孔颖达《春秋左传正义》的成书、诠释及思想探析

姜海军　姬　越

（北京师范大学历史学院，北京　100875）

摘　要：《春秋左传正义》作为唐人义疏集大成者，统一了经学文本，在注疏形式上独尊杜预《春秋左传集解》，在内容上则兼纳汉人注疏和南北学义疏，对《公羊传》与《穀梁传》也采撷可取。同时，《春秋左传正义》具有鲜明的时代性，为稳定社会秩序打下了思想根基，亦对后世经学的发展有着积极意义。

关键词：春秋学　孔颖达　《春秋左传正义》

唐初，由官方组织对流传经典进行了一次大规模的整理，起于太宗诏命颜师古校定《五经》文字，而后高宗朝又将孔颖达领衔而成的《五经正义》颁定天下，确定为官府取士的定本。自此，"士子皆遵守官书，莫敢异议矣"①。考察全书体例，整体上遵循以一家之注为底本的原则，同时吸收各家学说，在整个经学历史上起着承前启后的关键作用。

今人对《春秋左传正义》（简称《正义》）一书的研究，有从文学阐释、史学阐释和语言阐释这三个维度出发解读者②；还有从学术源流着手，论述春秋学的形成与变迁并兼论春秋学相关者的③；亦有以文本研究《五

---

① （清）皮锡瑞：《经学历史》，中华书局，2008，第207页。

② 安敏：《孔颖达〈春秋左传正义〉研究》，岳麓书社，2009。

③ 赵伯雄：《春秋学史》，山东教育出版社，2014。

经正义》体例特色与编纂思想者[①]。此外，也有从文字训诂、成书、版本及征引文献方面进行研究者[②]。总体来说，对于《春秋左传正义》的研究多集中在训诂文字和思想史领域，间有涉及对征引文献及成书特点的研究，对于本书解经思想及特点仍有一定研究空间。

一 《春秋左传正义》成书的经学背景

《左氏春秋》自立论以来，历经西汉今古文之争、汉末晋初郑王之争、南北朝南北学之争，至隋唐孔颖达编定《五经正义》而入"经学统一时代"，基本结束了纷扰千年的关于文本与文本阐释的讨论，可称是经学发展史上的一大变革。

文本之争的激烈化可上溯至汉武帝施定"罢黜百家，独尊儒术"之时，客观上是经典经过长时段的逐步形成，书籍流传方式单一，学在官府未入民间等种种原因，导致传习中产生的文字讹误，实际上却是持不同学术论调的儒生在治国理念上的分歧。研习经学，是为追寻经典中或明示或暗示的贤明先王的天下大同之术，而往往一字之差，会引发含义截然不同的句读和解读，圣人之意无疑是唯一且无误的，而阐释上的千差万别自然会引起各家相争。因此，上至官府理政，下至民间学子，都急切需要文字定本作为指导。东汉灵帝熹平年间，曾有过统一文本的尝试，由蔡邕主持参校诸本刻《鲁诗》《尚书》《周易》《春秋》《公羊传》《仪礼》《论语》等七经今文于洛阳太学，此时官学尚立有多家，后儒晚学据此"咸取正焉"，惜熹平石经此后不久即因战乱损毁。[③] 之后亦有曹魏正始石经，但仅刻有古文《尚书》《春秋经》及部分《左氏春秋传》，加之此时仍处于三

① 申屠炉明：《孔颖达、颜师古评传》，南京大学出版社，2006。

② 姜宁：《〈春秋〉义疏学研究（南北朝—唐初）》，博士学位论文，南开大学，2010；周梦烨：《孔颖达〈春秋左传正义〉词汇研究》，博士学位论文，浙江大学，2015；武群：《〈春秋左传正义〉训诂方法研究》，硕士学位论文，兰州大学，2010；王宝翠：《〈春秋左传正义〉研究》，硕士学位论文，山东师范大学，2011；马楠：《〈左传正义〉主杜预不主贾服议》，《绥化学院学报》2007年第4期。

③ 据《蔡邕列传》记："邕以经籍去圣久远，文字多谬，俗儒穿凿，疑误后学，熹平四年，乃与五官中郎将堂溪典，光禄大夫杨赐，谏议大夫马日磾，议郎张驯、韩说，太史令单飏等，奏求正定《六经》文字。灵帝许之，邕乃自书于碑，使工镌刻立于太学门外。于是后儒晚学，咸取正焉。"（南朝宋）范晔：《后汉书》卷60下，《蔡邕列传》，中华书局，1965，第1990页。

国鼎立的分裂状况，影响力较为有限。

马融、郑玄有“遍注群经”之举，却并未以官方定本形式统一学术，受到以王肃为代表的学者的种种论难。至南北朝时，此一“南”一“北”，既是政治上南朝与北朝的分割，也是地理上秦岭淮河一线的分割，传授经学者则产生“南学”“北学”之分。一般认为，北学恪守汉世传统，重章句；南学则“洎魏正始以后，更尚玄虚”①，文风优美华丽。此时正处于特殊的南北对峙时期，思想学术上的争论实际则反映出社会政治、经济、文化等架构转变的要求，“北服南杜”的格调在对峙中也逐渐定型。然而其间南北学也并非完全独立地发展，亦通过朝聘等多种形式，存在着交流与互动。②

“自正朔不一，将三百年，师训纷纶，无所取正。”③ 杨坚代周立隋，基本结束了南北朝的分裂局面，隋炀帝即位后，复兴经学，重新开设地方及中央之学，“于时，旧儒多已凋亡，惟信都刘士元、河间刘光伯拔萃出类……所制诸经义疏，搢绅咸师宗之”④。信都、河间为今河北，均属北学地界，但二刘学术上学贯南北。刘士元，即刘焯，撰有《尚书义疏》二十卷、《皇极历》等；刘光伯，即刘炫，其人“《周礼》《礼记》《毛诗》《尚书》《公羊》《左传》《孝经》《论语》，孔、郑、王、何、服、杜等注，凡十三家，虽义有精粗，并勘讲授”⑤，二刘皆为熊安生门人。可见随着南北方长期分裂的结束，南北学也有了渐融的趋势，为孔氏《五经正义》的撰写提供了先决条件。

隋唐一代，上承魏晋南北朝凡400年兵连祸结、政权更迭频繁的乱象，故立朝之初，不得不面临经济上人口锐减、凋敝颓废，政治上百废待兴、险象环生与思想上南北分流、众口难调的种种困难，而既为统一王朝，出于巩固新生政权的现实需求，就必须牢牢把握住思想的官方话语权。而儒家的根本价值观念历经乱世，屹立不倒，依旧被历朝政府及学者所尊奉：“岂不以天下可为马上取之，不可以马上临之?”⑥ 以战争方式统一天下，却必以儒生的方法治理天下，由此经学成为统一学术的首

① （唐）李延寿:《南史》卷71,《儒林传序》，中华书局，1975，第1730页。
② 陈磊:《试析隋及唐初的儒学统一》,《孔子研究》2001年第6期，第67~68页。
③ （唐）李延寿:《北史》卷81,《儒林上序》，中华书局，1974，第2707页。
④ （唐）李延寿:《北史》卷81,《儒林上序》，第2707页。
⑤ （唐）李延寿:《北史》卷82,《刘炫传》，第2763~2764页。
⑥ （唐）李延寿:《北史》卷81,《儒林上序》，第2704页。

要。受到隋末战乱对经学的传播和发展的负面影响，“凡有经籍，因此湮没于煨烬矣”，文本与学者的缺失，导致“后进之士，不复闻《诗》《书》之言，皆怀攘窃之心，相与陷于不义”。[①] 社会价值体系不能崩塌，故新政权亟须一个孔颖达式的人物横空出世。唐太宗贞观七年“十一月丁丑，颁新定《五经》”[②]。此《五经》由颜师古校成，初步统一了纷乱百年的经学文本，也为《五经正义》的出现奠定了基础。此后，孔颖达、颜师古、司马才章、王恭、王琰等人又受太宗诏命，编撰《五经》义训，命名为《五经正义》。此书在高宗永徽年间重新修订，并于永徽四年三月壬子朔颁定于天下，“每年明经令依此考试”[③]，正式进入了皮氏所言“经学统一最久时代”。

然而，因为唐人普遍重进士科而轻明经科，以至于《五经正义》并不能称作当世的显赫之学；再者，关于其书对前人注疏编纂选择上的偏废，后世学者也颇有微词，力图复兴汉学的清人尤甚，如皮锡瑞说：“议孔疏之失者，曰彼此互异，曰曲徇注文，曰杂引谶纬。”[④] “案《左氏正义》，虽详亦略，尽弃贾、服旧解，专宗杜氏一家……乃驳刘申杜，强为饰说。”[⑤] 皮氏虽有赞语，但对其缺点也并无掩盖，批判其注疏标准不一，强宗杜说。焦循甚至由此引申，说杜预其人“忘父怨而事仇，悖圣经以欺世……而我孔子作《春秋》之蟊贼也”[⑥]。焦氏因学术上的异见而攻杜氏为人，虽旗帜鲜明，但实不可取。

二　《春秋左传正义》的解经特点

儒、释、道三教的发展与相互间联系的加强为南北朝经学提供了新思路和新发展，僧侣讲习佛经时撰写的义疏被儒学借鉴[⑦]，极大丰富并完善了因流传过久而晦涩难懂的典籍内容和形式。以《春秋左传》此书来说，

① （唐）李延寿：《北史》卷 81，《儒林上序》，第 2707 页。

② （后晋）刘昫：《旧唐书》卷 3，《太宗本纪下》，中华书局，1975，第 43 页。

③ （后晋）刘昫：《旧唐书》卷 4，《高宗本纪上》，第 71 页。

④ （清）皮锡瑞：《经学历史》，第 201 页。

⑤ （清）皮锡瑞：《经学历史》，第 204 页。

⑥ （清）焦循：《雕菰楼经学九种》上册，《春秋左传补疏序》，陈居渊主编，凤凰出版社，2015，第 522 ~ 523 页。

⑦ 关于佛教和儒家义疏的发展和变化，主要参见牟润孙《现代佛学大系 26 · 论儒释两家之讲经与义疏》，弥勒出版社，1984。

杜预作《春秋左传集解》时，首先合经、传而释之，“分经之年，与传之年相附，比其义类，各随而解之”；孔颖达作《正义》，以疏文解经、注，广征博引，一方面大大扩充了注疏数量，保存了不少旧说，另一方面对名物、制度、地理等也做了进一步的探讨，提高了文献的可读性。

（一）此书最为明显的解经特点便是所谓“疏不破注”，这一特点在唐人注疏中最为常见，即疏文不脱离原本旨意，在保存部分前儒训说的同时，也存在着为存多家注解而不得不曲徇经传的现实矛盾。

孔颖达比较诸家注本优劣后，最终认为以“杜为甲焉”，由于其首推杜说，后世学者多有所诟病。这种固守文字经说的解经方式受到中唐以来的新学冲击，至清代，治经者日趋精密，“清世礼家辈出，日趋精密；于衣服、宫室之度，冠、昏、丧、祭之仪，军、赋、官禄之制，天文、地理之说，皆能考求古义，罗缕言之。……至于笃守专家，按文究例，守唐人疏不破注之法者，亦鲜见其人也”[①]。这一清人治《礼记》之状况，也可以反映出后人治《春秋》者与唐人的显著不同，又有嘉庆时人刘文淇著有《左传旧疏考证》八卷，言“唐人之《正义》袭故册而掩前编，乃唐人之过也。常慨《左氏传》一书，凡杜氏以前之习为此学者，皆废于杜氏；凡孔氏以前之习为此学者，其书皆废于孔氏”[②]。刘氏认为孔颖达编修《正义》时大量承袭前人学说，而使前人学说尽毁，对其批驳之意是显而易见的。但不能忽视的是，《正义》客观上总结吸纳了前代义疏成果，为后人提供了明晰简便的善本，《四库全书总目》评价曰“然有注、疏而后《左氏》之义明，《左氏》之义明而后二百四十二年内善恶之跡一一有征”。《正义》为《左氏传》的流传与发展做出了贡献，大义也因此书得以弘明。

（二）此书的另一解经特点便是引用诸多前人成果，或引以补充己说，或引以论难衬托杜说。

孔氏虽力推杜本，但观《正义》文本，实际上兼纳与杜义多有相违的刘炫与沈文何所作疏，“然比诸义疏犹有可观。今奉敕删定，据以为本，其有疎漏，以沈氏补焉”[③]。此句所说的“本”即刘炫所作义疏。此外，《公羊》《穀梁》虽为同处春秋学下的不同流派，但孔氏也条析可供参照者，多有利用。试举例以分析如下：

---

① 洪治纲主编《黄侃经典文存》，上海大学出版社，2008，第 271 页。

② （清）刘文淇：《左传旧疏考证》卷 1，《序》，崇文书局，清光绪三年（1877）版。

③ （唐）孔颖达：《春秋左传正义序》，收入《春秋左传正义》，《十三经注疏》本，中华书局，2009。

1. 对刘炫义疏的利用

刘炫的春秋学相关著作有《春秋规过》（简称《规过》）三卷、《春秋攻昧》十二卷以及《春秋述议》三十七卷。[①] 孔颖达评价其曰："刘炫于数君之内，实为翘楚，然聪惠辩博固亦罕俦，而探赜钩深未能致远。其经注易者，必具饰以文辞，其理致难者，乃不入其根节。又意在矜伐，性好非毁，规杜氏之失凡一百五十余条，习杜义而攻杜氏，犹蠹生于木而还食其木，非其理也。"[②] 孔氏申杜左刘，而刘又作《规过》专以攻杜，故得到如此评价是可以想见的。

然而实际上考证《正义》文本，明文指出引"刘炫""刘君"处甚多，试举不同情况的几例如下：

一是对刘说的直接引用。如：

> 《春秋》隐公八年：三月，郑伯使宛来归祊。
>
> 杜《注》：祊，郑祀泰山之邑，在琅琊费县东南。
>
> 《正义》：刘炫云："言祀泰山之邑者，谓泰山之旁有此邑。邑内有郑宗庙之祀，盖祀桓、武之神。"[③]

此处直接用刘说，考释"祊"为郑国祭祀泰山的地点。《公羊传》中"祊"作"邴"，注曰："宛者何？郑之微者也。邴者何？汤沐之邑也。天子有事于泰山，诸侯皆从泰山之下，诸侯皆有汤沐之邑焉。"[④] 汤沐邑是周天子为方便诸侯朝贡或祭祀名山而设置[⑤]，"祊"地即郑国祭祀泰山的汤沐邑，在今山东临沂费县。刘炫说较杜预说更为完备，故孔颖达此处直接引用其说。

二是引刘说以补充。如：

> 《春秋》隐公元年：冬，十有二月，祭伯来。

---

① 此处所说刘炫著作情况，以《旧唐书·经籍志》和《新唐书·艺文志》记录为准。

② （唐）孔颖达：《春秋左传正义序》，收入《春秋左传正义》，《十三经注疏》本，中华书局，2009。

③ （西晋）杜预注，（唐）孔颖达正义《春秋左传正义》卷4，《十三经注疏》本，中华书局，2009，第3761~3762页。

④ （汉）公羊寿传，（汉）何休解诂，（唐）徐彦疏《春秋公羊传注疏》卷3，《十三经注疏》本，北京大学出版社，1999，第58页。

⑤ 薛瑞泽：《汉代汤沐邑研究》，《江苏师范大学学报》（哲学社会科学版）2013年第5期，第99页。

杜《注》：祭伯，诸侯为王卿士者。祭国，伯爵也。《传》曰："非王命也"，释其不称使。

《正义》：刘炫云："卿而无爵，或亦书字；大夫有爵，或亦书爵。"[1]

此处引用刘说以补充杜说。《正义》中有：（杜预）《释例》曰："王之卿士皆书爵，祭伯、凡伯是也；大夫称字，南季、荣叔是也；元士中士称名，刘夏、石尚是也；下士称人，'公会王人于洮'是也。其或称祭公，举官而言之，此其定例也。"杜氏之例并未完全准确，可能列卿士者为大夫，列为大夫者为卿。[2] 故引用刘氏所说有"爵"、无"爵"时的书写情况，来补充完整《春秋》中公卿大夫名、字的书写体例分析。

三是对刘说的隐晦肯定。如：

《左传》隐公五年：九月，考仲子之宫，将万焉。

杜《注》：万，舞也。

《正义》：刘炫云："《公羊传》曰万者云云，钥者云云。羽者为文，万者为武。武则左执朱干，右秉玉戚；文则左执钥，右秉翟。此《传》将万问羽，即似万、羽同者以当，此时万、羽俱作，但将万而问羽数，非谓羽即万也。《经》直书羽者，与《传》互见之。"[3]

此处刘说不同杜说，但《正义》隐晦肯定了刘说。据《公羊传》，万为干舞，钥为羽舞，万与羽相异；杜氏以"万"为"舞"，但未做详细解释，孔氏以"万是舞之大名"补充了杜氏不足之处，又引刘说以说明完整万、羽、舞的关系。万舞是一种殷人乐舞，常见于祭祀活动之中，"干舞，武舞；羽舞，文舞。曰《万》者，又兼二舞以为名也"。[4] 清人陈奂考证认为《万》为干舞、羽舞的总称，杜说应无误。

四是对刘说的驳回。如：

《春秋》桓公三年：春，正月，公会齐侯于嬴。

杜《注》：《经》之首时必书"王"，明此历，天王之所班也。其或废法违常，失不班历，故不书"王"。

---

① （西晋）杜预注，（唐）孔颖达正义《春秋左传正义》卷2，第3722页。

② 金学清：《东周王室研究》，博士学位论文，华东师范大学，2003，第210页。

③ （西晋）杜预注，（唐）孔颖达正义《春秋左传正义》卷3，第3750页。

④ （清）陈奂：《诗毛氏传疏》，中国书店，1984，据漱芳斋1851年版影印。

>《正义》：刘炫《规过》云："然天王失不班历，《经》不书（王），乃是国之大事，何得《传》无异文？……既言历为王班，又称鲁人辄改，改之不惮于王，亦复何须王历？……又案《春秋经》之阙文甚多，其事非一，亦如夫人有氏无姜，有姜无氏，及大雨霖、廥咎如溃之类也。此无（王）者，正是阙文耳。"今删定，知此不书"王"，非是《经》之阙文，必以为失不班历者，杜之所据，虽无明文，若必阙文，止应一事两事而已，不应一公之内十四年并阙"王"字。[①]

此处驳正刘炫说。《春秋》在流传过程中，不可避免地存在着文字脱漏衍误的情况，但此处"王"字确非阙文[②]，以杜氏说更为合理。

据清人陈熙晋考证，《春秋左传正义》中共引用刘炫事一百七十三条，"尝谓杜预解左氏有三蔽，刘光伯规之，而书久佚。惟《正义》引一百七十三事，孔颖达皆以为非"[③]。因刘炫《春秋规过》全本已佚，故除去指名引用的一百七十三条以外，《正义》中是否尚有未点名引用的内容已不得而知。但仅从前文四例可知，孔颖达对刘炫学说绝非如陈氏所形容的"皆以为非"，既有肯定意义上的直接引用、间接补充和隐晦肯定，也有否定意义上的批驳；总的来看，对刘炫义疏还是选择兼而取之，肯定与驳正并存。

2. 杂取《公羊》《穀梁》以释

杜氏本人对于《春秋》三传的倾向性是明显的，"大观群典，谓《公羊》《穀梁》，诡辩之言"[④]。孔氏因袭这一观念，选用《左氏传》作为正义底本。从现实角度考虑，东汉服虔受业郑玄，作《左氏章句》，左氏学由此大行；至三国时期，王肃又作《左氏解》排郑，关注焦点皆在《左氏》，《公羊》《穀梁》之学渐衰。[⑤] 故这种倾向性并不能简单归结于个人好恶，而是有其时代背景因素。

试举《正义》对《公》《穀》的不同应用如下：

---

① （西晋）杜预注，（唐）孔颖达正义《春秋左传正义》卷6，第3791页。

② 关于《春秋》阙文研究，参见刘黎明《〈春秋〉之阙文与错简》，《天府新论》2001年第4期，第86～89页。

③ 赵尔巽：《清史稿》卷481《陈熙晋传》，中华书局，1977，第13221页。

④ （西晋）陈寿：《三国志》卷16《杜恕传》，中华书局，1959，第508页。

⑤ 参见刘师培《经学教科书》，岳麓书社，2013，第25～26、39～40页。

一是直接引用。如：

《左传》隐公元年：继室以声子，生隐公。

杜《注》：声，谥也。盖孟子之侄娣也。诸侯始娶，则同姓之国以侄娣媵。元妃死，则次妃摄治内事，犹不得称夫人，故谓之继室。

《正义》：庄十九年，《公羊传》曰："诸侯娶一国，则二国往媵之，以侄娣从。侄者何？兄之子也；娣者何？弟也。诸侯壹聘九女。"[①]

此处意为"以声子继室"，声指孟子侄娣，《正义》引《公羊传》庄公十九年"秋，公子结媵陈人之妇于鄄，遂及齐侯、宋公盟"[②] 之事，用以翔实诸侯嫁娶的媵妾制。

二是批驳。如：

《春秋》桓公二年：春，王正月戊申，宋督弑其君与夷，及其大夫孔父。

杜《注》：称督以弑，罪在督也。孔父称名者，内不能治其闺门，外取怨于民，身死而祸及其君。

《正义》：案《公羊》《穀梁》及先儒皆以善孔父而书字，知不然者。[③]

此处驳正《公》《穀》说。言某父，或为字，或为名，由于《春秋》中称蔡侯考父、齐侯禄父等皆是称名，故杜氏以此处"孔父"为名而非字，又后文《传》有言"孔父嘉为司马"，则《正义》认为"嘉，孔父字"。杜氏此说诚多为后人非议，一般以"父"为美称，如华父督，督即为人名而非字，故孔父嘉之孔父为字而非名。清人江永对此考辨甚当，"杜氏意欲深贬孔父，乃谓孔父为名，嘉为字。且杜氏谓孔父为名者，谓两字乎？一字乎？如以孔父两字为名，则名主于孔，周人以讳事神，必不以其先人之名为氏。如以父之一字为名，则春秋时名连父字者多未有"[④]。《穀梁传》现通行本为晋范宁集解，唐杨士勋疏《春秋穀梁传注疏》

① （西晋）杜预注，（唐）孔颖达正义《春秋左传正义》卷1，第3718页。

② （汉）公羊寿传，（汉）何休解诂，（唐）徐彦疏《春秋公羊传注疏》卷8，第158页。

③ （西晋）杜预注，（唐）孔颖达正义《春秋左传正义》卷5，第3778页。

④ （清）江永：《乡党图考》，学苑出版社，1993。

二十卷，《四库全书总目提要》称“其书不及颖达书之赅洽”①；《公羊传》现通行本为汉何休注、唐徐彦疏《春秋公羊传注疏》二十八卷，《四库全书总目提要》云：“中多自设问答，文繁语复。”② 从卷次数量和后世评价上看，似以《春秋左传正义》更胜一筹。考杨士勋曾参与《春秋左传正义》的编纂；沈文何所作义疏涉及《公羊》，孔颖达《序》文中明确提到“以沈氏补焉”，说明编修亦参看沈文何所作春秋义疏。故《正义》中出现《穀梁传》与《公羊传》相关内容也是不足为奇的了。

（三）此书还有一个解经特点便是参与者众多，且学术背景各不相同。

前朝义疏学著作，多由一人或一派学者完成，因此往往存有门户之见，而《正义》真正做到了从编写者到内容的“大一统”。孔颖达虽有领衔之名，但绝非由一己之力撰成此书。考《春秋左传正义》的撰写，可见于《旧唐书·孔颖达传》：

> 贞观初，封曲阜县男，转给事中。六年，累除国子司业。岁余，迁太子右庶子，仍兼国子司业。与诸儒议历及明堂，皆从颖达之说。又与魏徵撰成《隋史》，加位散骑常侍。十一年，又与朝贤修定《五礼》，所有凝滞，咸咨决之。书成，进爵为子，赐物三百段。庶人承乾令撰《孝经义疏》，颖达因文见意，更广规讽之道，学者称之。太宗以颖达在东宫数有匡谏，与左庶子于志宁各赐黄金一斤、绢百匹。十二年，拜国子祭酒，仍侍讲东宫。十四年，太宗幸国学观释奠，命颖达讲《孝经》，既毕，颖达上《释奠颂》，手诏褒美。……先是，与颜师古、司马才章、王恭、王琰等诸儒受诏撰定《五经》义训，凡一百八十卷，名曰《五经正义》。……十七年，以年老致仕。③

贞观六年，孔颖达由给事中转入国子监，“掌邦国儒学训导之政令”④，故《五经正义》最早应始撰写于此时，但考虑到这一时期他既需参与历法、礼制讨论，又要出力编写《隋史》，故可致力于《五经正义》的时间并不充裕。贞观十七年，孔颖达时69岁，以年老致仕，自六年至十七年期

① （清）永瑢等：《四库全书总目提要》，中华书局，1965，第211页。
② （清）永瑢等：《四库全书总目提要》，第211页。
③ （后晋）刘昫：《旧唐书》卷73《孔颖达传》，第2602～2603页。
④ （唐）李林甫：《唐六典》，陈仲夫点校本，中华书局，1992，第557页。

间又有修订《五礼》、撰《孝经义疏》、侍讲东宫等种种事业，而贞观十六年时，《五经正义》一百八十卷业已写成并付国子监施行。考虑到此书的规模和孔颖达实际上年事已高的事实，《正义》实际上反映出的是所有参与编纂的学者的学术倾向，正是所谓“书成而颖达居其功，论定而颖达尸其过”。①

以《春秋左传正义》为例，《新唐书》记此书由“孔颖达、杨士勋、朱长才奉诏撰。马嘉运、王德韶、苏德融与隋德素覆审”②。皮锡瑞说“《春秋》则谷那律、杨士勋”。以上材料所记参与编纂与审校的有名姓者为 8 人，考虑到唐代国子监规模，实际参与者应不止于此。

考朱长才、杨士勋、王德韶、苏德融、隋德素等人，在新、旧《唐书》皆无传，杨士勋仅存《春秋穀梁传疏》一部；王德韶以太学博士奉诏撰写并刊定《尚书正义》；隋德素为太学助教。谷那律，《新唐书》有传，魏州昌乐人，褚遂良尝称其为“《九经》库”。③ 马嘉运，新、旧《唐书》有传，魏州繁水人，“以颖达所撰《正义》颇多繁杂，每掎摭之，诸儒亦称为允当”。④ 从目前可考的编纂者可知，学术上并不出于同一派，故在编写过程中，必然会引发前文所提到的兼纳融贯之风，形成别具一格的解经特色。

三 从《春秋左传正义》看孔颖达的经学思想及意义

李唐王室出身关陇集团，以北人身份统领南人，能否获得江南士人的认可，对维护社会的长治久安有着重要意义，而隋炀帝曾长期活动于江都地区，素为南方人士所重。因此，作为国家指导思想的经学，不可避免地承担起了在思想文化上进行统一的政治任务。“帝（太宗）又雠正《五经》缪阙，颁天下示学者，与诸儒稡章句为义疏，俾久其传。因诏前代通儒梁皇侃褚仲都、周熊安生沈重、陈沈文阿周弘正张讥、隋何妥刘炫等子孙，并加引擢。二十一年，诏‘左丘明、卜子夏、公羊高、穀梁赤、伏胜、高堂生、戴圣、毛苌、孔安国、刘向、郑众、杜子春、马融、卢植、郑玄、服虔、何休、王肃、王弼、杜预、范宁二十一人，用其书，行其

① （清）皮锡瑞：《经学历史》，第 202 页。

② （宋）欧阳修、宋祁：《新唐书》卷 57《艺文志一》，第 1440 页。

③ （宋）欧阳修、宋祁：《新唐书》卷 198《谷那律传》，第 5652 页。

④ （后晋）刘昫：《旧唐书》卷 73《马嘉运传》，第 2603 页。

道，宜有以褒大之，自今并配享孔子庙廷。’于是唐三百年之盛，称贞观，宁不其然。”①太宗诏命正《五经》颁天下，即起着统一经学文本与经学诠释的作用。引擢前儒，从官方层面打破了南北学的界限；增入孔子庙廷者，其中有尚汉儒章句者，有崇玄学者，并未局限于某一学术论调，有力支持了南北学的融合。

但伴随着学术统一而来的便是经学诠释的逐步僵化。隋唐时期科举制度逐步完善，并被士人视为入仕和闻达的主要途径，但在有限的官员配额中，以门荫充选者又占据更大比重②，开元年间可见“宏文崇文生，缘是贵胄子孙，多有不专经业，便与及第，深谓不然。自今已后，一依令式考试”③ 的情况。经学此时作为一门实用性考试，由庙堂之上的圣贤之说变为士子求仕进的工具，实际上体现了其在思想界活力下降的一个过程。此外，这也造成唯官方定本为尊的现象，学子专在表面文字上用力，以诵记为要，已失其本意，“明经以帖诵为功，罕穷旨趣。安得为敦本复古，经明行修？以此登科，非选士取贤之道”。“帖经首尾不出前后，复取者也之乎颇相类之处下帖。”④ 文本的字面意义已超越了其内涵，成为不可逾越的科条，既缺争鸣的思辨，也少经世致用的实践。故中唐时，注疏经学盛极而衰，出现郯助、赵匡这些暂时抛离纯粹的文本的学者，他们复从经文探求圣人意，为宋代性理之学开先声。

可以看出，孔颖达对经典的诠释是带有鲜明时代特点的，他作为经历过社会剧烈动荡和正朔更替的学者，对于来之不易的稳定繁荣自然会抱有一展所学的志向。而他治经的首要目的，便是力图恢复“正统”的儒学，“鲁君子左丘明，惧弟子人人异端，各安其意，失其真。故因孔子史记，具论其语，成《左氏春秋》”⑤。杜预进一步阐释为“左丘明受经于仲尼”，认为《左氏春秋》继承自孔子，最为正统，由此孔颖达《序》言两汉学者虽“各为诂训，然杂取《公羊》《穀梁》以释《左氏》”，与正统《春秋经》格格不入；沈文何义疏“于义例粗可，于经传极疏”，苏宽所作“全不体本文，唯旁攻贾、服”，南北朝治《春秋》者各有其弊；最终选择

① （宋）欧阳修、宋祁：《新唐书》卷198，《儒学上序》，第5636页。

② 关于唐代高级官员科举制情况论述，可见吴宗国《唐代科举制与高级官吏的选拔》，《北京大学学报》1982年第1期，第57～85页。

③ （宋）王溥：《唐会要》卷77《贡举下》，中华书局，1955，第1402页。

④ （宋）王溥：《唐会要》卷75《贡举上》，第1377页。

⑤ （汉）司马迁：《史记》卷14，中华书局，1959，第509～510页。

杜预《左传集解》作底本，正是因为此书“专取丘明之传，以释孔氏之经”[①]，拔高了孔氏之经的地位。作为活动在唐初的经学家与政治家，孔颖达作《正义》时也受到时代风气影响，自觉或不自觉地掺杂进了道、释思想，如《虞书》“玄德升闻，乃命以位”之“玄”，以“老子云：玄之又玄，众妙之门。则玄者，微妙之名。故云玄谓幽潜也”[②]作解。当时大臣谏疏亦用老子，如崔融谏“有司表税关市”，《旧唐书》录有全文，其中有“谨按《周礼》九赋”“谨案《易·系辞》”“老子曰：我无为而人自化，我好静而人自正”“孟轲又云：古之为关也，将以御暴；今之为关也，将以为暴”[③]等言，崔融为应八科举及第出身，熟稔经学，举古人言论证，将老子与孟子、《周官》《易》等传统儒学代表并列，说明至少在士人层面，儒、道合流的倾向受到了认可，代表着一种融合的学术风气。

孔颖达其人，作为士大夫则具有“蒙国厚恩，死无所恨”的气概，太宗即位初即数进忠言，侍讲东宫期间，又屡屡规讽太子，他既是一位经学家，也是一位政治家，因而所思所作，脱离不了其政治性。《正义》作为一部官书，其教化民众之意是显而易见的，“人伦之义既固，士足以奉宗庙，下足以继后世”[④]。以经典培养明“人伦”者，达到教化的最终目的，稳定社会秩序，明君臣之分，“君臣道乖，自古灭亡，莫不由此也”[⑤]。作为见证隋迅速灭亡的学者，他深刻意识到社会稳定离不开秩序的明确，故坚定儒学正统也好，维护思想上的统一也好，都脱离不了为心目中盛世“指路”的迫切需求。也正因如此，《正义》整体上以整理、融合前人学说为主，虽偶有进一步阐释，但并未形成严密的体系学说。一方面是受限于其官方学术背景，如涉及学术争议问题的定论，则不得不谨慎；另一方面，因参与编纂者众多，各家各派难免有抵牾之处，只能取前人说最为稳妥。历经长时段的分离与战乱造成的破坏，孔颖达的首要任务在于弥合，难以同时涉及新学的建设，这也是难以避免的现实局限性。

---

① （唐）孔颖达：《春秋左传正义序》，收入《春秋左传正义》，《十三经注疏》本，中华书局，2009。

② （汉）孔安国传，（唐）孔颖达正义《尚书正义》卷3，《十三经注疏》本，上海古籍出版社，1997，第125页。

③ （后晋）刘昫：《旧唐书》卷94《崔融传》，第2996～2998页。

④ （西晋）杜预注，（唐）孔颖达正义《春秋左传正义》卷26，第4134页。

⑤ （后晋）刘昫：《旧唐书》卷73，《孔颖达传》，第2602页。

《旧唐书》评述曰："孔颖达风格高爽，幼而有闻，探赜明敏，辨析应对，天有通才。""河东三凤，俱瑞黄图。棻为良史，颖实名儒。解经不穷，希颜之徒。登瀛入馆，不其盛乎！"[①] 充分肯定了他的"解经"之功，可称为"名儒"。可以说唐初学术上的繁荣，离不开以孔颖达为首的一批通学名儒。

结　语

关于儒家经典文本的争论自西汉以来早有肇端，虽然历代曾有统一文本的尝试，但未有一部经书如《五经正义》，能够自上而下地完成统一经学的重任。及至唐，政治上的长期分裂终于迎来统一，思想文化上则有颜师古编定《五经定本》和孔颖达在其基础上完成的《五经正义》，也迎来"经学统一最久时代"。

《五经正义》的编纂直接受命于帝王，又有诸多传承不同的儒生参与其中，充分继承并融合了南北学的学术传统，为长期分裂的、具有地域性特征的学术提供了新的门径，也反作用于政治，为维护精神文化层面上的统一提供范例。观其注疏形式，主要遵循疏不破注的唐人注疏旧例，以杜预注为最善的同时也吸收了与杜常有相左的刘炫义疏，兼纳《公羊传》《穀梁传》、沈文何义疏与部分汉代注文。总体而言，《春秋左传正义》为研习春秋学的学者提供了一个较为权威、内容丰富的善本，亦影响了后世很长一段时间内的经学注疏风向。考察《正义》文本，虽然存在着杂引谶纬、前后互异、曲徇注文、独宗一家等种种弊病，但其广征博引以注《春秋左传》经、注中的名物、地理、制度等，极大丰富并扩展了注文的可读性，保留了部分汉、魏以来各家疏解内容，并加以归纳对比，大大提高了《正义》的文献学价值与史学价值。在经典的传播与研习方面，《正义》无疑是开拓了新的空间与方式。

另外，《春秋左传正义》作为官方颁定的文本，既反映王朝内部稳定社会秩序的要求，也体现出孔颖达作为士大夫的家国情怀。《春秋经》自产生以来，家法尤其繁多，"《春秋》分为五"[②]，今古文官学之争与南北学不同的学术传承在"分久必合"的背景下，亟需一部既在文字上、又在

① （后晋）刘昫：《旧唐书》卷73，《史臣赞》，第2604～2605。

② （汉）班固：《汉书》卷30《艺文志》，中华书局，1964，第1701页。

思想主旨上统一的指导定本，《五经正义》正是在这样的需求下诞生。以其作为取士定本，使士子文人莫不习之；又以其教化人伦，在普通民众中传播官方认可的价值体系。《春秋左传正义》作为统一王朝背景下的学术产物，完成了经学的文本与思想统一任务，对促进社会稳定与经学发展都有着积极的意义。

正统之争：张昭远篡改段文楚事件发生时间的意图*

高贤栋

（鲁东大学历史文化学院，山东烟台　264025）

摘　要： 乾符五年（878），李克用杀害大同都防御使段文楚，使得沙陀与唐廷的关系由忠诚走向了叛逆。出于为后唐政权正统性服务的意图，五代史官张昭远先后将其发生时间置于乾符三年（876）与咸通十三年（872）。在张昭远看来，朱温后梁政权是伪政权，李国昌与李克用父子是唐王朝的功臣，李存勖建立的后唐政权是唐王朝的延续。由于李克用以杀害唐朝官员段文楚起家这一事实与其所要塑造的"勤王勠力"的李克用形象相悖，所以，他将其放在了李克用还是一个年仅16岁的懵懂少年的咸通十三年，将段文楚被抓被杀的责任完全推到了李尽忠、康君立等人身上。

关键词： 李克用　段文楚事件　张昭远　历史书写　正统性

沙陀人李克用是唐末历史上的一个重要人物，其崛起是从杀害大同都防御使段文楚开始的，学者将之称为"段文楚事件"，因其发生地是大同北的斗鸡台，又将其称之为"斗鸡台事件"。从沙陀与唐廷的关系看，该事件的发生，使得"李克用父子与唐廷之间的矛盾公开化。沙陀人与唐廷之间的关系，也从此前的沙陀军队不时参与中原地区唐廷对内部乱世的平

---

* 本文为2018年度山东省社会科学规划研究项目"唐宋明清文武关系研究"（项目批号：18CLSJ16）阶段性成果。

定，转向了沙陀人直接向唐廷索取土地的局面，即开启了从军队的私人化向军队的地方化转化”①，研究该事件可以了解沙陀势力扩张的过程。再从整个晚唐历史来看，“这一事件的发生预示着唐末地方叛乱最终颠覆王朝统治的历史进程即将拉开帷幕”②，研究该事件对于我们进一步认识唐朝覆亡与五代建立的历史会有所助益。然而，相关记载舛误颇多，关于该事件的发生时间就有咸通十三年（872）、乾符元年（874）、乾符三年（876）、乾符五年（878）四种不同记录，如何解释这些富有歧义的记载，成为后人复原与研究该事件的必要前提，学者就此进行了深入研究。岑仲勉认为应该是乾符五年。③ 但是，有一些材料与该判断相冲突，樊文礼指出，除非能证明相关记载不实，“否则，终不能排除其他几种说法的可能”④。胡耀飞利用《段文楚墓志》这一直接史料中揭示的段文楚死于乾符五年二月七日这一确凿证据，“平息了历来对斗鸡台事件发生时间的争论”。⑤ 西村阳子利用《支谟墓志》与传世文献相比对，也推断出了该事件发生的时间只能是乾符五年，并且指出，之所以会出现不同记录，是因为五代史官做了篡改，“史官张昭远将其年代搞得模糊不清，书写成各种各样的记录，事情的轮廓变得模糊不清了，这些都是对沙陀有利的操作”⑥。西村阳子的贡献是挖掘出了一个更深入的研究问题——史官张昭远为什么要把该事件的发生时间做两种不同的记录，但其没有将张昭远把年代搞得模糊不清与有利于沙陀的操作这二者之间的逻辑关系讲清楚，也未能阐明张昭远的做法具体是对沙陀的何人何事有利，未能揭示出张昭远的真实意图。基于此，本文打算在其基础之上，进一步推求张昭远篡改段文楚事件发生时间的真实意图。为此，本文首先对张昭远篡改段文楚事件发生时间之始末及其所做的一系列配套篡改进行梳理，然后集中讨论其篡改意图。

---

① 胡耀飞：《斗鸡台事件再探讨——从〈段文楚墓志〉论唐末河东政局》，中国中古史集刊编委会编《中国中古史集刊》（第三辑），商务印书馆，2017，第 286 页。

② 孙瑜：《巨变前的骚动：风势论下的斗鸡台事件》，《山西大学学报》2017 年第 4 期，第 89 页。

③ 岑仲勉：《隋唐史》，中华书局，1982，第 552 页。

④ 樊文礼：《唐末五代的代北集团》，中国文联出版社，2000，第 83 ~ 84 页。

⑤ 胡耀飞：《斗鸡台事件再探讨——从〈段文楚墓志〉论唐末河东政局》，第 285 页。

⑥ 〔日〕西村陽子：《唐末〈支謨墓誌銘〉と沙陀の動向：九世紀の代北地域》，《史學雜誌》2009 年第 118 卷第 4 号，第 532 页。

一 张昭远篡改段文楚事件发生时间之始末

关于段文楚事件的发生时间，按照西村阳子的划分标准，持乾符五年说的《唐末三朝见闻录》《支谟墓志》《段文楚墓志》都属于非沙陀系史料，其所记年份正确，无须讨论。持乾符元年说的宋敏求《实录》，司马光写《通鉴考异》（简称《考异》）时已经“不知其所据何书也”[①]，故无法确定其是否摘自沙陀系史料。所以，这里只讨论乾符三年说与咸通十三年说。由沙陀系史官张昭远参与撰写的《后唐太祖纪年录》持乾符三年说，而同样由他参与撰写的《庄宗功臣列传》和《旧唐书》持咸通十三年说。为了配合这一篡改，张昭远还做了一系列的配套篡改。

张昭远参与修撰的《后唐太祖纪年录》记录的段文楚事件发生时间为乾符三年。关于该书的修撰缘起，史籍有两种不同说法。一种说法是后唐明宗天成二年（927），起居郎、史官修撰赵熙上奏请求朝廷搜集史料，以备修史。同年九月八日，明宗敕令史馆先修武帝与庄宗两朝实录。[②] 另一种说法是，天成三年（928）十二月史馆以张昭远状云“昭远亲睹中兴，备闻旧事。太祖勤王之睿躅，先皇开国之神功，目所见闻，心常记录。伏请与当馆修撰参序条纲，撰太祖、庄宗实录”，明宗应允了其奏请。[③] 这两种说法并不矛盾，第一种说法说的是实录撰修工作的开始时间，第二种说法说的是张昭远开始参与该工作的时间。理由是，庄宗时，张昭远任北京留守推官，明宗天成三年时改任安义军节度掌书记。[④] 也就是说，后唐明宗下令修撰武皇、庄宗实录时，张昭远还没在史馆工作。后因参与修撰者之一的西川节度副使何瓒上言“昭（远）有史材，尝私撰《同光实录》十二卷，又闻其欲撰《三祖志》，并藏昭宗朝赐武皇制诏九十余篇，请以昭所撰送史馆”，明宗“拜昭为左补阙、史馆修撰，委之撰录”[⑤]。由此也可以看出，张昭远在进入史馆之前业已做了大量相关工作。该书的修撰于天成四年（929）十一月完成。[⑥] 该书明确记载段文楚事件的发生时间是乾

---

① 《资治通鉴》卷二五三唐纪六十九，中华书局，1956，第8198页。

② 王钦若：《册府元龟》卷五五七《国史部·采撰三》，中华书局，1960，第6689~6690页。

③ 王钦若：《册府元龟》卷五五七《国史部·采撰三》，第6698~6699页。

④ 《宋史》卷二六三《张昭（远）传》，中华书局，1977，第9086页。

⑤ 《宋史》卷二六三《张昭（远）传》，第9086页。

⑥ 王钦若：《册府元龟》卷五五七《国史部·采撰三》，第6690页。

符三年。[①]

张昭远参与修撰的《庄宗功臣列传》记录的段文楚事件发生时间则为咸通十三年。该书是明宗于天成二年下令修撰的，“委元修史官张昭远与史馆修撰相次编纂，列传计三十卷”，天成四年完成，后因兵乱亡佚，又于后唐末帝清泰元年（934）重新编纂。[②] 该书对段文楚事件的记载是：“康君立为云中牙校，事防御使段文楚。时天下将乱，代北仍岁阻饥，诸部豪杰咸有啸聚邀功之志。文楚法令稍峻，军食转饷不给，戍兵咨怨。云州沙陀兵马使李尽忠私谓君立等曰：‘段公儒者，难与共事。方今四方云扰，皇威不振，丈夫不能于此时立功立事，非人豪也。吾等虽拥部众，然以雄劲闻于时者，莫若李振武父子，官高功大，勇冠诸军，吾等合势推之，则代北之地，旬月可定，功名富贵，事无不济也。’时武皇为沙陀三部落副兵马使，在蔚州，尽忠令君立私往图之，曰：‘方今天下大乱，天子付将臣以边事，岁偶饥荒，便削储给，我等边人，焉能守死！公家父子素以威惠及五部，当共除虐帅以谢边人。’武皇曰：‘予家尊在振武，万一相逼，俟予禀命。’君立曰：‘事机已泄，迟则变生。’咸通十三年十二月，尽忠夜帅牙兵攻牙城，执文楚及判官柳汉璋、陈韬等，系之于狱，遂自知军州事，遣君立召太祖于蔚州。是月，太祖与退浑、突厥三部落众万人趋云中，十四年正月六日，至斗鸡台，尽忠遣监军判官符印请太祖知留后事。七日，尽忠械文楚、汉璋等五人送斗鸡台，军人乱食其肉。九日，太祖权知留后。府牙受上三军表，请授太祖大同防御使，懿宗不悦。时已除卢简方代文楚，未至而文楚被害。”[③] 这里明确记载其时间为咸通十三年十二月至十四年正月。

张昭远参与修撰的《旧唐书》也记录了段文楚事件。该书修撰始于后晋天福六年（941），完成于开运二年（945）。[④] 在该书修撰过程中，张昭远“始终负责其事，用力最勤”[⑤]，贡献最大。该书也明确记载段文楚事件的发生时间为咸通十三年十二月[⑥]，与《庄宗功臣列传》大体相同。

关于张昭远对该事件发生时间做了两种不同记录一事，西村阳子认

① 《资治通鉴》卷二五三唐纪六十九《考异》引《后唐太祖纪年录》，第 8196～8197 页。
② 王钦若：《册府元龟》卷五五七《国史部·采撰三》，第 6692 页。
③ 《资治通鉴》卷二五三唐纪六十九《考异》引《庄宗功臣列传》，第 8197 页。
④ 王钦若：《册府元龟》卷五五七《国史部·采撰三》，第 6693～6694 页。
⑤ 谢保成：《隋唐五代史学》，商务印书馆，2007，第 388 页。
⑥ 《旧唐书》卷一九上《懿宗纪》，中华书局，1975，第 681 页。

为，张昭远这么做是为了将该事件变得模糊不清。① 在这里，西村阳子忽略了两点。首先，张昭远记录的两个年份是同时写的呢，还是有着比较长的时间间隔呢？如前所述，《后唐太祖纪年录》完成于后唐明宗天成四年（929），《庄宗功臣列传》完成于后唐末帝清泰元年（934），《旧唐书》完成于后晋出帝开运二年（945）。也就是说，这两个年份并非并存关系，张昭远这么做，未必就像西村阳子所讲的是为了让该事件变得模糊不清，而是他先选择的是乾符三年，经过思考之后认为，将其置于咸通十三年更为有利。只是在他做出这一决定时，《后唐太祖纪年录》早已上交，无从修改，所以才导致我们今天能看到这两种不同记载。其次，张昭远是将该事件的发生时间提前了，他为什么要刻意将其时间提前呢？

二　为配合咸通十三年这一纪录张昭远所做的其他配套篡改

为了配合将段文楚事件置于咸通十三年这一篡改，张昭远做了一系列的配套篡改，包括臆造懿宗诏书、懿宗诏令崔彦昭与张公素讨伐李克用父子事，改动卢简方、李国昌、支谟任大同防御使的时间等。

1. 臆造懿宗诏书与懿宗诏令崔彦昭与张公素讨伐李克用父子事

段文楚事件发生后，懿宗给卢简方下了一道诏书，《旧唐书》卷一九上《懿宗纪》载，咸通十三年十二月，李克用杀害云中防御使段文楚，占据云州，自称防御留后。咸通十四年正月懿宗赐给卢简方诏书，让卢简方去劝说李国昌，令其说服其子李克用放弃兵权，结果李国昌不从，懿宗“乃诏太原节度使崔彦昭、幽州节度使张公素帅师讨之”②。

根据樊文礼的研究，崔彦昭任河东节度使是在咸通十一年至十四年之间，张公素任幽州节度使是在咸通十三年至乾符二年之间③，而胡耀飞、西村阳子已经证明段文楚事件发生在乾符五年。这表明，乾符五年李克用杀害段文楚时，崔、张二人职位已经变更，不可能发生二人讨伐李克用父子之事。那么，懿宗诏令崔彦昭与张公素讨伐李克用父子的记录，应该是张昭远为了配合其年份改窜生造出来的。

---

① 〔日〕西村陽子：《唐末〈支謨墓誌銘〉と沙陀の動向：九世紀の代北地域》，《史學雜誌》2009 年第 118 卷第 4 号，第 532 页。

② 《旧唐书》卷一九上《懿宗纪》，第 681 ~ 682 页。

③ 樊文礼：《唐末五代的代北集团》，第 83 ~ 84 页。

另外，这个懿宗诏书也是张昭远臆造的。首先，根据其叙述，懿宗是在段文楚事件发生后，先令卢简方去劝说李国昌，李国昌不听从，而后才又派崔、张二人帅军征讨。而段文楚事件发生于僖宗乾符五年，那时候懿宗已经故去多年，没有发布讨伐李克用父子诏书的可能。其次，根据其叙述，卢简方于咸通十三年被任命为大同军防御使，十四年三月又被任命为振武节度使，并于半道而卒，这些叙述都不符合事实，理由详后。

最后需要讨论的是，《通鉴考异》对此有一个看法："盖《旧纪》《实录》各随段文楚死之后，载除简方及诏书，使事相接续耳，恐皆未足据也。《旧纪》所云太原、幽州讨之，盖因叙后来事。"[①] 那么，有没有可能像《考异》所猜测的那样，此处是因为表述前一件事，而连带着把后来发生的事也一起叙述呢？种种证据表明没有这种可能性。首先，前已讨论，段文楚死于乾符五年，而非咸通十三年，《资治通鉴》本身也认定该事件发生于乾符五年。这样，其逻辑就变成了《旧纪》《实录》是在叙述乾符五年段文楚死后，连带着叙述了乾符五年任命卢简方为大同都防御使与懿宗诏书这两件事，这本身就是矛盾的，是《考异》的疏忽之处。其次，材料中"赐卢简方诏曰"一语没有主语，但这材料是放在《懿宗纪》中的，而且结合该诏书前后的文字判断，发布诏书的只能是懿宗，而不可能是后来的僖宗。正史的本纪采用编年体，这是通则，将僖宗的大段诏书插入《懿宗纪》中的可能性微乎其微。再次，前已讨论，崔彦昭任河东节度使是在咸通十一年至十四年之间，张公素任幽州节度使是在咸通十三年至乾符二年之间，如果该材料叙述的是后来——也就是僖宗乾符五年的事情的话，那时候崔彦昭已经不是河东节度使了，张公素也不是幽州节度使了。最后，上述材料紧接着又写到咸通十四年三月卢简方死，明确表明这里叙述的不是后来的事情，况且，卢简方是死于僖宗乾符五年，而非壹悫宗咸通十三年，考辨详后。

2. 改动卢简方任大同防御使的时间

关于卢简方任大同防御使有如下几种记载：

> 材料一：（咸通五年）十一月乙酉，以大同军防御使卢简方检校工部尚书、沧州刺史、御史大夫，充义昌军节度、沧济德观察等使。[②]

① 《资治通鉴》卷二五三唐纪六十九《考异》，第 8199 页。

② 《旧唐书》卷一九上《懿宗纪》，第 658 页。

材料二：（卢简方）累迁江州刺史。徙大同军防御使，大开屯田，练兵侈斗，沙陀畏附。擢义昌节度使，入拜太仆卿，领大同节度。久之，徙振武军，道病卒。①

材料三：（咸通十三年十二月）以太仆卿卢简方检校刑部尚书、云州刺史，充大同军防御等使。……是月，李国昌小男克用杀云中防御使段文楚，据云州，自称防御留后。……（咸通十四年）三月，以新除大同军使卢简方为单于大都护、振武节度、麟胜等州观察等使。时李国昌据振武，简方至岚州而卒。②

材料四：（乾符五年二月）又以太仆卿卢简方为大同防御使。……四月，以前大同军防御使卢简方为振武节度使，以振武节度使李国昌为大同节度使，以为克用必无以拒也。……（五月）卢简方赴振武，至岚州而薨。③

材料二列举了卢简方的为官经历：江州刺史→大同军防御使→义昌节度使→太仆卿→大同军防御使。从中可以看出，卢简方曾经两次任大同防御使。与材料二比对可以发现，材料一反映的是卢简方第一次任大同军防御使的离任时间。材料三与材料四反映的都是卢简方第二次任大同军防御使的时间段，分别为咸通十三年十二月至咸通十四年三月、乾符五年二月至乾符五年四月。两个材料记录的卢简方的死亡时间分别为咸通十四年三月、乾符五年五月。由于这次任命卢简方为大同军防御使是在段文楚事件后，段文楚被杀的时间为乾符五年，所以材料三是错误的，是张昭远为了配合将段文楚事件置于咸通十三年而做的配套篡改。

3. 改动李国昌任大同防御使的时间

关于李国昌任大同防御使有如下几种记载：

材料一：庞勋乱，诏义成康承训为行营招讨使，赤心以突骑三千从。承训兵绝涣水，遇伏，堕围中几没，赤心以骑五百掀出之。勋欲速战，众八万，短兵接，赤心勒劲骑突贼，与官军夹击，败之，其弟赤衷以千骑追之亳东。勋平，进大同军节度使，赐氏李，名国昌，预郑王属籍，赐亲仁里甲第。回鹘叩榆林，扰灵、盐，诏国昌为鄜延节

① 《新唐书》卷一八二《卢简方传》，中华书局，1975，第5369页。

② 《旧唐书》卷一九上《懿宗纪》，第681～683页。

③ 《资治通鉴》卷二五三唐纪六十九，第8198、8202、8206页。

度使。又寇天德，乃徙节振武，进检校司徒。[①]

材料二：（咸通十年十月）上嘉朱邪赤心之功，置大同军于云州，以赤心为节度使，召见，留为左金吾上将军，赐姓名李国昌，赏赉甚厚。……（咸通十一年十二月）以左金吾上将军李国昌为振武节度使。……（乾符五年）朝廷以李克用据云中，夏，四月，以前大同军防御使卢简方为振武节度使，以振武节度使李国昌为大同节度使，以为克用必无以拒也。[②]

材料三：（咸通十一年正月）（以）朱邪赤心为检校工部尚书、单于大都护、御史大夫、振武节度、麟胜等州观察等使，仍赐姓名曰李国昌。……（咸通十三年）十二月，以振武节度李国昌为检校右仆射、云州刺史、大同军防御等使。……是月，李国昌小男克用杀云中防御使段文楚，据云州，自称防御留后。[③]

唐廷可能曾两次任命李国昌为大同军节度使。有关第一次任命，根据材料一，庞勋之乱被平定后，唐廷任命李国昌为大同军节度使，又先后被任命为鄜延节度使、振武节度使。材料二显示，庞勋之乱后，唐廷任命李国昌为大同军节度使，未赴任，被任命为左金吾上将军，再迁为振武节度使。材料三显示，庞勋之乱后，李国昌直接被任命为振武节度使。就现有材料来看，无从判断孰是孰非，可能是唐廷任命李国昌为大同军节度使后，李国昌并未赴任。

关于第二次任命，材料二和材料三所记都是在段文楚事件后，唐廷任命李国昌为大同军节度使。材料二所记时间为乾符五年四月，材料三所记时间是咸通十三年十二月。这也是张昭远为了配合其所篡改的段文楚事件发生时间所做的配套篡改。

4. 改动支谟任大同防御使的时间

关于支谟任大同防御使有如下两种记载：

材料一：乾符三年，河南水灾，盗寇蜂起，朝廷以段文楚为代北水陆发运、云州防御使，以代支谟。[④]

① 《新唐书》卷二一八《沙陀传》，第 6156 页。

② 《资治通鉴》卷二五一唐纪六十七，第 8150 页；卷二五二唐纪六十八，第 8161 页；卷二五三唐纪六十九，第 8202 页。

③ 《旧唐书》卷一九上《懿宗纪》，第 674 ~ 675、681、682 ~ 683 页。

④ 《资治通鉴》卷二五三唐纪六十九《考异》引《后唐太祖纪年录》，第 8196 页。

材料二：及壮，为云中守捉使，事防御使支谟，与同列晨集廨舍，因戏升郡阁，踞谟之座，谟亦不敢诘。乾符三年，朝廷以段文楚为代北水陆发运、云州防御使。①

根据这两条材料，乾符三年（876），段文楚代替支谟任云州（大同）防御使。但是，根据《支谟墓志》，支谟咸通末（874）任濮州刺史，乾符二年（874）丁内忧，乾符四年（877）任右金吾卫大将军、知街事，乾符五年（878）充河东节度副使、指挥制置使，乾符六年（879）夏任大同防御使。② 材料一出自由张昭远执笔的《后唐太祖纪年录》，材料二《旧五代史》沿袭了张昭远的说法。与《支谟墓志》比对，可以看出，这也是张昭远为了配合篡改段文楚事件发生时间所做的配套篡改。而张昭远后来完成的、将段文楚事件发生时间改为咸通十三年的《庄宗功臣列传》与《旧唐书》删去了支谟任大同防御使的史料。

三 张昭远的篡改意图是为后唐政权的正统性服务

朱维铮指出，正统观对帝国时期人们的政治行为、重大决策都有很大影响③。在晚唐五代历史上，李克用父子为了与朱温相抗衡，一方面称朱温后梁政权是伪政权，一方面极力强调自己是唐王朝的继承者，是中兴唐祚，就是充分利用了正统观念。张昭远篡改段文楚事件的发生时间则是从史学角度为确立后唐王朝的正统性服务。

唐懿宗咸通十年（869），朱邪赤心凭借着镇压庞勋之乱的显赫功绩，被赐姓名李国昌，成为唐室后裔。唐朝灭亡后，李克用父子一直以唐室后裔为旗帜，与朱温所建后梁政权进行角逐。④ 其具体表现有：①在建立后唐政权前一直沿用唐朝年号。天复四年（904），朱温胁迫唐昭宗迁都洛阳并改元天祐时，“克用以谓劫天子以迁都者梁也，天祐非唐号，不可称，

① 《旧五代史》卷三三《武皇纪》上，中华书局，1976，第 333 页。

② 西村陽子：《唐末〈支謨墓誌銘〉と沙陀の動向：九世紀の代北地域》，《史學雜誌》第 118 卷第 4 号，2009 年，第 523 页。

③ 朱维铮：《中国历史上之正统观·序》，饶宗颐：《中国历史上之正统观》，上海远东出版社，1996。

④ 李崇新：《中国历史上的正统之争与族群文化认同——兼以后唐沙陀政权为例》，《南京理工大学学报》2015 年第 3 期，第 47 页。

乃仍称天复"[①]。907年，朱温代唐建梁，李克用又改称哀帝天祐年号。李克用死后，李存勖君臣沿用这一年号一直到天祐二十年。②李存勖建立后唐政权的旗号是"中兴唐祚"，以唐王朝继承者的身份自居，而以朱温所建后梁为"伪"为"贼"。[②] ③德运设置上延续唐朝的土德。朱温建立后梁政权，"自谓以金德王，又以福建上献鹦鹉，诸州相继上白乌、白兔洎白莲之合蒂者，以为金行应运之兆"[③]，采用的以金代土的王朝替代模式。而庄宗李存勖"中兴唐祚，重新（兴）土运"[④]，继续沿用唐王朝的土德，采用的不是王朝替代模式，而是以唐王朝继承者的姿态出现的。④李存勖建立后唐政权后，将唐高祖李渊、唐太宗李世民纳入到了天子七庙[⑤]，将其政权看作唐王朝的延续。

张昭远写作史著的目的就是为后唐政权的正统性服务。天成三年十二月，张昭远在所上请求修撰太祖与庄宗实录的状中讲道："常读国书，窃见懿祖昭烈皇帝自元和之初，献祖文皇帝于大和之际，立功王室，陈力国朝。安边荡寇之谋，经始开阶之绪，虽书于简牍，而未有裁成。太宗武皇帝自咸通后来，勤王勠力，剪平多难，频立大功，三换节旄，再安京国，经纶草昧，尊奖朝廷。一百战之艰难，声齐汉祖；三十年之征伐，系比曹公。庄宗皇帝当璧应图，化家为国，终平大憝，奄有中原。祖宗历事于九朝，勋业相承于四代。神功圣德，英略雄图，如阙编修，自然湮坠。既叨秉笔，尤切痛心。窃见伪梁朱氏，起自细微，乱我圣朝，僭称伪号，而敬翔辈撰书七十余卷，见在馆中，犹能采一时之寓言，作午沟之故事。岂足比圣上中兴之运，先皇累世之资，代继公台，门联将相。致今日昇平之化，当大朝明盛之秋，光显祖宗，全无载籍，史臣奉职，宁不愧心。昭远亲睹中兴，备闻旧事。太祖勤王之睿躅，先皇开国之神功，目所见闻，心常记录。伏请与当馆修撰参序条纲，撰太祖、庄宗实录。庶几奉职，微答皇慈者。"[⑥] 这里有几点值得关注：①张昭远认为，伪梁政权已经有敬翔等史官撰写的历史，而后唐政权还没有做这项工作，这是史臣的失职。②与

---

① 《新五代史》卷四《庄宗纪》上，中华书局，1974，第38页。

② 刘浦江：《正统论下的五代史观》，《正统与华夷：中国传统政治文化研究》，中华书局，2017，第35～60页。

③ 《旧五代史》卷三《梁太祖纪》，第50页。

④ 徐松辑、刘琳等点校《宋会要辑稿》运历一，上海古籍出版社，2014，第2679页。

⑤ 《旧五代史》卷二九《庄宗纪第三》，第404页。

⑥ 王钦若：《册府元龟》卷五五七《国史部·采撰三》，第6698页。

“乱我圣朝”的朱温政权不同，后唐政权属于“中兴”。③李国昌曾“立功王室”，李克用曾“勤王勠力，剪平多难，频立大功”，李存勖“当璧应图，化家为国，终平大憝，奄有中原”，记录这些功绩，是史官的职责所在。由此可以看出，张昭远也是将朱温政权看成是伪政权，后唐政权是唐王朝的延续。

就其对李克用的关注点而言，张昭远主要是强调李克用的“勤王勠力”之功。但是，事实上，李克用却是以杀害唐朝官员段文楚起家的，这与他想塑造的李克用形象相悖，所以，张昭远便对该事件的发生时间进行了篡改。如前文所述，张昭远一开始是将段文楚事件的发生时间置于乾符三年，后又将之置于咸通十三年。他为什么要做这种篡改？关于这一点，张昭远不可能将其想法写进著作之中，所以并没有直接证据，但可以从李克用的年龄这一点来做推测。李克用生于 856 年，如果按照事件发生的实际时间 878 年记录的话，他已经 22 岁了；如果将其置于 876 年，那时候他 20 岁，也已经成年；若将其置于 872 年，那时候李克用才 16 岁。一个 16 岁的懵懂少年，尚不具备成年人的政治智慧，就不需要承担杀害段文楚的罪名，这应该是张昭远一再将该事件发生年份提前的考量。

在相关叙述中，张昭远还把段文楚被抓被杀的责任完全推到了李尽忠、康君立等人身上，而李克用是被迫的、是无辜的。在《后唐太祖纪年录》的叙述中，程怀信、康君立等人不仅是该事件的谋划者，同时还强推李克用上马，而段文楚被抓也是城中其他人干的，和李克用也没有关系。[①]在《庄宗功臣列传》的记载中，谋划人是康君立与李尽忠，攻打牙城、抓段文楚、派遣监军判官带着符印请李克用知留后的是李尽忠，李克用在整个过程中都是被迫的。[②]

综上所述，张昭远撰写太祖、庄宗实录的目的是为后唐政权的正统性服务。在他看来，朱温政权是伪政权，李国昌与李克用父子在唐王朝都建立了显著功绩，李存勖建立后唐政权，消灭朱温政权，是唐王朝的继承者。但是，段文楚事件却是李克用的污点，与其想塑造的形象不符，所以他将该事件的发生时间置于李克用 16 岁尚未成年之时，并把事件的责任推到李尽忠、康君立、程怀信等大臣身上，从而消解了李克用的负面形象。

---

① 《资治通鉴》卷二五三唐纪六十九《考异》引《后唐太祖纪年录》，第 8196～8197 页。

② 《资治通鉴》卷二五三唐纪六十九《考异》引《庄宗功臣列传》，第 8197 页。

结　语

本文主要是对五代史官张昭远篡改段文楚事件发生时间的意图进行了推测，认为其意图是为后唐政权的正统性服务。张昭远的篡改是有利于沙陀的，这一点与西村阳子的研究结论相同。[①] 但是，张昭远将之置于两个年份，并不是像西村阳子所说的为了使该事件模糊不清[②]，而是他先将之置于乾符三年，后又将之置于咸通十三年，这两种记载并非并存关系。张昭远最终将其置于咸通十三年（872）的目的是说明李克用当时还是一个年仅16岁的懵懂少年，把段文楚被抓被杀的责任完全推到了李尽忠、康君立等人身上，而李克用是被迫的、是无辜的。为了配合将段文楚事件置于咸通十三年这一篡改，张昭远还做了一系列的配套篡改，包括臆造懿宗诏书、懿宗诏令崔彦昭与张公素讨伐李克用父子事，改动卢简方、李国昌、支谟等人任大同防御使的时间。张昭远所做的这一切篡改的最终意图是为后唐政权的正统性服务。他认为朱温后梁政权是伪政权，而作为唐室后裔的李国昌与李克用父子都是唐王朝的功臣，李存勖所建后唐政权是唐王朝的延续。那么，李克用以杀害唐廷官员段文楚起家这一事实与其所要塑造的"勤王勠力"的李克用形象相悖，所以，他才不惜篡改，将该事件置于咸通十三年，从而达到为后唐政权的正统性与合法性服务的目的。本文认为，张昭远将其置于咸通十三年是为了表明李克用当时还是一个年仅16岁的懵懂少年，为其脱责，这是建立在推测基础之上的，以后要进一步寻找更多证据，以增强其说服力。

对于晚唐史料，学者曾经从资料缺失这一角度进行过分析。黄永年指出，"武宗的实录已大部分佚失，宣宗以下的实录并未修成，更无国史、《唐历》可为依据，因此武宗到昭宗以至哀帝的本纪之撰修，只能是根据征集到的残存的日历、制敕册书、诸司吏牍以及时人撰述如贾纬的《唐年补录》之类"[③]。杜希德也曾指出，"唐朝晚期（847～907）的记载是在《旧唐书》纂修的941～945年间汇总各种材料而撰成的，诸如流传下来的

① 〔日〕西村陽子：《唐末〈支謨墓誌銘〉と沙陀の動向：九世紀の代北地域》，《史學雜誌》2009年第118卷第4号，第531页。

② 〔日〕西村陽子：《唐末〈支謨墓誌銘〉と沙陀の動向：九世紀の代北地域》，《史學雜誌》2009年第118卷第4号，第532页。

③ 黄永年：《唐史史料学》，上海书店出版社，2002，第9页。

日历与起居注，权威性较低的各色私家撰述，其中有些是它们所描述的事件发生后很久才编纂成的，由于关键性资料的缺失，其撰写十分艰难”①。但是，这只是晚唐史料错乱的一个原因，另一个原因是史官虚美隐讳、记录不实。郭武雄指出，《后唐太祖纪年录》由后唐宰臣赵凤监修、史臣张昭远及吕咸休等修撰，“疏误隐讳特多”②；《庄宗功臣列传》亦由张昭远等史臣编撰，也有“虚美隐讳”之处③。郭武雄只是简略提及，未做深论。本文可以说是对张昭远历史书写的一个比较具体的个案考察。除了该案例，其他类似问题应该还有不少。有学者指出，与李克用墓志所记不同，《后唐太祖纪年录》中所记李克用的系图是张昭远改窜而成的。④ 张昭远的历史书写遮蔽了我们的认知，要想深入认识晚唐历史，必须对其所记录的史料保持清醒的批判意识，同时尽力搜罗相关墓志资料，将之与传世文献相比对，以期能还历史以原貌。同时，在断定对错之后，进而探究五代史官的历史书写，有助于我们进一步认识五代的政治文化。

① 杜希德：《唐代官修史籍考》，黄宝华译，上海古籍出版社，2010，第178～179页。

② 郭武雄：《五代史料探源》，台湾商务印书馆，1996，第35～39页。

③ 郭武雄：《五代史料探源》，第43～46页。

④ 〔日〕森部豊、石見清裕：《唐末沙陀〈李克用墓誌〉訳注・考察》，《内陸アジア言語の研究》18，2003，第17～52页。

人物志

忆良师益友杨翼骧先生

——仓修良先生访谈录

鲍永军

（浙江大学历史系，浙江杭州　310058）

在2018年老一辈著名史学史专家杨翼骧先生一百周年诞辰之际，南开大学历史学院、史学理论及史学史研究中心举办了专门的学术研讨会，缅怀先生的人格风范，促进中国史学史学科建设。浙江大学历史系仓修良先生，与杨先生交往20余年，结下了深厚的情谊。遗憾的是，由于身体原因，仓先生不能出席会议，也无法撰写回忆录。因此，乔治忠教授特地委托我登门访谈，仓先生回忆往事，由我整理成文，以作纪念。

鲍：仓先生，请您谈谈与杨先生相识以及交往情况。

仓：杨先生比我大15岁，他一直对我关怀备至，真正称得上是我的良师益友。杨先生是一位非常忠厚慈祥的长者，我们之间深厚的友情，完全建立在相互了解和学业交往的基础之上。1982年4月，我到华东师范大学史学研究所，与杨先生一起参加《中国历史大辞典·史学史分卷》审稿工作。杨先生和吴泽先生是主编，我是编委之一，当时参加这项工作的编委还有陈光崇、赵吕甫、高振铎以及华东师大的袁英光、刘寅生、桂遵义诸位先生。外地的编委都住在华东师大招待所，我和杨先生同住一个房间，时间长达一个多月。我比杨先生年轻，扫地、打开水之类力气活，当然由我主动承担。我们还约定，因为白天整天看稿子，非常紧张，所以晚上一律休息，不工作。两人晚饭后，便到附近散步，谈话的内容非常广泛，有的是白天审稿中发现的问题，有的是学术界正在研究讨论的问题，还有就是回忆各自的往事。

杨先生详细地讲了他年轻时考大学、上大学的情况。他于1936年考入北京大学文学院史学系，抗战爆发后，北京大学辗转迁移到云南昆明，改称西南联合大学。杨先生从1938年起，不顾路途遥远，从山东老家赴学校复学，历经颠沛流离，直至1939年9月才终于到达西南联大。一路上贫病交加，饥寒交迫，甚至难以为生。就是在这样的艰难困苦中，杨先生仍旧坚持学习，千方百计到图书馆借书，研读刘知幾的《史通》、章学诚的《文史通义》、前四史、《资治通鉴》以及《四库全书总目》等书籍，写下近十万字的读书笔记，并由此确立了研究史学史的学术追求。新中国成立后，杨先生首次在北京大学史学系开设史学史课，当时倡导学马列、学苏联，史学史不是基础课，且有资产阶级学术之嫌，所以很少有人愿意讲此课。1958年教育革命时，批判资本主义和封建主义，讲史学史又有宣扬封建史学家、宣传资产阶级史学理论之嫌，史学史课一度被取消。但是，杨先生不为所动，几经磨难，屡遭挫折，始终坚持史学史研究，终成大家。杨先生心胸豁达，口才很好，讲话旁征博引，睿智幽默，与他交谈，如沐春风。遗憾的是我没有记日记的习惯，当时没能将这些既生动又深刻的谈话内容记下来，如果记下来，将是一件很有意义的事。

与杨先生一样，我也谈了自己选择研究中国史学史的坎坷经历。我1958年从原杭州大学历史系毕业，留校任教，1961年开始从事中国史学史教学研究，1962年发表《章学诚和方志学》一文。1964年下半年农村开展“四清运动”，没想到我成了清理对象，被批了三天三夜，批我整天钻故纸堆，鼓吹封建文化，美化封建人物，并被戴上“走白专道路的典型”帽子。“文化大革命”一开始，我又是首当其冲，说我是“复辟封建主义的吹鼓手、急先锋”。1974年夏，毛主席提出要恢复《历史研究》，我被借调到北京参加复刊工作。不久江青指使科教组接管，复刊变成创刊。我与章开沅先生一道工作，待了半年，因为我的言论行为常常触犯当权者忌讳，被迟群下令逐离回校。“文革”期间，我遭受“四人帮”迫害，没想到“文革”结束后，又被当作“四人帮”爪牙加以批斗，下放干校劳动。当时我白天放鸭子，晚上有空就看书写文章。后来有朋友建议我不要研究史学史了，说这是一门花费工夫大而收效慢、吃力不讨好的学科，不如选上一个朝代，花三五年工夫，就能出成果。事实上，系里的史学史课也被精简掉了，我改教中国古代史和历史文选。但要我不研究史学史已经做不到了，就像谈恋爱一样深深爱上这门学问。我想，各门学科都有自己的历史，为什么历史学科反而不要自己的历史呢？即使不再开这门课，我课余也要坚持研究。所幸恢复高考后，这门课就恢复了。

现在的年轻学者也许很难理解，杨先生与我致力于中国史学史研究，竟会如此艰难坎坷，但那个时代事实的确如此。我们同病相怜，学业上相互交流，无话不谈，这样一来自然加深相互了解，增进了感情。特别是每当他听到我在历次运动中不幸的遭遇时，总是愤愤不平，对我表示同情和安慰。

杨先生担任《中国历史大辞典·史学史分卷》主编，负责古代部分，工作任务很重。一方面，他要负责联系各词目撰写作者，当时都是邀请对所涉词目有专门研究的学者撰写，实在联系不上，就自己撰写；另外，对已有2000余条词目逐一审阅修改，真正尽到主编职责，确保了学术质量。杨先生审稿期间治学严谨，一丝不苟，令人敬佩，是我治学与做人的榜样。

1982年5月初，我受邀去武汉参加全国旧方志整理工作座谈会，又接受任务到苏州为中国地方志指导小组在全国举办的首次方志培训班讲课，事毕回原杭州大学。我的《史学史辞典》审稿工作于是告一段落，没有再去，由别的先生接替。杨先生继续从事审稿工作，原先预计三个月完成的事，实际上花了五个月，1983年12月这部辞典由上海辞书出版社出版。这部辞典，是《中国历史大辞典》系列最先问世之卷，得到海内外一致赞扬，是一项开创性的成果。杨先生为此付出了大量的时间、精力，实为辞典之功臣。在编撰完成并交稿后，他特意到杭州来看我。我将杨先生安排在西湖边上北山街的新新饭店，当时是省政府招待所，价廉物美，非常紧俏。刘乃和先生住过一次，以后来杭州，就指定要住这里。一连三天，我带杨先生游览考察，吃饭都在我家里。

1985年3月2~5日，我参加在北京召开的全国史学史研究工作座谈会，白寿彝先生主持会议，老一辈学者陈千钧、张孟伦、郭圣铭、陈光崇等先生与会。我没有见到杨先生，后来接到他的来信，才知道是身体原因，无法坚持连续开三天会议。此后，我曾几次去南开大学见杨先生，他都请我到家里吃饭、畅谈。他告诉我，一直想请我做研究生毕业论文答辩会主席，因为经费太少，支付不起杭州到天津的差旅费，只得作罢。

鲍：听说您至今保存着杨先生的28封来信，请您谈谈信件内容。

仓：我们之间的联系，主要是靠书信往来，现在保存着的这些来信，时间最早的是1982年5月25日，最晚的是2002年6月14日，已经是杨先生去世前一年。在信中，杨先生讲的内容很多，包括学术研究、招收培养研究生、身体状况等，至今读来，仍旧令我感动，往事历历在目。

杨先生信中非常关心我的身体健康。比如信中说，“很久未见面了，如有机会能对面畅叙，实为最大的快事”，“希望您也随时注意健康，不要过于劳累，特别要保护好眼睛”，“我因身体太坏，懒于执笔，很久没有给您写信了，但想念心情，与时俱增，您的眼病自在广州住院手术治疗后，没有再犯吧。念念！望随时注意养护，不要再犯”，“看中央电视台广播的各地气象预报，杭州近日气温高达36度，望您在炎暑中多休息，保重身体健康”；“你很忙，不用回信了”。信中关切之情，溢于言表。杨先生在1998年3月5日来信中说：“您在春节前赐寄的有奖明信片，中了一个四等奖，奖品是虎年邮票150分及50分各4张，现将其中的各2张附信寄上，也算分享其乐吧。”虽是一件小事，同样反映出杨先生具有的与人为善的品格。

杨先生晚年身体欠佳，信中说“因体力不支，不能多写”，“身体如能有所好转，当再写信”。就是在这样的情况下，他对我的工作、研究情况仍然非常关心。我也将杨先生视为学术与人生的知己，邮寄出版的《方志学通论》《史记辞典》《中国史学名著评介》《文史通义新编》等著作，请他指正。杨先生在收到我的《方志学通论》后，在1991年5月20日来信中说：“立即开始阅读，因有其他事情，现在还未读完，但从前言、目录及读过的部分中，已感到博大精深，见解创新，诚如张舜徽先生题辞中所说‘自来论方志者，皆不及此书之全备而精密’。实为划时代意义的巨著，我对您在学术上的重大贡献异常敬佩，热烈祝贺！”杨先生的热情鼓励，令我感佩于心。

杨先生对我的工作、研究情况很了解，知道我“境遇坎坷，备受压抑”。也正因为如此，对我也就非常关怀，觉得我这样走过来实在不容易。所以后来我在评职称、评博导时，他都非常关心。我在1989年就申请博导资格，因为校长指定，被迫两处申报，以致违规落选，用章开沅先生的话讲，就是“装在口袋里的东西都会弄丢了”。从1989年到1997年，杨先生多次写信给我，安慰、鼓励并分析评聘政策，为有希望而高兴，为意外落选而“不胜惆怅并大为不平”，并说：“只因这点年龄问题的硬性规定（规定不是实事求是的。其做法也不公平合理）而受屈，实在太冤枉了。然世事如此，亦徒呼奈何而已。”他非常愤懑，对此事如此关注，真是已经到了与我同忧共乐的地步。确实我走过的道路很崎岖，就像生长在石头缝里的一棵小草，是硬挣扎着长出来的，经常受到来自方方面面的挤压。其实，有没有这顶帽子，丝毫不影响我做学问，最大的遗憾就是不能为国家培养几位博士。

在这些信中，杨先生还谈了编著《中国史学史资料编年》的艰辛过程。他说："我虽然身体不好，但有些工作又不能不做，连续用脑稍久即感脑胀头晕，颇为苦恼。"他既担任古籍研究所所长等行政工作，又要指导研究生、修改学生论文，任务繁重。信中写道："数年来因体力、脑力都很差，不能持久，难以写书或文章，只有继续编纂资料。现正整理《中国史学史资料编年》第二册的稿子。由于宋代有关史学的材料很多，而且过去目录书列为子部杂家类、小说家类及类书类的书，其中有很多现在看来也应列入史部，所以内容比第一册还要多。第一册因当时交稿时间紧迫，未来得及仔细查阅资料，致有很多遗漏，需要将来再行补充。在整理过程中，又时常发现不少年代上难以编排的问题，还要随时查阅资料，故工作进展很慢。只希望今后尽量减少其他事务，能在今年内完成""全身无力，大部分时间卧床，视力不好，看书写字感到模糊不清，给编书工作带来极大困难。"《中国史学史资料编年》辛勤编成后，由于"此类资料书不受重视"，屡次被出版社要求减少字数，第三册 1996 年已交稿，但直到 1999 年才出版。杨先生对此倒是很乐观很知足，感叹"在这年头能给出这样的不合潮流的资料书，也算很不容易了"。

鲍：请您谈谈对杨先生学术成就的评价。

仓：杨先生是史学界老前辈，一生治学严谨，著述审慎，为青年史学工作者树立了榜样。所著《中国史学史资料编年》三册，将我国先秦至明代史学发展过程中所产生的关于史学方面的人、事、书一一加以记载和摘编，这是一项十分艰巨的工作，是在"披沙拣金"。这样一部著作，帮助我们掌握和了解我国史学发展的梗概，对于研究具体史家或史书也创造了条件，嘉惠后学，其功大矣。因此，我们可以说这是一部史学史研究入门之书。全书原计划分为四册，由于先生年事已高，健康状况欠佳，第四册清代部分已无法自己完成，不得不委托弟子们来编写。就此三册而言，我应杨先生之邀，在《史学史研究》2002 年第 2 期发表《读〈中国史学史资料编年〉》一文，主要谈了该书的四个特点：

第一，全面记载了史学发展中的人、事、书。

这部《中国史学史资料编年》，对中国史学发展过程中所产生的有关人物、重要事件和对史学研究有关的著作，均按年代顺序予以记载。有些不知名的野史、杂史，本书也都作了记载。每部史书写作的起止年代和作者的生卒年，大都作了记载；无确切年代的也作了考证。本书著录了重要的舆地著作、目录学著作、类书、笔记、金石学著作等等。我们中华民族是一个多民族组成的大家庭，杨先生在著录过程中，也很注意搜录少数民族的有关史学著作。他还注意收录史学史上有重要影响的大事，如荀勖著《中经新簿》、李充著《晋元帝书目》，另外如“隋禁私人修史”“宋禁行私史”等等。每条之后，都征引了多种原始材料。著录这些内容，是要有历史眼光的。

第二，一书多名和一名多书的考订。

如《中国史学史资料编年》在案语中指出：“《晋纪》及《晋安帝纪》当即《晋安帝阳秋》之异名，实为一书也。”有的著作竟有四五种书名，如富弼、王洙等编修的《太平故事》，又作《三朝政录》《三朝政要》《祖宗故事》《三朝太平宝训》《庆历三朝太平宝训》。对于这些，书中不仅都一一予以列出，而且全都征引原始出处。对于那些不能肯定的，也都抱着存疑的态度。阅读了这些内容以后，对于这些书的编写原由、内容乃至作者都有了初步了解，今后若要进一步研究，心中也就有底。

第三，考订正误与辨别真伪。

在我国众多的史籍当中，有许多都未写明成书年代，对于这些，杨先生在书中都尽可能做了考订。比如《晋书》的成书年代，虽有记载，却又错了，杨先生对《晋书》的修撰做了仔细考订，很有必要。又如《安南志略》一书，由于作者自序落款时间有误，就为后人研究带来了难题。对此，杨先生在案语中做了详尽的考订，引用自序外以及他人作的序共11篇，这些对研究者来说，无疑是提供了极大的方便。

除了考证作者生卒年代和成书年代外，对于书名有差异、作者姓名有差讹的也都做了考证。如苏辙所著《春秋集解》，许多目录著作均著录为《春秋集传》。《中国史学史资料编年》征引苏辙《春秋集解引》《郡斋读书志》《直斋书录解题》《宋史·艺文志》等资料做了考证，认为“当以《春秋集解》为是”。又如《使琉球录》一书的作者，《千顷堂书目》著录为许士霖，《四库全书总目提要》作郭世霖，实际上应为郭汝霖。

第四，重视收录史论。

我国史学发展过程中曾产生过许多史论著作，这是人们容易看到的，还有许多单篇的史论分散在文集、史传和其他史书之中，这些也是研究史学史的宝贵资料。《中国史学史资料编年》注意摘编这些议论，其中也包括议论修史之事，如魏孝文帝、唐太宗论及修史的事；韩愈、柳宗元论修史事；李翱论行状；等等。其他如评《史记》《汉书》优劣等内容，《中国史学史资料编年》都注意收录。

总之，《中国史学史资料编年》一书，内容相当丰富。这里只谈了四个方面特点，而其特点、内容则远不止这些。这是研究中国古代史学史一部不可多得的入门之书。

鲍： 您认为杨先生哪些治学精神值得我们学习？

仓： 杨先生做学问一丝不苟，认真负责。我通过研究，认为《越绝书》不是袁康、吴平所作，余嘉锡先生在《四库提要辨证》一书中也已指出。我写了《〈越绝书〉散论》一文，在《史学史研究》1998 年第 1 期上刊出。杨先生看到以后，于 1998 年 4 月 21 日给我写了一封信，信中说："大作《〈越绝书〉散论》已拜读，对《越绝书》的性质、作者、内容、书名等问题都进行了详细的阐述，考证精密，论断确当，令人信服。今后谈论该书者自当以为准绳，不要再固执其偏见了"，"我在《中国史学史资料编年》第一册中，因误信杨慎之说，竟列出《袁康著〈越绝书〉》的标题，犯了一个大错误，实深惭愧！"

从来信可以看出，余嘉锡先生之辨证，杨先生很可能当时没有看到，而我的《〈越绝书〉散论》刊出乃是在《中国史学史编年》第一册出版以后，故看了后深感犯了"错误"。杨先生实事求是的治学态度实在令人敬佩！特别值得一提的是，杨先生看到我对《中国史学史资料编年》的读后感时，立即在 2002 年 6 月 14 日写信，说"文章中指出《编年》的缺点，很对，我诚恳接受"。这是我收到的杨先生最后一封信，他只要发现自己有些许差误，立刻加以纠正，这种做学问求真务实精神，实在感人肺腑！

杨先生学识渊博，著作宏富，出版有《秦汉史纲要》《学忍堂文集》等著作。作为新中国史学史学科的奠基人之一，杨先生长期在西南联大、北京大学、南开大学讲授中国史学史课程，弟子们整理出版了他的《中国史学史讲义》《中国史学史手稿存真》。众所周知，由于身体、时间与精力关系，杨先生没能将中国史学史著作完成定稿，这是史学史界一大损失。但我要说，杨先生这部《中国史学史资料编年》，集学术性、资料性、工具性于一体，价值完全超过一部史学史著作！只要有了这部书，整个史学史都好写，为治史学史者必不可少的参考书，功劳极大。有了这些史学史基本资料，史学发展脉络清晰，什么论著都可以写，然而到现在为止，学术界还没有充分认识这部著作的巨大学术价值，并将杨先生甘做铺路石、无私奉献的精神发扬光大。作为后学，我们应当很好研究发掘这部书的价值，将这部书作为重点内容，深入探讨。

鲍：您作为史学史界前辈，对史学史学科发展以及后辈学者有何意见、建议？

仓：中国史学史是历史学中一个比较冷僻的专业，学科建设与学术研究相对较难。白寿彝、尹达、吴泽与杨先生等老一辈史学家筚路蓝缕，以启山林，终得薪火相传。杨先生在1997年11月14日信中说："乔治忠是我的第一个博士生，因学有所成，已升为教授，并于去年评选为博士生导师。我已退休，不再招新的博士生，以后他就是我的接班人了。他是您的后辈，应以学生视之，如果他有事向您求教，望不吝指教。"乔治忠教授、朱洪斌副教授不仅完成《中国史学史资料编年》清代卷，而且增订出版前三卷，看到杨先生后继有人，完成未竟之事业，我感到非常欣慰。2013年10月，我参加了南开大学历史学院主办的"中国史学史的基础建设与前沿探索"全国学术研讨会，对于学术会议等等，只要身体状况许可，我都会支持。对于史学史界的后辈学者，我还想讲两点：

一是加强理论修养，用辩证唯物主义和历史唯物主义的观点来研究历史。史家四长，史学、史才、史识、史德，缺一不可。史识的提高，依赖于史学理论素养。现在史学界存在一种不讲甚至取消马克思主义理论指导的错误倾向，老是跟在各种西方史学思潮后面亦步亦趋，不可能产生真正的创见。一些青年学者的论著，罗列史料，就事论事，缺乏理论高度，没有问题意识。还有一种错误倾向是空谈理论，没读多少书却写了不少书，有些连基本事实都没搞清楚，就大发议论，用些时髦词语，就如爆米花一样，没有实质性内容，看后不知所云。所以，要学习杨先生严谨踏实的治学精神，做学问实事求是，来不得半点虚浮。

二是注重资料分析。当代古籍大量整理出版，网络文献资源以及检索技术迅猛发展，给史学史研究提供了前所未有的优越条件。但是，我要告诫一点，电子信息技术的发达为资料搜集与利用提供方便，但毕竟只是一种辅助工具，不能代替学术研究。2005年在华东师范大学一次学术会议上，我与杜维运先生、瞿林东先生坐在一桌，言谈中发现一个共同点，就是都不会用电脑。这并不是说电脑不重要，而是说资料考证分析、发现问题、提出新观点更为重要。在这一点上，青年史学史工作者要向前辈史家学习，继承严谨治学、淡泊名利的优良学风，冷静沉潜做学问，把握机遇，将史学史研究推进到新阶段。

当代史学评论

如何释读清代学术思想史?

——从研究史看《清代儒家礼教主义的兴起》的特点与价值*

向燕南

(北京师范大学历史学院、史学理论与

史学史研究中心，北京　100875)

美国伊利诺伊大学历史系、东亚系教授，斯普洛克博物馆副馆长周启荣（Kai - wing Chow）的大作——《清代儒家礼教主义的兴起》，继英文版和韩文版之后，终于被翻译成中文在中国大陆出版了，这部著作应该说也是继本杰明·艾尔曼（Benjamin A Elmen）《从理学到朴学》（初版于1984年）之后，美国汉学界对以考据学为中心的清代学术思想史研究的又一部力作①。尽管该书完成于1988年，初版于1994年，但今日读来，依然能够感受到其中的学术分量。尤其是从礼教主义运动兴起的视角梳理、解读清代学术思想史的演进之路，使得许多清代学术思想史的问题能够得到颇具说服力的解释。当然，解读《清代儒家礼教的兴起》并非易事，诚如著作副标题所示——“以伦理道德、儒家经典和宗族为切入点的考察”，也就是说，这部著作所涉及的领域，既包括学术史和思想史，也包

---

* 〔美〕周启荣:《清代儒家礼教主义的兴起——以伦理道德、儒家经典和宗族为切入点》，毛文坤译，天津人民出版社，2017。

① 关于近年美国汉学界的清代思想史研究的重要著作，还有史华兹（Benjamin I Schwartz）的严复思想研究，张灏（Chang Hao）的梁启超思想研究，斯图尔克·哈克（Stuart V A que）的皮锡瑞研究，多萝西·波莱（Dorothy Borei）的龚自珍个案研究，包筠雅（Cynthia J Brokaw）的戴震思想研究，萧公权的康有为思想研究，吴安祖（Ng, On - cho）的清初程朱理学、今文经学研究等，详参马钊主编《1971 ~ 2006年美国清史论著目录》，人民出版社，2007，第339 ~ 374页。但专就清代考据学的研究而言，则仍应属艾尔曼（Benjamin A Elmen）和周启荣（Kai - wing Chow）的著述。

括有社会史，是一部在学术思想与社会的互动中诠释清代学术思想史的著作，也给阅读和评议带来不小的智力和学识上的挑战。这里，我仅通过梳理清代学术思想研究史，从分析研究史的路径，谈谈自己对这部著作的粗浅认识。

一 提问：从何以说转向说什么

言及周启荣教授的《清代儒家礼教主义的兴起》一书，就不能不说该书所提出的问题，以及沿其展开的对于清代学术思想史的解读思路。

任何学术研究都包括提出问题和解决问题两个方面。其中提出问题尤其重要，因为它不仅表现研究者对于问题的认识，也在相当大的程度上决定着其解读问题的运思路径。有清一代的学术，因为无论是研治方式，还是研治内容，皆呈现与宋明时期截然不同的面目，加之该时代处于古典向近代的转型之中，故其一直是撩拨学者心智和兴趣的课题。早在清祚未移之时，就已有学者对这一代的学人和流派进行过梳理和评述。甫入民国，有清一代学术及思想的讨论，更一时成为学术研究的热门，仅20世纪上半期，就中国自身学者而言，就有章太炎、刘师培、梁启超、胡适、蒋维乔、钱穆、冯友兰、侯外庐等大家，留下不同的论述典范，影响着后世对清代学术思想史的释读。

然而，翻阅这些典范就会发现，诸家解读运思的路径虽殊，但所提之问，大多是以考据学思潮缘何而起为追问起点，并由此形成因应社会环境巨变的外缘说，和因思想史内在逻辑的延展、转换而发生的内缘说两种相互对立的解读。其中前者强调的是学术思想运动发生的外部因素造成的脉络断裂，而后者则强调学术思想运动自主性构成的逻辑接续。这些对兴起原因的不同认知，不仅导致了对清代学术思想史解读的岐异，也构成了叙事策略的不同选择。在这种情况下，要建立新的、更符合事实的认识，就有必要摆脱原有解读运思的桎梏，调整乃至转换运思的思路，另辟蹊径，以新的视角或新的提问方式，获取解读清代学术思想史的新途径。我认为，周启荣教授《清代儒家礼教主义的兴起》的成功，很大成分上，得益于对问题的追问，从清代学术思想“为什么说”转向“说什么”的视角的转换。

为了向读者说明自己之所以转换提问取径的考量，周启荣教授在《清代儒家礼教主义的兴起》“中文版自序”中是这样交代的：“研究清代思想史，只偏重考证、训诂方法的特点，不能解释为什么考证经学的内容集中在对古礼的研究”，在周启荣教授看来，只有抓住清代学者为什么要关注古礼、考证古礼这个问题，进而追问考证古礼的学术行为缘何而兴起？也就抓住了支配这个学术实践的初衷与时代的关联，也就抓住了清代学术思想的基本走向和脉络。循此提问的引领，周启荣教授梳理出了这样一些学术问题：

> ——为什么清初许多研究儒家经典的学者，如陈确、万斯大、万斯同、陆世仪、张履祥、徐乾学、毛奇龄、阎若璩、颜元、李塨、陆陇其、汪琬等都研究古礼，对宗法、祭祀、祠堂、丧服、墓制、立后等礼制进行研究和激烈的争论？
>
> ——为什么从康熙朝到乾隆初年，朱熹的礼学，尤其是《朱子家礼》和宋元儒者有关礼制的著作，都重新受到研读和广泛的讨论？然而到了乾隆中期却受到批判、排斥？
>
> ——为什么汉代的经学家如郑玄在康熙朝并没有受到研究古礼和经学的学者普遍的、特别的推崇？
>
> ——为什么清初从文献与训诂的角度来怀疑儒家经籍的考证辨伪思潮到了清中叶便消退？
>
> ——同样是考证文献、训诂，同样是研究经学，为什么怀疑经典真实性的考证活动在康熙朝大盛，而到了乾隆朝却衰退？
>
> ——强调汉儒经解的近古性与可靠性为什么却成为汉学家攻击宋元儒者解经不可靠、任意臆说的理据？然而乾隆朝继续对儒家经典怀疑、批判，从事辨伪、考证的崔述的疑古论著为什么没有受到当时经学家的推崇？
>
> ——为什么乾隆朝的汉学家如惠栋、戴震等一批经学家推崇的不是西汉的今文经学，而是东汉的古文经学？而西汉的今文经学要到嘉庆、道光之后才发展起来？
>
> ——同是从事训诂、考证的明代学者，如杨慎与焦竑，为什么没有……强调必须通过对古音的研究才能解读经书？
>
> ——对汉代儒家和经学思想影响甚大的荀子，为什么被乾隆朝的经学家如戴震、凌廷堪及清末学者王先谦等重新重视？（“中文版自序”第3页）

《清代儒家礼教主义的兴起》一书，大致也是以这些问题为线索展开对清代学术思想史的讨论。

从清代学术思想史以往的研究史来看，以上这些具体的学术史实，以及其展开过程中的种种细微委曲变化的思想史意义，很少受到人们这样的关注。对于以往的研究者来说，或是把关注的目光投向寻稽考据学何以兴起的答案，或以近现代的观念去发掘考据学在方法上是如何的具有“科学”性。这样研究的结果，虽然也为我们对清代学术思想史的认识有所推进，但又总给人些未挠到痒处之感，总让人感到一些结论似乎缺少一点历史的厚度。然而当周启荣教授将问题的追问，具体落实于“何以考证古礼”时，很多具体的、貌似细小的问题也随着追问而揭出，并在清代学术思想展开的历史之链上一一串联了起来，不仅避免了一般清代学术思想史论著着重对其展开背景的泛泛陈述，也不再是对诸如考据形式、方法和手段等经验知识问题简单而模糊概括，而是由具体学术现象引导，乃至逼着阅读者向深层的、具体知识活动的背后去思考：清代的考据学具体考证的是哪些内容？从17世纪开始以后的近三百年间，考据的内容、考据经典的选择以及考据的路数和特点，前后究竟又发生过哪些变化？一些新观点认为乾嘉时期的考据学并不是无思想无义理，那么考据学者关怀的又是些什么思想义理，这些思想义理又与当时什么语境相关联？于是，由于这些提问的转向，也就很自然地将问题的追问，引向支配整个清代学术思潮潮起潮落背后的思想史的内容。

学术思想史的研究，既不同于单纯的思想史研究，也不同于单纯的学术史研究，而是要找出学术与思想的呼应点，从中去追寻其所针对的问题意识背后的思想关注。有思想意义的学术，无论显隐，总是有着回应现实问题的因素。由于周启荣教授直接将对清代学术思想史的探讨落实于具体的问题，其思考也就很自然地从对学术手段的概括转向对学术目的的追问，从一般就事论事的学术史的叙述，转向对具体学术传统问题的溯流追源，再进一步深入指向学术背后的思想，以及产生思想的语境或社会脉络之间的联系。问题的讨论，亦因这学术思想史自主逻辑运动的内缘，与影响学术思想史问题的提出与展开的外缘之间，构成了往复的张力（tension），并在内与外的张力之间，对清代包括考据思潮在内的种种思潮兴起的种种为什么，做出了具有力度的解读。周启荣教授这种提问方式，若用现代阐释学术语描述，即什么现实境况决定了当时士人的问题意识和期待视野？他们的问题意识或期待视野构成的历史性的“视域”（Horizon）是怎样影响到对其经典的选择、理解和诠释，构成了怎样的视域融合（Fusion of horizons）？就这样，随着提问方式和内容的变化，周启荣教授对清代学术思想史的叙事策略也发生了根本性的转变，细腻、具体的学术史实和社会文化史实的梳理和分析，取代了简单的逻辑推演和知识谱系的排列，也取代了学术思想的语境与学术思想几无干系的尴尬。

从已有的清代学术思想史的研究典范看，20世纪70年代以前的叙事形式，通常采用的是以学者和思想家为中心线索展开的叙述体系，所展示的是一个文化精英排列的谱系。至于社会政治、经济文化等学术思想发生的语境，一般仅仅以综括或总论的形式，孤悬于具体学派及人物之前，而于诸精英学术思想的叙述，除了以生平介绍的形式作为其思想语境的交代外，基本不再言及所提学术思想与具体社会文化现象之间的牵连交集。

逮至20世纪70年代，在美国的余英时，先后发表了一系列极具影响的论著，提出要以“内在理路”重新解释明清学术思想史的展开。然而这种运思的路径，却因过度强调思想史的“自主性”，完全忽略思想与思想发生的社会政治、经济和文化间的联系，以致内在的思想因失去与外部世界之间的张力，而彻底地变成了一个从观念到观念的完全自主自为的内在运动。然而，余英时所谓儒学的两个根本取向，无论是“尊德性”还是“道问学”，都只是基于对成圣这一目标的践履途径或如何获得“知识”的不同理解而已，因此它只能说明考据思潮的学风和学术形式，并不能说明“为什么考证经学的内容集中在对古礼的研究”等清人为什么研究的具体问题，也不能说明不同考据学者缘何考据，以及考据经典选择的背后所承载的学术思想史问题。

20世纪70年代末，新文化史和剑桥学派的思想史研究范式开始在美国史学界获得一些学者的认同，即使是本认为外在历史于观念史影响不大的余英时，也不再将思想史抽离出现实语境，而是转向政治文化的层面去讨论学术思想的形成与内涵，完成其《朱熹的历史世界》的写作。至于清代学术思想史，则有艾尔曼于1984年出版的《从理学到朴学》，尝试以“新文化史”的方法，将社会史和思想史相结合，“力图透过政区和地方史的视角”观察清代考据学。然而，艾尔曼以一部不足二百页的著作来叙述清代学术思想史，显然难以显示那个思想全过程的缘起缘落。更致命的是，艾尔曼试图以社会史的视角解释考据学思潮时，由于“不再追问‘正文’（text）里观念的普遍‘意义’，而是要解明这些观念如何显现当事人所处的特定的‘脉络’（context）”①，结果又走到了与“内在理路”截然相反的另一个极端：因为不再理会学术思想史本身应该具有的“接着讲”的内在逻辑，也就失去了所要“重点分析”的“清代学术形成内在与外部的成因”之间的必要张力。这样做的结果，虽然在不少问题上获得了推进，但对于一些学术思想事件，仍难以得到合理的解释。例如艾尔曼的《从理学到朴学》以江南藏书和印刷业的繁荣解释清代考证学兴起的社会因素，但这两个因素早在明代中叶就已经存在了，而那时的杨慎、焦竑、陈第等学者的考证，并没有提出要以古音研究为阐释儒家经典的基础。焦竑和陈第也只是发现了“古无叶音”的问题，并没有由此而涉入经典之意义的问题。

余英时与艾尔曼作为美国学界评议清代学术思想史最有影响的两个典范，恰好代表了内缘与外缘论说的两条思想史的解读路线。与这两人的著作比较，周启荣教授的《清代儒家礼教主义的兴起》，因为将提问的方向倒转而直指具体问题，这样就使他对问题的追问中，突出了学术与思想与社会文化之间的关联，不仅使朴学考据不再是抽离了思想与社会文化的纯粹的学术行为，而是密切关乎历史现实的思想的活动；而所谓“汉学”，也不再是不分西汉东汉、今文古文原本在治学风格和学术旨趣截然不同的模糊的“汉学”概念；所谓清代学术思想史，也不再是一场单纯的或萌蘖于晚明，或发轫于清初，极盛于乾隆、嘉庆朝的经验实证主义的学术思潮，而是随着学术内容的进展与现实关怀的变迁，有着所针对的具体问题的指向和发展阶段的划分。这些被揭出的问题，之所以得以进入追问的视野，不能不说是得力于周启荣教授提问方向转变。周启荣教授这样转化提问方式的结果，也就很自然地为修正或补充以往学者有关清代考据学兴起的过程与历史原因，尤其是清代考证学在阐释方法上与以前的校勘、考据研究的差异等问题上的讨论提供了一个有意义的基础或前提，给清代学术思想史的研究提出了更多的发人深思的问题和叙述范式。

二　指向：何以是礼教？

按照周启荣教授《清代儒学礼教主义的兴起》的“导论”的说明，该

① 〔美〕艾尔曼：《中国文化史的新方向：一些有待讨论的意见》，《经学、政治和宗族》，赵刚译，江苏人民出版社，1998，代中文版序第4页。

著“是一部明清思想史著作，旨在阐释17～19世纪前期，中国儒家礼教思想的发展历程”（“导论”第1页），“试图追溯和阐扬这场旨在对儒家礼教主义重新加以定性的社会运动。通过剖析儒家礼教主义思想的兴起，可以为我们重新考察清代思想史提供一个新视角”（“导论”第2页）。周启荣教授认为，理解儒家礼教在清代的兴起，是认识清代学术思想史的关键性问题。但问题是，从晚明一直到清代中期，缙绅士大夫们为什么对儒家礼教格外关注？

应该说在周启荣教授之前，已有人注意到清代的考据学与礼学研究之间的关系问题。例如著名华裔美国学者刘广京，1984年在《近世中国经世思想研讨会论文集·序》中写道：“但是就整个清代经世思想史来说，却有一个共同的问题，就是经世思想之是否合于经学义理？义理之内涵为何？经世思想与经学未能一一合拍时如何取置？这里一个主要关键就是对于名教、礼教的态度。”而在周启荣教授论著发表几年之后的1994年，台湾学者张寿安也出版了题为“以礼代理”的论著，以凌廷堪“以礼代理”思想为中心，讨论了礼学在清中叶儒学转变的思想史意义。我们说，尽管前者只是敏锐地提出了问题而没有详细的论证，后者则单纯是从思想史的视角论述凌廷堪一个人的学术，且简单化并误读了戴震思想。但是这些在周启荣教授论著前后发表的观点，也确实表明，明清学人对于礼学礼教的关注，绝对是个值得注意的问题。也就是说，周启荣教授探讨的清代儒家礼教主义兴起的问题，可能确实是个对清代学术思想史极具解释力的视角。

为什么礼教主义兴起的视角会有助于解读清代学术思想史？要理解周启荣教授论著揭橥问题的价值有两个前提，一是要理解礼教之于中国文化的核心地位，二是要清楚17～19世纪中叶中国社会问题的症结。

就第一个方面讲，“礼”，包括观念性的礼义和制度性的礼仪，是西方社会政治文化进入前中国最重要的规范、支配社会文化和政治的观念。按照《左传》君子所谓“礼，经国家，定社稷，序人民，利后嗣者也”，孔颖达的疏解是：“经国家非礼不治，社稷得礼乃安，故礼所以经理国家、安定社稷。以礼教民，则亲戚和睦，以礼守位，则泽及子孙，故礼所以次序人民、利益后嗣。”① 可见礼作为儒家对于经验世界秩序的理解，一方面

① （清）阮元校刻《十三经注疏》，《春秋左传正义》卷4《隐公十一年》，中华书局，1980，第1736页。

可视之是体现中国文化“抽象理想最高之境”①，一方面由于礼源之于“俗”，在体现政治差序制度的同时，也天然地与社会生活具有千丝万缕的联系，在政治和社会文化生活中皆扮演着重要角色。在儒学成为全社会支配意识形态后，礼教更是深深渗入社会文化上上下下各个角落，既影响着人们对政治秩序的认知，也规范着人们的社会行为，指导着各级社会组织的建构。

从学术传统讲，儒学从来就是一种实践理论，经世致用的冲动，始终是儒者追求的内在动力。这一点也深刻影响到学术观念。虽然经学在中国古典学术中的地位，与西方哲学在其学术体系中地位相类，但经学所追求的并不在纯粹知识，而是包含着强烈的经世致用意蕴。孔子就说过：“吾岂匏瓜也哉？焉能系而不食？”② 其中在儒家的理论体系中，礼因为既是儒家道德理念仁的外显，亦是仁赖以实施的外在制度保证，尤其是当礼被系统化为礼教以后，更包含了理解世界的“知性”和整合社会秩序、规范个体行为“功能”的“双重意蕴”（“导论”第21页）。唯因如此，礼教一直是儒者经世致用实践的着力点。孔子所谓“克己复礼为仁，一日克己复礼，天下归仁焉”③，说的就是仁非礼不立的关联。事实上，礼教作为一套系统的社会和政治观念，实际也正是因为西周初建立的社会和政治秩序，在春秋之时遭到根本性破坏，出现“礼崩乐坏”局势的反向刺激下建构的理念或想象④。礼教这种因世乱而凸显其意义的特点，孔子的《春秋》体现最深。《庄子》所谓“《春秋》以道名分”⑤，司马迁所谓“《春秋》者礼义之大宗”等⑥，都说明《春秋》之作，与孔子“以礼正世”的经世路线有关。即孟子所说的：“世衰道微，邪说暴行有作，臣弑其君者有之；子弑其父者有之。孔子惧，作《春秋》。”⑦ 孔子这种追求以人的身份和社

---

① 陈寅恪《王观堂先生挽词并序》称：“吾中国文化之定义，具于《白虎通义》三纲六纪之说，其定义为抽象理想最高之境，犹希腊柏拉图所谓 idea 者。”

② （清）阮元校刻《十三经注疏》，《论语注疏》卷17《阳货》，中华书局，1980，第2525页。

③ （清）阮元校刻《十三经注疏》，《论语注疏》卷12《颜渊》，中华书局，1980，第2502页。

④ 从西周到春秋，先后经过从最初的祭祀的“各有等差，皆次序之，无有紊乱”的宗教意义，再到一般的礼仪制度体系，再到孔子将仁与礼结合，系统化为礼教这样一个逐渐明晰的历程。

⑤ （清）郭庆藩撰《庄子集释》卷10下《天下第三十三》，王孝鱼点校，中华书局，2012，第1067页。

⑥ （汉）司马迁撰《史记》卷130《太史公自序》，中华书局编辑部点校，中华书局，1982，第3298页。

⑦ （清）焦循撰《孟子正义》卷13《滕文公章句下》，沈文倬点校，中华书局，1987，第452页。

会等级秩序来保证社会和谐稳定运转的礼观念，不仅是后世评判“治世”和“乱世”的标准，也是士大夫“以礼正世”进行社会批判的依据。所以，每当面临乱世或政治、社会、文化秩序发生动荡、变化之时，都会有士大夫奋袂而起，执礼以批判。唯有此时，包括经典意义理解在内的与礼相关的问题，也就变得较之其他时期更为重要，很自然地进入到缙绅士大夫的讨论视野。也是基于礼教问题对中国社会，尤其有可能发生秩序动荡、变化的社会之重要性的理解，周启荣教授认为“目前的相关研究成果忽略了当时的文人已身处于一种建立在纯粹的儒家礼教基础上的新环境当中，以及他们对其所处的崇奉儒家思想的社会负有深重的义务”（“导论”第3页），认为“只偏重考证、训诂方法的特点”，既“不能理解为什么考证经学的内容集中在对古礼的研究”，也不可能有效诠释清代学术思想史。

《清代儒家礼教主义的兴起》讨论的时代，也是儒家礼教秩序或孔子所谓名分遭到挑战的时代。首先是问题的时间起点，即17世纪，也是被很多学者视为中国近代社会揭幕的时代。周启荣教授综合众研究，表明这个时代，也是明末清初以来，所努力建构的以单纯乡村经济形态为基础的地方乡治秩序，在商品化、城镇化进程的冲击下遭到严重侵蚀之时，也是包括“三教合一”等多元取向的思想，开始在社会弥漫并形成对主导意识形态形成侵蚀之时。而此后接着发生的以“夷”代“夏”的政治易代，以及伴随而来的文化征服性的“剃发易服”等，不仅在道德意识和社会意识上，更是在文化上刺激士大夫去反思礼教秩序问题。

当然，仅仅理解儒家礼教在中国文化和社会生活中的核心地位，理解社会变动会刺激社会对礼教普遍关注的诉求，对于解释清代礼教主义兴起，还仅仅属于学术思想的“外缘”，并不足以完整地梳理出这期间学术思想的走向。所以，要想在这些一般性说明的基础上，进一步揭示清代礼教主义兴起后的学术走向，还要从儒教自身运动中找到驱动其转向的内在力量。对此，周启荣教授除了宏观地揭出清代儒家礼教主义兴起基本走势外，亦以缜密的分析，揭出这场历时近三百年的礼教主义兴起运动中，儒学内部是如何从专注孟子心性礼学转向荀子礼法之学的内在轨迹。

在孔子之后，由于其后学对他思想的不同理解而形成的学说分歧，其中影响最大的是孟子与荀子两大支派。而分歧的源头，则缘自孟子和荀子对“仁”“礼”关系的不同理解。当初孔子在创立“仁”学说的同时，又重新解说了“礼”，设计了由克己复礼而归于仁的道德实践路线。然而，因为“克”字本义具有“胜任”和“克胜”两重对立义涵，所以在孔子之后，依据对“克”的不同解读，也就形成了“任己为仁”和“约己为仁”两条“复礼”路线①。其中取“胜任”解者，是认为人性善的孟子，取“克胜”解者，是认为人性恶的荀子。因为以人性善为假说的推衍，孟子认为“仁义礼智，非由外烁我也，我固有之也”②，即礼不过是仁的主体将仁有等差地由内向外推及的阶梯，这样，“复礼”也就被归属于主体自主的担当了。然而，对于主张人性恶的荀子来说，“仁”并不是主体所自有的属性，而是要通过制度性的“礼”才能得到实现。主体只有通过“礼”的约束，否定恶的人性才能成为人：“故人之所以为人者，非特以其二足无毛也，以其有辨也……故人道莫不有辨，辨莫大于分，分莫大于礼。”③ 所以荀子较之强调人的道德自觉的孟子来说，在主体道德的实践中，更强调教育和外在礼制约束的意义。

思想史的展开往往是以否定之否定的形式展开的。如果说，17 世纪至 19 世纪前期近三百年间社会及文化秩序的巨变，是清代儒家礼教主义兴起的外缘动力的话，那么儒学内部进学致治路线的分歧，则是 17 世纪从重孟子的宋明心性之学，向肯定荀子的清代“礼法儒学”转向，导致儒家礼教主义兴起的内在理路。从《清代儒家礼教主义的兴起》所揭出的这条内在理路看，一部 17 世纪至 19 世纪前期的学术思想史，一定意义也可说是荀子的“重新发现”史；至于学术思想展开的外缘，则亦未尝不可看作是在前所未有的世变之下，礼教在地方士绅强有力的支持下不断获得强调，“竭力重新阐释其从古圣先贤那里继承下来的儒家思想与其他社会思潮的异同，重新搭建其与普通民众的关系，重新摆正其对清朝统治者的态度”，而“所有这些从文化思想层面着手的改弦更张都有一个共同的归宿——复兴儒家礼教”（“导论”第 2 页）。

---

① 《说文》：“克，肩也。”《尔雅·释诂》：“剋、肩，胜也；胜、肩，克也。”《尔雅·释言》：“克，能也。”按关于“克己复礼”的解释，清人多对朱熹《四书集注》该注文提出批评，具体详参毛奇龄《四书改错》卷 18《小诂大诂错》上“克己”条，惠士奇《礼说》卷 4“克为敏德”条，阮元《揅经室一集》卷 8《论语论仁论》等。详参刘家和《先秦儒家仁礼学说新探》，载氏著《古代中国与世界》，武汉出版社，1995，第 377～398 页。

② （清）焦循撰《孟子正义》卷 22《告子章句上》，沈文倬点校，中华书局，1987，第 757 页。

③ （清）王先谦撰《荀子集解》卷 3《非相篇第五》，沈啸寰、王星贤点校，中华书局，1988，第 79 页。

关于以清代儒家礼教主义的兴起为线索释读清代学术思想史的意义，周启荣教授认为：“从儒家礼教主义的角度来了解清代经学的发展可以避免两个谬误：第一，把‘考证学’与‘汉学’等同起来，并视之为与‘宋学’或‘理学’互相对立的学派；第二，把乾隆后期经学中‘汉学’与‘宋学’立场分明、互相攻击的现象推前至清初。在康熙时期的礼学和经学的研究中，绝大部分学者对于汉、唐、宋、元的经注，左右采获，自由征引。虽然东汉经学家如郑玄和许慎的学术，重新受到注意，但是对于很多学者来说，他们的意见并非代表至上的阐释权威，相反，大部分学者对郑玄都持有批判的态度。”“儒家的经学从清初宋元经学、礼学的复兴和相随的疑经思潮的高涨，转变为乾隆中期以东汉经学里的古音、名物训诂为主的考证研究，然而经学研究仍然是集中在对古礼的解说与重建。乾隆中期标榜汉学的考证运动并没有脱离清初儒家礼教主义的大方向，只是由清初复兴的宋元经学、礼学转变到以汉代经学为依据的古礼学的阶段而已。”（《中文版自序》第7页）

儒家礼教的文化意义以及其时代意义，决定了周启荣教授对清代学术思想史的解读“何以是礼教”的问题。

三　解读：保持在思想运动的内外张力之间

当在问题意识下从清代学术思想史“说什么”的追问转向“何以是礼教”时，问题也就自然地引向清代儒家礼教主义兴起实质性内容。按照周启荣教授的研究分析，17世纪以降至19世纪前期，学术思想展开的核心内容就是儒家礼教主义的兴起，其中根本动力，则是儒家缙绅精英对于制度的关怀。诚如其副标题所示，“以伦理道德、儒家经典和宗族为切入点”，该书“集中考察礼教主义的兴起在三个层面的反映——伦理道德的规范、正统知识传承体系的确立、家族的维系”（“导论”第4页）。沿着这三个切入点，周启荣教授揭示17世纪至19世纪中叶思想学术展开的大致轨迹——以对社会伦理道德正当性的礼义问题的关怀开始，到寻求制度知识的经典讨论。在经过从思想到学术，从宋元儒说到东汉经解，最终回归社会问题，以儒家礼制的基层实践为学术与思想讨论的落实——这样一条从外转向内，又由内转向外，在内缘与外缘两个层面互动的张力之间，对“静态的礼教与动态的社会文化和社会结构是怎样发生关联的”的问题（“导论”第17页）进行剖析，完成对这个始自晚明，经历清初、清中叶至嘉道时期儒家礼教主义的思潮有别于前人的释读。

近年以来，人们已逐渐改变了 20 世纪 70 年代以前描画的只有学术没有思想的清代学术的主观设定，意识到“知识”与“义理”并不对立，考据学者同样具有思考义理的追求。于是开始以乾嘉为重心，从学人的文本考据当中，发掘其所蕴含的思想内容。例如台湾的张寿安，就试图以凌廷堪为研究中心，提出清中期存在一个追求“以礼代理”的思潮。认为：“首先，礼理争议是个大问题。不仅意指清代汉宋学之争的思想核心，也涉及儒学中道德的判定准则问题，是探讨近世儒学从其哲学形态（理学）转向社会形态（礼学）的重要课题。其次，清初以降思想界对人之情欲的正视，导致情与理或情与礼之间的尺度重审问题，更是联系近代反礼教思想及精确定位清代礼学思想的关键课题。”① 体现着启蒙意义的情欲觉醒下对礼教与人情矛盾冲突的觉悟，以及因之而提出的礼制重建的诉求。

应该说，这种新的对清代学术思想史的认知，也是研究深入的结果。然而张寿安所论，一是在时间上和问题维度上过于狭促，主要集中在乾隆中期，集中于凌廷堪一个学者，未能将礼教主义的兴起，放到一个相对长的时段间和相对广泛的社会文化中观察，因而其阐释，总使人感到缺少一点历史的纵深度。例如张寿安认为清代考据学具有“义理”内涵的一个论据，是反理学的“主性情”说的存在，认为正视人之情欲，既是“导致情与理或情与礼之间的尺度重审问题，更是联系近代反礼教思想及精确定位清代礼学思想的关键课题”。但是这一结论怎么去解释晚明的王阳明及其后学如王艮、李贽等，对自我性情及私欲的肯定呢？相较于凌廷堪，晚明诸公鼓吹的性情说要更为激进，但这在当时并没有导致文献考据之学的出现，更没有提出礼制重建的诉求，更何况宋儒程颐也是格外强调儒家“缘情制礼”的原则。其次，张寿安坚持的解读运思路径，仍大致属于余英时诠释宋明儒学从“尊德性”向清学“道问学”转变的“内在理路”模式，只是换作以形而上的玄理向经验论转换这样的表述罢了。而这种以思想内在逻辑的运行来解读学术思想史的方法，是不大会重视外在于思想的社会文化的意义，其结果必然会使学术思想发生的内缘与其外缘之间失去必要的张力，也就自然难以周全地解释学术思想运动的事实。这一点，我想，假若张寿安能认真吸收先于其完成的周启荣教授论著的一些成果，可能会

① 张寿安：《以礼代理——凌廷堪与清中叶儒学思想之转变》，河北教育出版社，2001，原序第 9 页。

使她对清代学术思想史的解读生出另一番镜像。

与张寿安的释读不同，周启荣教授对清代学术思想解读的突出特点，是注意到对学术思想运动中内缘与外缘因素之间张力的把握。周启荣教授一再强调，以往“这些对清代考证学的兴起与发展的种种解释，没有把思想史与当时社会史、文化史的研究结合起来，以致忽视了清代考证学兴起与发展的一个更深刻、涉及范围更广的思想文化改革运动，那就是在晚明已见端倪，清初日渐加强的一个围绕‘礼’而展开的又深又广的思想文化改革运动——儒家礼教主义，一股以礼为教，以礼为学，以礼为用、以礼经世的儒家思想改革思潮”（“中文版自序”第4页）。因而他认为：“我们必须将清代考证学的研究放在促成礼教主义兴起的复杂历史脉络中，才能说明它在清初与清中叶不同的历史时段所出现的转折。过度强调考证学对儒家思想在学术上所造成的所谓重视客观证据和科学方法，必然会淡化，甚至忽略了背后它与社会史、文化史更深、更广的多种关联，更忽略了学术、思想与不断变化的政治、社会、文化环境的关系。晚明、清初、乾隆中期三个时期里的考证学、经学和礼学，它们之间有一些学术上的承传关系，但思想背景的差异更应该是历史家所必须注意和研究的”（“中文版自序”第11页）。

对于清代学术思想的展开，周启荣教授认为，必须将其追溯到17世纪旨在“重振儒家思想”的运动。因为正是从那以后，社会开始“受到三股思潮”，即“礼教主义思潮、净教主义思潮和复古思潮”的“强力推动”（“导论”第14页）。而思潮之所以以振兴礼教为中心，就社会因素言，实缘自于16世纪以来在社会经济发展的影响下，出现的国家与社会基层之间、城市与乡村之间，结构性异动对于固有的社会秩序的冲击，以及因王学对道德活动主体性的强调而引发的思想多元化等因素，所激发的士绅精英的社会反思与批判。当然，这仅仅是礼教主义最初兴起的外缘因素。但是就具体的思想运动而言，如何反思，以及反思后实践的指向是什么，又提出怎样的解决思路？仍有待于由思想的外缘转入对思想的具体内容的追问。周启荣教授也正是从对这些问题的追问转入思想史的内缘，指出当时缙绅士大夫提出的解决方式，依旧是“以礼齐俗”的传统套路，而这也正是在重振儒家礼教诉求下兴起的礼教主义思潮。

重振礼教主义思潮的表现，按照周启荣教授的分析，在用力方向上，存在着积极和消极两种取向。其中消极取向，是在儒学内部发起祛除“三教合一”思想的“净教主义”；积极表现则是重振儒家礼教，提出“以礼为教”“以礼为学”，以期以礼教重新模塑社会的道德秩序。但是，重振礼教的用力，无论取向是积极还是消极，其共同的特点都是趋向文化保守主义，而反映在学术思想上，则是程朱理学在清初相当一段时间获得强势复兴。因为就 17～18 世纪初学术思想认知的主体讲，在当时学术思想发展的可能性的限定下，缙绅士大夫们所能够得到的知识和思想资源，只能是源自宋元学人的理学及礼学著述，这也是周启荣教授的研究指出的儒教礼教主义兴起的初始阶段内外张力的大致线索。但是周教授又指出，此时学人所论，虽然依旧在宋儒理学的范围，但在相当一部分学人中，已出现了从程朱之理本体论到关注张载气本体论的转变。而就儒家礼教讲，此时则出现从带孟学印记的程朱礼学，到“以礼培德”的张载礼教观，再到荀子礼教观这样变化的趋向，出现了“重新发现”荀子的意向，最终构成清代儒学，从初期到末期，曲折地从义理儒学转向“政治儒学”或“制度儒学”的走向。

其实，周启荣教授在强调保守主义的程朱理学在清康熙朝的复兴，事实上也就部分解答了清乾隆朝中期考据学所以兴起的原因。其个中缘由，按照周启荣教授的分析，既非以往所说的是鉴于明亡之后的痛定思痛，学风虚极反实，也不是知识取向的由“尊德性”转向“道问学”，而是在社会变化刺激下出现的重振礼教，复兴理学的运动中，产生的对宋元礼学理解的分歧所致。正是这些学术分歧的讨论，以及现实的宗族建设等需要解决的社会现实问题，将讨论引向经典，并由宋元上溯至两汉。

按照周启荣教授的梳理，当以清除佛教等异端内容为己任的“净教主义”批判思潮方炽之时，又出现了内与外两条线索的合流，以致影响礼教主义向“尊经主义”方向的运动。其中一条线索源自学术思想的内缘，起因是士绅精英惧怕“净教主义”的双刃剑效应，会在清除异说的同时，因疑经过度而走向对一切经典文本的怀疑，造成整个儒学体系的坍塌。另一条线索则来自于学术思想的外缘，也就是明清易代后，士绅精英在政治上分化为拒绝仕清者和仕清者两个对立的群团。两个群团的政治立场虽然迥异，但在尊经崇礼的问题上却走到了一起。其中拒仕者以尊经崇礼表示对自身文化的坚守；仕清者则试图通过躬行礼教和研究礼典减轻自己的负罪之感。不同政治立场在对待儒家礼教的问题上形成的合流，构成了这时期学术思想转向的外缘因素，这样也就构成了与前一阶段的“净教主义”主导下的疑经思潮的反向运动，其表现是尊经、解经思潮的兴起。学术研治的路径上，则从强调微言大义的西汉经学，转向解读经典文字的东汉经学，考据之学只是在这个时期，才逐渐地兴起，而这在时间上，则是已到了乾隆朝的中叶。“儒家的经学从清初宋元经学、理学的复兴和相随的疑经思潮的高涨，转变为乾隆中期以东汉经学里的古音、名物训诂为主考证研究，然而经学研究仍然集中在对古礼的解说与重建。乾隆中期标榜汉学的考证运动并没有脱离清初儒家礼教主义的大方向，只是由清初复兴的宋元经学、礼学转变到汉代经学为依据的古礼学阶段而已”（“中文版自序”，第 7 页）。经过这样内、外缘结合的解读，原清代学术思想史论述的那些典范几乎是一致认定的乾嘉考据学兴起于乾隆朝初期的观点，也就被修正到了乾隆朝的中期。

这也是周启荣教授结合内缘与外缘揭示的清代礼教兴起思潮展开的大致。

从周启荣教授揭示的上述礼教主义兴起的史实看，宋儒与清儒的努力方向，事实上并不存在截然对立。事实上从北宋开始一直到南宋，始终存在着一个由皇家代表的官方和已经成长了的士绅代表的社会，两个方面共同发起的“一道德、同风俗”，重建伦理与道德秩序的礼教运动。具体的个中缘由，既有鉴于唐末五代礼乐制度文化遭到破坏的担忧，又有佛道及各种神道盛行、社会渐染北方民族“胡风”等所构成的对于儒家礼教秩序与观念的冲击。官私礼书的编纂也正是于斯时兴盛。其中官修礼书主要集中在制度方面①，私修礼书则侧重于家礼乡约等与整顿地方社会秩序有关的内容，即所谓的士庶礼。其中在众多的士庶礼书当中，影响最深远的莫过于朱熹的《朱子家礼》。这些事实也说明，同样关注清代礼教主义的张寿安所提出的，清代学术思想界存在一种以形而下之“礼”取代形而上之“理”的反理学思潮，事实上并不存在。因为宋代很多理学家，如张载、二程、朱熹、蓝田吕氏等，也都有家礼类的著述，“熟讲而勉行”之，也就是说，“国家所以崇化导民之意”与个人“修身齐家”的内圣之道，在宋明理学家那里，是同步进行②，或道德修为和礼秩的重建，在宋儒的理念中并不矛盾，也毫不违背宋儒尊崇的孟子以礼作为主体向外推仁的观点。儒家所谓安排经验界秩序的“礼”，并非如张寿安所说的那样与形而上之“理”相对立，而是儒教求“仁”之制度的具体实现。这也就是说，既然要讲学术思想的内在理路，就要从贯通的知识脉络去接着讲，才有可

① 对于这些史实，参见《宋史·志第五十一·礼一》《宋会要辑稿·礼》等相关记载。

② 曾枣庄主编《宋代序跋全编》卷 36《朱子家礼序》，齐鲁书社，2015，第 959 页。

能避免就事论事式的结论。

周启荣教授的研究表明，清朝的学术思想并没有出现什么“以礼代理”的思潮，而是始终围绕着礼教主义的兴起在展开。其间，以朝廷组织“三礼馆”导致的对以郑玄的再发现为契机，“儒家的经学从清初宋元经学、礼学的复兴和相随的疑经思潮的高涨，转而为乾隆中期以东汉经学里的古音、名物训诂为主的考证研究，然而经学研究仍然是集中在对古礼的解说与重建。乾隆中期标榜汉学的考证运动并没有脱离清初儒家礼教主义的大方向，只是由清初复兴的宋元经学、礼学转变到以汉代经学为依据的古礼学的阶段而已”（《中文版自序》第 7 页）。也就是说，以对礼教的讨论为中心，“如何改革这些礼制，使之合乎纯正的儒家标准的关怀，促使学者对礼书和儒家经籍中有关古礼的文字进行了大量研究”（第 9 页），才是乾隆中期考据思潮兴起的原因。而乾隆前期，起码在乾隆十年前后之时，“尽管宋元两代学者的经学研究传统总体上仍处于支配地位，但是一股日益汹涌的暗流正在冲破上述藩篱，这股暗流预示着学风即将发生转型，乾隆中期汉学运动如日中天的时代就要到了”（《清代儒学礼教主义的兴起》第 271 页）。

当然，如果仅仅按照上述方式梳理清代学术思想史的话，周启荣教授对清代学术思想史的解读，不会有很大的突破。《清代儒家礼教主义的兴起》突破性的释读，主要还是得力于其所展现的学术思想的社会史、文化史的视角。当然，这种对清代儒家礼教主义兴起外缘力量的注意，并不是简单将学术思想现象直接诉之外在影响的“社会决定论”，而是保持在与学术思想知识“接着说”脉络之间的张力。其中结合当时社会史的一个重大问题——宗族建设与改革运动对清代思想史所进行的释读，可谓是最值得注意的一笔。这也是从章太炎、梁启超、胡适、钱穆、余英时、美国的艾尔曼等研究清代思想史的学者都没有注意和探讨的问题。

在《清代儒家礼教主义的兴起》对清代学术思想的讨论中，周启荣教授共提出了伦理道德、儒家经典和宗族三个切入视角。按照周启荣教授的发覆：“清代儒家礼教主义的集中表现可归纳为三个方面：一，强调外在规范——礼制——对道德行为的及思想的模塑；二，对经学中上古礼制的研究；三，对宗族组织不同模式的争论”（《中文版自序》第 4 页）。其中第三个方面，也是关乎礼教主义运动中礼教如何得以在社会组织上落实的问题。因为依照儒家经世观念的理解，个体道德与国家治平之间“齐家”一环，宗族之事是不可或缺的环节。所以，张扬儒家礼教主义，“以礼经世”必然会成为这场“儒家思想改革思潮”的落脚之处（《中文版自序》第 4 页）。

之所以讨论 17 世纪至 19 世纪中叶儒家礼教主义的兴起要落实在宗族建设的问题，一个最根本的社会原因，是宗族制度从 16 世纪开始，出现重大转捩，不仅形成“宗族形成运动的顶峰期”，而且在清代达到“宗族形成运动的稳定期”[①]。这也就是说，到了 17 世纪以后，随着地方缙绅势力的发展，宗族组织已经逐渐构成了国家赖以支撑社会基层控制的基本结构，在型塑社会文化的同时，作为社会生活的日常，也进入到人们的问题意识之中，形成思考解决社会问题的焦点。这样一来，透过清人对具体宗族问题的讨论，清代礼教主义的兴起，也就不再是脱离现实的空泛之论，而是与社会生活实践问题直接联系的活生生的思想运动，并由思想而学术，由知识争议，转向经典考据。所谓“通过研究家族，特别是通过剖析历代家谱中记载的‘族规’，我们可以进一步发掘出社会上流行的那种保守主义思潮更深层的支配力量”，梳理出清代学术思想史的走向（“导论”第 11 页）。

周启荣教授在宗族所涉礼学问题分析的特点，同样是尽可能避免一般性的泛泛之论，而是竭力从当时学人所研究、所争论的具体礼制，诸如宗法制度、宗庙制度、祭祀制度等有关宗族组织及各种礼制等具体细微的问题入手，深入于其中。而这显然也给问题的论证增加了不小的难度。因为这样的讨论，不仅需要对当时争论问题的缘起有所认识，还要深入到争论各方的基本观点，相关经学知识讨论的背景，以及经学中从上古讫止当时的知识脉络等问题当中。这样的结果，就是使研究工作变得不那么轻松了。然而作为学术思想史的研究，不如此就不会得到接近事实的历史。而其讨论问题的路径，也再次表现为由学术思想之所发生的外缘，转入学术知识脉络所“接着说”下来的内缘，并在内缘与外缘的张力间，完成了对学术思想史的解读。

将对清代学术思想史的释读，保持在内缘与外缘互动的张力之间，既顾及不同文化认识型下特有学术思想传统或知识“接着说”的传承脉络[②]，

① 〔日〕井上徹：《中国的宗族与国家礼制》，钱杭译，上海书店出版社，2008，绪言第 5 页。

② 所谓认识型（une épistémè），乃法国哲学家、历史学家米歇尔·福柯（Michel Foucanlt）《词与物》中所用术语，福柯在文中指出，任何文化都存在着譬如语言、价值和知觉框架等基本代码。这些代码不仅确定了该文化经验的秩序，还建构了该秩序所存在的阐释，构成了该文化“对所有知识的可能性条件加以限定的认识型”。

即知识与思想展开的所谓“内在理路”，另一方面，亦不忽略问题生成的历史性，也就是问题的时代性和社会性。这种对清代学术思想史带有解释哲学“效果历史”（effective history）意味的解读，也是周启荣教授《清代儒家礼教主义的兴起》一书得以获得成功的重要因素。

总之，周启荣教授以儒家礼教主义兴起为线索的解读，为读者讲述的是一个与以往不大一样的清代学术思想史的故事。与以往研究者讲述的以进步、启蒙史观解说的宏大叙事不同，周启荣教授以大量的史实揭出的是清代社会思想的走向中所蕴含的日趋保守的一面，是文化保守主义影响下礼教在清代社会获得补强的一面。周启荣教授的研究说明，在这近三百年的历史中，尽管有个别学者，在某些方面闪现有丝缕异端的思绪，但就整体社会及学者的思想讲，程朱理学依然是主导的意识形态，缙绅士大夫所讨论的基本话题，依然未出，也不可能溢出儒家礼教的范围之内。在当时日趋保守的文化氛围下，所谓的“反礼教”，不过是个别学者对一些礼教制度程式的不同理解而已。其中即使是乾隆中期兴起的貌似与宋儒颉颃标榜汉学的考据学，其真实目的也不过是要纯化和维护儒家的礼教主义，遏制晚明出现的思想多元化的趋向。周启荣教授的这个释读，不仅使我们所嗅到的包括戴震、章学诚、凌廷堪等学者在内的，其貌似异端思想背后的卫道味道的缘由得到解答，而且对清代社会宗族、宗法日益强化，礼教文化严酷，妇女守贞观念受到前所未有的鼓励，以及小说、戏曲等俗文化遭到打压而低落等等社会文化现象也获得有说服力的解释。而就进一层思想史意义讲，周启荣教授对清代儒家礼教主义兴起的释读，也为19世纪末谭嗣同等人以儒家礼教和荀子为对象的激烈批判，乃至后来的新文化运动时期，鲁迅等在对儒学的批判中，以“礼教”吃人作表述等文化现象，从历史和思想的层面做出了较为合理的解释。如是看来，周启荣教授所论虽在清代的学术思想史，其思想史认识的意义则已经超出了该论著的断限。

内容鸿富 议题多元

——评“中国近代史学文献丛刊”

全清波
（华东师范大学历史学系，上海 200241）

2018年12月，王东、李孝迁两位教授主编的“中国近代史学文献丛刊”12种14册，由上海古籍出版社隆重推出。丛刊是华东师范大学中国史学研究中心成员以及学界同仁整理编校，有关中国近代史学的系列文献，包括未刊讲义、报刊论文、旧译著等稀见史料，其本旨在于为中国近代史学史学科向纵深推进提供丰富的史料支持。

一 史海探赜，内容鸿富

中国历史学具有悠久的传统，官方史学和私家史学双轨并进，共同推动了中国史学的繁荣。近代中国处于新旧交织、中西更替的时代，作为形塑中国的重要思想资源，传统史学发生了转折性的变革，在历史观念、史学思想、史学方法、编纂形式、著述内容及概念工具等方面皆发生深刻变化，史学成果的呈现与传播、学科制度、学术交流等也呈现新特点。凡此种种，皆有待于发掘史学文献资料，以深刻说明新旧史学转换的历史图景。

文献作为学术文化的主要载体，系统的文献整理是推进学术研究的基本前提。自改革开放之后，中国近代史学受到海内外学界的广泛关注，研究也渐趋热络，相关文献整理也甚受重视。葛懋春主编的《中国现代史论选》、蒋大椿主编的《史学探渊——中国近代史学理论文编》和李孝迁编校《近代中国域外汉学评论萃编》等，均属于专题性质的资料集，前两者主要搜集与史学理论相关的报刊文字，后者则侧重域外汉学评论资料。国家图书馆整理出版的“民国期刊资料分类汇编”系列包括“经史关系”“敦煌学研究”等专题资料汇编。此外，民国学界部分影响大的学术刊物，如《禹贡》《食货》《中研院历史语言研究所集刊论文类编》等陆续影印出版。上述成果在一定程度上推动了中国近代史学研究的深入，但多属于单一专题性质的资料汇编，且规模有限。近年以来，近现代史学家的文集、全集、日记、书信类史料不断出版问世，大大推进了相关领域研究。但总体看来，仍集中于名家名著，对近代史学文献的深入发掘和整理比较薄弱，由此制约了相关研究的深入推进，以至近代史学发展的多元面貌缺乏整体而清晰的认知。近代史学文献之所以长期难以取得突破性的进展，其原因在于此类资料去古未远，种类多样，浩繁复杂，难成系统，尤其对于未刊文献以及报刊所载资料关注不够，大规模的文献整理难以推进，给学术研究增添诸多窒碍。

最近十余年，各地图书馆、档案馆开放程度日益提高，近代图书期刊资源数据库推陈出新，中西文报刊图书资料的影印和数字化日新月异，为系统整理近代史学文献提供可能。身处“史料大发现时代”的中国史学研究中心同仁以及学界同好，利用此优越条件，有组织、有计划、有系统地编校整理“中国近代史学文献丛刊”，选取关涉近代史学发展的重大议题资料，如史学史、史学方法论、史家与史著、历史课程、历史讲义及域外史学等，采用汇编整理的方式，所收录文献以发掘新史料为主，关注中西文报刊以及档案资料，提升了近代史学文献搜集的广度与深度，不少文献尚属首次整理，为学界同行提供了一份富有价值的资料。

丛刊利用网络数据库资源和图书馆报刊胶卷，搜罗面颇为宽广。《中国古代史学评论》《中国现代史学评论》《近代中国学者论日本汉学》《近代中国史家学记》四种资料汇编，多取自报纸杂志，数量数百种。其中以《近代中国史家学记》所选报刊种类最为丰富，举凡自述、访问记、印象记、治学经验谈、悼文、评传、哀启、事略、行述、小传等，无所不包，不仅选录《申报》《大公报》《益世报》等大型报纸，更有为数众多且未数字化的《经世日报》《大美报》《东南日报》《大学新闻》等报刊。学记主要收录学术价值较高或稀见者，以钱穆为例，所收文章有数篇为钱氏各种文集、全集所未收者，对于探究钱氏早年治学历程极有价值。此外，书中还选配大量学者当时的照片，不少为稀见者，读者可以既读其文也见其人，文字与影像相得益彰。

书籍类文献，在收录13种未刊史学讲义和四种域外史学专著的同时，还摘录诸多书籍中与议题相关的章节内容，既有公开出版书籍，也有未刊手稿。13种未刊讲义大体上属于初次发见整理。《中国史学史未刊讲义四种》《史学研究法未刊讲义四种》所收讲义多为全新发现。《京师大学堂历史讲义合刊》所收五种讲义，屠寄、王舟瑶、服部宇之吉的历史讲义也为首次整理问世。

丛刊将这些尘封史料重新拉回学术视野，具有一定的文献保存价值，而部分珍稀史料的出版，发掘出一些被遗忘的史实，充实或补正了以往认知，也为准确把握和重塑中国近代史学的多元图景提供了参考。

二　议题多元，拓深领域

在相当长时期内，中国近代史学研究主要集中于史家与史著、史学思潮与流派，参考文献多为论著、日记、书信类正式出版物以及常见的报刊文献。丛刊整理的系列专题史学文献，尤其是新史料的推出，有助于开拓新的学术领域，生成新的学术热点，勒画中国近代史学的发展历程和多重面貌。

（一）中国史学史

20世纪20年代，梁启超首倡中国史学史研究，朱希祖同时在北平各校讲授中国史学史，初步奠定了中国史学史学科的基础。其后，一些高校多开设中国史学史课程，且有讲义存世，唯此类讲义多为非正式出版物，流传不广。《中国史学史未刊讲义四种》收录陈功甫、卫聚贤、陆懋德、董允辉四人在广东高等师范学校、持志书院、北平师范大学等校所授课程讲义。这些未刊讲义可进一步充实对此四位史家的学术研究，尤其是卫聚贤、陆懋德。卫聚贤以考古学研究著名，学界主要关注其考古学和吴越文化研究方面的贡献，讲义的出版可以拓展学界对他在中国史学史方面的认识。陆懋德的讲义在阐述史学发展历程时，注重概述各时代史学的整体状况，并致力于中西史学比较，从史学批评视角比较众人对相同史家史著、断代史学的认知异同，可呈现近代学人对古今史学的多元认知。四部讲义产生于不同时段，学术渊源不一，陈功甫受朱希祖影响较大，卫聚贤、董允辉、陆懋德则与梁启超关联较深。相关讲义的披露自然有助于学界更为全面地把握中国史学史学科的早期发展脉络。

中国史学史学科的发展促成了课程讲义与专著，也催生了大量回顾反思传统史学的论文。相较于讲义和专著，报刊所载史学史文章，数量浩瀚而流传广泛，影响力不容小觑。《中国古代史学评论》按照史学通论、史学起源、史学思想、史官建置、正史修纂、史体流别、史著导读等主题，收录近代学人论古代史学的代表文章，拓展近代史学史的研究视域，促使我们关注在史学转型时期传统史学的价值和地位。书中不同立场、不同学术路径与视角的文章，对古代史学的认知异同互见。如关于中国史学的起源，王国维、朱希祖、周予同的考察视角不同，观点也存在差异。再如，何炳松、朱谦之、陈高傭、周谷城、管听石等人对古代史学发展历程的划分也各具特色。从他们的立场、视角和评价标准可透视当时学者对于传统史学价值的多元理解，也可较全面评估当时的研究状况和水准。《中国现代史学评论》则依照史学通论、断代史、专题史、历史教育、西洋史等主题，选取不同立场、不同高度的同时代学者评论现代史学论文六十余篇，这些反思性质的文字，丰富了近代史学史研究的议题，通过左右参证，有利于真切地认识中国现代史学发展脉络，领略中国现代史学多样而丰富的面相。

（二）史学方法论

在中国近代史学专业化过程中，史学方法论发挥着重要作用。五四以后，中国史学逐渐专业化，史学方法论备受关注。受域外史学方法论的影响，国内高校多设有史学方法论课程，并编写讲义。研究中国近代史学，流派纷呈的方法论成为不可或缺的一个主题。丛刊选取对本土史学影响显著的域外史学方法论著作，同时编校国人自编史学方法论课程讲义。

《史学方法论》和《历史研究法二种合刊》，收录德国伯伦汉《史学方法论》、法国朗格诺瓦和瑟诺博司《史学原论》、何炳松选注《历史研究法》三种对中国近代史学具有重要影响的域外史学方法论专著。《史学研究法未刊讲义四种》则收录黄人望、柳诒徵、李季谷、姚从吾四人受域外史学方法论影响下，在北平高等师范学校、南京高等师范学校、北平大学、北京大学所授课程讲义。这七部专著串联起域外史学方法生产、传播、接受以及再生产的知识链条。

上述讲义的出版，扩充了史学方法论的研究资料，有利于打破学界过于关注主流史家方法论的局限，为研究学人的史学思想提供了一手材料，或修正既有认识，甚或颠覆原有形象。如柳诒徵早年在高等师范学校所授

“史学研究法”课程讲义，大量引用坪井九马三、浮田和民等人的学说，可以说明柳诒徵在继承本土资源外，也积极汲取西学资源，并非完全以守旧示人。

讲义所授内容基本以“西法”为主。域外史学方法论著作的出版，可为分析本土史家思想的域外凭借提供最基本的文本。四种讲义兼顾各个时段，所依赖的西学资源不同。黄人望、柳诒徵、李季谷的讲义均源自日本学者坪井九马三的《史学研究法》，姚从吾的讲义则主要依据德国学者伯伦汉的《历史学导论》，这些讲义大体反映出国内史学方法论课程的“西化”程度，从中可以窥见西方史学方法论在中国史学界的旅行轨迹，即“土法”式微、“西法”风行，而“西法”又经历“坪井九马三时代”向“伯伦汉时代”的转变，从而揭示了中国现代史学的特质。

（三）史家与史著

史家与史著历来是中国史学史研究的基本对象。为了全面反映近代史学界错综复杂的众生相，《近代中国史家学记》以客观立场选择史料，力求反映时人眼中的史家面貌，共收录140位史家359篇学记，涵括传主的个人喜好、性格秉性、治学历程、情感生活、社会活动、人际网络等方面。所收史家不仅有胡适、傅斯年、顾颉刚、陈寅恪、陈垣等名家，也有顾毅宜、李飞生、祁延霈、陶元珍、谢海若、阎宗临等渐被遗忘的学者，兼顾中外新旧，是目前学界最为全面的中国近代史家资料汇编。其整理出版，强调“学行并重”，有助于史学研究恢复“人”的形象，让史家回归历史，增强史学史研究的活力，不仅扩充了近代史学的研究资料，而且有利于展示近代史家的群像，更为清晰再现近代史学的学术版图。

《陈啸江史学论文集》收录现代社会经济史家陈啸江的学术论文20篇，是国内第一部陈氏史学论文集。20世纪30年代，朱谦之在中山大学发起“现代史学运动”，主张研究社会史、经济史、科学史，是“现代史学”的“第三使命”。因受朱谦之影响，陈啸江从事中国社会经济史研究，先后著有《西汉社会经济研究》《三国经济史》等专著，发表数十篇有关社会经济史、文化史、史学理论等方面的论文。后因诸多原因，陈啸江逐渐被学界所遗忘。此文集的编纂为研究陈啸江的史学思想提供了基础文献，也有利于进一步考察中山大学“现代史学运动”，准确评估民国时期的社会经济史研究状况。

（四）历史课程与讲义

近代史学专业化、学院化，让史家兼具研究与教学双重职责。清末学制改革，京师大学堂率先设立史学门，标志着中国史学开始步入专业化进程。民国以来，很多高校设立史学系，课程丰富多样。史学系的建置是现代史学专业化的制度保障，而史学课程的设置、师资力量和课程讲义是考察中国近现代史学专业化、制度化建设的主要对象。《现代大学史学系概览（1912～1949）》收录民国时期国立、省立、私立以及相关学院的学程系况、课程标准等资料，是国内首部高校史学课程类资料汇编。相关资料主要来自于各大学所编“一览”，以及报刊所发表的“课程指导书”“学程大纲”等可资补充者。系况主要涉及史学系建制沿革、师资学生以及课程等内容。课程标准主要收录国民政府时期官方所编订的史学系课程标准及《大学科目表》。此书将散藏于档案馆、图书馆、校史馆以及散见于报刊的史学系文献汇集整理，为研究当时大学的史学系和史学专业化提供了一手文献。

京师大学堂在近代中国史学的发展中具有引领作用。《京师大学堂历史讲义合刊》收录屠寄、陈黻宸、王舟瑶、汪荣宝、服部宇之吉任教大学堂时期的五种中国史、万国史讲义。这是京师大学堂历史讲义的首次汇集，有助于推进对相关史家的学术研究，尤其是屠寄、王舟瑶和服部宇之吉。已有关于屠寄的研究主要关注其蒙元史，而忽略了他在京师大学堂时期的史学成绩。王舟瑶受聘为京师大学堂仕学馆历史科教习，写成《中国通史讲义》，既有成果对其史学成就多有忽视。学界关于服部宇之吉的研究，也多关注于他对中国近代教育改革的作用，对其史学贡献不甚措意。京师大学堂的课程改革是域外史学影响下的现代史学转型成果之一，现有研究主要集中于历史课程设置以及陈黻宸、汪荣宝所编讲义，对其他讲义多有忽略。《京师大学堂历史讲义合刊》出版不仅为探讨清末学堂的历史教育提供文本，而且藉此可重建晚清史学界新旧交锋、中外对话的多元图景。

（五）域外史学

中国传统史学的近代化，离不开域外史学的影响。20世纪初，进化论和文明史学的输入助推了“史界革命”的爆发。五四以后，实证主义史学、鲁滨逊新史学、马克思主义史学的大规模输入，极大地推动了中国史学的学科化、专业化进程。研究域外史学在中国的传播与影响，挖掘本土史学的西学成分，有助于深化对20世纪中国史学的认识。丛刊选题充分考虑中外史学的交融面相，丛刊中《史学方法论》《历史研究法二种合刊》《英国文化史》《近代中国学者论日本汉学》皆属此类文献。

“中国近代史学文献丛刊”之所以能够取得成功，与华东师范大学中国史学研究中心长期重视近现代史学文献整理的传统有关，也是学界同行的大力支持与参与的结果。王国维曾说“古来新学问之起，大都由于新发现”，学术研究的推进，端赖于文献资料的不断发掘。丛刊问世，标志着我国近代史学文献的整理进入新阶段，随着后续不断推出新品种，可为20世纪中国史学研究提供厚实的文献基础，有望将中国近现代史学史推向一个新高度。

整理与研究：《〈欧洲史略〉〈西学略述〉校注》的学术价值

赵少峰

（聊城大学历史文化与旅游学院，山东聊城　252059）

19 世纪中后叶，中国面临西方的入侵，民族危机日益严重。如何实现近代化和工业化成为清政府面临的一个重要课题。在洋务运动倡导的向西方学习大背景下，中国开始效仿西方的印刷技术，以便印刷更多急需的科学和其他门类的著作。京师同文馆、江南制造局翻译馆以及民营出版机构、西方传教士在华创办的出版机构均印刷出版了众多图书，其中尤以出版译介的西方著作为主①。在新式印刷技术和新兴出版机构的支持下，裹挟着西方文化的图书出现在了中国书商和读者群体手中，潜移默化地改变着人们的观念和认识。有学者估计，到 19 世纪末，中国男性能够进行图书阅读的比例达到 30% 到 45%②。知识分子群体阅读范围和阅读内容的扩展，所带来的不仅仅是“字母赋予的声音，那只是低层次的，从根本上来讲，阅读关乎意义。从较高的认知层面来看，阅读无须借助任何声音，它所能传达的唯有意义”③。

中文期刊、著作中对西方国家发展史及史学的叙述始于鸦片战争之前。在此之后，郭实腊、裨治文、慕维廉、林乐知等人对西方史学的输入

---

① 参见笔者所撰《略论江南制造局翻译馆的西史译介活动》，《历史档案》2011 年第 4 期；《广学会与晚清西史东渐》，《史学史研究》2014 年第 2 期；《略论广智书局的日本史书译介活动》，《史学史研究》2016 年第 3 期等。

② Evelyn Sakakida Rawski Education and Popular Literacy in Cb’ing China，Ann Arbor，1979.

③ 〔新西兰〕史蒂文·罗杰·费希尔：《阅读的历史》，李瑞林等译，商务印书馆，2015，第 6 页。

发挥了重要作用。但是，他们对西方国家发展史以及西方史学发展脉络的介绍，缺乏系统性和完整性。19 世纪 80 年代，由赫德聘于中国海关的英国人艾约瑟，主持翻译了一套“西学启蒙丛书”。该丛书是英国麦克米伦公司出版的“科学初级读本”和“历史与文学基本读物”中的部分图书。历史基本读物中的《希腊志略》《罗马志略》《欧洲史略》是最早系统介绍西方古典史学和欧洲史的历史著作。艾约瑟除了进行翻译工作，还“博考简收”，编撰写了一部图书，取名为《西学略述》，系统概述西学源流，属于较早出现的章节体书籍。由中国海关总税务司下属的印刷所出版的以上几部著作，在晚清学者、史学家群体中产生了重要影响，成为沟通 19 世纪中外史学交流的有机组成部分[①]。

光绪丙戌年（1886），艾约瑟主持的“西学启蒙丛书”顺利出版。艾约瑟邀请李鸿章、曾纪泽等人为《西学略述》作序。李鸿章在序中写道：“泰西之学格致为先，自昔已然，今为尤盛，学校相望，人才辈出，上有显爵下有世业，故能人人竞于有用，以臻于富强”，启蒙丛书，“其理浅而显，其意曲而畅，穷源溯委，各名其所由来，无不阐之理，亦无不达之意，真启蒙善本”，而“赫君之书适来深喜，其有契余意而又当其时也”[②]。曾纪泽同样为书写序，高度评价了这套丛书的价值。“历史初级读本”能够改变中国人的历史观念和世界观念，受到当时学人的推崇。作为清末西方史学和西方文化传播的经典文献，这些图书内容丰富，读者适用对象广泛，均是备查价值较高的典籍文献。

陈德正教授多年来致力于西方古典学在中国传播的研究，于 2014 年出版了《〈希腊志略〉〈罗马志略〉校注》[③]。作为传入中国的第一部欧洲区域史著作《欧洲史略》的价值，以及概述西学源流的《西学略述》的备查价值，学界论及较少，加之两书在流传过程中，出现了一些讹脱现象，给读者阅读和使用上带来了诸多不便。鉴于此，王娟、陈德正二君经过八年艰辛努力，对《欧洲史略》和《西学略述》进行了详细的校释整理，撰成《〈欧洲史略〉〈西学略述〉校注》（以下简称《校注》）一书，由商务印书馆于 2018 年 7 月出版。

---

① 赵少峰：《“西学启蒙丛书”中的西方史学及学界回应》，《聊城大学学报》2012 年第 2 期。

② （清）李鸿章：《序一》，《西学略述》，光绪戊戌年（1898）八月，石印本，上海盈记书庄藏版。

③ 〔英〕法伊夫、〔英〕克赖顿：《〈希腊志略〉〈罗马志略〉校注》，〔英〕艾约瑟编译，陈德正、韩薛兵校注，商务印书馆，2014。

十年前，笔者出于撰写博士论文之需，曾阅读过《欧洲史略》《西学略述》。由于当年求学时间紧迫，且古籍文献藏于国家图书馆中，吾未及对其细细阅读，仅从西方史学传播角度进行探索，未对原书内容进行全面论及。时隔数年之后，再次阅读两书，感慨颇多。通观此书，《校注》一书特色及成就大体表现在以下几个方面。

首先，选择西学东渐古籍为校注对象，视角新颖独特。学界以往多将古籍整理的功夫集中在中国学者撰写的典籍整理与注释上，在西学东渐古籍整理上的成果较少。伴随着学术研究范围和领域的拓展，近年来学者对近代来华传教士编译的西学著作开始了整理工作。校者眼光独特，选取了近代西学东渐历史上较为著名的，且具有较高参阅、检索和传播价值的《欧洲史略》和《西学略述》作为校注文本。作为中文世界第一部欧洲地区通史，《欧洲史略》概述了自希腊罗马开国至19世纪70年代的欧洲简明历史，保存了大量欧洲历史的宝贵资料，对我们了解和研究西方历史颇有裨益，同时也为我们研究西史东渐的内容提供了重要参考。《西学略述》则是艾约瑟“博考简收”，依据多种西书编写的一部概述西方学术、文化历史渊源及其发展脉络的书籍，首次向中国人全面介绍了西方文化和学说，为我们研究西方文化和学术在中国的传播提供了一手资料。因两书的编译者为近代来华传教士，其中难免有翻译不准确的内容，加之原书在流传过程中，由于版本不同出现了一些讹脱现象，不利于后来学者进行参考和利用。为此，无论从校勘方面还是从注释方面都值得深入研究。王娟、陈德正选择该书作为校注文本，在广泛搜集校勘材料的基础上，吸收当代学者的研究成果，解决了不少文本疑难问题，弥补了两书的缺憾。《校注》一书的出版，为广大读者提供了一部深具域外特色的古籍今注本，让读者能够更流畅、迅速地阅读史籍，了解近代传教士的西史译介工作，掌握晚清西学东渐过程中西方史学和西方文化传播的路径和反响。这无疑具有重要学术价值。

其次，慎选底本，详为校勘，校注详全，科学严谨。点校古籍是一件费时费力的工作，点校者不仅需要具有扎实的历史学专业知识，而且还要掌握文献学的知识。陈垣先生在《校勘学释例》中对校勘的方法有详细论述。选定底本和校本是古籍校勘工作的重要基础，考察版本源流，选择一个质量较高的版本作为底本是首要工作。作者以其较深厚的学术功底和严谨细致的研究态度，综合采用本校、他校、理校等校勘方法，以最早出版的光绪丙戌年（1886）总税务司署刻本为底本，以流布范围较广的上海盈记书庄发兑的光绪戊戌（1898）石印本为参校本，对《欧洲史略》和《西学略述》做了较为全面的整理。作者在校勘时，态度审慎，实事求是，不轻易更改原书内容。凡底本与参校本之间文字有异者，均出校语，列出其不同之处。对于特别明显的错讹之处，校语中提出了校改意见。底本中涉及的具体史实，如人物、地点、年代等，若有明显错误之处，原文不改，在页下注中出校记。作者校勘工作的细致性，提高了《校注》作为原始材料的可信度。

最后，注释详尽，通俗易懂。在民族危机日益严重的清王朝，此两书之价值毋庸多言[①]。曾出使欧洲的曾纪泽写道："今阅十六种，探骊得珠，剖璞成玉，遴择之当，实获我心。"[②] 现在阅读此两书，依然能够感受其内容之丰富。此书涵盖了西方哲学、史学、文学、数理学、化学、农学、工学、经济学等诸多学科的内容，涉及地理、宗教、动植物等名词术语，尤其是《西学略述》，简直就是一部欧洲简明文化史。书中译名和当今通用译名存在很大差距，比如书中所涉及的德国名人"额伯邻"（今译"奥贝尔林"），英国"威得斯宾"（今译"怀尔德斯平"），"卜大哥拉"（今译"毕达哥拉斯"），英人"斯米得"（今译"亚当·斯密"），"《古帝王伊底罗》"（今译"《国王之歌》"），"《缶斯德》"（今译"《浮士德》"）等等，不胜枚举。如果读者没有扎实的近代史知识，难以将中西方文化置于同一时空下进行认识和比较。点校者对此类名词均一丝不苟地做出注释，并对文中所涉历史人物的生卒年月及主要生平事迹予以较为全面的注解，彰显了注者深厚的文史功底和严肃认真的治学态度，让研究者和读者能够顺利阅读，方便了后来者的研究。

书前附有陈德正、王娟撰写的《中文世界最早的"欧洲通史"和"西方文化史"——〈欧洲史略〉和〈西学略述〉》一文，简要介绍论述两书的由来、流布、内容概要、影响等，为读者提供了阅读指南。书末附有原书专名和今通行译名对照表，按本书所涉专名的汉语拼音顺序排列，对相关学科的研究者极具资料检索价值。

虽然作者在校注方面取得了显著成就，但也还存在一些不足之处。首

① 近代来华的西方人对中国知识群体世界观念的变化有更清晰的认识，参见 Seu Sung Lung. *A compendious description of the word*, The North - China Herald, September 28, 1850, pp. 34 - 35。

② （清）曾纪泽：《序二》，《西学略述》，光绪戊戌年（1898）八月，石印本，上海盈记书庄藏版。

先，参校本不足即是其一。据了解，两书还有其他版本可以参阅比较，例如1896年上海著易堂本、上海图书集成局本，作者若能广泛搜集各种版本予以参校，或者在书前的论述中，将不同版本之间的差异做一个交代，不仅能够弥补该书的不足，还能改正错讹之处，当使此书增色不少。另外，如果点校者能够将《欧洲史略》英文原版图书和艾约瑟编译的《欧洲史略》在文本上做一个比较，分析编译者的立场、翻译方法以及译介内容，对后来学者了解西方传教士在西方文化传播上的贡献与影响，定当有所裨益。此两书在内容上最大限度地保留了原书原貌，在排版上采用现代图书的横排样式，未采用古籍图书竖版的排版样式，少了一些古籍的韵味。

以上对《校注》的内容特色及成就进行了简要论述。总体来说，点校者对《欧洲史略》《西学略述》两书进行了全面精心的整理与考校，是一本学术价值较高的古籍校勘整理著作。尽管《校注》还存在一些不足，但瑕不掩瑜，《校注》堪称西史东渐文献校注的一次有益尝试，无论对于史学研究者，还是一般的非专业读者，这部书的出版都无疑是一件极有益处的事情。

教、研结合的典范

——《郑天挺明史讲义》述论

秦　丽

（南开大学历史学院，天津　300350）

摘　要：《郑天挺明史讲义》在性质上兼有教学和科研的双重特征，不仅适应明史教学的需求，也是具有重要学术价值的专门论著。该书内容宏富、体系严整，初步建立了现代明史学术体系的基本框架，书中蕴含的治学方法和学术观点亦对后学启发良多。深入挖掘《讲义》的学术价值，一方面能将明史研究推向深入，另一方面也能借助该书更全面地认识、评价郑天挺的史学成就与地位。

关键词：郑天挺　明史讲义　学术贡献

郑天挺先生是我国现代著名的历史学家、教育家。他一生学术成就卓著，治学尤以明清史见长，郑先生的清史成就早已为世所瞩目，但由于他的明史著述大多未经发表，其在明史领域的精湛造诣与深邃思考，长期隐而不彰。2017年11月，《郑天挺明史讲义》皇皇三巨册出版问世，为我们了解郑先生的明史成就与贡献提供了充分的资料依据。[①] 展卷细读，可发现该讲义体系严整、内容宏富，已初步具备明朝断代史的规模与框架，且书中案语提纲挈领、洞见迭出，读罢令人受益匪浅。以下仅就笔者的一些粗浅感想略做申说。

---

① 郑天挺：《郑天挺明史讲义》，孙卫国等整理，中华书局，2017。以下简称《讲义》。

一　教学研究，相得益彰

郑天挺生平“以学术为己任”，在日常的读书、备课过程中，他以原始资料为基础，加以摘录、考辨、评议，形成了大量读书札记和学术卡片。《郑天挺明史讲义》（以下简称《讲义》）的形成即与其明史研究和教学息息相关。郑氏从20世纪30年代初便慨然有志于明清史研究，加之经年从事明清史教学工作，在几十年的科研与教学中，明史卡片日积月累，终成巨帙。从卡片最初的性质来看，兼有授课材料和读史札记的双重特征。郑天挺从1939年开始在西南联大讲授明清史，联大期间是其明史卡片迅速扩充的时期。郑氏早期的日记较多反映了他对这些明史卡片的定位。其言：“读明人笔记，摘录并考订之，以备讲述之需，兼作《明史》札记初稿，此时但作卡片，尚未登之簿册也。”① 可见，一方面，为便于教学，郑氏摘录和考订了大量明史资料，将个人心得融入其中，作为教学大纲辅助授课；另一方面，他私下曾拟撰写《明史》札记书稿，相关明史卡片即其初稿或长编。因此，以下从教学和研究两方面来谈谈《讲义》的内容构成。

如前所述，《讲义》撰写伊始即以服务教学为主要目标之一。郑天挺在1941年的日记中写道：“用菜油灯灯草三根，读《明史》至十二时，目倦神昏，始寝。盖明日须讲述，不得不详读详考之也。”② 他钻研《明史》，备讲授之用的刻苦程度于此可见一斑。这一时期的授课材料更多表现为读书札记的形式，其后累经补充修订，体系日臻完善，最终呈现为如今的宏大气象，不仅完全胜任明史教材的要求，更充分展现了郑天挺对明史的整体把握与精微剖析。首先，《讲义》绪论部分详细梳理了明清历史的重大问题，诸如明清史的特点、明史分期、明代历史的地位等，使学生能从宏观上掌握明史的基本脉络与独特之处。其次，书中开列出关于明史的基本史籍，几乎涵盖了当时能见到的所有重要文献，并对各书体例、内容、版本等有所交代，从而使学生得以窥见治史门径。由于郑天挺长期以《明史》为明清史、史料学教学的必讲内容，后来又主持《明史》点校工作，

① 郑天挺：《郑天挺西南联大日记》上册，俞国林点校，中华书局，2018，第209页。以下简称《日记》。

② 《日记》上册，第371页。

故书中对《明史》的纂修经过、体例特点、内容得失等进行了极其详细的爬梳与清理。最后，《讲义》关于具体问题的讲授不但内容丰富，且往往能切中要害——史料采择精当典型，纲目设置画龙点睛，彰显出郑氏厚重的“史学”与卓越的“史识”。如书中所录“明玉珍在蜀行弥勒法”“明初的白莲教”等数条资料，对考察元末农民起义的宗教信仰问题，至今仍有重要的参考价值。

教学与科研并非此消彼长或相互冲突的关系，郑天挺在明史教学的过程中，积累了丰硕的材料和诸多有益思考，这成为他完成个人明史著述的重要基石。郑氏很早便醉心于明清史研究，立志传承孟森之学，“必努力设法续其书，以报知己也”。[①] 在此志向的激励下，他十分重视明代历史的研究，早年即欲作《读〈明史〉札记》《明清史》等著述。称之为《读〈明史〉札记》，实际是沿袭了古人作读史札记的传统，平日读书“有所得辄札记别纸，积久遂多”。[②] 现存《讲义》仍不脱此一特色，唯读史、校正范围不再囿于《明史》本身，而是广泛涉猎群籍所载明代史事、人物、典制、风俗等，加以摘录、考证，由此札记内容丰富，无所不有。如郑氏曾“取《祁忠敏日记》，录可资考订者数条”。[③] 同时，他生平素喜书画，对文房四宝之一的“墨”抱有浓厚兴趣，故《讲义》中关于墨即有近二十条札记。

在零散的史料考辨基础上，郑天挺进一步提炼整合，形成了对若干具体问题的系统思考。《讲义》中的不少札记就是他所欲作论文的初稿或材料。最典型者乃题为“徐一夔与《织工对》”的一组卡片，只需稍事比较，便可发现这是郑氏所撰《关于徐一夔〈织工对〉》一文的资料准备。该文最终撰成并发表，但还有不少资料准备齐全而未成文的情况。“枕上不寐，思汇旧作为一集，更益以《明初之正统议》《南明乞师日本辨》《多尔衮之入关》《多尔衮与顺治》《杨光先之死》诸文，此均材料已齐而未作者也。”[④] 对照《讲义》，“明初之内政”部分有大量条目涉及明初的正统论，诸如“明初文字之元末纪年”“明初人对元帝统及明得天下之观感”等，这无疑是郑氏撰写《明初之正统议》要用到的资料。事实上，他不仅完成资料搜集工作，且已拟定文章框架，“读《逊志斋集》……拟作一《明初

---

① 《日记》上册，第 16 页。

② 赵翼：《廿二史札记校证》，王树民校证，中华书局，1984，小引。

③ 《日记》上册，第 210 页。

④ 《日记》上册，第 506 页。

之正统论》，一述中国传统之正统论，二述杨维祯之正统论，三述明太祖对元之态度，四述明初诸人对元帝统之意见，五述方孝孺之正统论，六述方氏意见之影响”①。可谓万事俱备，只差做成而已。此外，《讲义》第八章“南明乞师日本”“周鹤芝请兵日本”“黄梨洲之乞师”等目，即《南明乞师日本辨》一文的史料集合。郑氏从《鹿樵纪闻》《南明野史》《鲒埼亭集》等文献中摘录大量史料，参考中村久四郎、后藤肃堂、乌山喜一等日本学者的研究，详细说明了明末向日本16次乞师的具体情况，对该问题做出了比较彻底的清理。然而，这些成果最终并未撰成发表，长期不为学界所知，实属遗憾。此外，从学术观点的表达形式看，如果说郑氏最初的读史札记是对中国学术笔记传统的延续，那么准备资料撰写学术论文则是对民国以来现代学术规范的追求与靠拢，体现了当时中国学术在传统与现代之间的过渡与交织。

总之，郑天挺将教学与科研有机结合起来，在准备教学材料的过程中发现问题，汇集材料演绎成文，这些思考反过来又促进授课体系的日益完善，从而实现了二者的良性互动。

二　体大思精，视野宏阔

在郑天挺之前，明清史专家孟森先生于1931～1937年在北京大学历史系任教期间，曾撰有《明史讲义》书稿，后来台湾和大陆分别在1957年、1981年将其出版刊行。郑天挺与孟森相识于1931年，彼此交谊很深，但他们过从渐密则晚至七七事变之后。不久孟森病逝，二人交往遂止。如今，我们已无从知晓郑氏是否看过孟森《明史讲义》。但是，当我们把两部讲义稍加比照，就会发现它们迥然不同。

从篇幅看，孟著《明史讲义》大约25万字，郑著《明史讲义》近百万字，体量相差巨大。从内容看，前者主要是明朝政治史，以明王朝的治乱兴衰为主干，杂以学术学风之转变、建州之兴起，大体即商传所谓“就明朝的正史‘用新体裁做的改编’”②；后者由无数零散的读书卡片集结而成，凝聚了作者多年的学术心血，触及明史的诸多方面，是一部体系化、综合性的明朝断代史。当然，我们应当历史地看待这种差异，孟森在北

① 《日记》上册，第230页。

② 孟森：《明史讲义》，商传导读，上海古籍出版社，2002，封底。

大讲授明史时，鲜有可资参考的新式教材或授课原则，故他主要依托“正史”加以自身对历史的理解展开教学，内容聚焦于政治史而较少涉及其他领域。郑天挺明史卡片大多标明撰写时间，从 20 世纪 30 ~ 70 年代均有之，因此其“明史体系”实际处于不断更新和完善的过程中。大致来说，郑氏早期以传统的政治史和制度史为主进行研究与教学，善于挖掘历史事件或现象的发展源流与因果联系。而且，《讲义》绪论列有清水泰次等著《明代史》、吕思勉著《白话本国史》的章节目录，前条注为 1949 年 5 月，后条时间不详，可见郑氏在个人思考之外，也注意借鉴吸收其他明史著作的写法。新中国成立后，受马克思主义理论和当时中国通史编写原则的影响，郑天挺开始较多关注资本主义萌芽、少数民族历史、农民起义、海外贸易等经济、民族和对外关系方面的问题，《讲义》关于明代土地制度、土司制度、元明农民起义等的条目即大多成于彼时。故而，《讲义》结构日臻全面，最终呈现体大思精、视野宏阔的鲜明特征。

从纵向看，郑天挺在几十年的治学生涯中，长期讲授中国通史的隋唐、元明清部分，又曾编写《中国通史参考资料》等综合性资料，故他对中国历史有通盘考量，强调前后朝代的承续与贯通，而非各断代史相互割裂、畛域分明。因此，《讲义》虽以明史为主，却对元、清两朝给予了充分关注。作者讲述明朝历史，从元末衰落和农民起义讲起，以相当的篇幅详细说明了朱元璋起兵和发展壮大的背景原因。同时，他很早就注意到元明易代之际汉族士人的心态问题：“下午读《蒙兀儿史记》。余欲寻求顺帝北狩以后之事迹及明代人民追念元朝之原因，故详读之。”① 自觉突破了断代史的限制，对该问题予以通贯的考察。《讲义》最后一部分是南明的复兴运动，不仅叙述了南明三朝之败亡，还涉及清军剿灭农民起义军和最终平定台湾明郑势力，由此与清初历史有所交织。从横向看，《讲义》覆盖的范围异常广泛。书中札记的标题分类有“政、军、外、经、商、财、工、法、刑、文、教、社、礼、俗”等种种名目，包罗了政治、制度、经济、文化、宗教、中外关系、海交史等诸多面向。郑氏不仅注意到明代文学、医学的发展和西方科学技术的传入，还涉及明代的皇陵营建、制墨与墨文化等物质文化史的内容，视野相当开阔。不过，《讲义》对时下方兴未艾的社会史、思想史虽有所关注，但相对来说

---

① 《日记》上册，第 109 页。

着墨较少。

《讲义》内容丰富、覆盖面广，很大程度上得益于作者广泛地占有资料。书中所摘史料以《明史》为大宗，博采明清实录、政书、官私明史著作、私人文集、笔记、地方志、金石碑志等各类文献，史料搜讨可谓至勤至精。而且，郑氏较早注意到通俗小说的史料价值，积极运用《古今小说》《醉醒石》等来观察当时的社会与商业活动，表现出敏锐的学术洞察力。传统史料之外，郑天挺也善于利用新资料来研究历史问题。他把《朝鲜实录》列为明史参考书目，又从向达处誊录了有关明末清初天主教的大量珍贵材料，如巴黎图书馆藏《天学传概》、大英博物馆藏康熙朝历案案卷 *Innocentia Victrix*（《无罪获胜》）、法国国家博物馆藏《同人公简》等。值得注意的是，《讲义》中还参考了一些稀见史料。近年来学者陆续发现了一些新的文献资料，如天一阁藏《国朝诸臣奏议》、上海图书馆藏公文纸印本《劝忍百箴考注》纸背文献等①，为明代卫所勾军的研究提供了传统文献之外的新线索。不过，郑天挺早在 20 世纪 50 年代即对此类文献有所关注和研究。《讲义》第 344 页载有明代“勾军清册残卷”一目。该残卷乃从“宝贤堂集古法帖”内装裱衬中发现，举凡 132 页，主要记录了嘉靖时期山西平阳府乡宁县、荣河县卫所军户逃亡、身故及其勾补情况，对了解当时卫所清勾制度及其实际运行有重要参考价值。遗憾的是，该残卷至今存佚情况不明，也未见其他相关研究，我们只能透过郑氏对其中部分内容的摘录和分析加以有限利用，由此亦可见《讲义》的弥足珍贵。另外，郑天挺对相关的二手研究成果予以了应有的重视。由《讲义》可知，在 20 世纪三四十年代，他比较关注日本学界以及李光涛、王崇武等明清史学人的最新研究。进入 20 世纪 50 年代，郑氏参与了许多重大历史理论问题的讨论，所以《讲义》中摘录了不少苏联理论著作和同时人的讨论文章，如第 717 页录有白寿彝先生考察明代官矿和资本主义萌芽的一篇文章。

毋庸置疑，郑天挺在不断摸索中建立的明史学术体系，不仅表明他成功达成了“完成孟心史先生遗著”的夙愿，也为后来人的明史研究确立了基本的框架与范围，在 20 世纪中国的明史研究中起到了承上启下的重要作用。

① 参见孙继民、耿洪利《明代五城兵马指挥司研究的新线索——明正德二年南京南城兵马指挥司呈文的发现及意义》，《军事历史研究》2016 年第 1 期；宋坤《新见明代勾军文册初探》，《军事历史研究》2016 年第 1 期。

三　精见迭出，启迪后学

郑天挺的治学方法秉承乾嘉考证之风，强调从史料出发，通过对史料的校勘、考辨、分析，提出问题并以坚实的证据支撑结论。进入50年代后，郑氏历史研究的理论色彩得到加强，一方面更加注重宏观问题的考察，另一方面自觉将马克思主义理论方法渗透到微观问题的研究中。由此，他把考证功底与理论思考有机结合起来，实现了较为成功的学术转型。《关于徐一夔〈织工对〉》就是其中的典范之作，该文运用传统的考据方法论证中国在元明时期的资本主义萌芽，得出了令人叹服的结论。

在这种研究方法的指导下，郑天挺不仅善于发现问题，且对明代历史的诸多问题有深刻的思索和见解，不少思考极具前瞻性，给后人留下了丰厚的学术遗产和启发。从《讲义》中可以看出，他在1940年左右就关注到元明易代问题，开始有意识地探究明初正统论、汉族士人追念元朝的原因等问题，要之，这些论题长期以来一直是学界探讨的热点所在。再如，《讲义》绪论部分记述了“明清史中几个可注意的问题”，其中有“西洋学术于嘉靖万历至中国，何以对中国学术无大影响，而不能与西洋并驾齐驱前进?”题目立意高远，格局宏大，不仅直到今天仍有重要的思想价值，其间亦饱含着郑氏对国家命运的深切关怀。

就微观研究来说，《讲义》中针对《明史》的考订多有精准之见，试举例如下。其一，《讲义》第449页，关于《明史》卷九十三《刑法志一》中所载明代嘉靖、万历时期《问刑条例》的数目，郑氏指出：“按弘治条例已二百九十七条，嘉靖所增何以仅二百四十九条？待考。”一针见血地指出了问题的关键所在，事实上这两条数据均有误，现代学者已注意到《明史》记述的不准确①，但应当说郑天挺是最早发现该问题的。其二，第63页，指出《明史》关于明成祖以大宁地界兀良哈三卫，成祖本纪、地理志、瓦剌传及《景泰实录》记载均不合。其三，第107页，指出《明史》于慎行本传与《七卿表》《宰辅表》关于于氏从礼部尚书致仕时间的龃龉。其四，第251页，指出《明史》太祖纪论赞“十五载而成帝业”有

① 可参见曲英杰、杨一凡《明弘治〈问刑条例〉考析》，《现代法学》1989年第5期；曲英杰、杨一凡《明代〈问刑条例〉的修订》，《中外法学》1990年第4期；陈臻宇《对明嘉靖〈问刑条例〉修订及相关问题的考论》，硕士学位论文，西南政法大学，2012。

误，应为十七载。前列四条均不见于黄云眉的《明史考证》，中华书局点校本《明史》（1974 年版）亦未出校，因此，这些考证对于现今点校《明史》仍具有重要的参考价值。另外，第 68 页，针对《明史》书法，指出：“《明史》纂修大都以本纪主人为主，修惠纪则以建文帝为主，故书燕王之‘反’与‘陷’，修成纪则以永乐帝为主，于起兵则书‘克’书‘拔’，同一事而书法不同，立场不同，此官修史书之所谓客观也。”对于我们今后考察《明史》的书法义例、文本形成均大有裨益。

然而，由于一些初步的读史案语未及最终审定，《讲义》中或仍存若干不尽成熟的论述。例如，第 55 页谈到王源《与友人论韩林儿书》，刘承幹《明史例案》案语指出此“友人”乃万斯同，对此，郑氏认为：“万斯同父名万泰，明户部主事，与王源此书所称‘足下家于先朝有世职……’不合，刘承幹案语有误，似非致万季野之书也，再考。”实则万氏家族自明代开国即为世袭武官，明中后期万氏门风日渐崇文，到万斯同父万泰时彻底弃武从文，通过科举考试转为文职，故王源称“足下家于先朝有世职”符合万斯同家族历史，刘氏案语应属无误。再如，第 75 页指出全祖望《顾先生炎武神道表》所载熊赐履延请顾氏纂修《明史》事有误，“熊初为大学士在康熙十四年，十五年以误票免官，其时《明史》尚未修。熊监修《明史》在三十三年，其时顾炎武早已逝世（在二十年，1651）”。事实上，顾炎武在《答次耕书》《记与孝感熊先生语》等文中对此事有详细记录，① 其可靠性当毋庸置疑。此事实际发生于康熙十年，时任翰林院学士熊赐履积极提议纂修《明史》，延揽顾氏修史应属其“广辟宿耆”以“佐之修史”计划中的一环，但该计划当时并未得到落实，清廷直到康熙十八年才启动纂修工程。不过，全祖望径以熊氏后来的身份“大学士”“《明史》监修官”来叙述该事，确实容易让人产生误解。

余　论

《郑天挺明史讲义》是郑天挺几十年明史研究与教学的结晶，对我们今后从学术史的角度研究他的学术人生提供了鲜活的第一手资料，可谓意义非凡。不过，《讲义》属原生态的未定稿，故郑氏在不同时段的“思考

① 参见王宣标《熊赐履与〈明史〉纂修》，《史学史研究》2014 年第 1 期。

遗迹"俱存其间，因此，读者要注意鉴别郑氏思想的前后差异，以发展变化的眼光准确理解他在某一时段的历史认识，避免"张冠李戴"、时代错置。此处谨以明史分期问题为例稍作阐释。《讲义》绪论部分第二章列有《明史分段私见》，基本按照明朝国势的兴衰变化，将明史划为洪武至宣德、正统至正德、嘉靖至隆庆、万历至崇祯四阶段，其中尤以嘉靖为分段之大关节。这部分内容未标注成文年代，但据《讲义》附录《1957年南开大学"明代的社会与政治"讲义》所载，其乃郑天挺1941年在西南联大授课期间的分法，再查郑氏当时日记，可知这一分法早在1938年底即已形成[①]，并成为他在20世纪30年代至50年代初期关于明史分期的基本看法。新中国成立后，史学界掀起关于古史分期的大讨论，在马克思主义唯物史观的熏陶下，郑天挺对明史分期有了新的思考。1955年，他将原先的四分法改为三分法，即洪武至宣德、正统至隆庆、万历至崇祯，分别代表明朝的形成、繁荣与没落期。其划分依据主要在于阶级斗争，以阶级斗争事件为历史的关键事件，特别重视"货币地租成长，农民起义，少数民族起义，城市反压迫"，如土木之败（1449）、叶宗留（1446）、一条鞭法（1582）等。[②] 在后来1956年、1958年中国史明清部分的讲义提纲以及1959年"中国历史分期问题"的演讲中均渗透着这一精神。由此，郑氏关于明史分期的看法呈现出鲜明的前后差异，尽管这种转变或是外部环境和时代背景使然，但对于我们全面理解郑氏的学术历程有重要的参考价值。故而，我们在阅读《讲义》时需多加留意，不能将其阶段性的历史认识笼统视为一成不变，而要具体问题具体分析，力求解读客观准确。

郑天挺在《讲义》中说："我并不是明史专家，只是一个明史努力学习的有志者。"[③] 此语淋漓尽致地展现了老一辈学者虚怀若谷、刻苦钻研的高尚品格。我们认为，郑氏堪称现代明史学术体系的奠基人。其明史研究有着深厚的学术积淀，思考深邃、创获颇多，还有不少拟写而未完成的文稿，因此，明史着实是他辛勤耕耘的重要领域。《讲义》中蕴含着宝贵的学术财富，值得今后深入挖掘。作为后辈学人，我们应该在他的开拓基础之上，努力践行"深、广、新、严、通"的治学要求，继续将明史研究推向前进。

---

① 《日记》上册，第113页。

② 《讲义》下册，第1138～1139页。

③ 《讲义》下册，第1138页。

会议综述

中国视角与世界眼光

——“一带一路”古文明书系新书发布暨学术研讨会综述

张尧娉
（北京师范大学历史学院珠海校区博士后
流动站，广东珠海　519087）

近日，“一带一路”古文明书系由北京师范大学出版社出版。丛书共6种7卷，约450万字，包括《古代美索不达米亚文明》《古代埃及文明》《古代中国文明（上、下卷）》《古代印度波斯文明》《古代希腊文明》《古代罗马文明》。丛书编写集结了北京师范大学历史学院的精干力量，所撰作品体现了北师大历史学院世界古代文明研究的水平。2019年3月29日上午，北京师范大学历史学院、北京师范大学珠海分校、北京师范大学出版社在珠海联合举办“一带一路”古文明书系新书发布暨学术研讨会。

会议由北京师范大学珠海分校副校长、党委副书记戴伟主持。北京师范大学历史学院晁福林教授、中国社会科学院吴恩远研究员、商务印书馆总经理于殿利编审、广东省社会科学院江中孝研究员、河南大学历史文化学院周祥森教授、哈尔滨师范大学历史文化学院张晓校教授、河南科技学院副院长王霞教授、中国人民大学历史学院历史学系主任王大庆教授、北京师范大学珠海分校党委书记耿向东研究员、北京师范大学历史学院院长杨共乐教授、《北京师范大学学报》（社会科学版）主编蒋重跃教授、北京师范大学出版社副总编辑饶涛编审，以及《光明日报》《南方都市报》《珠海特区报》等媒体的代表，共80余人参加了研讨会。

研讨会上，“一带一路”古文明书系主编杨共乐教授介绍了丛书的编写缘起及主要内容。2013年9月和10月，中国国家主席习近平提出建设“新丝绸之路经济带”和“21世纪海上丝绸之路”的倡议。2013年年末，来自全国高校的十几位专家、学者在刘家和先生和廖学盛先生的指导下开始筹备、编著“一带一路”古文明书系。他们充分利用和吸纳多年积累的成果，以“一带一路”所经且在人类历史上有重大影响的古文明为研究对象，系统展示人类文明发展的历程和辉煌的成就。杨共乐教授指出：“书系以唯物史观为指导，以白寿彝先生提出的文明是人类对客观世界的改造这一理念为主旨，回答了以下问题：第一，世界古代文明的成果主要体现在哪些方面？第二，多元文明产生的文明各有什么特点？第三，各文明区域所产生的成果对后世有何影响？第四，各文明古国的国家治理体系如何构建？政治治理如何运行？第五，国家的经济保障主要体现在哪些方面？居民的等级特点与国家政权之间的关系如何？第六，在古代两河流域、古代埃及有没有像公元前 8 至公元前 3 世纪的希腊、印度和中国那样出现过精神觉醒的时代？第七，文明古国所实行的文化政策有何特点？对居民的影响如何？第八，古代文明兴起的具体原因及个别文明消亡的关键因素是什么？第九，中华文明连续不中断的原因究竟在哪里？”

与会者认为，“一带一路”古文明书系从世界古代文明相互联通、相互融通的角度找寻“一带一路”倡议的理论基础、人文基础。历史学工作者参与“一带一路”这一国家重大战略性建设，反映出历史学者对现实和人类命运的深切关怀。

吴恩远研究员指出，“一带一路”倡议自提出以来已经取得了巨大的成就。“一带一路”古文明书系从世界文明交融的角度，追溯“一带一路”倡议的历史渊源，从而丰富了倡议的人文内涵，“这在中国的学术界属于首创”。杨共乐教授认为“一带一路”沿线的几大古文明对后世的影响既广泛深厚又持久深远，深入了解这些文化“既有利于人们从根源上认清各文化的特征，认识文明多元发展的必然性，更有利于人们正确理解中国主创的‘开放包容、文明互鉴’的重要价值，有效推进世界各国‘政治互信、经济互惠、文化交流’，有效推进‘一带一路’朝着更好更快的方向发展”。耿向东研究员评价说，丛书“对于充分认识中华文明的价值和地位具有重要的学术意义，对于当今构建人类命运共同体，深入推进‘一带一路’建设，具有十分重要的现实意义”。

周祥森教授认为，“一带一路”古文明书系的出版体现了历史学工作者对于国家建设和人类命运强烈的使命感。他说：“‘一带一路’倡议是我们国家未来相当长一段时间里的重大发展战略。历史学家参与这样一个重大的战略性国家建设，涉及整个人类命运的建设，实际上反映了历史学者对现实，尤其是对人类命运的深切关怀。”周教授进一步指出，历史学是历史学家通过在其研究成果中灌输关怀的意识而参与改变世界、创造历史的活动。“一带一路”古文明书系的出版充分体现了历史学积极的建设性功能。于殿利编审表示，当代中国社会面临的最大课题是进行文化建设。“我从一个文化工作者的角度考虑，我们的文化建设实际上落在了经济发展的后面，也就是说我们的实践走在了前面，我们新的知识、新的思想、新的理论建设已经滞后。”他认为，“历史是所有文化研究的先觉，是所有文化的基础”，历史学工作者应当积极投身于新时期的文化建设当中，勇担时代赋予的使命。

与会者认为，“一带一路”古文明书系以“一带一路”所经且在人类历史上有重大影响的古文明为研究对象，选题意义重大。对人类古代文明的研究大有可为，具有重要的现实价值。

吴恩远研究员认为，“一带一路”古文明书系最显著的特点是充分发挥史学的镜鉴功能。著者们结合现实来研究世界古代文明，在史学研究成果服务社会主义现代化建设方面，做了非常有益的尝试。于殿利编审指出，世界古代文明是人类通用的智慧和借鉴，其理论价值、学术价值和应用价值体现在三个方面。第一，古代文明的研究有助于我们认清事物的本质，认清历史的本质；第二，人类的文化和文明是所有民族共创和共享的，所以它非常好地诠释了人类共同命运这个话题，“在当今这个时代，我们重新研究古文明具有非常重要的现实意义和价值”；第三，研究古文明能够创造新思想，为现代人的智慧贡献新的理解。“一切人类共同的智慧都能成为我们破解今天现实问题的钥匙，都能为中华民族的伟大复兴、为中国特色社会主义文化建设助力。”周祥森教授阐释了人类古文明研究对于推动构建人类命运共同体的特殊意义。他指出，人类的古文明属于人类命运共同体原初的文明形式。这些人类文明原初形态构成了人类命运共同体的厚重根基，从本性上决定了人类文明未来的发展；人类古文明是人类智慧的大本大源所在，因此，迄今为止人类历史每一次重大的转型和变革，都需要回归古典，从原点中寻找智慧的启迪。人类的古文明对于今天人类命运共同体的建设展示了新的选择的可能性，“我们不一定重走古文明的道路，但古文明摆在我们面前，至少是一种可能性的选择”。研究古文明对于科学理解“新时代”这个概念有很大的帮助。“古文明是一个正体，现代文明是古文明的一个反体，而新时代建设人类命运共同体文明时，就面临着合体的问题。因此，我们需要把古文明这个正体搞清楚。”

与会者认为，“一带一路”古文明书系从中国学者的视角审视了古代文明的发生、发展、交流与互鉴以及世界文明进步的规律，为充分认识中华文明的价值和地位，清晰而响亮地发出了中国学术界的声音。

吴恩远研究员认为，要实现中国梦就需要博采世界各国文明之长，“也就是说我们的中国史要与世界史联系在一起”。对此，于殿利编审表示赞同，他进一步指出，中国的世界史研究是非常急迫的课题。一方面，中华民族的伟大复兴要求我们必须吸收学习借鉴人类文明的一切优秀文化遗产，需要大量通晓世界历史人才；另一方面，我国世界史学科的建设，还处于一种落后的状态。“首先，世界史和中国史的研究还存在差距；其次，中国学者研究世界史的领域和外国学者研究世界史的领域亦有差别；再次，我们的研究方法和研究成果也有偏颇，我们没有把中国纳入世界史中；最后，将世界史分地区、分国别割裂开，而没有把人类世界纳入一个系统来进行研究。”长期以来，我国学术界存在中国史和世界史相互隔绝的情况，世界史不研究中国史，关于世界史的著作往往将中国排除在外。蒋重跃教授认为，“一带一路”古文明书系与只作外国史的世界史著作不同，“它里面有中国史，给予中国史应有的地位。丛书强调中国文明的统一性和连续性，与同类题材相比在体例上具有鲜明的特点”。吴恩远研究员评价道：“古文明书系在世界古代史中加入了中国史的内容，且中国史的分量很重，有两卷的篇幅。将中国史与世界史联系起来，这是非常好的尝试。”于殿利编审指出，书系最特别的价值就是把中国纳入世界的体系中来，使“世界”真正成为世界。

饶涛编审认为，中外史学家对文明具有不同的解读。“一带一路”古文明书系以唯物史观为指导，揭示文明的多元化、多样性和特殊性，强调人民群众在历史中起决定作用，并对欧洲中心论进行了有力的驳斥，阐明了中国学者的价值判断和文明观，传递了中国学者的声音。作为丛书《古希腊文明》卷的编者，王大庆教授回顾了该卷从设计选题到最后完成不断修改、几易其稿的过程。他认为，与以往有关希腊文明的通论著作和教材相比，《古希腊文明》卷最突出的特点是重视中国学者的研究成果，体现了中国学者的治史理念。他说：“我们借鉴吸收近代以来西方对古希腊研究的最新成果，同时力图展示中国学者的看法、观点和视角。例如，作者对于古希腊文明经济属性的问题、希腊文明的政治制度问题都表达了与西方学者不同的观点。”

研讨会上，与会学者还就书系的其他方面积极发表见解。饶涛编审特别指出，“一带一路”古文明书系内容丰富、材料扎实，立足于文献典籍、馆藏器物、出土文物、遗址遗迹等，兼具学术性、文献性、权威性、审美性，“它虽是史著，但是具有人文百科的性质，既是国内各级图书馆必藏、专业研究者案头必备之书，又是普通读者了解人类古代文明的重要窗口”。江中孝研究员和张晓校教授充分肯定丛书的学术价值。江中孝研究员说：“北师大史学基础深厚，书系作者阵容强大，这些因素保证了丛书的学术品位和学术质量。”张晓校教授评价道：“书系对世界古代史研究的发展和进步起到积极的推动作用，必将产生重大的社会影响。”

习近平主席在致中国社会科学院中国历史研究院成立的贺信中提出，要“加快构建中国特色历史学学科体系、学术体系、话语体系”。“一带一路”古文明书系在实现理论话语创新方面做出了积极尝试，它植根于中国的社会现实，阐释中国学者自身看法，体现中国学者自身的历史和文化意识，展示了我国世界史研究的时代新气象。

图书在版编目(CIP)数据

史学理论与史学史学刊. 2019年. 上卷 : 总第20卷 / 杨共乐主编. -- 北京 : 社会科学文献出版社, 2019.8
ISBN 978-7-5201-5118-4

Ⅰ. ①史… Ⅱ. ①杨… Ⅲ. ①史学理论-文集 ②史学史-文集 Ⅳ. ①K0-53

中国版本图书馆CIP数据核字(2019)第136984号

史学理论与史学史学刊 2019年上卷(总第20卷)

主　　编 / 杨共乐

出 版 人 / 谢寿光
组稿编辑 / 宋月华　罗卫平
责任编辑 / 范明礼　罗卫平

出　　版 / 社会科学文献出版社·人文分社(010)59367215
地址：北京市北三环中路甲29号院华龙大厦　邮编：100029
网址：www.ssap.com.cn
发　　行 / 市场营销中心(010)59367081　59367083
印　　装 / 三河市东方印刷有限公司

规　　格 / 开 本：787mm×1092mm　1/16
印 张：20.5　字 数：344千字
版　　次 / 2019年8月第1版　2019年8月第1次印刷
书　　号 / ISBN 978-7-5201-5118-4
定　　价 / 128.00元